献给我的母亲九十寿辰

Luxury

Merger & Acquisition of Luxury Goods Companies

奢侈品公司兼并与收购

李杰 著

清华大学出版社
北京

本书封面贴有清华大学出版社防伪标签,无标签者不得销售。

版权所有,侵权必究。举报:010-62782989,beiqinquan@tup.tsinghua.edu.cn。

图书在版编目(CIP)数据

奢侈品公司兼并与收购/李杰著.—北京:清华大学出版社,2023.7
ISBN 978-7-302-62209-3

Ⅰ.①奢… Ⅱ.①李… Ⅲ.①消费品工业－企业集团－企业兼并－研究－世界 Ⅳ.①F416.8

中国版本图书馆 CIP 数据核字(2022)第 220729 号

责任编辑:朱晓瑞
封面设计:林胜利
版式设计:林胜利　方加青
责任校对:王荣静
责任印制:沈　露

出版发行:清华大学出版社
　　　　　网　　址:http://www.tup.com.cn,http://www.wqbook.com
　　　　　地　　址:北京清华大学学研大厦 A 座　　邮　编:100084
　　　　　社 总 机:010-83470000　　邮　购:010-62786544
　　　　　投稿与读者服务:010-62776969,c-service@tup.tsinghua.edu.cn
　　　　　质 量 反 馈:010-62772015,zhiliang@tup.tsinghua.edu.cn
印 装 者:小森印刷(北京)有限公司
经　　销:全国新华书店
开　　本:185mm×260mm　　印　张:23.75　　字　数:467 千字
版　　次:2023 年 9 月第 1 版　　印　次:2023 年 9 月第 1 次印刷
定　　价:200.00 元

产品编号:091500-01

前　言

参与创建中国政府与欧盟合作的中欧国际工商学院（CEIBS）至今，本人已涉入奢侈品行业研究二十七个年头。

正是彼时欧洲精英引领潮流的产品设计与优雅的生活方式，才让我在这个精彩纷呈的世界畅游多年，尤其2002年带着中欧成功的办学经验，参与创办李嘉诚先生倡导的长江商学院以来，与那些改革浪潮中脱颖而出的企业家们有了更频繁的接触，增添了另外一个维度的感受。

纵观奢侈品行业漫长发展历程，多数人们耳熟能详的奢侈品品牌诞生于19世纪和20世纪上半叶，由家族经营、管理、掌控这些"世家"或"精品屋"，这不仅包括成衣、皮具类的家族，也包括腕表类的家族，还包括法国葡萄酒类的家族。

然而，这个几乎完全由家族企业模式主导的行业在若干年前发生了结构性的历史转折——贝尔纳·阿尔诺、亨利·拉卡米耶和阿兰·舍瓦利耶之间的恩怨纠葛催生出了一个奢侈品帝国——路威酩轩集团。自此，大多数奢侈品公司都希望通过一体化或并购去维持目标市场的主动权——爱马仕、香奈儿、杰尼亚、托德斯无不如此。

通过对全球数十个奢侈品公司的深入研究，我们不难得出一个结论：曾经辉煌一时的奢侈品品牌在遭遇瓶颈或受到资本诱惑时，往往投身于大型奢侈品集团的保护伞中；而在公司治理与品牌管理方面，小作坊、家族企业模式向公司化、集团化的结构性转变使得奢侈品行业逐渐转变了传承数十年之久的管理风格，成功的关键因素不仅仅是家族业务导向，还有财务状况、股东价值与投资者关系。尤其近十年，小型作坊商业模式已经无法适应数字经济时代下的全球化战略了，奢侈品行业已经成为大型奢侈品集团纵横捭阖的舞台——意大利著名时装品牌范思哲成为美国时尚集团的一员，比利时小众顶级皮具品牌德尔沃加入了历峰集团的"家庭"，成立于1837年、美国历史上最古老的奢侈品世家蒂芙尼也被路威酩轩集团收入囊中——数字经济强烈地冲击了奢侈品行业传统的商业模式。

纵观中国市场，从2017年起，国家以政府形式出面倡导的"中国品牌日"和"高质量发展"较为有效地引领国人对品牌理念的认知，再到2022年7月，国家发改委牵头七部委提出的品牌创建行动等系列国家举措，我更加确信：中国产品必然向中国品牌升级，中国制造必然向中国创造转型——无奈的主动选择！

有理由相信，在爱马仕和Exor集团支持下的上下、在佳士得拍卖会上崭露头角的端木良锦、入选法国高定时尚联合会的Guo Pei等中国高端品牌历经十余年发展的积淀，未来不可估量。

我希望这本纵横百年奢侈品历史的收购兼并新作能够带给中国企业家们驰骋世界、管理全球化品牌阶段的启示，也能够为新一代青年消费者认知这个斑斓多彩世界带来启迪——以独特的审美眼光、全球化的格局、人性本原的视角和中国本土实践的方式将中国文化与世界多元文化融合，促进中华民族的伟大复兴。

十一年前，我撰写的《战略性品牌管理与控制》在机械工业出版社出版时，扉页写有"献给我的母亲八十寿辰"，其为杖朝大礼。人生若白驹过隙，此刻的家慈步入鲐背之年，这本代表传承与创新的拙作不仅是我个人在奢侈品行业孤独前行的里程碑作品，也是献给家慈九十寿辰的最好礼物。"孝行天下"——祝愿祖国母亲繁荣昌盛。

感谢母校上海交通大学以及国家发改委指导的中国价格协会的大力支持。

感谢上海交通大学奢侈品品牌研究中心孙立本、张家铭和蔡炜灏不可磨灭的贡献。

感谢上海交通大学研究生陈沛然、王伟楷、周泽同、江天佑，瑞士斯沃琪集团（中国）公司旗下WOSTEP制表学校认证钟表师黄君超，安永（中国）企业咨询有限公司王海骁，路易威登（中国）公司史宇轩的积极参与。

感谢清华大学出版社经管与人文社科分社社长刘志彬、责任编辑朱晓瑞的专业服务。

感谢北京大学出版社前艺术总监林胜利老先生再次奉献了艺术家般的情怀。

正是在各位的支持下，这本著作得以顺利出版，希望这本著作能够为国人在奢侈品领域的研究添彩。

李 杰

中国价格协会副会长

高端品牌暨奢侈品行业分会会长

上海交通大学奢侈品品牌研究中心主任

二〇二三年五月二十日

目　录

第一章　从奢侈品到奢侈品品牌 　　1

　　开篇案例　香奈儿：黑白美学圣殿 　　3
　　1.1　奢侈品定义与特性 　　12
　　1.2　奢侈品发展历史演进 　　16
　　　　1.2.1　缘起美学：古文明的奢侈品 　　16
　　　　1.2.2　从贵族时尚到文艺复兴 　　17
　　　　1.2.3　中外历代禁奢法令 　　19
　　1.3　奢侈品行业与奢侈品品牌 　　24
　　　　1.3.1　奢侈品行业发展之因 　　24
　　　　1.3.2　奢侈品品牌的建立 　　25
　　　　1.3.3　四大时装周与行业协会 　　26
　　　　1.3.4　新时代的科技豪华 　　29
　　研究聚焦　琼耳、杜马、阿涅利：从二人世界到三人组合 　　30

第二章　奢侈品公司商业模式：从价值观引领到创意产品 　　41

　　开篇案例　博柏利公司的商业模式演绎 　　43
　　2.1　奢侈品品牌特性 　　51
　　　　2.1.1　独特的价值观效应 　　51
　　　　2.1.2　产品创意与品牌业务流程 　　53

	2.1.3 原产地效应	55
2.2	奢侈品公司独特商业模式	56
	2.2.1 奢侈品公司与一般企业商业模式异同	57
	2.2.2 家族企业运作与领导力	60
2.3	奢侈品公司定价策略	63
	2.3.1 奢侈品品牌等级与溢价	63
	2.3.2 奢侈品定价的独特性	66
研究聚焦	奢侈品公司商业模式比较研究：阿玛尼 vs 博柏利 vs 香奈儿	69

第三章 兼并与收购理论   83

开篇案例	路威酩轩集团收购宝格丽	85
3.1	并购基本理论	91
	3.1.1 并购定义与类型	92
	3.1.2 并购相关理论与学说	98
	3.1.3 并购融资结构与支付方式	107
3.2	并购规划、实施与评估	109
	3.2.1 并购规划、执行与整合实施	109
	3.2.2 并购分析模型与绩效评估	116
	3.2.3 奢侈品公司并购的应用场景	121
3.3	并购的领导权与管理权决策	123
	3.3.1 股权比例	123
	3.3.2 董事会成员与投票权	124
	3.3.3 财务与运营管理决策	125
研究聚焦	阿尔诺珠宝情缘：收购蒂芙尼	127

第四章 路威酩轩集团——阿尔诺家族的商业帝国   143

开篇案例	路威酩轩集团与旗下 75 个奢侈品品牌	145
4.1	路易威登与酩悦轩尼诗（1987）：为求自保的合并	158
4.2	奢侈品帝国核心：时装与皮具的魅力	159
	4.2.1 收购思琳（1996）——继承与创新	160
	4.2.2 收购迪奥公司（2017）——覆盖全产品线	161
4.3	女性世界：香水、彩妆、护肤品	164
	4.3.1 收购法国娇兰（1994）——美，无惧时光	165
	4.3.2 创立芬缇美妆（2019）——年轻化潮流	166

4.4　业务拓展：从艺术杂志到奢华酒店　　168
　　　　4.4.1　收购《艺术知识》(2001)——传递生活艺术精髓　　168
　　　　4.4.2　收购贝梦德(2019)——奢华酒店业的布局　　169
　　研究聚焦　全球收购：路威酩轩集团策略与逻辑研究　　171

第五章　历峰集团——鲁伯特家族的全球奢侈品版图　　179

　　开篇案例　上海滩：历峰集团与东方元素　　181
　　5.1　起步：伦勃朗烟草公司　　190
　　5.2　转型：卡地亚投桃报李　　191
　　　　5.2.1　伦勃朗公司解体与后起之秀约翰·鲁伯特　　191
　　　　5.2.2　收购卡地亚公司股份——进军奢侈品行业　　192
　　5.3　升级：建立奢侈品王国　　196
　　　　5.3.1　收购江诗丹顿(1996)、积家(2000)等六个腕表品牌　　196
　　　　5.3.2　收购梵克雅宝(1999)和布契拉提(2019)　　198
　　　　5.3.3　收购德尔沃(2021)　　201
　　5.4　开拓：迈入数字经济时代　　203
　　　　5.4.1　收购Net-A-Porter公司(2010)与YNAP集团的并购(2018)　　203
　　　　5.4.2　与亚马逊集团IT合作(2021)——云优先战略　　206
　　研究聚焦　收购策略比较研究Ⅰ：历峰集团 vs 路威酩轩集团　　208

第六章　开云集团——皮诺家族的雄心壮志　　219

　　开篇案例　古驰集团的发展演绎　　221
　　6.1　白手起家：从木材批发到零售巨头　　230
　　　　6.1.1　木材贸易与造纸业务　　230
　　　　6.1.2　瞄准零售：收购巴黎春天百货(1992)　　231
　　6.2　正式进军：联手古驰　　232
　　　　6.2.1　收购古驰(1999)——"毒丸计划"和皮诺的野心　　232
　　　　6.2.2　收购伊夫圣罗兰(1999)、葆蝶家(2001)和巴黎世家(2001)——四核驱动　　235
　　6.3　瘦身重组：专注奢侈品　　237
　　　　6.3.1　剥离所有非时尚与奢侈品业务　　238
　　　　6.3.2　出售彪马公司旗下体育与生活方式业务与股权(2018)　　239
　　研究聚焦　收购策略比较研究Ⅱ：开云集团 vs 路威酩轩集团　　240

第七章　斯沃琪集团——海耶克家族的腕表生态系统　　249

开篇案例　从江诗丹顿、宝玑、宝珀和爱彼看百达翡丽　　251
7.1　第一阶段：全品牌等级架构形成　　260
　　7.1.1　搭建完整品牌架构　　261
　　7.1.2　收购海瑞温斯顿（2013）——延伸至珠宝业务　　262
7.2　第二阶段：收购上游供应商　　264
　　7.2.1　收购机芯公司　　264
　　7.2.2　控制零部件产业链　　266
7.3　第三阶段：进入下游零售市场　　268
7.4　第四阶段：售后服务与腕表生态　　269
　　7.4.1　腕表维修与售后服务　　269
　　7.4.2　打造腕表生态系统　　270
研究聚焦　收购策略比较研究Ⅲ：斯沃琪集团 vs 历峰集团　　273

第八章　中国企业为何至今打造不了奢侈品品牌？　　281

开篇案例　茅台故事：精品、奢侈品、高端品牌、奢侈品品牌　　283
8.1　中国真的没有奢侈品吗？　　292
　　8.1.1　丝路锦绣、陶风瓷韵、青铜魂魄　　292
　　8.1.2　聚灵玉器、华贵金饰、奇珍珠宝　　300
　　8.1.3　神圣书画、显贵家私、茶不止于饮　　305
8.2　中国真的需要奢侈品品牌吗？　　312
　　8.2.1　中国尚无奢侈品品牌之因　　312
　　8.2.2　中国打造奢侈品品牌的必要性　　314
8.3　打造中国奢侈品品牌潜在发展路径　　317
　　8.3.1　中国品牌：民族精粹 vs 普世价值　　317
　　8.3.2　生态构建：设计、生产、传播与零售　　323
　　8.3.3　监督保障：市场监管 vs 自由竞争　　326
研究聚焦　周大福珠宝集团——高端品牌「周大福传承」的人 – 货 – 场体系构建　　329

附录Ⅰ　法国高定时尚联合会　　339
附录Ⅱ　法国精品行业联合会　　343
附录Ⅲ　意大利奢侈品行业协会　　350

Merger & Acquisition
of Luxury Goods Companies

第一章

从奢侈品到奢侈品品牌

从奢侈品到奢侈品品牌

开篇案例 香奈儿：黑白美学圣殿

假如你命该扫街，
就扫得有模有样，
如米开朗基罗画画，
如莎士比亚写诗，
如贝多芬作曲。

——马丁·路德·金（Martin Luther King）[1]

如同艺术领域中简约的黑白色调代表了去繁就简的经典美学形态[2]，嘉柏丽尔·香奈儿（Gabrielle Chanel）创立的香奈儿品牌以更具经典感与永恒性的黑白个性征服了全世界[3]。美无处不在，看不到美只是因为缺少发现美的眼睛。[4] 香奈儿女士和克里斯汀·迪奥先生（Christian Dior）发现了，于是共同成为以黑白对比美学开创时装新纪元的两大奢侈品品牌创始人。[5] 而香奈儿以其对现代主义的见解，男装化风格，简单设计之中见昂贵，成为20世纪时尚界重要人物之一，由于其对高级订制女装的影响被《时代》（Times）评为20世纪影响最大的100人之一。[6] 发展至今110年的时间见证了香奈儿经历的创业、发展成长、衰落、重生等跌宕起伏的商业历程，"香奈儿"这个名字也从人名逐渐变成了产品名，演绎成品牌，最后成为法国最著名的奢侈品品牌名和公司名之一，再通过不断收购、扩大产能并提升手工艺技术，成为与路威酩轩集团、爱马仕集团齐名的奢侈品集团。

出生于1883年8月19日的香奈儿在12岁时便成为了孤儿，在法国中部的奥巴辛修道院（Abbaye d'Aubazine）度过了6年，她在那里学会了缝纫。18岁，香奈儿离开修道院

图1-1 香奈儿女士戴着插着不同颜色羽毛的"Chanel Modes"女帽

资料来源:FÉLIX. Comoedia Illustré, 1910-10-01.

到服装店当小裁缝师,为骑兵军官缝补裤子。由于香奈儿心灵手巧、娇俏可人,军官们喜欢邀请她去参加他们在小公园举办的派对,香奈儿勇敢登台表演,歌唱《谁见过可可?》(Who Has Seen Coco?)——一首描写少妇丢失了小狗"可可"情节的歌曲。此后,每当她登台时,台下观众都高呼"可可!可可!可可!"从此,她将自己"嘉柏丽尔"之名改成了"可可"。

1906年,香奈儿认识了法国面料商艾提安·巴尔桑(Étienne Balsan),不久两人坠入爱河,关系维系长达9年。巴尔桑让香奈儿接触到法国富人奢华、优雅的生活方式,并在事业上帮助香奈儿起航。1908年,香奈儿结识了巴尔桑好友、英国工业家阿瑟·卡佩尔(Arthur Capel),两人又擦出了爱的火花。法国人巴尔桑和英国人卡佩尔使香奈儿获得了不同层面的文化滋养。与巴尔桑一样,卡佩尔全力支持香奈儿的事业。

1910年,在巴尔桑的协助下,香奈儿在巴黎康朋街(Rue Cambon)21号开设了第一家商店,取名为"Chanel Modes",专为客人做女帽。[7]当时女士们已厌倦了花巧的饰边,所以香奈儿黑白色简洁、舒适的帽子对她们来说极具吸引力(如图1-1所示)。[8]1912年,法国女星嘉柏丽尔·多齐亚特(Gabrielle Dorziat)戴着香奈儿的女帽演出,"Chanel Modes"一举成为法国知名的女帽店。

同时在卡佩尔的支持下,1913—1915年,香奈儿先后在法国高级度假胜地多维尔(Deauville)和比亚里茨(Biarritz)开设了时尚女装店。当时欧洲女性依然被繁复服饰限制,名媛贵妇穿衣都需要仆人帮忙,行动也极不方便。于是,极具前瞻性和颠覆性思维的香奈儿大胆地提出了极简主义和实用主义,随着女性在第一次世界大战期间陆续投入职场和战场,简便穿着顿时红遍全欧洲,香奈儿女装获得极大的成功。

1918年,香奈儿将康朋街总店搬至31号。香奈儿设计出富有青春气息、年轻而带点叛逆的女生装扮,形成风潮(如图1-2所示)。香奈儿女装让女性从紧身衣中解放出来,成为追求轻便的法国女性的新时尚。

女装的成功让香奈儿将目光移至女性的另一所爱物品——香水。1921年,香奈儿发明了香奈儿5号香水，面向全球销售，笔直的瓶身和同时代其他香水瓶设计迥然有异。"5"是香奈儿的幸运数字，同时"5"也代表了香奈儿经过了五次尝试才推出这款香水。

随着香奈儿名声大起，一些精明的资本家开始购买香奈儿业务的股份。1924年，法国商人皮埃尔·韦特海默（Pierre Wertheimer）在香水业务上成为她的合伙人，成立了香奈儿香水公司。韦特海默家族拥有70%的股份，香奈儿拥有10%的股份，另外20%的股份由香奈儿好友、巴黎老佛爷百货公司创始人西奥菲勒·巴德（Theophile Bade）所有。尽管香奈儿5号香水获得巨大成功，但香奈儿本人却获利很少，成为了她的一块心病，最终导致了三方合伙人交恶。[9]

此后，香奈儿推出了女性套装，及膝短裙和裁剪考究的外套组成优雅套装，选用黑色羊毛面料和金色纽扣，配以大颗珍珠项链；1926年，香奈儿推出了世界上第一条小黑裙，命名为"Ford"（如图1-3所示），简单大方的设计兼顾了时尚和舒适，多功能的用途使它同时适用于白天和晚上。美国版《服饰与美容》（Vogue）称之为"全世界女性都爱穿的裙子"。如今，当人们谈起小黑裙，一定会提到香奈儿和因奥黛丽·赫本（Audrey Hepburn）而风靡全球的纪梵希（Givenchy）。[10] 正如香奈儿在《时尚芭莎》（Harper's Bazaar）上所言："简约是所有真正优雅的基调。香奈儿的设计永远保持简约与舒适的风格。"

1927年，香奈儿在巴黎时装界独占鳌头，成为了不可动摇的权威。此时，一件胸前缀有儿童涂鸦式蝴蝶花纹的黑白两色针织套衫平地掀起一股新风，被诸多时尚杂志评选为"年度毛线衫"，而香奈儿一生的对手——出身贵族的意大利顶级设计师艾尔莎·夏帕雷利（Elsa Schiaparelli）——崭露头角，短短几年成为了唯一威胁到香奈儿地位的劲敌。[11] 由于夏帕雷利出身世家，西方现代各流派优秀艺术家都与夏帕雷利家族保持稳定的私交，如野兽派代表人物基斯·凡·东根（Kees van Dongen）、超现实主义画家萨尔瓦多·达利（Salvador Dalí）等，都在艺术上为夏帕雷利提供了许多帮助。夏帕雷利的每件服装俨然一幅现代艺术品，

图1-2 香奈儿引发的设计潮流
资料来源：https://www.hautehistory.co.uk/chanel-timeline/house-history-the-chanel-timeline.

图 1-3 香奈儿经典小黑裙
资料来源：http://cosmopolitan.com.hk.

罂粟红、紫罗兰、猩红、粉红，给属于香奈儿平直、黑白美学的年代带来了新的冲击，至今夏帕雷利品牌还活跃在巴黎高级订制时装秀场中。

在1927年和1932年香奈儿相继首推护肤产品线和高级珠宝线后，香奈儿品牌不仅受到竞争对手和合伙人矛盾的影响，她本人还卷入了第二次世界大战反犹太主义和纳粹德国特工身份的流言，香奈儿品牌沉寂了十余年之久，甚至关闭了所有位于巴黎的香奈儿门店。皮埃尔·韦特海默在第二次世界大战爆发之际，为防止香奈儿香水公司落入德国纳粹之手，将所有产权转入另一位非犹太裔法国商人菲利克斯·艾米尔特（Felix Amiot）名下。反观夏帕雷利，在20世纪初期品牌利润已达1.2亿法郎，拥有26家工厂和2 000余名员工，相继在巴黎旺多姆广场（Place Vendôme）、伦敦格罗夫纳广场（Grosvenor Square）开设旗舰店，她本人也取代香奈儿成为了时装界最受欢迎的设计师。一时间，黑白潮流被色彩趋势掩盖。

第二次世界大战成为了时装界的分水岭。夏帕雷利巅峰而退，皮埃尔·巴尔曼（Pierre Balmain）、克里斯汀·迪奥、克里斯托巴尔·巴黎世家（Cristóbal Balenciaga）等男性设计师强势崛起，已步入老年时期的香奈儿无法忍受男性设计师掌管时装界，于1953年复出，香奈儿门店因此重新开张营业（如图1-4所示）。1954年2月5日，香奈儿在康朋街旗舰店内举办了首场时装表演，她悄悄地坐在旋转玻璃楼梯上看着模特儿在一片沉寂中走秀。美国《生活报》（Life）在报道中写道："71岁高龄的香奈儿所呈现的，与其说是一种潮流，不如说是一种革命。"

伴随着沉寂秀场的是皮埃尔·韦特海默回到了欧洲，先后收购了巴德和香奈儿手中所有股份，交易的条件是皮埃尔出资开设香奈儿时装公司，并在香奈儿有生之年包揽应缴税款和所有债务。自此，韦特海默家族取得了香奈儿名下时装及其他所有业务的所有权，而香奈儿仅担任公司的设计总监。

图 1-4 香奈儿女士在康朋街旗舰店内复出

资料来源：© Robert Doisneau/Rapho, 1953。

尽管公司所有权发生了重大变动，香奈儿仍然在 1955 年 2 月设计出了香奈儿标志性的手袋"2.55"，她大胆地将菱格纹（quilting）作为装饰添加到手袋设计中，使其迅速成为一种全新的优雅精致生活姿态的象征（如图 1-5 所示）。从此，这个点石成金的手袋让所有女人心驰神往，成为时尚女性梦寐以求的必备单品之一。与此同时，这也是香奈儿时代最辉煌的标志性产品之一。

1971 年，香奈儿在以巴黎丽兹酒店（Hôtel Ritz）为家的客房内过世。此时，香奈儿公司已传到皮埃尔之子雅克·韦特海默（Jaques Wertheimer）手中。而香奈儿女士的去世带走了一个时代，即使在首席创意总监职位缺席七年后由三位设计师——菲力·吉尔伯格（Philippe Guibourge）、让·卡佐邦（Jean Cazaubon）和伊冯·杜德尔（Yvonne Dudel）这两男一女组合——担任设计总监，也无法阻止香奈儿品牌的颓势。1971—1983 年的香奈儿被外界公认为一个"近乎死亡的品牌"。

历史的转折发生于 1983 年。在 1954 年国际羊毛局支持举办的全球外衣设计大赛中夺魁的卡尔·拉格斐（Karl Lagerfeld）成为香奈儿品牌设计总监，并签订了终身合同。后人喜欢将这位跨时代的德国设计大师称为"老佛爷"或"时装界的凯撒大帝"。他开启了香奈儿品牌另一段传奇旅程。顺带一提，拉格斐的知音兼劲敌伊夫·圣罗兰（Yves Saint Laurent）也在 1954 年那届全球晚礼服设计大赛中夺得桂冠，两人在此后的时装界

图 1-5 经典的香奈儿 2.55 手袋

资料来源：https://www.chanel.com/zh_CN/fashion/collection/chanel-22.html。

图1-6 拉格斐设计的香奈儿成衣始终保留了一贯的黑白优雅精髓

注：从左至右、从上至下依次为：1985、1987、1989、1990、1993、1995、2000、2003、2004、2005、2006、2010、2015、2016、2017、2018年秀场上黑白美学元素

资料来源：ALGOD J, SHEFFIEL D. Karl Lagerfeld's 100 greatest Chanel runway moments[N]. Harper Bazzar, 2019-02-19.

中一时瑜亮，都在设计艺术及时尚史上具有至高的地位。

拉格斐从周围的生活中撷取灵感，尤其是同性之爱，从不效仿其他品牌设计师或一味迎合消费者，为人们提供了具有解放意义的自由和选择，将服装设计从以男性观点为主的潮流转变成表现女性美感的自主舞台，将女性本质需求转化为香奈儿品牌内涵。因此，拉格斐改造了成衣时装系列，也重新整合了手袋"双C"互锁的标志。拉格斐还把长相酷似香奈儿女士的法国名模伊娜·德·拉·弗拉桑热（Inès de la Fressange）捧为缪斯[①]，弗拉桑热具备了香奈儿品牌的所有形象元素：黑与白的矛盾、都市感、新奇、优雅、教养、慈爱。在拉格斐魔术般的掌管下，香奈儿品牌取得巨大的成功——品牌复活，成为世界上最赚钱的时装品牌之一。更重要的是，拉格斐保留了香奈儿一贯的黑白优雅精髓（如图1-6所示），为香奈儿女装改良比例，推陈出新，将高级订制的精湛工艺发扬光大。每年，拉格斐通过在其最爱的巴黎大皇宫内举办创意无限、气势恢宏的时装秀，成功地把香奈儿品牌引领到一条摩登典雅的优美坦途（如图1-7所示）。

自1984年起，拉格斐开始将香奈儿品牌向集团公司发展，不仅依靠经典的黑白美学设计和有效的品牌元素传播使香奈儿回到顶级奢侈品品牌之列，还将欧洲顶级的数十家高级皮革商和手工坊陆续揽入品牌旗下。一方面，香奈儿依靠这些作坊手工艺人巧夺天工的手艺来维系自身的精美设计；另一方面，面对日渐萎缩的手工产业，香奈儿亦鼎力相助，通过收购等手段，帮助它们代代维系。[12]

即便在全球时尚之都巴黎，历经百年传承下来的手工坊在近些年快节奏的都市生活中却濒临消亡。如成立于1880年的羽饰坊Lemarié，是法国如今唯一一家羽毛工坊，他们将从南非进口的鸵鸟毛、天鹅毛、孔雀毛经染色、剪裁等手法点缀在高级订制礼服之上，与蕾丝共舞，在模特儿行进间，摇曳出独特的浪漫姿态。又如始创于1858年的刺绣坊François Lesage，如同一家刺绣技法与刺绣存品的刺绣博物馆，已制造了4万个刺绣版本，拥有超过60吨供应品存货。一件刺绣从描样、钉珠到刺绣，可以说凝聚了历史与技术的精华所在。尽管刺绣坊已并入香奈儿，但仍是时装界巨子的首选刺绣供货商。

除此之外，香奈儿还收购了手套制造商Causse、苏格兰针织工作坊Barrie、珠宝坊Desrues、鞋履坊Massaro、制帽坊Maison Michel、金银饰坊Goossens、花饰坊Guillet、顶级羊皮革厂Bodin-Joyeux、褶裥手工坊Lognon、刺绣工作坊Lanel、钩针刺绣坊Montex、刺绣工坊Vastrakala、高级羊皮工坊Megisserie Richard、高级皮革商Colomer、印花皮革商Conceria Samanta、皮革厂Degermann、皮革配件制造商Renato Corti、高端皮具制造商Mabi、时尚公司Grandis等多个供应商品牌或其多数股权，而这些供应商也可以在这个家族企业中继续让法国古老的传统手工艺得以传承。自2002年以

[①] 可参考香奈儿集团官网对品牌历史的介绍：https://www.chanel.com/hu/about-chanel/the-history/1980/.

图1-7 老佛爷时期香奈儿在巴黎大皇宫的时装秀

来,卡尔·拉格斐、第四代艺术总监维吉妮·维娅(Virginia Viard)每年都会创作一个高级成衣系列来展现珍贵独特的传统手工艺,向高级手工坊致敬。

雅克·韦特海默之子阿兰·韦特海默(Alain Wertheimer)和热拉尔德·韦特海默(Gérard Wertheimer)兄弟在1996年成为了香奈儿集团的掌舵人,各持一半股权。其中,热拉尔德掌管钟表业务,阿兰则负责其他所有业务。兄弟俩继承了家族精神,始终保持香奈儿家族控股,坚决不上市,保持香奈儿销售业绩和商业规划的神秘感。香奈儿在全球主要城市都设立了办公室,负责服装、腕表和美妆的公关人员全部在一个办公区域,而他们的主要职责是向媒体提供样品、发布品牌故事或产品故事等,但从不对公司的任何决定和政策做出任何评价。韦特海默兄弟对香奈儿的财务状况及他们的私人生活都保持家族传统的低调,几乎不接受媒体采访,直到2018年才向公众略微透露了香奈儿多年以来骄人的业绩。①

---

① 可参考香奈儿集团官方披露的财务信息:https://www.chanel.com/us/financial-results/.

即使新型冠状病毒感染疫情大肆冲击奢侈品行业，香奈儿收购高级皮革商和手工坊的脚步也始终没有停止。

2020年7月，香奈儿收购了位于意大利皮埃蒙特的纱线生产商、标志性粗花呢供应商Vimar1991；同年8月，香奈儿收购了专门加工和处理高档小羊皮、羔羊皮和小牛皮的意大利制革厂Conceria Gaiera Giovanni，不断丰富自己的奢侈品供应链；同年10月，香奈儿宣布收购了多年的合作伙伴意大利制鞋厂Ballin——意大利已成为香奈儿集团的重点投资地区；同月，香奈儿以3.1亿英镑的价格从业主手中买下其位于伦敦邦德街158—159号的旗舰店房产，比最初业主提出的2.4亿英镑期望报价还要高近30%。

除了对外投资和收购外，香奈儿也在扩大现有的皮具产能。2020年12月，香奈儿扩建完成了巴黎北部的Verneuil-en-Halatte皮具工坊。Verneuil-en-Halatte皮具工坊始建于1990年，拥有400多名专业的制造工匠，每一名工匠都需要至少4~5年的时间，才能完美掌握所有包款的制作流程和技巧，每一款经典包款的诞生需要超过180道精密工序，耗费至少15小时，最终经过严格的品质监控才能送至专营店中。扩建后的皮具工坊总面积将达2.5万平方米，并将采用严格的环保建筑标准和太阳能供电系统。2024年前，工坊还将招募100名员工，每年培训30名制作工匠。

传统手工作坊的魅力就在于传承下来的"手工工艺"，而这门艺术绝大多数运用在香奈儿高级订制时装上。其实，手工作坊的工匠们从事着奢侈品行业中最不起眼却恰恰最不可或缺的工作，他们捍卫了高级时装的定义。香奈儿通过时装秀和高级订制发布会向大众展示旗下传统手工艺作坊的精湛技艺，与此同时，高级皮革商和手工作坊也从与香奈儿品牌历史相关的国际都市如巴黎、米兰、纽约、伦敦、东京、上海、蒙特卡罗、莫斯科、伊斯坦布尔、孟买等，及其文化中汲取灵感。

高级皮革商和手工作坊不论是收购还是市场运作，都需要基于优质且充足的原材料供给。香奈儿集团与各个收购的供应商都保持着持久的合作，夯实了奢侈品生产的供应链，使已经建立的良好合作关系得以延续——黑白美学的代名词"香奈儿"的神话也将一直延续。

香奈儿的品牌哲学正如其本人精妙的总结："奢华的对立面并非贫穷，而是粗俗。"[13]

奢侈品作为一个既绝对又相对的概念，自远古时代便有。[14] 无论是古文明、中世纪，还是文艺复兴时期或近现代，每个时代都有各自不同的审美风尚、代表物品和独特历史事件。奢侈品代表了人类一定历史时期的最高生产水平，而生产水平又随着人类文明的发展而产生变化。[15] 奢侈与奢侈品是一个中性的定义，指在各种商品的生产和使用过程中超出必要程度的费用支出及生活方式的某些方面，并非贪欲、挥霍或浪费。

"光速达不到的地方通过艺术去到达"[16]——奢侈品即是通过艺术去巧妙地表达价值观所体现的新生活方式。

1.1　奢侈品定义与特性

奢侈品（luxury goods）的概念比较广泛，广义而言可指高品质产品。在学术上，奢侈品一般被描述为以满足消费者心理需求为主，同时超出人类生存与发展需要，既有相对概念（与不同时间段的个人消费水平、社会发展不同阶段、社会价值体系的差异相关）[17]，也有绝对概念（与社会大众消费水平有关，具有公认、客观的标准），具有独一无二的品质和匠心独具的美学属性，代表一定社会地位的外显物品，不仅包含了功能性价值，还包含了象征性价值和美学价值[18]。

相比于高端商品和普通产品，奢侈品在设计、生产和使用过程中的象征性价值和美学价值远高于功能性价值。此外，奢侈品更注重产品或服务的表现与品牌内涵，核心价值之一在于其作为一种符号，能够表现消费者"区别"于他人的个人身份[19]，一方面反映了高品质、精湛手工艺、历史底蕴、艺术化、人性化服务等正面特征[20]，另一方面在一定程度上产生了炫耀性消费、排他性、享乐主义等隐含过度、铺张浪费的负面特性[21]。消费者对于自身的认知会影响他们的购买决策过程，他们倾向于购买那些符合（在某些情况下甚至高于）自身形象以及身份地位的奢侈品。[22]

奢侈品从拥有或使用人数角度可以分为传统个体单独拥有类奢侈品（personal luxury goods）和非传统个体单独拥有类奢侈品。前者包括成衣（ready-to-wear）、皮具（leather goods）、珠宝与腕表（jewelry and watches）、香水与化妆品（perfumes and cosmetics）等；后者包括豪车（luxury cars）、私人飞机（private jets）、游艇（private yachts）、食品珍馐（find food）、红酒与烈酒（wines and spirits）、艺术藏品（fine art）、装修与家具（ornament and furniture）、酒店与服务（hotels and hospitality）等。

关于奢侈品定义与内涵的详细阐述可参考作者的其他著作。①

随着当下数字经济时代的发展，人们已经适应了奢侈品在生活中无处不在，传统奢侈品被赋予了新的内涵，新时代奢侈品应运而生，可称为"新豪华"（new luxury）。它不仅具备了上述属性的独特内涵，还包括技术豪华、更低调的消费模式、情感与内在体验、自我愉悦、"年轻态"的时尚色彩等。

（1）技术豪华。汽车、腕表、家电等高端科学技术与复杂工艺[23]，具有可持续的绿色、环保、生态功能[24]，以及互联网技术、智能化技术等[25]都代表了数字经济时代和主力年轻消费群体的奢侈品消费价值理念。技术豪华侧重的是前沿科技给用户带来的豪华体验，正如丽思·卡尔顿（Ritz-Carlton）创始人霍斯特·舒尔茨（Horst Schulze）所言："千禧一代是在使用科技的环境中长大的……高科技和高触感不一定相互排斥。"科技对豪华调性的贡献，让奢侈品从偏于外向的"尊贵"与"豪华感"，转化为综合气质的"调性"——不仅是外表，更有数字化基础上的智能化、可控性而引发的个性化——意味着消费者更加重视隐含在内涵中的品位，即对产品及品牌的自我互动感受、情感共鸣，以及包括品牌社群在内的诸多因素，这些都是技术豪华让消费者能直观感受和体验到的。

（2）是更低调的消费模式。这种新消费模式通过提供新的身份标志，挑战了对传统奢侈品的定义。这种消费形式是使用带有不明显标识的产品，这些产品不会立即被大多数旁观者识别出来，其豪华度由那些对这些品牌价值有一定文化理解的人所识别[26]，这些人是特定的消费群体[27]。事实上，三大趋势促成了新时代的消费模式，即偏好模糊的符号展示、低调有抱负阶层的崛起、高价值的消费投资观念。例如：代表低调、简

---

① 关于奢侈品的定义与内涵可进一步参考：李杰. 奢侈品公司创新管理——商业生态视角 [M]. 北京：机械工业出版社，2020.；李杰. 奢侈品品牌管理——赛车运动与法国红酒 [M]. 上海：上海交通大学出版社，2019；李杰. 奢侈品品牌管理——高端腕表 [M]. 上海：上海交通大学出版社，2019；李杰. 奢侈品品牌管理：方法与实践 [M]. 北京：北京大学出版社，2010；等等。

约、高贵的葆蝶家（Bottega Veneta）以创新多变、品质精良和技艺精湛的皮革梭织法创造了一个全新的奢华标准，产品不需要带有明显标识，仅靠其独特的意大利编制工艺便能让特定的消费群体所识别，从而低调地体现其豪华性；与之类似，迪奥（Dior）也有意将品牌标识隐藏在部分成衣纽扣下，从设计角度折射出更低调的消费模式；同样作为高级订制时装翘楚的香奈儿正逐步向低调消费模式过渡，首席创意总监维吉妮·维娅（Virginie Viard）的作品并非直白地彰显豪华，而是通过亦真亦幻的失重感设计语言与轻盈、清新、柔美的感知体验，隐形地表达华丽与优雅，只有深度了解香奈儿的消费者才能够识别；以高级男士成衣著称的杰尼亚（Zegna）则以当今无缝融合的生活节奏作为设计主旨，秉承"重新定义时尚男装"（re-tailoring the modern man）的理念，以服装的形式呈现无界化。

值得一提的是，如果奢侈品品牌曲解了消费模式，那么非常容易损害品牌"调性"。例如，自1993年被菲亚特集团收购后，玛莎拉蒂（Maserati）依靠法拉利产的部分发动机和管理经验开始盈利，但为了消除在中国市场中"土豪""炫富"等负面标签的不利影响，同时为了迎合中国消费者偏好，盲目地推出价格亲民的SUV系列，使玛莎拉蒂的高端品牌形象受损，此举亦降低了高端消费者群体对其在中国市场建立的品牌赛车文化的认可程度。不难发现，"更低调的消费模式"最显著的特征是去品牌标识化。爱马仕铂金（Birkin）和凯莉（Kelly）手袋通过不同设计风格，配以全球顶级皮革材质与"马鞍双针"针法体现其豪华度；意大利山羊绒品牌布内罗·古奇拉利（Brunello Cucinelli）通过独有的山羊绒染色技术、简约设计与针织工艺体现豪华度；2013年被路威酩轩集团收购的意大利品牌诺悠翩雅（Loro Piana）通过内在的珍贵骆马毛体现新豪华。

（3）是情感与内在体验。在非商业环境下，奢侈品可以通过促进消费者内在自我价值，提供审慎的价值观，如自由、放松、意义和幸福；体验价值可以从单独活动和与家人朋友等人一起经历的活动中发展[28]，而消费者多从服务中获得外在体验，品牌在顾客知识、高水平服务、零售系统升级、与顾客接触交流、跨品类销售服务等方面不断提升，从而使消费者获得更好的体验感受。随着奢侈品呈现全民化、更易获取的特性，消费者正在转向创造独特身份感的体验，这种体验资本对自我发展更有用。[29]海蓝之谜（La Mer）凭借稀有的修护级面霜成为高知名度的护肤品牌，产品中诸多成分源于深海珍稀原料，不仅带给消费者高贵的护肤体验，还能带来极致的情感体验；与海蓝之谜媲美的莱珀妮（La Prairie）通过手工提取的瑞士阿尔卑斯山泉养殖的高级鲟鱼子精华，打造各种护肤产品，给消费者带来高贵奢华的体验。此外，被复朗集团收购的意大利高级鞋履品牌塞乔罗西（Sergio Rossi）以经典诠释摩登；美国排行第一的奥古斯塔高尔夫俱乐部（Augusta National Golf Club）以优美的自然环境、顶级的球场设计、私人化的会员管理制度带给消费者无与伦比的内在体验。腕表行业中，宝珀（Blancpain）从机芯的完全自主设计、研发、生产，到售后保养，诠释了真正的"高级制表"，百达翡丽（Patek Philippe）、江诗丹顿（Vacheron Constantin）也是如此，让消费者得到全方位高端体验。

（4）自我愉悦。自我构念理论（self-construal theory）描述了个体"感知将自我与他人区分开来的清晰边界[30]，并将个人目标置于群体目标之上"的倾向，表现出自我构念的个体是独立、自主和自我依赖[31]。自我愉悦通过基于价值的奢侈品消费细分被定义为广义的享乐价值。[32]自我愉悦来源于外界刺激脑部的多巴胺分泌，是一种心灵的满足和对美好事物的触动，即愉悦感是美学宗旨，也是人类的审美诉求。对于F1威廉姆斯车队创始人弗兰克·威廉姆斯公爵（Sir Frank Williams）而言，对赛车的热爱、醉心与追求内化为一种自我愉悦，不同于相对高调的法拉利（Ferrari）、兰博基尼（Lamborghini），威廉姆斯公爵即便在车祸导致瘫痪、生活艰难的情况下，依然保持对赛车运动的热爱，年复一年地沉浸在赛车场和车队工厂内，享受了自我愉悦达33年之久。德国顶级厨具品牌嘉格纳（Gaggenau）的品牌标语是"迥然有别，嘉格纳"，不仅是美好的使用感受，也是对生活高品质的别样表达，对生活的美好探寻与体验、近千道工序和上万个零件的手工打造带来的嘉格纳独特而奢华的艺术气氛都体现了品牌对美的不懈追寻。

（5）"年轻态"的时尚色彩。杜嘉班纳（Dolce & Gabbana）彰显西西里古典浪漫，结合来自意大利的万种风情，将古典与现代生动地糅合在一起，给人强烈的视觉冲击，成为给时尚圈带来活力四射的风格与创意的品牌。美国百年珠宝品牌蒂芙尼（Tiffany）也在不断探寻与年轻消费者沟通的方式，创建千禧一代情感链接，无论是在上海放置15米高的机器人，还是在伦敦建立蒂芙尼工作坊（Tiffany Studio），都是品牌用情感锁定年轻消费者。意大利时装品牌尼奥·贝奈特（Neil Barrett）的设计理念集实用与美学于一身，专攻极简主义设计，在世界时装设计潮流中独占一方，在年轻一代的时尚圈中颇为风靡；代表美国时尚文化的汤姆·布朗（Thom Browne）总能让消费者感到时尚感和新鲜感，呈现了颠覆性的时尚新诠释；而作为"年轻奢华"代表的W酒店一直是潮流的写照，活力和探索未知的品牌精神吸引了年轻的新贵阶层人群和无数时尚人士争相打卡。宝格丽酒店也同样彰显了品牌"年轻态"色彩，通过酒店与珠宝及腕表、香水及化妆品等行业间碰撞后所产生的"化学作用"，来制造年轻消费者的话题热点，也符合当下不同顾客群与使用场景交融的发展趋势，提供新的品牌增长点。

在数字经济时代下，品牌传播的社会资本形式与可持续性构成了奢侈品的另一种表现形式。新时代的奢侈品品牌通常使用社交媒体报道环保举措、公益行为等企业社会责任来获得公众的关注和曝光度[33]，并取得人们的偏好和信赖[34]，从而提供环境、社会和经济利益更佳的产品及服务[35]。

1.2 奢侈品发展历史演进

奢侈品作为一个相对的概念，自远古时代便有。无论是古文明、中世纪，还是文艺复兴时期、近现代、当下，人们对奢侈品在不同阶段有不同的认识。

在心理态度层面，大众对奢侈品的感知态度逐渐由负面走向正面，奢侈品的概念理解随着时代的发展而发生改变。[36] 中世纪，人们认为奢侈品是不必要的、多余的。奢侈品相比其他物品更加精致[37]，但其目标人群仅仅是那些"幸福的少数人"[38]，奢侈品只不过是这部分人从人群中"区分"开来的方法。

如今这个词的含义不再那么负面。随着品牌概念的产生，奢侈品品牌逐渐被认为是一个众所周知的、可靠的、受人尊敬的品牌。当品牌印记引起人们注意时，排他性概念（即该商品不是服务于每个人）就会消失，顾客的关注点更集中在产品的质量上。同时随着中间等级奢侈品的兴起，目标群体开始扩大延伸。人们对奢侈品的印象变为精致、昂贵、合理、高质量，并且有一个强大的、具有吸引力的品牌名称。

1.2.1 缘起美学：古文明的奢侈品

广袤的大陆用甘甜的河水浇灌出不同文明形态，也催生了奢侈品最早的起源。在漫长的历史长河中，幼发拉底河和底格里斯河流域、印度河和恒河流域、中国黄河与长江流域等孕育了众多古老文明，彼此交相辉映、相得益彰。

自人类古文明形成以来，人类就从奢侈品的诸神踪迹中寻找精神密码。时间的厚厚沙砾沉积的古老文字、神话传说、文献典籍，都成为今人探秘溯源古老奢侈品的线索。古埃及时期（Ancient Egypt，公元前3100—公元前30年）尼罗河畔的黄金饰品[39]、腓尼基时期（Phoenicia，约公元前2800—约公元前800年）的象牙雕像[40]、两河流域阿卡德帝国时期（Akkadian Empire，约公元前2334—约公元前2154年）的青铜器[41]、古巴比伦王国时期（Babylon，约公元前1894—约公元前1595年）的石雕[42]、中国西周时期（公元前1046—公元前771年）的青铜器[43]等艺术异彩纷呈（如图1-8所示）。

可见在古文明时期，人类非常追求仪式感。无论是西方古代雕刻艺术还是中华茶道文明都充满了仪式感。文字、法典、建筑形式、祭祀活动等也记载了古文明的仪式感。悦耳悦目、悦心悦意、悦志悦神的审美境界，成为了古文明时期的又一类奢侈品。

中国是唯一一个历史被比较完整记载的古文明国家。因此，奢侈品与中国人类文明的演进历程也被比较完整地保留了下来。[44] 在继承和发展先秦时期黄金炼丹与金器制作[45]、青铜器、玉器、良马和礼服的形态和范围的基础上，秦汉时期建造了大规模的豪华宫殿建

（a） （b） （c） （d） （e）

图1-8 人类古文明时期的奢侈品
（a）古埃及时期黄金饰品；（b）腓尼基时期象牙雕像；（c）阿卡德帝国时期青铜器；（d）古巴比伦王国时期石雕；（e）中国西周时期青铜器
资料来源：MCNEER J, 2018; BARBETT R D, 1975; 123RF; FLORES-LOWRY P; 高西省, 2000。

筑和王府宅院（如阿房宫、未央宫等），映射了奢侈品的早期影像[46]。这一时期的中国奢侈品已开始了从等级特权产品向交换商品形态的转变。尤其在西汉武帝时期，围绕"衣、食、住、行"的传统奢侈品有了雏形。魏晋南北朝爱美的士大夫阶层人士用香熏炉在室内熏香除秽净化空气，或熏衣被而保持香气，以示高雅[47]，香熏炉便是那个时期社会上层人士家中配备的奢侈品[48]。

1.2.2 从贵族时尚到文艺复兴

中世纪（Middle Ages，476—1453年）是西方文明的一个生意盎然的时代，奢侈品的发展就是其中之一。[49] 在欧洲，奢侈品、时尚与皇宫贵族联系起来，他们让御用设计师打造与众不同的奢华时装作为贵族阶层的时尚。中世纪还有许多大学被创办，不但教授神学课程，还传授自然科学、美学、修辞学、法学、逻辑学等，各种类型的测量和绘图工具、罗盘、星盘以及水手指路用的海图均出现，这为今后机械腕表、机械挂钟等奢侈品的出现奠定了技术基础。

中世纪的欧洲产生了社会阶级制度，上流贵族阶层经济富裕，他们想方设法雇佣著名的设计师为其打造与众不同的奢华时装，这是当时贵族阶层的时尚。也在这个特殊时期，"奢侈"的概念逐渐成为了人们持续争论的热门话题，支持者认为奢侈品是社会进步的推动力和有高追求的标志，而反对者则将其视作美德的天敌。

随着意大利士兵积累巨大财富从十字军东征回国，意大利人民的奢侈品消费在国家兴起过程中有了物质保障，生意盎然的奢侈品消费时代悄然来临。14—16世纪发生的文艺复兴运动（Renaissance）使人们服装变得华丽高雅、舒适美观、个性化，他们不再满足于中世纪以来各类"禁奢令"造成的教条式穿着，更希望按照自己的审美观念去用服装塑造人体，彰显品位与身份。意大利人带动了奢侈品消费的狂潮，这股潮流从意大利发端，流传到法国,并由法国掀起了新的时尚,涌向整个欧洲,又从欧洲席卷了世界。

文艺复兴运动标志着人文主义和世俗化意识的兴起,持续增长的财富和领先的奢侈品制造业,为奢侈品消费提供了源源不断的动力。欧洲国家被奥斯曼帝国(Ottoman Empire,1299—1923年)珍藏的中国陶瓷、土耳其地毯等东方奢侈品强烈吸引[50],渴望把新积累的财富挥霍到愈加精湛绚丽的艺术品如纺织品、玻璃器皿等上。将异域情调的奢侈品植入宗教画作中是当时欧洲国家的社会风气,满足了欧洲人对天堂和完美生活的想象。

文艺复兴时期诞生的巴洛克建筑风格将东罗马帝国(Byzantine Empire,395—1453年)的金碧辉煌拉回红尘俗世,金雕玉砌、浮华绚丽。[51] 在建筑上多以椭圆形为基础,运用丰富的表面、扭曲元素和镀金雕像,展示复杂形状及空间动态感,表现宏伟、戏剧性、强烈光影对比,如法国凡尔赛宫(Château de Versailles)和西班牙圣地亚哥德孔波斯特拉主教座堂(Catedral de Santiago de Compostela)(如图1-9所示)。文艺复兴时期形成的艺术品位、审美观和精致的时尚风格,都成为贵族行为规范,也成为进入主流社会的标签。以路易十四为代表的欧洲王室贵族也间接传播了巴洛克风格的生活品位及鉴赏方式,促进了奢侈品行业的兴起。[52]

意大利画家卡洛·克里维利(Carlo Crivelli)作于1486年的《圣母领报》(*The Annunciation with Saint Emidius*)描绘了如下场景(如图1-10所示):复古豪宅装饰着柯林斯柱式(Corinthian Order)大理石;女子束金色发辫,深红色长裙和绿色披风色彩对比强烈;床上堆有绿色和深红带金色穗子的枕头,上面挂着猩红的带金色刺绣的挂毯;房间后面的架子上堆满了精致水晶瓶、红色皮制封面带搭扣的书籍、中国瓷器等。豪宅二层栏杆上挂着精美的土耳其进口织毯。这幅杰作深刻描绘了当时欧洲大陆精致奢华的生活细节。[53]

图1-9 巴洛克建筑:凡尔赛宫(左)和德孔波斯特拉主教座堂(右)
资料来源:DE SAKUTIN S,2021 等。

图1-10 《圣母领报》
资料来源:The National Gallery, London。

同时期的中国先后历经了世界历史上比较鼎盛的唐朝（618—907年）、两宋（960—1279年）、大明（1368—1644年）时代。强大的经济实力与外交开启了新一轮东方奢侈品发展。其中：唐三彩是达官贵人陪葬必需的用品之一；丝绸、瓷器被运到境外，境外的各种特产（如动植物、香料、珠宝、乐器和药材等）不断被作为奢侈品运入中国，出现在贵族和士人的生活中[54]；两宋时期极其开放的社会风气与繁荣的经济为奢侈品盛行提供了物质条件，倡优高端服务与酒肆餐饮成为了独特的奢侈品[55]；明朝七次下西洋的壮举开拓了海外贸易，为此后的中国资本主义萌芽奠定了基础，中国人开始更注重家居装潢，许多高端红木家具出现在市场，并且形成了独特的明代家具风格，成为富裕人家必购的物品之一[56]；高官、贵族出行使用的超豪华轿子，也成为了当时很高级的出行工具[57]。

由于明末战争与清朝文化专治、闭关锁国、重农抑商等因素，中国最终让出了世界第一经济强国的宝座，科学技术发展也逐年衰退，奢侈品发展自此停滞不前。

1.2.3　中外历代禁奢法令

在人类文明发展史上，关于"奢侈"和"奢侈品"概念的争议以及针对铺张浪费行为的批评与限制可谓传统悠久。无论在秦汉时期的中国，还是在以罗马帝国为代表的西方国家，都已出台专门限制过度消费与奢侈行为的法令。

1. 中国历代禁奢令

中国传统文化历来崇尚节俭、反对奢侈浪费，如"克勤于邦，克俭于家"①"俭，德之共也；侈，恶之大也"②"食无求饱，居无求安"③"去奢，去泰"④。然而，现实生活中奢靡现象又往往十分普遍，对其产生的危害历代统治者也有一定认识，颁布过许多"禁奢令"。

受经济发展水平制约，中国古代早期奢靡之风尚不明显。在西汉时期（公元前202—公元8年），国力逐渐增强，奢靡之风随之逐渐滋长，当时"思衣则有绫罗绸缎，思食则有山珍海味"⑤，此时的奢侈之风在婚丧嫁娶方面表现最为突出，"富贵嫁娶，车軿各十，骑奴侍僮，夹毂节引，富者竞欲相过"⑥。汉朝廷多次以诏令形式进行过制止，如：汉宣帝诏令"禁民嫁娶不得具酒食相贺召"⑦。汉光武帝初期诏令"吏三百石，庶民嫁、娶毋过

---

① 摘自《尚书·大禹谟》，意为"报效国家，要能够勤劳；主持家政，要能够节俭"。
② 摘自《左传·庄公二十四年》，意为"节俭是有德之人共同的品质，奢侈是恶念中的大恶"。
③ 摘自《论语·学而》，意为"饮食要有节制"。
④ 摘自《道德经》第二十九章。
⑤ 摘自中国古代著名劝诫文《破窑赋》，相传作者为北宋贤相吕蒙正。
⑥ 摘自东汉著名文学家王符所著《潜夫论·浮侈》。
⑦ 摘自《汉书·宣纪》中汉宣帝时针对嫁娶中铺张浪费现象发布诏令的记载。

万五千；犯者没入所赍奴婢财物县官"①。汉光武帝这份诏令根据官员品级不同，详细规定了办理婚嫁的费用标准，并制定了处罚办法。

唐朝是中国封建王朝发展的高峰，社会与经济快速发展进一步助长了奢靡之风的盛行。因此，唐高宗时期，规定官员和普通百姓按照不同等级穿戴不同颜色的衣物："衣服上下，各依品秩。上得通下，下不得僭上。仍令有司，严加禁断。"②"其异色绫锦，并花间闲裙衣等，糜费既广，俱害女工……务遵节俭也。"③"器物者，一品以下，食器不得用纯金。"④唐中宗神农二年（706年）发布诏令："诸一品以下，食器不得用浑金玉；六品以下，不得用浑银。"⑤其他禁奢令如《官人百姓衣服不得逾令式诏》《禁珠玉锦绣敕》《禁奢侈服用敕》《禁断锦绣珠玉敕》《禁大花绫锦等敕》《申禁车服第宅逾侈敕》《申禁公私车服逾侈敕》等[58]进一步限制了唐代百姓与官员器物方面的用度。

宋朝是中国封建社会在全球范围内的经济巅峰，张择端的《清明上河图》即描绘了宋代经济的繁荣景象。[59]官僚贵介以及商人、地主、手工业者等市民阶层也崇尚高消费，多蓄多藏且毫无避讳地向外炫示财资实力。服装铺翠作为传统奢侈符号受到追捧，从北宋真宗起到南宋理宗，近三百年内，朝廷面向民众陆续颁布禁约，采买、穿戴华丽服装和配饰沦为妖冶与僭越的符号。⑥

明朝因建国者朱元璋历经数十年贫寒生活，目睹了元朝统治者的荒淫无度，执政时期颁布了很多禁奢制度，如："近世以来风俗相承，流于僭侈……往往肆侈于乡曲，贵贱无等，僭礼败度，此元之失政也。中书其以屋舍服色等，策明立禁，颁布中外，俾各有所守。"⑦因此，在《大明律》《大明令》《明大诰》等一系列律令中，对服饰、饮食、屋室、用器及婚丧嫁娶等都有严格限定，如："俱不许僭用四人帷轿、与肩舆、及擅用交床上马。违者听科道官、及巡视衙门、参奏重处。"⑧类似的规定细致而周密，处罚办法具体而严厉，其主要意图是"辨贵贱、明等威"⑨，这样维护了集权统治政权，在制止奢靡之风方面也取得了一定成效。

---

① 摘自《甲渠言部吏毋嫁聚过令者》，此文对汉代社会中的婚俗奢靡问题进行了剖析。
② 摘自《唐会要·杂录》卷三十一。
③ 摘自《旧唐书·高宗本纪》。
④ 摘自《唐律疏议》。
⑤ 摘自《唐会要·杂录》卷三十一。
⑥ 可参考《资治通鉴后编》卷十九、《群书会元截江网》卷二十七、《宋会要稿·刑法二·禁约》、《宋史·舆服五》志第一百六、《建炎以来系年要录》卷一七四、《宋史》卷三十三《孝宗纪》、《宋史·本纪第四十六·度宗》等相关皇帝禁奢诏令记载。
⑦ 摘自《明太祖宝训》卷二。
⑧ 摘自《大明会典》卷之六十二。
⑨ 摘自《明太祖实录》。

清朝统治时期人口剧增，但经济发展并不如意，由此带来了保障供给的巨大压力，"奢靡"不利于多民族关系发展和社会稳定。清朝诸多皇帝对禁奢的重要性有深刻认识，多次下诏禁止奢侈、崇尚节俭，如要求官员"各敦本业，力屏浮华，以节俭留其有余……事事惟侈靡之是戒""惜物力而尽地利，共享升平之福，毋得相竞奢靡，习于怠惰"[60]，对日常生活中的奢侈浪费现象多有抑制。

2. 西方国家历代禁奢令

西方统治阶级很早便形成了奢靡之风导致畸形消费甚至亡国的观念。

自古罗马时期，统治者以各种手段矫治奢靡之风，重拾罗马人民质朴、坚韧、守法的社会风气和尚武的民族精神，并保护家族财富、维持家族间的平衡。布匿战争时期（Punic Wars，公元前264—公元前146年），战争导致物资短缺，罗马人相继通过《克劳迪亚法》（*Lex Claudia*，公元前218年）、《关于洗衣工的米提利亚法》（*Lex Metilia Fullonibus Dicta*，公元前217年）、《奥皮亚法》（*Lex Oppia*，公元前215年）等以控制战争时期罗马家庭的非生产性开支[61]。

伴随着罗马人的征服，巨额财富涌入罗马城，奢靡之风顿起。统治阶级内部出现了恶性攀比，贿选行为泛滥。这让统治者担心传统精神丧失，不得不再次求诸法律。古罗马人规制奢侈行为的措施分成两种。其一是设置专门官员——监察官，负责规制奢侈行为。其二是制定一系列以"禁奢法令"（*Lex Sumptuaria*）为主标题名的法律，如：限制宴会的《奥克尤斯法》（*Lex Orchia*，公元前181年）、《法尼乌斯法》（*Lex Fannia*，公元前161年）、《蒂丢斯法》（*Lex Didia*，公元前143年）、《艾米流斯法》（*Lex Aemilia*，公元前115年）、《李奇纽斯法》（*Lex Licinia*，公元前103年）、《安求斯法》（*Antian Law*，公元前71年）；限制丧礼开支的《科尔内留斯法》（*Leges Corneliae*，公元前81年）；限制女性消费的《奥皮亚法》和《优流斯法》（*Lex Iulia*，公元前46年）；限制进口产品使用的《法尼乌斯法》和《奥菲丢斯法》（*Lex Appuleia*，公元前103年）。[62]古罗马对奢侈行为的规制，取得了一些成效。然而，罗马帝国（公元前27—公元395年）晚期禁奢法令变成了一纸空文，奢侈行为已经泛滥。

中古时期的欧洲继承并发展了罗马人规制奢侈行为的措施。这一时期的欧洲法律是教会、罗马和日耳曼相关法令相互融合的产物。罗马帝国崩溃之后，罗马人法律不再居于主导地位，但一脉相承的哲学基础和宗教行为规范，使得涉及社会稳定和国民道德水准的禁奢令在欧洲社会仍然有效。此外，自11世纪开始的罗马法复兴运动，让古罗马法律精神重新在西欧大陆上焕发出生命力，因此，类似罗马帝国的禁奢法律在中世纪的欧洲建立起来。不过，立法者的侧重点从饮食转向各种标示个人身份的器物服饰上。

当时，欧洲各国对奢侈行为的代表性规制多侧重于衣着（如表1-1所示），主要目的是保护统治阶层的特权,通过严格的服饰规则来维护不同阶层的界限。这种规制在奢侈品和奢侈行为风靡的意大利和法国最为突出。

表 1-1　中世纪欧洲各国代表性禁奢令内容

禁令内容	国　　家			
	意大利	法国	西班牙	英格兰
颁布者	各城邦	国王	国王	国会
针对人群	授勋骑士、医生、律师	贵族、授勋骑士、高净值人群,不针对贫困人群	几乎影响所有人群,主要针对贵族、授勋骑士和部分中产阶级	除贵族人群外几乎所有人群
针对性别	女性	主要为男性	主要为男性	主要为男性
限制方面	配饰及服装剪裁	服装及价格	配饰及颜色	服装、价格与配饰
是否针对不同收入	否	是	否	是
惩罚措施	罚款并强制执行	以罚金为主	以罚金为主	无

资料来源:WILSON L A, LAMBOURN E. Common threads: A reappraisal of Medieval European sumptuary law[J]. Legal Worlds and Legal Encounters. 2016: 141-165.

在意大利,12世纪初至14世纪初是城市公社(commune)发展时期。用于规诫过度消费和维护既有社会秩序的传统手段已不再适应意大利城市急剧变化的社会和经济状况,奢侈品市场供需双方都发生了革命性变化。热那亚共和国在1157年"敕令运动"(Breve Della Campagna)中,立法禁止任何人购买或出售价值超过40索尔迪(Soldi)的紫貂皮草。[63]13世纪中后期,博洛尼亚、佩鲁贾、佛罗伦萨、比萨、威尼斯等城邦也相继出台类似法令。[64]这些早期禁奢令篇幅往往不长,没有序言对立法动机做出说明,内容也较简略,除阐明应禁止的奢侈行为和豁免条款外,很少涉及法令的执行部门和惩处方式。14世纪中后期,禁奢法令的基本框架逐步形成并确定下来。[65]法令文本一般由阐述立法动机的序言,以及分章节对不同奢侈行为进行规范和处理的正文构成,如1343年锡耶纳颁布的禁奢法在序言部分首先介绍该法令的制定者,然后阐明禁奢范围,包括骑士授勋仪式上接受的赠礼、服饰、丧葬仪式和婚礼宴会。此后,法令针对的奢侈行为主要集中在婚丧嫁娶、私人宴请和穿着服饰三方面。[66]到了15世纪,情况发生变化,世俗政府①越来越关注穿着服饰,特别是女性服饰的奢侈品消费,这些奢侈品消费几乎成为最主要的打击目标。

在法国,12—13世纪商业发展,城市中的有产者积累了财富,"生活奢靡"现象逐渐

---

① 世俗政府(secular government)是指一些对于宗教事务持中立态度的国家政府,没有对任何一种宗教习俗持赞成或反对的态度,也就是没有类似国教的宗教。

增多，限制奢侈的王室法令也随之出台。[67]1294 年，针对服装、饮食等领域的"奢侈浪费"现象，法国国王菲利普四世颁布法令，规定了大小贵族、教士每年可以拥有的长袍数量：公爵、伯爵、男爵可以有 4 件，骑士 3 件，高级教士 2 件，骑士侍从 2 件；资产者，无论男女都不得戴灰皮帽或是貂皮帽，金银或是钻石装饰的帽子同样不被允许。1485 年，查理八世颁布敕令，禁止贵族以外的人穿着金丝锦缎，违者没收服装并处以罚金。该敕令指出王国中的一些人身着与其等级不符的金丝锦缎之类极其奢华的服装，对国家的公共生活造成了损害，此后只有贵族可以穿着金丝锦缎。[68]由此可见，尽管中世纪西方国家贵族在服饰、饮食等方面也受到法令制约，但这一时期"禁奢令"更多针对贫困人群以外的阶层，尤其是富裕的城市资产者。

到中世纪晚期，西班牙、英格兰等其他欧洲国家也竞相出台禁奢法，对服装、饮食、餐具等消费加以管控。[69]

16 世纪起，为了保障国家各个社会阶层的基本生活，更频繁的"禁奢令"在欧洲各个国家出台。尤其在法国，法令主要针对的依旧是服饰领域的奢侈现象，具有固化社会等级的用意。例如：1543 年 12 月 3 日，弗朗索瓦一世颁布敕令，禁止所有人穿着金银丝锦缎、刺绣和丝绒，并指出穿着这些来自国外的服装是对王国毫无益处的挥霍，只会有助于法国的敌人，因此必须加以禁止，违者没收其服装，并处以罚款；1576 年，亨利三世颁布法令禁止平民女子穿着贵族小姐服装；1594 年，亨利四世发布公告，禁止在服装中使用金银；1599 年，亨利四世又禁止从国外进口金银商品和丝织品；1614 年，路易十三下令禁止耕作者和出身低微之人穿戴天鹅绒或带花边的丝绸，奴仆连染色呢绒也不允许穿，只能身着粗呢衣物[70]；1663 年 6 月 18 日，路易十四下令禁止所有臣民佩戴金银饰物；1664 年，路易十四的重臣儒勒·马扎然（Jules Mazarin）禁止人民服饰上出现金银丝刺绣；1667 年 11 月 21 日，路易十四又明令禁止穿着外国织物、装饰丝质花边等[71]；1689 年 11 月 14 日，专制的路易十四又颁布敕令，要求所有名流和主教上缴他们私藏的银质珍宝，并明令规定任何金器不得超过 4 盎司重，银餐具则不得超过 4 马克重①，国王犯法与百姓同罪，以此大力抑制浮靡奢华[72]。禁奢令出现的变化与此时兴起的绝对主义和重商主义密切相关。随着西方君主制的发展，不断强化的王权开始利用"禁奢令"来限制贵族力量，着眼创造全体人民的认同并强化其义务。

综上所述，欧洲古代禁奢令具备了四个重要目标与意义：其一是基于反对奢侈浪费、主张勤俭节约的传统；其二是期望保持等级和阶层区分；其三是防止社会各个阶层因为追求奢侈消费走向贫困；其四是从重商主义角度反对从外国竞争者或敌对国进口商品，防止贵重金属货币外流，要求消费本国产品，扶持国内工业。

---

① 4 盎司约等于 113 克，4 马克约等于 1 千克。

随着18世纪等级秩序的松动与早期消费社会的出现，欧洲大陆的启蒙运动（the Enlightenment）使"禁奢令"逐渐淡出了历史舞台，思想家们有了充分的空间争辩奢侈的利弊，并在思想史上留下了浓墨重彩的一笔。[73] 随着社会的发展，欧洲人衣、食、住、行的消费越来越体现个性特色。如：建筑布局和家庭陈设的自然美成为了人们追求的艺术风格；在编织、家具镂刻和精美艺术品上，对自然景物的把握和反映已经表现出来。

1.3 奢侈品行业与奢侈品品牌

在奢侈品兴起与禁奢令出台的交替过程中，奢侈品行业（luxury industry）这个极其特殊的行业悄然诞生。它代表了各个细分行业最高端一类企业的集合。"产业"和"行业"的英文虽然都是"industry"，但在中文语境中，两者还是有明显的差异。从经济学上定义，"产业"是社会分工和生产力不断发展的产物，体现的是生产力，属于宏观经济范畴；"行业"是指一组提供同类相互密切替代商品的公司，是具有高度相似性和竞争性的企业群体，体现的是生产要素，属于相对微观的经济范畴。因此，商界和学术界都表述为"奢侈品行业"，而非"奢侈品产业"。

以法国和意大利为代表的欧洲国家是奢侈品行业的发展之地——萌芽于此，成长于此，奢侈品文化与高端生活方式融入欧洲消费者生活中。欧洲不仅是奢侈品行业和奢侈品品牌的诞生地，也是奢侈品的传统消费市场。相比之下，美国、中国等非传统奢侈品市场，奢侈品消费增速很快，但奢侈品行业发展却相对缓慢，更多是消费市场的代表，并非奢侈品行业的代名词。

1.3.1 奢侈品行业发展之因

奢侈品行业的发展与法国和意大利紧密联系在一起。在西方文明史中，无论是古罗马贵族服饰、中世纪法国葡萄酒，还是近代法国皮具与配饰、意大利艺术作品与珠宝，都有这两个国家的踪影。一些人甚至将意大利称为"奢侈品行业的起源地"，将法国称为"奢侈品朝圣国度"——在一定程度上，法国和意大利确实可以称为奢侈品行业的代名词。

对法国而言，世代相传的传统与历史赋予的机遇造就了法国奢侈品行业。绝大多数历史悠久的奢侈品最开始与欧洲王室紧密相关。无论是路易威登（Louis Vuitton）还是卡地亚（Cartier），都在18世纪与19世纪法国王室奉行的享乐主义特殊文化背景下开始萌芽。

路易十四虽然推出了大量禁奢法令，但是他崇尚时尚，对奢侈品与精致生活怀有无与伦比的热情。他以身示范将高端生活品位融入普通百姓生活中，将法国打造成为精致与优雅生活的代表国家。也正是在他的执政时期，法国首个现代奢侈品公司——法国皇家制镜厂成立并发展壮大。[74]19世纪末，第二次工业革命使纺织业、香水业、葡萄酒业等领域的制造与工艺技术日臻成熟。快速发展的奢侈品行业成为法国的另一艘"航空母舰"，在法国经济中占据举足轻重的地位。除了带来可观的经济效益外，奢侈品行业也为法国带来了文化效益。奢侈品文化已经是法兰西文化不可或缺的重要组成部分，埃菲尔铁塔（La Tour Eiffel）和奢侈品行业可以被称为法国的两大标志性象征。

对意大利而言，全面的时尚行业体系造就了意大利奢侈品行业。不仅设计、加工、面料选取十分考究，还注重环保、可持续，意大利时尚是设计独创性、技术先进性和文化传统性的结合，服装的实用性、揣摩全球时尚潮流的适应性都融入意大利人的作品中。意大利是欧洲文明的发祥地之一，深厚的文化背景启发了意大利人民丰富的想象力，从古罗马时期的古典主义风格、拜占庭帝国华丽缤纷的装饰美、13世纪的哥特风、文艺复兴时期的奢侈宫廷服饰到民族复兴时期的新古典主义风格，意大利丰富多彩的时装文化逐渐形成。时装业始终是意大利的主要行业之一，以完美设计、精致做工闻名于世；汽车业也是意大利国民经济支柱之一，与德国、美国、法国不同，意大利强大的内燃机技术结合顶级设计，加之丰厚的文化内涵，引领了全球豪华汽车设计与造型的发展潮流。

由此可见，法国纺织业、香水业、酒业与意大利时装业、汽车业最顶端的那一部分企业一道，引领全球，成为现代奢侈品行业的雏形，并不断发展。

1.3.2　奢侈品品牌的建立

17至18世纪的工业革命使欧洲主要国家的生产力与经济实力迅速崛起，手工艺、科学技术也随之发展。原本基于手工艺的奢侈品开始向机械化大工业方向生产制造，瑞纳特（Ruinart）、酩悦（Moët & Chandon）、凯歌（Veuve Clicquot）等香槟厂，宝珀（Blancpain）、江诗丹顿（Vacheron Constantin）、宝玑（Breguet）等钟表作坊先后诞生[75]，奢侈品行业的商业化使奢侈品逐渐发展成为品牌，开始集中在欧洲市场发展。与此同时，人们生活方式发生巨大改变，越来越多的人有经济能力消费奢侈品，奢侈品品牌的全民化逐渐被世人接受[76]，奢侈品行业悄然发展壮大。

19世纪中叶至20世纪初短短的五十余年是奢侈品消费的黄金时期，也是品牌创立的第一次井喷时代，奢侈品逐渐半机械、半手工生产，创始人拥有了打造奢侈品品牌的意识[77]。见证了以爱马仕（Hermès）、路易威登、博柏利（Burberry）、登喜路（Alfred Dunhill）、香奈儿、普拉达（Prada）为代表的皮具品牌，以蒂芙尼（Tiffany）、卡地亚、伯爵（Piaget）、宝格丽（Bulgari）、戴比尔斯（De Beers）为代表的珠宝品牌，以百达翡丽（Patek Philippe）、朗格（A. Lange & Söhne）、万国（IWC Schaffhausen）、爱彼（Audemars Piguet）、劳力士（Rolex）为代表的腕表品牌，以路虎（Land Rover）、劳斯莱斯（Rolls-Royce）、布加迪（Bugatti）、阿斯顿马丁（Aston Martin）为代表的汽车品牌的诞生。

这些品牌最初只面向皇室或贵族阶层，创始人往往是各自领域的优秀设计师，如爱马仕专门为贵族提供马具，路易威登专门为贵族提供皮箱。[78]此后，越来越多的企业家和银行家积累了大量财富，奢侈品消费基础一度扩大。[79]此时，大多数奢侈品品牌仍是基于家庭单位的小规模生产模式。

奢侈品品牌创立的井喷时期在两次世界大战期间的欧洲出现，包括如今耳熟能详的巴黎世家（Balenciaga）、古驰（Gucci）、芬迪（Fendi）、菲拉格慕（Salvatore Ferragamo）、海瑞温斯顿（Harry Winston）等。

第二次世界大战结束后，人们开始经历一段相对和平的时期。奢侈品也真正成为了一个独立的行业，并且取得了持续性的重大进展，如：20世纪40—60年代的先锋——香水；20世纪70—90年代年轻、时尚、个性的代表——时装，时尚流行的服装品牌成为了年轻人追捧的对象。[80]这个时期工业文明的发展为奢侈品应运而生提供了前所未有的温床。

奢侈品行业在不断发展，奢侈品消费人群也经历了诸多变革。[81]在奢侈品向奢侈品品牌演进的过程中，绝大多数奢侈品的原产地（即欧洲）无疑是奢侈品消费国的第一台阶。两次世界大战结束后，美国成为头号经济强国，以半个世纪的繁荣踏上了奢侈品消费国的第二台阶。20世纪末，美国人已减少了对奢侈品的兴趣，相比之下，日本经济的急速腾飞让很多日本女性迷恋上了奢侈品皮具，尤其是路易威登和博柏利。[82]这种现象反映了日本走向奢侈品消费国的第三台阶，因此，许多奢侈品公司财务报表或咨询公司的报告将"日本"单列出"亚洲"之外也不足为奇。进入21世纪后，欧洲市场衰退，"金砖四国"等新兴国家逐渐成为奢侈品市场的消费主力军，尤其在新型冠状病毒感染疫情的严峻形势下，中国已成为奢侈品消费的绝对主力军。[83]

1.3.3 四大时装周与行业协会

21世纪起始，不可否认的是奢侈品已风靡世界，奢侈品行业已经相对发展成熟，在商业世界中立足、流行。对经典与时尚的共鸣与追求将奢侈品行业与各类行业协会紧密联系在一起。尤其在时装领域，全球四大时装周把奢侈品品牌展现得淋漓尽致。时装周是以服装设计师以及时尚品牌最新产品发布会为核心的动态展示活动，聚合了时尚文化产业的展示盛会。

四大时装周的历史源于19世纪中叶的法国。19世纪50年代，法国高级时装屋就会为他们最珍贵的客户举办私人"时装秀"。拿破仑三世的皇后欧仁妮·德·蒙蒂若（Eugénie de Montijo）就是最早的珍贵客户之一。随着这一新行业的诞生，顶级设计师在他们的工作室举办小型时装秀，不过当时只针对名流贵族。1868年，英国裁缝、"高级定制时装"之父查尔斯·沃斯（Charles Worth）与他儿子共同创立了巴黎高级时装公会（Chambre Syndicale de la Couture Parisienne），开创了奢侈品行业协会的先河[①]，也为20世纪四大时装周的成立奠定了坚实的基础。[84]

法国时装设计师保罗·波烈（Paul Poiret）不经意间看到赛马场上女性优雅的身段，极富商业头脑的他在1910年雇佣了一些女性穿着他的设计作品在赛马场走动，将戏剧元素融入时装界，发邀请函给他的朋友与客户，并通知媒体把这些内容刊登到报纸上。1910年便成为了时装周元年。

此后，时装业的影响力急剧扩大，展示梦想的巴黎、展示技艺的米兰、展示胆色的伦敦和展示商业的纽约四大城市逐渐成为时尚代表，并称为四大时装周举办城市，真正做到了揭示和决定当年及次年世界范围服装流行趋势。四大时装周每年两届，分为秋冬高级成衣时装周（2—3月）和春夏高级成衣时装周（9—10月上旬）。米兰、伦敦和纽约的顺序每年都会进行调整，而巴黎时装周在四大时装周中压轴出场。与此同时，每年1月和7月还举办巴黎高级订制时装周，分别展示当年春夏和秋冬高级订制系列。

为了参加一年两度的时装盛会，奢侈品公司会严格按表1-2所示的时间安排执行。

时装行业时间周期从面料生产商展示新样时算起。它们提供新颜色、新面料和新设计。每年9月或10月，设计师们都会参加巴黎服装面料展览会（Première Vision）和意大利服装面料博览会（Idea Como），拜访各个面料生产商，选择他们下一个秋冬系列中使用的颜色和面料。为了让品牌次年新品系列的设计具有排他性、外观具有独特性，他们会与面料生产商达成协议，购买最小码数的面料。

表1-2 高级成衣业务时间周期（以秋冬为例）

选用独家面料，签订协议	前一年9—10月
设计版型，配备面料	前一年9—10月，当年2月
高级成衣秋冬系列时装秀	当年2—3月
品牌门店接受订单	当年3月
商品到店	当年7月
全价销售	当年9—12月
特价销售	次年1—2月

---

① 可参考高级订制和时尚联合会官网：https://fhcm.paris/en/the-federation/history.

然后，设计师回到自己的工作室，为次年 2 月或 3 月的时装秀准备新品系列。届时，媒体和来自世界各地百货公司和品牌集合店的买手都会参加。这些买手有每个品牌固定的预算，订购他们认可的产品，随后陈列在自己门店内销售。这些女装最迟在每年 7 月底生产并完成交付，9 月作为秋冬系列新品推出。只有在次年 2 月底特价销售结束后，品牌才能知道这个新品系列是否成功，以全价出售了多少，以特价出售了多少，最后还剩多少没有卖出。时装的时间周期为 18 个月。这个周期内还有一次春夏系列新品的发布。和秋冬系列一样，品牌要选用独家面料、签订协议、举办时装秀、门店接受订单，直到特价销售结束后才知道成功与否。这就是为何一家奢侈品公司更换设计师后，新任设计师至少需要两年时间重新定义品牌，打造全新的风格，然后才可能获得成功。

时装秀的时间周期安排已经约定俗成，非常固化。因此，一些品牌通过举办额外的新品系列（如香奈儿度假系列）发布会来摆脱这种约束。如此长的时间周期使品牌必须提前很长时间制订新品规划，消费者也需要在很长时间后才能真正在门店内观察到品牌风格或定位。

四大时装周和法国高级订制时装周的重大影响力决定了奢侈品品牌一定会选择这四个城市作为时装秀的秀场。四大时装周秀场邀请函的派发也有非常严格的限制。通常情况下，40% 的邀请函用于邀请全球顶级时尚媒体，30% 用于邀请知名时尚买手，10% 用来邀请明星和嘉宾，10% 给顶级 VIP 客户，最后 10% 作为备用。

起源于 1868 年的法国高级时装联合公会与巴黎高级时装公会在法国和国际社会享有无可替代的国际声誉，为了对时装与奢侈品界的生态系统起到更关键的作用，2017 年，巴黎高级时装公会更名为"法国高定时尚联合会"（Fédération de la Haute Couture et de la Mode，FHCM），更强调创意和高级订制，全方位体现法国时尚产业的创意、设计创新和数字化变革。即使诞生于 1954 年的法国精品行业联合会（Comité Colbert）、1992 年的意大利奢侈品行业协会（Altagamma）也无法与之匹敌。①

时装周的意义不仅在于短短一周内超过 300 场秀，而且在于来自世界各地、数以千计的设计师、模特儿、明星、媒体、买手、知名时尚博主以及对时尚圈感兴趣的人都千里迢迢地赶来参与这个盛会，庞大的人力资源需求提供了大量就业机会，连周边城市的旅馆酒店业、娱乐行业、餐饮业、航空业也参与其中。[85] 即使受到 2020 年起疫情的巨大冲击，不少品牌改为线上时装周，每一个直接或间接关注它的产业和人也会因这一年两届的饕餮盛宴而受益。[86] 一些国际政要与设计师这般形容时装周的意义："时装周意义重大，但并不容易驾驭。唯有达到临界质量才能让一个城市办好时装周。"所谓"临界质量"是指当知识技术积累到一定的临界点时，新技术就会像裂变反应一样产生，并爆发式扩展。因

---

① 关于法国高定时尚联合会、法国精品行业联合会、意大利奢侈品行业协会的简介与成员列表可详见附录Ⅰ～Ⅲ。

此,时装周需要各个关联产业的领导者共同参与、相互融合,以此产生让人们为之倾倒的艺术效果。

1.3.4　新时代的科技豪华

"科技"与时俱进的基本特性似乎离奢侈品行业的经典和历史传承有些遥远——奢侈品行业的独特性之一是稳定与持久,而科技意味着持续变化和创新。

事实上,奢侈品公司已经与科技交集甚多,很多人误解了"稳定与持久"的深刻内涵,即在品牌传承的基础上不断创新,并且正因为科技发展迅猛,各类产品更新速度加快,消费者对商品的科技感也越来越挑剔,更追求时尚与科技感的结合。

在21世纪数字化、电气化的浪潮下,美学、科技与豪华的融会与碰撞所带来的"调性"是"年轻态"的消费者(包括年轻一代)更关注的内容。奢侈品公司也必须处于技术进步的最前沿,同时在充分享受这种技术进步时,不用担忧破坏奢侈品品牌的经典与传承。

科技豪华匿形于产品及设计、品牌及营销服务的各方面表现之中,同时又是品牌企业核心团队及全员的行业价值观、审美观、理念、品位及文化风格等全方位的综合映射和传递。调性高低已然成为当今消费者评判产品及品牌豪华度的关键因素,而时代科技感所带来的奢华体验,正是技术豪华的根源所在。

以新能源汽车为例,特斯拉首开先河、Lucid紧随其后、保时捷与时俱进、奔驰老骥伏枥抑或跌宕起伏、高合神奇领先、红旗不甘落后、蔚来稳坐中军、小鹏空陆并进等,都是技术豪华在当下社会的表现。科技含量无处不在。

因此,奢侈品公司将技术豪华融入实体产品、设计与服务中,尤其是将拥有超强引擎的跑车和复杂机械腕表等产品的技术复杂性提升到极致;同时,在保证始终处于科技前沿的同时,产品设计能引领时尚潮流;同样重要的是,尊贵、便捷、轻松的服务与使用体验通过无形的科技手段提供给顾客。

研究聚焦 琼耳、杜马、阿涅利：从二人世界到三人组合

2020年12月9日，总部位于阿姆斯特丹的Exor集团与总部位于巴黎的爱马仕集团突然对外宣布达成协议：Exor集团通过保留增资方式，向爱马仕集团旗下的中国高端时尚品牌上下（SHANG XIA）投资约8 000万欧元。[①] 交易后，Exor集团将持有上下多数股份和投票权，取代爱马仕集团成为品牌的第一大股东，截至2022年2月持有股份和投票权的比例达到77.3%。爱马仕集团也承诺，将继续与Exor集团和品牌创始人蒋琼耳女士一同长期担当上下的重要股东。

Exor集团是欧洲最大的多元化控股公司之一，由意大利阿涅利（Agnelli）家族掌管。"家族概念"在Exor集团的投资思维中扮演非常重要的角色，与财务投资者有着根本上的差异——将治理方面的丰富经验与企业分享，帮助它们成长。除上下外，Exor集团的投资组合还包括法拉利（Ferrari）、Stellantis、百慕大博纳再保险（PartnerRe）、纽荷兰工业（CNH Industrial）、依维柯集团（IVECO Group）、经济学人集团（The Economist Group）、尤文图斯足球俱乐部（Juventus FC）、GEDI Gruppo社论（GEDI Gruppo Editoriale）、Welltec、路铂廷（Christian Louboutin）、Via Transportation等（如图1-11所示）。一个多世纪以来，Exor集团在创业精神和金融纪律相结合的文化基础上，进行了卓有成效的投资，帮助建立世界上重要的公司。从Exor集团的投资理念来看，它仅投资于单个公司，而不是某个行业，投资于具有共同价值观的杰出公司和创始人，从而提升价

---

① 可参考Exor集团官网对"上下"的介绍：https://www.exor.com/pages/companies-investments/companies/shang-xia.

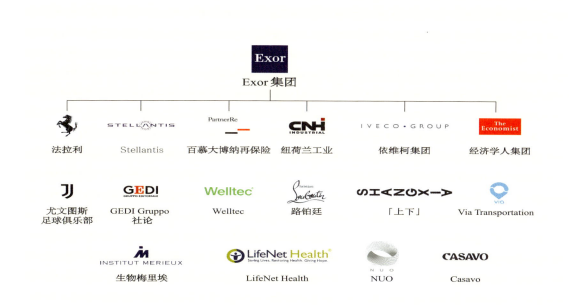

图1-11 Exor集团的投资组合（截至2023年5月）

值并创建伟大的公司。公司的质量、团队、文化和可观的前景是决定投资的关键因素。

爱马仕向中华文明敬礼，创立刚十周年的上下品牌从"二人世界"一夜间变成"三人组合"。通过这项协议，上下得到了法国和意大利两大家族的共同支持，他们都有共同的优秀文化和创业精神，此举无疑可以加快中国时尚高端品牌上下的后续发展。

爱马仕集团不仅成功地陪伴了上下发展的第一阶段，而且与Exor集团和上下创始人蒋琼耳一样，爱马仕仍将是上下的重要股东。爱马仕家族的第六代传人阿克塞尔·杜马（Axel Dumas）称："我们与Exor集团都有悠久的家族和创业文化，我们将能够在此基础上创造上下的新成功。"

阿涅利与爱马仕家族传承历史颇为相似。爱马仕集团的创始人为蒂埃里·爱马仕（Thierry Hermès），由于膝下无子，第三代继承人埃米尔-莫里斯·爱马仕（Emile-Maurice Hermès）将家族事业传承给女婿罗伯特·杜马（Robert Dumas），阿克塞尔即是罗伯特之孙。阿涅利家族的辉煌从意大利经济复兴领袖、工业教父乔瓦尼·阿涅利（Giovanni Agnelli）接任菲亚特集团开始。因家族第三代的所有后代自杀或病故，家族事业传承给第三任掌门人詹尼·阿涅利（Gianni Agnelli）的外孙约翰·埃尔坎（John Elkann）。

作为Exor集团董事长兼首席执行官，约翰·埃尔坎（John Elkann）表示："我们很高兴能与上下分享我们在全球奢侈品品牌开发方面的经验,以及我们为我们所服务的所有公司带来的创业精神……我们很高兴能与爱马仕一起,在未来的岁月里陪伴蒋琼耳,支持她建立一家大公司,向越来越多的顾客展示当代创意和中国传统文化。"[87]

蒋琼耳表示:"在短短10年时间里,上下首次成功地将中国品牌定位在国际奢侈品舞台上。这是爱马仕集团对我们不断支持的结果。作为上下的创始人,看到Exor集团加入我们原来的二人组是非常令人兴奋的。这将使上下更加坚定地追求自己的梦想和抱负。"[88]

自1837年以来,爱马仕一直忠于自己的工艺模式和人文主义价值观。创造自由,对最好材料的不断追求,卓越专业知识的传播,以及功能美学,造就了爱马仕的独特之处,爱马仕是为永恒而创造的物品之家。爱马仕集团是一家独立的家族上市企业,共有17 595名员工(其中有6 238名工匠),其中56%的员工在爱马仕集团工作超过5年(2021年数据)。截至2023年5月,爱马仕拥有非常完整的产品线(如图1-12所示),在法国拥有19家制造商,全球共有303家精品店,全部自营。[89]自2013年以来,爱马仕集团一直由阿克塞尔领导。

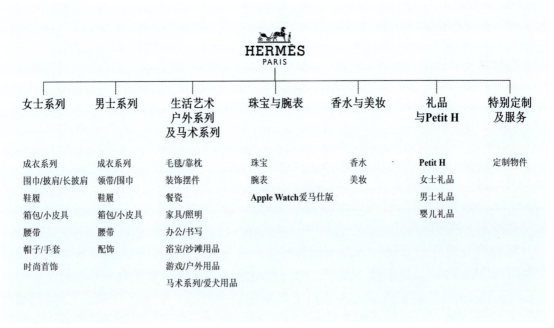

图1-12 爱马仕产品全系列(截至2023年5月)①

① 爱马仕集团的Petit H "理念实验室"创意系列由爱马仕家族第六代成员、第五代传人让-路易·杜马的外甥女、爱马仕集团前艺术总监帕斯卡·穆萨德(Pascale Mussard)于2010年创建于巴黎,所有作品原材料来自爱马仕产品制作中余下的材料,由皮匠、金匠、裁缝、水晶工艺师、陶瓷工艺师等打碎、割裂、缝补、拼合、更新而重生。

一直以来,爱马仕重视传统手工艺,追求品牌的长期发展。爱马仕集团于2010年与中国著名设计师蒋琼耳携手创立了上下,由集团首席执行官帕特里克·托马斯(Patrick Thomas)担任品牌董事长。借助爱马仕集团的大力支持与资金投入,作为爱马仕集团的创新实验孵化器的上下获得了许多初创品牌难以得到的曝光度,同时也得到了生产技术和营销手段上的相对优势:定位于具有中国风格的高端生活方式品牌,在产品品质上获得了核心顾客群的深度认可,塑造了独特的品牌风格——简洁、纯粹、轻盈和功能主义。

上下以爱马仕集团和蒋琼耳对工艺和当代设计复兴的共同热爱为基础,以中国文化和美学为灵感[90],在具有鲜明中国特色手工艺的同时,也蕴含着欧洲奢侈品的精神。产品制作注重精湛的技艺并使用上乘的材料。上下看似并没有一个主打系列——紫檀、羊绒毡、竹编、薄胎瓷、手织羊绒、玉和玛瑙,丰富的产品令人眼花缭乱。上下通过中国传统文化把这些串联在一起,逐渐成为了传统东方美学生活方式的代名词,其独特的工艺文化与原创设计通过瓷器、漆器、丝绸和木制家具表现得淋漓尽致,这也是为何它被誉为"中国的爱马仕"。[91]

随着品牌知名度的不断提升,上下的产品系列也随之陆续扩展为家具、家居、服装、皮具、珠宝、配饰六大品类(如图1-13所示),在中国乃至国际上都建立了自己的声誉,在上海、北京、成都、杭州、深圳、苏州、台北、巴黎、新加坡等城市开设了14家精品店、零售空间、艺术空间和家居体验馆(如图1-14所示)。

十年时间,上下继承了爱马仕精耕细作、稳扎稳打的成长模式,从东方美学、传统工艺文化中剥离看得见的具象形体,而去探索支撑形体的精神,通过汲取这种精神并把它运用在当代,真正意义上继承传统。用六个字概括就是"取之神,去之形",初步形成了"上

图1-13 上下产品系列

图1-14 上下精品店、零售空间、艺术空间和家居体验馆

下风格"的雏形——平衡之内,意料之外。因此,不少上下的作品在全世界享有盛誉、负有盛名的博物馆中展出,被国际主要拍卖行选中,受到舆论界人士和具有影响力媒体的赞誉。与此同时,上下逐步建立了一个产业链,把现代管理引入传统工坊,改善手工艺人的工作环境,把控流程,一步步实现规范化的运营。

然而,与上海滩、麒麟等许多强调东方美学的中国高端品牌一样,上下对西方消费者的吸引力并不突出,家居、成衣和饰品等看似多元化的产品线,实际上反而模糊了消费者的焦点。由于各种历史和现实因素,何谓传统的中式风格至今仍难有定论,上下等品牌在此基础上衍生出来的现代化"新中式"风格便也难以形成自身鲜明的特色。况且,中国奢侈品市场发展不过四十余年,让人们习得"中式生活方式奢侈品品牌"这个概念无疑需要大量的时间、金钱以及强大的营销手段。

这也解释了为何上下会更加强调时尚元素在未来发展中的作用。因此,爱马仕集团和蒋琼耳女士选择Exor集团作为合作伙伴,尝试以时装为代表的时尚品类,打造奢侈品品牌全品类生活方式,延伸品牌价值的核心驱动力。

阿涅利家族在投资上下之前就已经与奢侈品行业有着颇深的渊源,如家族持股三大豪华汽车品牌——法拉利、阿尔法·罗密欧、玛莎拉蒂,与阿玛尼集团联名合作,以及拥有凭借红底女高跟鞋享誉全球的法国高级女鞋品牌路铂廷。2019年，法拉利宣布与乔治·阿玛尼（Giorgio Armani）合作推出服装系列。2021年3月8日，Exor集团宣布以5.41亿欧元的价格收购路铂廷24%的股权，后者的整体估值达到22.5亿欧元。

早在2019年11月，Exor集团就将高科技和奢侈品行业定为新的重点投资领域。约翰·埃尔坎特别提到："很高兴与上下分享我们在建立全球性奢侈品品牌方面的经验以及我们一贯秉持的创业者精神，如同为我们所有的公司和品牌所做的一样。"这或许也侧面说明了，Exor集团和阿涅利家族仍在以创业者的姿态持续探索风云变幻的奢侈品行业。

在被Exor集团收购多数股权后不满一年时，上下迎来了历史性的变革。2021年9月22日，华裔设计师李阳被任命为品牌时装创意总监，同时发布了新的品牌标识（如图1-15和图1-16所示）。

"上"与"下"的对立共生构成了品牌的全新标识，以镜像创意诠释了品牌多元化的特质，代表一种从对立与和谐中诞生的风格和文化，植根于中国，又真实反映当下的世界。这也显示了Exor集团注资后，上下加速了转型步伐，在运营和形象上努力变革，力图成为一个更具时尚驱动力的品牌。

作为上下新任的品牌时装创意总监，李阳拥有专业的服装设计学术背景，曾于2007年获得前往伦敦中央圣马丁艺术与设计学院研读的奖学金。2010年，李阳创立个人同名品牌；2013年9月，其品牌登上2014巴黎春夏时装周的时装秀舞台；2014年2月，入围路威酩轩集团主办的首届"LVMH Prize"青年设计师大奖名单，是当时唯一一位华裔设计师。李阳的设计作品带有明显的街头亚文化风格，此前个人品牌的联名也多与英国传

图1-15　上下革新后的产品系列

图1-16　上下品牌原标识（左）与全新标识（右）

奇朋克乐队耶稣玛丽链（The Jesus and Mary Chain）和珍妮·贝丝（Jehnny Beth）等独立音乐人合作。从李阳过往的设计来看，其风格与此前上下强调的中式风格存在明显区别，更为先锋和激进，在视觉上具有更强的时尚属性。这也显示了上下试图推翻过往风格，为品牌吸引潜在受众，同时更新此前的形象。然而，上下产品品类较多，如何维持不同品类之间风格上的平衡，也是李阳上任后需要面临的挑战之一。

Exor集团的投资将帮助上下的未来发展，加速上下品牌策略的部署，包括产品品类延伸、品牌渗透率提升等。在中国市场，数字平台和全渠道扩张将是上下下一步最重要的品牌战略之一，进一步完善数字平台体验，融合线上与线下渠道，触达更多消费者，特别是多元化精英阶层消费者和新生代消费者，令他们能够更加便捷地感受和理解上下产品的独特魅力，以及品牌的美学主张。在更广的战略层面，上下有能力将更多时间和资金投入传统中国手工艺的产业化扶持项目中，以此来强化自身的东方时尚美学基因。

中国高端品牌正逐渐迈向全球舞台的中央，见证中国文化自信的回归，以及年轻一代潮流文化的兴起。上下正以当代的方式，去成就一个以中国文化为核心精神的东方奢侈品品牌。这不但是机遇，也是挑战。

参考文献

[1] Martin Luther King, Jr. Quotes[EB/OL]. https://www.allgreatquotes.com/motivational-167/.
[2] LUKIANETS H. Multiple semantics of black and white in online fashion discourse (Based on Chanel fashion stories)[J]. The Scientific Heritage. 2020, 43: 35-38.
[3] RUBIN S G. Coco Chanel: Pearls, Perfume, and the Little Black Dress[M]. Abrams, 2018.
[4] RODIN A. Rodin on Art and Artists[M]. Courier Corporation, 2012.
[5] MCCULLOCH J. Design in Black and White[M]. Images Publishing, 2010.
[6] The Most Important People fo the 20th Century[EB/OL]. https://web.archive.org/web/20000707022635/http://www.time.com/time/time100/index.html.
[7] House History: The Chanel Timeline[EB/OL]. 2020-07-14. https://www.hautehistory.co.uk/chanel-timeline/house-history-the-chanel-timeline.
[8] CHARLES-ROUX E, WHEELER D. Chanel and Her World[M]. New York: Vendome Press, 1981.
[9] CHARLES-ROUX E, WHEELER D. Chanel and Her World[M]. New York: Vendome Press, 1981.
[10] SMITH K E. The influence of Audrey Hepburn and Hubert de Givenchy on American fashion (1952—1965)[D]. Michigan State University, 2001.
[11] PARKINS I. Elsa Schiaparelli and the epistemology of glamorous silence[J]. TOPIA: Canadian Journal of Cultural Studies. 2011, 25: 190-195.
[12] KODA H, BOLTON A. Chanel[M]. Metropolitan Museum of Art, 2005.
[13] Illustration, graphic. Coco Chanel quote Some people think luxury is the opposite of poverty. It is not. It is the opposite of vulgarity[EB/OL]. https://www.alamy.com/illustration-graphic-coco-chanel-quote-some-people-think-luxury-is-the-opposite-of-poverty-it-is-not-it-is-the-opposite-of-vulgarity-image242085533.html.

[14] KAPFERER J-N, BASTIEN V. The Luxury Strategy: Break the Rules of Marketing to Build Luxury Brands[M]. 2nd ed. London: Kogan Page, 2012.

[15] 李杰. 奢侈品公司创新管理——商业生态视角 [M]. 北京 : 机械工业出版社 , 2020.

[16] 教育需用生长看待并解决一切问题——专访中国工程院院士、华东师范大学校长钱旭红 [J]. 教育家 . 2022, 5(4): 33–36.

[17] FRIEDMAN J, MCCABE A. Preferences or happiness? Tibor Scitovsky's psychology of human needs[J]. Critical Review. 1996, 10(4): 471–480.

[18] BERTHON P, PITT L, PARENT M, et al. Aesthetics and ephemerality: Observing and preserving the luxury brand[J]. California Management Review. 2009, 52(1), 45–66.

[19] HAN Y J, NUNES J C, DRÈZE X. Signaling status with luxury goods: The role of brand prominence[J]. Journal of Marketing. 2010, 74(4): 15–30.

[20] LI J, GUO S-J, ZHANG J, et al. When others show off my brand: self-brand association and conspicuous consumption[J]. Asia Pacific Journal of Marketing and Logistics. 2020, 32(6):1214–1225.

[21] ADAMS W H. On Luxury: A Cautionary Tale, A Short History of the Perils of Excess from Ancient Times to the Beginning of the Modern Era[M]. Potomac Books, Inc., 2012.

[22] ESCALAS J E, BETTMAN J R. Managing brand meaning through celebrity endorsement[J]. Review of Marketing Research. 2015, 12: 29–52.

[23] GODART F, SEONG S, PHILLIPS D J. The sociology of creativity: Elements, structures, and audiences[J]. Annual Review of Sociology. 2020, 46: 489–510.

[24] ALIYEV F, WAGNER R, SEURING S. Common and contradictory motivations in buying intentions for green and luxury automobiles[J] Sustainability. 2019, 11(12): 3268–3282.

[25] ALI A, GUO X-I, ALI A, et al. Customer motivations for sustainable consumption: Investigating the drivers of purchase behavior for a green-luxury car[J]. Business Strategy and the Environment. 2019, 28(5): 833–846.

[26] BERGER J, WARD M. Subtle signals of inconspicuous consumption[J]. Journal of Consumer Research. 2010, 37(4): 555–569.

[27] ECKHARDT G M, BELK R W, WILSON J A. The rise of inconspicuous consumption[J]. Journal of Marketing Management. 2010, 31(7–8): 807–826.

[28] KAUPPINEN-RÄISÄNEN H, GUMMERUS J, VON KOSKULL C, et al. The new wave of luxury: the meaning and value of luxury to the contemporary consumer[J]. Qualitative Market Research: An International Journal. 2019, 22(3): 229–249.

[29] ECKHARDT G M, BARDHI F. New dynamics of social status and distinction[J]. Marketing Theory. 2020, 20(1), 85–102.

[30] GOLLWITZER M, BÜCKLEIN K. Are "we" more punitive than "me"? Self-construal styles, justice-related attitudes, and punitive judgments[J]. Social Justice Research. 2007, 20(4): 457–478.

[31] TSAI S-P. Impact of personal orientation on luxury-brand purchase value: An international investigation[J]. International Journal of Market Research. 2005, 47(4), 427–452.

[32] WIEDMANN K, HENNIGS N, SIEBELS A. Value-based segmentation of luxury consumption behavior[J]. Psychology and Marketing. 2009, 26(7): 625–651.

[33] ECKHARDT G M, BARDHI F. New dynamics of social status and distinction[J]. Marketing Theory. 2020, 20(1): 85–102.

[34] MARWICK A E. Status update: Celebrity, publicity, and branding in the social media age[M]. New Heaven: Yale University Press, 2013.

[35] PENCARELLI T, ALI T V, ŠKERHÁKOVÁ V, et al. Luxury products and sustainability issues from the perspective of young Italian consumers[J]. Sustainability. 2020, 12(1): 245–254.

[36] 李杰. 奢侈品品牌管理——方法与实践 [M]. 北京：北京大学出版社, 2010.

[37] NUENO J L, QUELCH J A. The mass marketing of luxury[J]. Business Horizons. 1998, 41(6): 61–68.

[38] CHEVALIER M, MAZZALOVO G. Luxury Brand Management in Digital and Sustainable Times: A New World of Privilege[M]. 4th ed., Wiley, 2020.

[39] JAMES T G. Gold technology in Ancient Egypt[J]. Gold Bulletin. 1972, 5(2): 38–42.

[40] MOORE K J, LEWIS D C. Multinational enterprise in ancient Phoenicia[J]. Business History. 2000, 42(2): 17–42.

[41] PFOH E. Amanda H. Podany, brotherhood of Kings: How international relations shaped the Ancient Near East[J]. Palamedes: A Journal of Ancient History. 2012, 7: 199–201.

[42] ABD AL-KHAFAJI T K. Fragments of the Babylonian civilization in the Arab-Islamic heritage[J]. Journal of Babylon Center for Humanities Studies. 2020, 10(4): 503–526.

[43] 李韬. 先秦器物的装饰艺术特征 [J]. 民族艺术研究, 2014, 27(6): 146–150.

[44] 戴向明. 文明、国家与早期中国 [J]. 南方文物, 2020, 3: 14–21.

[45] 周卫荣, 孟祥伟. 中国古代早期黄金与黄金货币问题研究 [J]. 中国国家博物馆馆刊, 2021, 3: 114–124.

[46] 吕思勉. 中国通史 [M]. 北京：中华书局, 2020.

[47] 魏风华. 魏晋风华 [M]. 北京：中华书局, 2017.

[48] 梁慧姣, 徐路伟. 风华绝代的魏晋——论老子美的形式对魏晋文人的影响 [J]. 艺术家, 2019, 6:171–172.

[49] KISHLANSKY M, GEARY P, O'BRIEN P. A Brief History of Western Civilization: The Unfinished Legacy[M]. 5th ed., Longman, 2006.

[50] CARROLL L. Could've been a contender: The making and breaking of "China" in the Ottoman Empire[J]. International Journal of Historical Archaeology. 1999, 3(3): 177–190.

[51] SETTON K M. The Byzantine background to the Italian Renaissance[J]. Proceedings of the American Philosophical Society. 1956, 100(1): 1–76.

[52] 若昂·德让. 时尚的精髓：法国路易十四时代的优雅品位及奢侈生活 [M]. 杨翼. 译. 北京：生活·读书·新知三联书店, 2012.

[53] SALOMON X F. Divine Crivelli: This overdue look at Crivelli challenges our view of the Renaissance[J]. Apollo Magazine. 2016, 183(638): 84–86.

[54] 肖伊绯. 唐朝奢侈品：奢华程度惊人 [J]. 理财：经论版, 2015, 11: 103–104.

[55] 黄纯艳. 论宋代进口品的营销 [J]. 云南师范大学学报：对外汉语教学与研究版, 1999, 3: 31–37.

[56] 曹国忠, 康欢, 赵超凡, 等. 明朝家具的设计及艺术特色 [J]. 工业设计, 2016, 4: 102–103.

[57] 龚世豪. 明代官员乘轿风尚论析 [J]. 中国社会历史评论, 2019, 2: 60–70+248.

[58] 宋敏求. 唐大诏令集 [M]. 北京：商务印书馆, 1959.

[59] 任世江. 宋朝的战事与宋朝经济生活 [J]. 历史教学（上半月刊）, 2018, 12: 3–9.

[60] 费正清, 刘广京. 剑桥中国晚清史: 1800—1911 年 (上下卷) [M]. 北京: 中国社会科学出版社, 2012.

[61] RENTSCHLER L, DAWE C. Lex Oppia: An ancient example of the persistence of emergency powers[J]. Laissez-Faire. 2011, 34: 21–29.

[62] MATTINGLY H B. The extortion law of the Tabula Bembina[J]. The Journal of Roman Studies. 1970, 60(1): 154–168.

[63] FREUDENBERGER H. Fashion, sumptuary laws, and business[J]. Business History Review. 1963, 37(1-2): 37–48.

[64] RAINEY R E Sumptuary Legislation in Renaissance Florence (Italy) [D], New York: Columbia University, 1985.

[65] WIESNER M E. Gilding the market: Luxury and fashion in Fourteenth-Century Italy[J]. Journal of Interdisciplinary History. 2007, 37(4): 622–623.

[66] BROWN J C. Sumptuary law in Italy: 1200-1500[J]. Renaissance Quarterly. 2004, 57(1): 177–179.

[67] HUNT A. Governance of the Consuming Passions[M]. London: Palgrave Macmillan, 1996.

[68] RAFFIELD P. Reformation, regulation and the image: Sumptuary legislation and the subject of law[J]. Law and Critique. 2002, 13(2): 127–150.

[69] MUZZARELLI M G. Reconciling the privilege of a few with the common good: sumptuary laws in medieval and early modern Europe[J]. Journal of Medieval and Early Modern Studies. 2009, 39(3): 597–617.

[70] 劳伦斯·皮科. 奢侈品的秘密 [M]. 王彤, 译. 北京: 中信出版社, 2022.

[71] FREUDENBERGER H. Fashion, sumptuary laws, and business[J]. Business History Review. 1963, 37(1-2): 37–48.

[72] LADURIE E L R, FITOU J F. Saint-Simon and the Court of Louis XIV[M]. Chicago: University of Chicago Press, 2001.

[73] BUCKNELL C. Luxury and political economy in estate poetry, 1670-1750[J]. Philological Quarterly. 2018, 96(3): 349–372.

[74] MARTIN M. Mirror reflections: Louis XIV, Phra Narai, and the material culture of kingship[J]. Art History. 2015, 38(4): 652–667.

[75] SMITH R. The Swiss connection: International networks in some Eighteenth-Century luxury trades[J]. Journal of Design History. 2004, 17(2): 123–139.

[76] HILTON M. The legacy of luxury: Moralities of consumption since the 18th Century[J]. Journal of Consumer Culture. 2004, 4(1): 101–123.

[77] JACKSON T. A contemporary analysis of global luxury brands[J]. International Retail Marketing. 2004, 1: 155–169.

[78] PARKER K W. Sign consumption in the 19th-century department store: An examination of visual merchandising in the grand emporiums (1846-1900)[J]. Journal of Sociology. 2003, 39(4): 353–371.

[79] YEOMAN I. The changing behaviours of luxury consumption[J]. Journal of Revenue and Pricing Management. 2011, 10(1), 47–50.

[80] CRANE D. Fashion and Artification in the French Luxury Fashion Industry[J]. Cultural Sociology. 2019, 13(3): 293–304.

[81] KO H Z. Luxury characteristics in mass fashion through the historical review of fashion system[J]. Fashion & Textile Research Journal. 2008, 10(5): 739–747.

[82] 三浦展. 第 4 消费时代 : 共享经济的新型社会 [M]. 马奈, 译. 上海 : 东方出版社, 2014.

[83] ZHAN L, HE Y. Understanding luxury consumption in China: Consumer perceptions of best-known brands[J]. Journal of Business Research. 2012, 65(10): 1452–1460.

[84] ENTWISTLE J, ROCAMORA A. The field of fashion materialized: A study of London Fashion Week[J]. Sociology. 2006, 40(4): 735–751.

[85] MALONEY C. The economic impact of the fashion industry[R]. US House of Representatives, 2019-2.

[86] HOWE S R. Culture at work: A comparative analysis of advertising for New York Fashion Week and Paris Fashion Week[D]. University of Oregon, 2020.

[87] Agnelli Family Invests in Chinese Fashion[EB/OL]. (2020-12-10) [2022-03-18]. https://www.nssmag.com/en/fashion/24563/agnelli-family-chinese-fashion

[88] Ferrari Majority Stakeholder Will Acquire Hermès-Owned Shang Xia in China-Focused Move[EB/OL]. (2020-12-14) [2022-03-19]. https://www.thefashionlaw.com/exors-acquisiton-of-hermes-owned-shang-xia-speaks-to-luxury-brands-in-the-chinese-market.

[89] Hermès 2021, an Odyssey[EB/OL]. (2022-4). https://assets-finance.hermes.com/s3fs-public/node/pdf_file/2022-04/1649670586/HERMES_RA_2021_EN_DP_00_V2%2001.pdf

[90] Shang Xia-Chinese Luxury Fashion Brand With A French Soul[EB/OL]. MartinRoll Business & Brand Leadership, (2021-02) [2022-03-20]. https://martinroll.com/resources/articles/asia/shang-xia-chinese-luxury-fashion-brand-with-a-french-soul/.

[91] 刘隽. 从中国文化长出来的奢侈品品牌 SHANG XIA 上下为何要"改头换面"？[EB/OL]. (2021-11-10) [2022-04-12]. https://luxe.co/post/176068.

Merger & Acquisition
of Luxury Goods Companies

第二章

奢侈品公司商业模式：
从价值观引领到创意产品

奢侈品公司商业模式：
从价值观引领到创意产品

开篇案例 博柏利公司的商业模式演绎

博柏利（Burberry）是极具英国传统风格的奢侈品品牌，创办于1856年，是英国皇室御用品品牌。事实上，英国并不缺少奢侈品品牌，如高级内衣品牌瑞贝柏勒（Rigby & Peller）、高级风衣品牌巴伯尔（Barbour）、顶级珠宝品牌爱丝普蕾（Asprey）、皇室皮具品牌伦敦阿斯皮纳尔（Aspinal of London）、男士高级皮具品牌登喜路（dunhill）、时尚奢侈品皮具品牌玛百莉（Mulberry）等，但是多数"始终视本国为非欧洲国家"又十分保守的英国人很少愿意将精品佳物推向全世界，希望维持高高在上的英伦形象。相比之下，博柏利却显得有些"不合群"，早在20世纪初就走出了国门，如今已经成为消费者心目中最具代表性的英国奢侈品品牌。它的品牌历史发展和商业模式演绎中的成功经验与失败教训值得很多奢侈品公司借鉴。

1856年，在布衣店打工的21岁学徒托马斯·博柏利（Thomas Burberry）在英格兰汉普郡东北部的小镇贝辛斯托克（Basingstoke）开了自己的第一间店铺①，拉开了品牌发展的序幕。

早期的博柏利走的是产品实用路线。1870年，托马斯依靠注重开发户外服饰，使博柏利成为了当地最知名的店铺之一。1879年，托马斯发明了名为"Gabardine"的革新性防风雨面料，该棉质面料不仅具有防渗雨功能，且质地透气轻便[1]、实用耐穿，让厚重不

---
① 可参考博柏利公司对品牌历史的回顾：https://www.burberryplc.com/en/company/history.html。

堪的传统雨衣服饰焕然一新。英国天气多雨潮湿，不过英国人在下雨时很少打伞，非常爱穿雨衣，但之前穿着的旧式防雨衣料，多是织成布匹后在一面涂刷橡胶，僵硬且沉重。"Gabardine"面料的诞生引起了英国军方的注意，爱德华七世下令将博柏利雨衣作为军用衣物使用。于是，在1888年获得"Gabardine"专利的博柏利开启了军用服装路线。

托马斯最初给公司取名为"Burberry"。随着雨衣和风衣被众人熟知，来自世界各地的顾客开始称之为"Burberry's of London"，于是托马斯便将公司名改为"Burberrys"。至今，一些博柏利复古系列、胶囊系列产品上依然能看到印有"Burberrys"的印花图案（如图2-1所示）。

图2-1　博柏利成立之初（左）和复古系列（右）风衣上的"Burberrys"图案

1891年，博柏利在伦敦干草市场（Haymarket）开设了第一家旗舰店，并保留至今，该店一百余年以来都是博柏利的全球总部，直至2009年之夏迁至伦敦威斯敏斯特市（Westminster）位于英国国会大楼后的马渡大楼（Horseferry House）。

1901年，托马斯为博柏利品牌设计了"马术骑士"商标：一位骑士，左手拿着盾牌，右手高举旗帜，象征着骑士勇敢、尊贵的身份，也寓意保护和勇往直前，字母为"Burberrys"，这也是博柏利的品牌内核。品牌商标中包含了拉丁文单词"Prorsum"，意为"前进"，托马斯还为此注册了商标。1908年，博柏利开始在各类媒体刊登广告（如图2-2所示）。1910年，英国著名的飞行员克劳德·格雷厄姆·怀特（Claude Grahame White）穿着博柏利大衣完成了在24小时内从伦敦飞往曼彻斯特，并打破了纪录。[2]1911年，托马斯受南极探险家罗尔德·阿蒙德森（Roald Amundsen）和欧内斯特·沙克尔顿（Ernest Shackleton）之邀[3]，为其提供外衣。此后，阿蒙德森穿着博柏利外衣成为第一个到达南极点的探险家，沙克尔顿则在1914年带探险队穿越南极洲，英国探险家乔治·马洛里（George Mallory）于1924年身穿博柏利防护服装开启了珠穆朗玛峰攀登之旅。[4]这些著名探险家成为了博柏利最好的传播载体之一。博柏利凭借这些历史，树立起了高端的品牌形象。

1914年，英国战争部授命托马斯改造当时的军官服装以适应现代的战争环境，于是名为"Tielocken"的战壕大衣诞生，专为英军战壕战的需要而设计，其防水原料获得专利保护。该款大衣采用单一束带和扣环开襟设计，衣领仅设有一颗纽扣。[5] 英国军队穿着博柏利的"战壕大衣"在战场厮杀。凭借杰出的品质和战场表现，博柏利品牌深入人心。第一次世界大战后，英国迎来了和平时期，这一时期电影发展迅速，博柏利风衣出现在许多电影作品之中，受到了普通消费者的广泛欢迎，成为了风靡一时的风衣。20世纪20年代，标志性的"博柏利格纹"作为风衣内里花纹开始被使用（如图2-3所示）。

与此同时，托马斯也设计制造航空用服饰。1937年，托马斯资助飞行家A. E. 克劳斯顿（A. E. Clouston）和贝蒂·柯比-格林（Betty Kirby-Green）打破了伦敦至开普敦的飞行速度纪录。

博柏利一直是独立公司，直到1955年被英国大世界百货公司（Great Universal Stores）收购。[6] 此后，纺织业普及了化学纤维，可制作更为轻便防水的服装。"Gabardine"面料的实用意义减小，转而成为一种稀有面料，升级为奢侈品品牌元素，博柏利品牌也从防风防寒的特殊服装转向高端时装市场。

随着时间的推移，博柏利公司在全球授权经营的管控不当导致了各地市场设计、价格、质量不一致，尤其在亚洲，未经批准的零售商出售批发商品越来越常见。20世纪70年代，博柏利品牌深受英国足球流氓文化（football hooliganism）亚文化人群追捧，使得此后近三十年间，英国足球流氓团伙喜欢身穿博柏利的服饰在足球比赛场地附近寻衅滋事、打架斗殴，博柏利不幸与这类人群挂钩。[7] 到20世纪末，博柏利的品牌形象再降低为教育程度低、着装品位差的社会底层年轻人服装。[8] 此外，由于过于依赖日本特许经营市场，在日本经济危机发生后，博柏利的营收业绩急速下滑——1997

图2-2 博柏利在1908年刊登的广告
资料来源：ENGLEFIELD J. Dry-fly Fishing for Trout and Grayling by Red Quill[M]. London: Horace Cox, 1908.

图2-3 经典的博柏利格纹
资料来源：https://www.burberryplc.com/en/company/history.html.

财年，博柏利公司年利润只有2 500万英镑，同比下降59.68%，品牌价值不到2亿英镑。[9]

为了应对这一变化，1997年上任的首席执行官罗斯·玛丽·布拉沃（Rose Marie Bravo）进行了一系列品牌管理与商业模式的拯救措施。在品牌管理方面，历史悠久的"Burberrys"标志中的"s"被去掉（如图2-4所示），重新启用黑、红、驼色相间的经典格子作为设计元素，以迎合年轻消费者。

 →

图2-4　1999年博柏利品牌标识发生了重大变化
资料来源：logos-world。

2001年，克里斯托弗·贝利（Christopher Bailey）上任为设计总监，将产品清晰定位为英国生活风格，采用了多品牌战略，产品范围从男士、女士、儿童的服装延伸到配饰（如图2-5所示）。其中，高级成衣品牌"Burberry Prorsum"位于金字塔顶端，该系列采用法国高级订制时装系列的做法，不在门店内陈列，仅参加米兰时装秀、接受高端顾客的订制订单。博柏利伦敦（Burberry London）是博柏利公司旗下的核心品牌，主

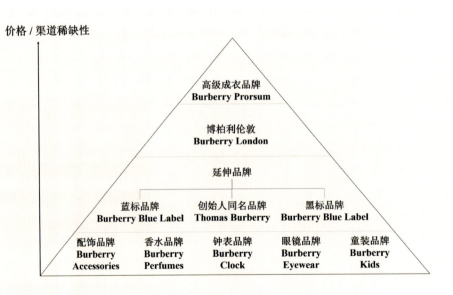

图2-5　克里斯托弗·贝利改革下的博柏利公司品牌架构与商业模式
资料来源：MOORE C M, BIRTWISTLE G. The Burberry business model: Creating an international luxury fashion brand[J]. International Journal of Retail & Distribution Management. 2004, 32(8): 412-422.

要是春夏季、秋冬季的男士与女士成衣，参加伦敦时装秀。创始人同名品牌（Thomas Burberry）、蓝标品牌（Burberry Blue Label）和黑标品牌（Burberry Black Label）是博柏利品牌纵向向下延伸的三个子品牌，分别定位于青少年、年轻女性和年轻男性。为了挖掘温暖气候下时尚女性的审美需求，博柏利还推出了春夏季泳装系列与配饰品牌（Burberry Accessories），获得了很高的美誉度。

在商业模式方面，在重新定位品牌、延伸产品线的同时，扩大了零售范围，并通过限制特许经营协议进一步控制分销权，从而缩小不同国家市场之间产品渠道、品质与品牌形象的差异。[10] 布拉沃和贝利对博柏利的品牌架构与商业模式大刀阔斧地进行了改革，通过一系列品牌识别与品牌形象变革，博柏利品牌逐渐摆脱了原先略显粗俗、暴力和低品位的形象。

然而，品牌向下延伸也是一把"双刃剑"，在扩大消费群体的同时，也使博柏利面临仿冒抄袭、高端品牌形象受损、顾客群老化等困境。为了避免这些困境影响品牌发展，博柏利公司将目标顾客群由皇室和年纪较长的社会名流向更广泛多样的客群转变，产品定位向年轻化转变。[11] 博柏利公司在2002年首次招募股票的说明书①和2002财年报告中，清楚地阐述了市场传播活动的重要性：能够建立形象和生活方式，能够"在零售客户、批发商和媒体中引起足够的兴趣"。为了保持建立和维护品牌的连贯性，博柏利所有市场活动都由伦敦总部掌控管理[12]，所有品牌传播方案都要经过伦敦总部的市场团队指导和确定。博柏利公司紧扣品牌传播的三个核心要点，即广告宣传、时装秀和媒体传播（如图2-6所示），旨在推动博柏利品牌形象和生活方式，创造顾客群的兴趣点，并在媒体、新闻报道中形成口碑效应。

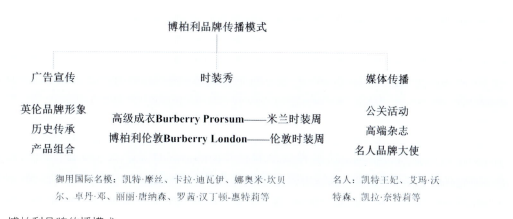

图2-6 博柏利品牌传播模式

资料来源：MOORE C M, & BIRTWISTLE G. The Burberry business model: Creating an international luxury fashion brand[J]. International Journal of Retail & Distribution Management. 2004, 32(8): 412-422.

---

① 可参考博柏利公司在2002年首次招募股票的说明书：https://www.experianplc.com/media/2563/annual-report-2002-full.pdf。

2002年，博柏利在伦敦证券交易所上市（历史股价如图2-7所示），首次公开发行股票，转型成为大型时尚奢侈品品牌。可惜的是，罗斯·玛丽·布拉沃并没能有效改变博柏利与英国足球流氓文化的密切联系，由于在任期间后期疏于品牌管理，博柏利品牌的流氓形象愈演愈烈，大量低价位产品和各式各样的仿冒品随处可见，这是博柏利创立以来最大的品牌危机。

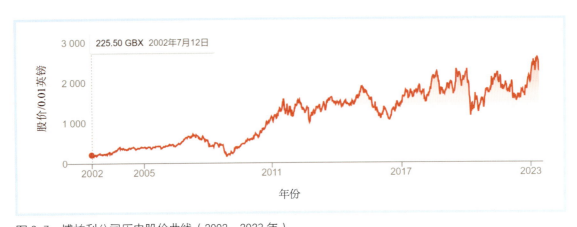

图2-7　博柏利公司历史股价曲线（2002—2023年）
资料来源：https://www.google.com/finance/quote/BRBY:LON?hl=zh-CN&window=MAX

2006年，安吉拉·阿伦德茨（Angela Ahrendts）取代罗斯·玛丽·布拉沃，继任首席执行官，博柏利迎来了命运转折点。当时，博柏利在全球市场拥有23家门店，但每一家门店都独立运营，不受公司总部制约。阿伦德茨和贝利花费六个月之久见证了中国香港和美国纽约、新泽西工厂混乱的设计、运营与管理后，决定解散中国和美国设计团队，关闭新泽西工厂，所有设计与运营全部由伦敦总部执行完成，大幅削减被滥用的格纹，仅在不到10%的产品上保留使用，关闭了35个品类，收紧销售渠道，中止大量特许经营协议，收购当时重要的西班牙特许经营商，全权掌控这条为集团贡献20%收入的销售要道，并在美国、英国和欧盟国家陆续开始在线销售。博柏利严格规定了布料供应商清单，所有布料纺织运作由自己工厂完成，形成了一条高效的垂直生产链。高级成衣系列品牌Burberry Prorsum为博柏利公司旗下所有其他品牌系列团队的设计灵感及风格走向提供创造性指导，制订生产和采购计划，包括布料采购、试生产、产品量产、存储和物流。最初的布料订单主要是根据销售预测来确保其产能，而进一步的订单主要根据前一批实际订单进行调整。博柏利的销售运营模式可以被称为"6—6—6—6模式"，即六周原材料采购、六周生产、六周仓储、六周门店供货。这也使博柏利所有门店的核心产品都不会发生缺货的现象。[13]

与此同时，博柏利还推出了博柏利伦敦新款女性时尚香氛，采用品牌经典格纹图案做香水的外包装。同时，公司聘请了世界名模凯特·摩丝（Kate Moss）身着格子婚纱拍摄广告宣传片，博柏利再度成为热门品牌，并迅速受到各年龄阶层的青睐。2008年，在阿伦德茨上任的第三年，贝利被任命为博柏利公司首席创意总监，贝利在产品设计、系列开发、店面设计、创意营销、市场活动和品牌传播中成为绝对权威，奠定了博柏利迅速崛起的基石。博柏利以传统产品为核心进行重新定位，每一项重要的新举措都以防水风衣为中心。年轻化的产品定位效果明显，在一系列的措施实施后，顾客平均年龄下降至30岁。

在阿伦德茨和贝利这对黄金搭档的掌管下，博柏利成为了最受消费者欢迎的奢侈品品牌之一，也是第一个开启全面数字化转型的奢侈品品牌。[14]在他们在任期间，博柏利升级了官网，并在2009年开通了脸书（Facebook）官方号，收集展示社交平台上用户穿着经典风衣的照片；又同时推出了第一个社会化媒体平台artofthetrench.com，其主题就是标志性的博柏利风衣和个人风衣秀。[15]同年，克里斯托弗·贝利明智地抓住博柏利诞生于英国的身份，多维度重申英国贵族基因，带领博柏利从米兰时装周迁回了伦敦时装周，自此，Burberry Prorsum成为伦敦时装周最受瞩目的品牌之一。博柏利公司旗下品牌也重新精简为三个，即Burberry Prorsum、博柏利伦敦和Burberry Brit，蓝标、黑标、创始人同名品牌、配饰品牌、钟表品牌、童装品牌等都归入Burberry Brit品牌下，成为产品线品牌。

2013年，博柏利开始提供量身订制服务（runway make to order），顾客在一年两季的时装秀结束后即可通过在线商城购买走秀款时装与配件，并提供个人定制化服务，如缝制个人吊牌或标记。

博柏利公司自2006年革新起，辉煌延续了六七年；但由于产品线缺乏创新、核心产品逐渐缺少竞争力，奢侈品市场遭遇疲软，阿伦德茨又在2014年离职，博柏利再次遭遇到了挑战。贝利兼任首席执行官，再次大刀阔斧地改革品牌架构。Burberry Prorsum、博柏利伦敦和Burberry Brit合并为单一品牌，统一更名为"Burberry"（如图2-8所示），

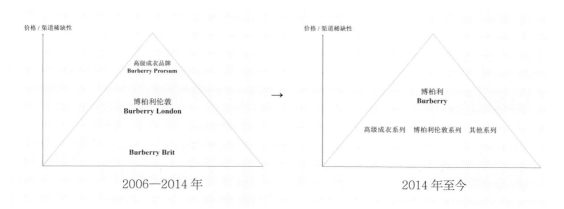

图 2-8　2014年前后博柏利公司的品牌架构变化

在2016年夏季呈现了全新的博柏利品牌形象。事实上，之前博柏利设立副线是因为其对批发渠道的依赖，如今市场已全然不同。为了顺应市场趋势，博柏利将品牌一致性视为重中之重，将旗下所有其他品牌名全部舍去，只保留"Burberry"，各个产品线维持不同的定位和款式。

缺少了黄金搭档的贝利没有续写博柏利的辉煌，博柏利品牌价值和业绩不断下滑，最终，贝利在2018年离职。新首席执行官马尔科·高伯蒂（Marco Gobbetti）和新创意总监里卡多·提西（Riccardo Tisci）甫一继任便更新了此前20年来从未改变的品牌标识和产品印花：新标识由原本的图形加文字改为简洁、现代的纯文字，文字采用粗体无衬线字体，更贴合当时的设计潮流；新印花从原来经典格纹变成了重复字母T-B交叉图案，以多样化的产品和新形式重新取得年轻消费者的青睐（如图2-9所示）。博柏利全新印花不仅制造了强烈的视觉冲击力，还满足了年轻消费者在信息洪流中对简化信息的需求，品牌形象还通过Instagram、微信、Line和Kakao等社交媒体账号和应用程序多平台限时发布。为了成功地瞄准富裕的千禧一代消费者，博柏利使产品线多样化，并做出显著的风格变化，同时保留品牌一度为人所知的永恒美感。

图2-9 博柏利品牌2018年标识与印花

资料来源：https://www.burberryplc.com/en/company/history.html。

曾在思琳（Celine）执掌了十年之久的马尔科·高伯蒂与带领纪梵希（Givenchy）复兴的灵魂人物里卡多·提西共同联手，依然保持贝利时代的品牌架构和商业模式，只是更关注加入年轻化元素的品牌联名（如与王者荣耀、苏博瑞联名[16]）和环保与可持续发展（如全面停用皮草和不销毁滞销商品）。2022年，葆蝶家前创意总监丹尼尔·李（Daniel Lee）成为博柏利新任创意总监，于2023年2月清空了Instagram官方账号，再次更换了品牌标识（如图2-10所示），这让商业和学界都对未来的博柏利品牌更加翘首以盼。

图2-10 博柏利品牌2023年新标识

奢侈品公司不同于一般品牌公司，它具有极其独特的商业模式和经营理念，运营稍不谨慎，就可能会遭遇惨痛失败。一般品牌公司的代表是上市公司，而奢侈品公司的代表是家族企业，虽然有些奢侈品公司已经上市，但是追根溯源仍是家族企业。

显然，这是两类不同的文化哲学。因此，奢侈品的品牌特性，以及奢侈品公司的业务流程、商业模式、运作、定价策略等方面，都有独到之处。

2.1 奢侈品品牌特性

奢侈品总是与皇室、贵族有千丝万缕的关系。在古代，奢侈品是欧洲皇室、贵族的专利，即使到了现代，时尚潮流也被欧洲的贵族左右，因此总和文化、高贵、品位等关键词结合在一起，象征着身份、地位、权力及荣耀。无论是新兴市场暴富阶层的炫耀心理，时尚狂热者的虚荣心理，中产阶级的享受性消费心理，还是知性富豪对奢侈品文化的认同心理，其本质都在追求奢侈品品牌带来的精神价值。奢侈品品牌具有独特性质，从理论经济学角度而言：奢侈品品牌少而精，只需应对少数人的需求；需求少，就有价高的必然性。

2.1.1 独特的价值观效应

作为品牌等级中最高的一类品牌[17]，奢侈品品牌是最特殊的，享有至高的市场地位。奢侈品品牌绝不容许一丝一毫的侵犯，产品的高质量始终如一；尽管奢侈品品牌对于大多数人有可望而不可即的距离感，但那些少数"富、贵、雅"的顾客一直钟情于此。此外，奢侈品品牌可以受益于集团或公司本身强大的资金能力，不断获得再投资支持，维护形象，进行传播，并有专业的管理团队让品牌不断壮大发展。因此，奢侈品品牌一定是强势品牌，但除了具备一般强势品牌的特征外，独特效应也使得关于奢侈品的研究变得复杂而有趣。

一是羊群效应（bandwagon effect）。当个体受到群体的影响（引导或施加压力），会怀疑并改变自己的观点、判断和行为，朝着与群体大多数人一致的方向变化[18]，即"从众效应"，或可称之为"随大流"[19]。在奢侈品消费行为中，从众行为表现为消费者赶时髦、表现自身社会地位的偏好，即想拥有一种其他消费者已拥有的商品。[20]如果某种商品成为广为人知的人气商品，则人人都想购买，尤其是明显展现审美情趣、财富、社会地位的奢侈品品牌。[21]这种不细加考虑就跟着别人做的消费行为，是一个与下文所述的虚荣效应恰恰相反的行为。

二是虚荣效应（snob effect）。奢侈品是只有某些人才能享用或独一无二的商品。拥有这种虚荣商品的人越少，该商品的需求量反而越大。[22]因为对于某些人来说，即便是自己原本长期使用的商品，一旦成为大众化商品，他们就会将其更换为并非广为人知的新商品。虚荣效应往往表现在奢侈品新款刚上市时就迅速购买，因为在这一瞬间并不是每个人都能享受到消费奢侈品的荣誉。[23]此外，不论之前被如何热情赞美的奢侈品，一旦市场占有率达到一般大众都可以消费的水平，一些消费者便不再愿意购买。这是因为人人都能购买使用的商品让人既不会感到自豪，也不会拥有获得奢侈品的感觉。不过，虚荣效应并不是在所有商品上都会出现。商品越是高等级，越是以个人消费为主时，虚荣效应越是明显。[24]如果不是以个人消费为主，购买奢侈品是为了向外部展示时，即便价格极其高昂，也可能出现价格越高需求反而越增加的羊群效应。

三是棘轮效应（ratchet effect）。人的消费习惯形成之后易于向上调整，而难于向下调整，即北宋司马光所言"由俭入奢易，由奢入俭难"[25]，尤其是在短期内消费习惯是不可逆的，棘轮效应非常大[26]。这种棘轮效应使得人的消费取决于相对收入，即相对于自己过去的高峰收入。消费者容易随收入的提高而增加消费，但不易于随收入的降低而减少消费。尤其在奢侈品消费环境中，消费决策不是一种理想的计划，它还取决于消费习惯。这种消费习惯受许多因素影响，如生理和社会需要、个人经历、个人经历的后果等，特别是个人在收入最高期所达到的消费标准对消费习惯的形成有很重要的作用。[27]棘轮效应的背后反映的是人性的本质，是人对自身欲望的不断追求。

四是马太效应（Matthew effect）。从积极的方面来说，一个人只要努力，让自己变强，就会在变强的过程中受到鼓舞，从而越来越强。[28]从消极的方面来说，这社会上大多数人并不具有足以变强的毅力，马太效应就会成为逃避现实拒绝努力的借口。经济学上的经典模型之一就是，当一个国家整治腐败、发展平衡社会而增加奢侈品消费税时，本已拥有奢侈品的消费者愈加自豪，奢侈品的存在足以激励人在事业上拼命奋斗；而很少购买奢侈品的普通平民更负担不起提价，其拥有奢侈品的权力进一步被剥夺。

五是蝴蝶效应（butterfly effect）。人类几乎都会有意无意地进行社会比较，并效仿自己想归属的某个群体的行为，这种比较和效仿会影响自我评估，并导致行为的同化。这个群体可能具体到某个自己敬仰的名人或崇拜的作家，也可能是社会阶级较高、抽象的理想化人群。当这个人群使用或可能使用某个奢侈品品牌时，人们往往也会关注甚至购买这个奢侈品品牌。同时，人们也会与较低的社会群体进行社会比较，从而产生"审美间隔"和"符号排斥"心理。于是，人们会自发地为某些奢侈品品牌打上标签，主观地认为这个奢侈品品牌具有某一类人的特点，从而影响了对这个品牌的购买意愿和自我－品牌的联系（self-brand association）。[29] 不断进行的社会比较与效仿不仅对消费者的消费观有影响，也对奢侈品品牌形象产生了蝴蝶效应。更值得一提的是，不少奢侈品消费者的购买原因在很大程度上是群体需要或者为别人的期望而进行消费，而且亚洲消费者更加重视"外在自我"，即自己在别人眼中的形象。以中国为例，在中国传统文化中，礼尚往来是从事商业活动和人际交往的重要方式之一，"面子"是儒家文化氛围下人们消费行为的一个重要特征。一些消费者从产品的消费过程中展现自己的财富、地位或权力，向周围人炫耀；另一些消费者观察到周围人都购买了奢侈品，为了与周围人保持一致，迫于从众压力也会进行奢侈品消费。这些现象也推动了蝴蝶效应的出现。

2.1.2 产品创意与品牌业务流程

奢侈品行业一直以来被认为是周期性行业，会随着消费者信心、利率和潮流变化而起伏。即使如此，奢侈品行业的业绩表现也始终优于市场，甚至超过其他例如高科技和通信等高增长行业。[30]

实际上，大部分奢侈品公司知名度很高但营业额较小。除了那些由很多公司合并起来的集团，奢侈品公司往往是小规模运作。言下之意，奢侈品公司的知名度、美誉度与销售额并不匹配。因此，奢侈品公司的产品创意、资金投入、生命周期与回报率均与一般企业存在较大的差异。如果品牌相关性、组织架构、业务流程和商业模式等方面满足奢侈品行业的条件，那么高频率和广泛的创意活动将是大多数奢侈品品牌成功的基础。

简而言之，创意人才是成功的必要非充分条件，公司仍需要凭借创造力获取利润。奢侈品行业以设计师灵感凌驾于市场考量而闻名。不过，即便设计师的创意天赋再顶级、独家，也必须要考虑产品品牌是否有内核驱动、外在与消费者共鸣带来的市场竞争力。

克里斯汀·拉克鲁瓦（Christian Lacroix）在路威酩轩集团旗下的跌宕起伏便佐证了这点。1987年，他创建了高级订制时装屋；2005年，他所创立的同名品牌没有盈利能力，累计亏损超 2 亿欧元，被路威酩轩集团出售给美国费利克时装集团（Felic Group）。但是就连费利克三兄弟也无法把克里斯汀·拉克鲁瓦的创意天赋转化为切实可行的经济收益。最终在 2009 年，这家时装公司宣布破产。

多数情况下，奢侈品公司产品创意始于一个业务部门，该部门专门负责挖掘特定的细分市场，该部门员工被称为产品规划专员（prescriber），类似于建筑师设计什么风格、规定使用什么建筑材料，医生推荐什么处方药。他们将产品设计委托给创意部门，并告知产品系列数、功能、定价、预期销售规模等要求。

在英美公司，这类人被称为产品策划主管，美国百货公司专门设立一个职位，名为"产品策划总经理"（general merchandise manager），负责制定产品策略，引导消费市场，明确产品种类、定价，预估每个零售点的销售量。

图 2-11 表明了奢侈品从产品概念形成到进入分销网络销售的典型流程。产品规划的负责部门取决于企业类型，如技术产品的规划由营销部、销售部或首席执行官负责。产品整个创作过程被划分为产品概念确定、产品设计和设计实施。这种模式在奢侈品成衣或配饰中很常用，产品策划主管负责所有决策。所有产品和服务的共同之处是，设计和创意必须系统地遵循一个特定的商业理念。[31]

奢侈品公司组织架构根据每个职能部门的特定能力构成（如图 2-12 所示），该模型从迈克尔·波特（Michael Porter）于 1998 年提出的价值链演绎而成。[32] 其中：如果产品策划和销售两个部门独立，那么产品策划和销售主管都需要具备丰富的业务知识；创意总监和设计师需要具有美学专长；产品开发专员需要具有关于产品的专业知识；此外，采购

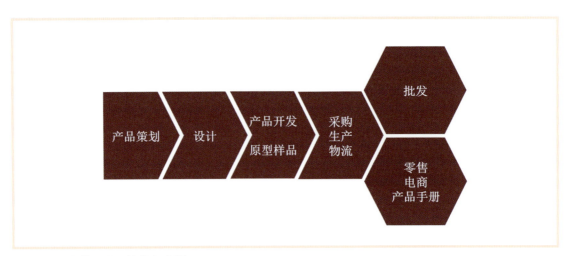

图 2-11　奢侈品公司的业务流程

资料来源：CHEVALIER M, MAZZALOVO G. Luxury Brand Management in Digital and Sustainable Times[M]. 4th ed. Wiley: 2020.

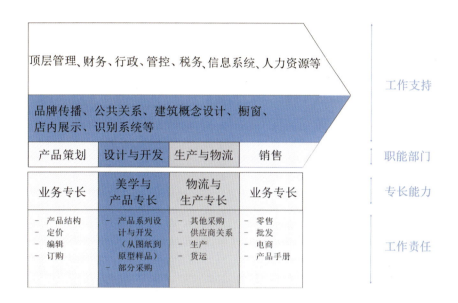

图2-12 根据专长能力构成的奢侈品公司组织架构

员、行业分析专员和技术专家负责物流、生产与采购（sourcing）。

不同于一般B2C企业，奢侈品公司打造一个奢侈品品牌的初期要求和投入成本非常高。但如果品牌运作成功，那么它的高利润率可以很快弥补多年的亏损。这种高利润率正是奢侈品品牌溢价、品牌感性价值的体现。当然，奢侈品公司的产品周期也比一般公司长得多。一款香水、一件皮具或一款成衣往往要1~3年时间设计与研发，而盈利需要3~4年。

通常情况下，开设一家门店至少需要2年才能盈利，而开创一个延伸品牌一般要10年的时间才能赢得认可，若是新品牌，时间要长得多。不过，一旦一个品牌达到收支平衡点后，情况就会发生改变。换言之，奢侈品行业的利润空间非常大，所有固定的投资收回后，大量余额也就转化为利润，整个企业经营也仅仅需要有限的现金流。

2.1.3 原产地效应

奢侈品的消费者十分看重产品的原产地。[33] 奢侈品公司都明白一个道理，尽量不要在非原产地开设工厂。奢侈品品牌与特定文化背景和国家特质深度联结，保留地域渊源性可以增加人们对品牌的认知与认可度。一些底蕴深厚的奢侈品集团收购原材料工厂或特殊工艺工坊，如香奈儿集团收购法国羊皮革厂Bodin-Joyeux，开云集团收购世界第三大鳄鱼皮革生产商France Croco和意大利皮革制造商Caravel Pelli Pregiate，路威酩轩集团收购法国小牛皮制造商 Les Tanneries Roux 等，根本原因也在于此。

奢侈品品牌一定遵循原产地原则[34]，如来自意大利的奢侈品品牌，原产地商标必须是"Made in Italy"[35]。不过，需要一提的是，原产地分广义和狭义两种。狭义的原产地标准十分严格，产品本身、包装袋、说明书的印刷与制造必须都在原产地国家[36]，如瑞士"SWISS MADE"，这就是瑞士腕表、皮具售价高昂的原因之一。广义的原产地标准很容易达到，如意大利、法国都采用这样的标准，即使在他国制造，但最后加工、质量控制和包装在本国，就可以贴上本国的标签。这与大多数欧盟国家对内部流通产品管理宽松有关，欧盟没有要求品牌公布原产地信息，也没有强制要求商品所有设计、生产流程一定要全部在本国完成才可贴上本国原产地标签。

但有些极其稀有的原材料和制作工艺必须在外迁地才能完成，如非洲中西部国家尼日尔（The Republic of Niger）的图阿雷格（Touareg）手工艺人为爱马仕制作皮带金属配件的工艺①，为品牌增添了独一无二的气息。

然而，在全球经济低迷，人们纷纷捂紧钱包的大背景下，一些奢侈品、轻奢和时尚品牌渐渐地放弃了原产地原则，以价廉物美或者利润最大化为重心。[37] 于是，一些奢侈品公司旗下的入门级奢侈品品牌为了降低成本，利用各个国家的巨大资源网络相互关联、相互依赖，并相互影响。它们往往在廉价劳动力地区完成一部分工艺，然后将没有贴标的半成品运回欧洲重新包装，勉为其难地将原产地标签藏在内口袋底部，通过海关进入其他国家市场后（中国海关明确要求进口的奢侈品品牌必须标明原产地），将这个原本就不明显的原产地标签摘除。不过对于真正的奢侈品品牌而言，放弃原产地原则几乎等于毁灭了品牌资产。[38]

此外，代工厂的存在让奢侈品品牌陷入困局，"原厂流出"成为了奢侈品高仿和假货制造工厂的最好营销招牌和借口，而这些假货工厂为了效果逼真，生产的产品也做了不贴牌的处理，有些质量相当出色，即使和正品对比也让人真假难辨，此外，这些工厂纷纷自称"代工厂""原单工厂"来混淆视听。

2.2　奢侈品公司独特商业模式

消费者获得感知总价值是理性价值和感性价值的组合，与一般公司不同，奢侈品公司的商业模式由消费者对产品和服务强烈的感性价值需求、文化需求、价值观和生活方式等

---

① 可参考爱马仕品牌对皮带金属配件的介绍：https://www.hermes.com/us/en/product/newton-touareg-bracelet-H071822FP00T4/.

因素主导。

在过去商品较匮乏的时代,市场处于近似完全竞争市场的状态,消费者的需求比较单一和相似,可以简单地描述为"少对少"的市场结构。随着科技与经济发展,人们的物质生活日益丰富,商品更多元化,消费者有形或无形需求更趋于个性化,产品逐渐具有异质性,市场演变为垄断竞争(monopolistic competition)市场[39],包括奢侈品行业在内,面对的是成为"多对多"的市场结构(如图2-13所示)。

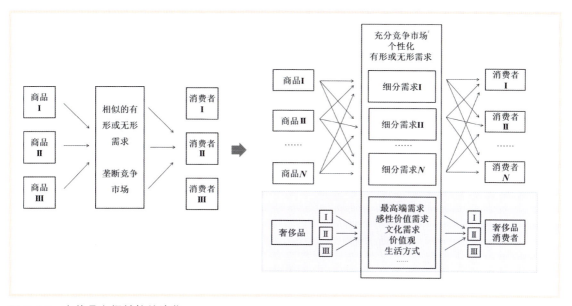

图2-13 奢侈品市场结构的演化

资料来源:李杰.奢侈品公司创新管理——商业生态视角[M].北京:机械工业出版社,2020.

即便处于垄断竞争的市场结构中,奢侈品公司也很难仅仅依靠单一产品系列或单一品牌获得盈利,公司会根据品牌延伸方式决定采用的商业模式。

2.2.1 奢侈品公司与一般企业商业模式异同

商业模式是一个整体、系统的概念,而不仅仅是单一的组成因素。如收入模式(广告收入、注册费、服务费)、向客户提供的价值(在价格上竞争、在质量上竞争)、组织架构(自成体系的业务单元、整合的网络能力)等,这些都是商业模式的重要组成部分,但并非全部。无论如何界定与定义,商业模式的组成部分之间必须有内在联系,这个内在联系把各组成部分有机地关联起来,使它们互相支持,共同作用,形成一个良性循环。画布模型(canvas model)提出的商业模式完整概念[40],包括价值主张(value proposition)、关键活动（key activities）、关键伙伴（key partners）、顾客细分（customer segments）、关键资源（key resources）、分销渠道（channels）、成本结构（cost structure）、收入来源（revenue stream）、客户关系（customer relationship）（如图2-14所示），适用于奢侈品公司，可作为奢侈品公司系统思考的框架，亦能被广泛应用到商业模式的重构。其中，奢侈品公司的价值主张、分销渠道、客户关系与一般企业商业模式差异最大。

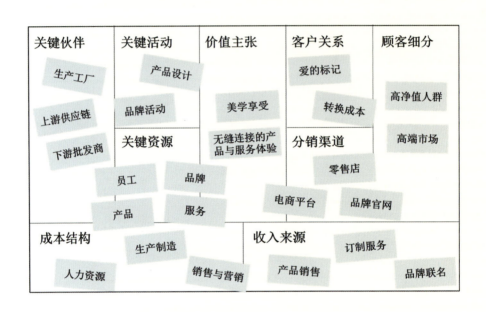

图2-14 适用于奢侈品公司商业模式的画布模型

在价值主张方面，一般公司在销售与推广过程中，会设法倾听顾客心声或了解他们所需要的产品，通过各种分销渠道传递到消费者手中。与之不同的是，奢侈品公司则创造一系列充满创意、蕴含艺术气息的产品，品牌背后还有一个长期构想的推动。当奢侈品公司极度地迎合顾客需求，或极端地对顾客置之不理，都会导致品牌形象稀释。无论是传统线下门店还是互联网电商[41]，只有遵循"'引领'（pull）而非'迎合'（push）"这个价值主张[42]，奢侈品公司才能在它所有品牌和产品系列中永久地保持一致性，并进一步维持其正统性、全球吸引力、神秘感和闪光点。因此，奢侈品公司不会在量产前进行外部产品测试（香水业务除外），否则意味着集团品牌战略服从了顾客偏好和品位。然而，奢侈品公司也会鼓励门店销售人员与老顾客面对面交流，从沟通中侧面了解品牌忠诚者心中所想与未来梦想。这些顾客意见往往具有代表性，并且这种沟通方式能让他们感受到品牌归属感，进一步提升他们对品牌的满意度与忠诚度。

在分销渠道方面，奢侈品公司以直营店为主，辅以第三方特许经销店，通常以旗舰店、独立精品店、高端购物中心店中店（包括快闪店）等形式面向消费者。一般来说，大多数奢侈品品牌首家旗舰店位于该品牌的诞生地；旗舰店、精品店一定会设立在高端优雅的街区；奢侈品公司会根据开店楼层与区域、相邻门店、交通道路、商圈开店数量、租赁模式、物业管理水准等决定高端购物中心店中店是否入驻。此外，一些时尚奢侈品品牌和轻奢品牌会在奥特莱斯开设门店或小型专柜，再次销售一些正价销售量很高但过季的产品（也有部分奢侈品公司会专门开发奥特莱斯特供产品线）。爱马仕、香奈儿等顶级奢侈品品牌绝对不会入驻奥特莱斯，但会每年组织针对高端VIP顾客的贵宾活动——比如爱马仕在上海和北京每年组织两场严格控制的专享特卖活动（exclusive sale），以低至50%的统一价格销售部分爱马仕产品。

在客户关系方面，奢侈品公司与顾客之间的关系呈现典型的后现代化（post-modernization）。[43] 最初，天才设计师与工匠在接到顾客或赞助人委托后，用珍贵材料制作成奢侈品交予对方。到18世纪末期，设计师与工匠在作品被卖出之前将模型保留下来，自此，他们便很少接受私人委托。奢侈品公司与顾客之间的关系发生颠覆性变化：由"设计师与工匠拜访顾客"转换为"顾客前去了解工作室里的创意和样品"。在客户关系管理方面，奢侈品公司建立了专门负责客户关系管理的部门，研究如何吸引更多顾客并保持现有顾客对品牌的忠诚，并制定品牌会员体系（如图2-15所示）。其中，核心顾客与VIP消费者是奢侈品公司重点关注对象，采用比较私密的"一对一"甚至"多对一"服务。[44]

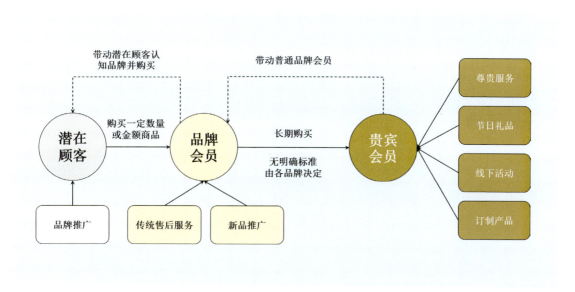

图2-15 奢侈品公司顾客会员体系

结合奢侈品及其品牌特性可以发现，奢侈品公司一定会保证产品稀缺性，无意甚至有意造成原材料、商品或购买渠道的稀有，让品牌在大力传播的同时与顾客保持一定距离感，让顾客处于等待急切关注状态——时间因素是奢侈品公司打造品牌至关重要的一环。[45]这也意味着奢侈品公司对互联网电商和元宇宙这些相对前沿科技产物始终保持一定的谨慎。

2.2.2 家族企业运作与领导力

相比普通行业，奢侈品行业有自己独特的运营文化，前者的代表是上市公司，后者的代表是家族企业，即使有些奢侈品公司如路威酩轩集团、开云集团、历峰集团和斯沃琪集团等已经上市，但是追根溯源仍是家族企业。[46]普通公司从建立到发展再到消亡的时间周期较短；而奢侈品公司要实现较高的市场地位，一般需要从创始者开始让品牌持续生存超过50年，有充分的时间积累与文化沉淀，才能在消费者心中留下深刻印记。

1. 家族企业传承与运作模式

传承是奢侈品公司运营最重要的组成部分。绝大多数奢侈品集团或独立奢侈品公司不管是仍被创始者家族所拥有，还是已被外人收购管理，仍是家族企业。[47]实际上，当今奢侈品公司管理与继承模式可以分为五类：独立公司创始家族传承制（直系与旁系），被收购后收购家族继承制，被收购后创始家族传承制，以及被收购后成为非家族企业（如表2-1所示）。当然，那些创始人还在执掌的公司并未列在内，如贝尔纳·阿尔诺（Bernard Arnault）的路威酩轩集团、乔治·阿玛尼（Giorgio Armani）的阿玛尼集团、劳伦斯·格拉夫（Laurence Graff）的格拉夫公司等。不过，可以预见的是，阿尔诺和格拉夫家族已经在培养下一代继承人，最终会将家族业务交到第二代手中，而无后代的乔治·阿玛尼先生也许会将业务出售给大型奢侈品集团，或转交旁系亲属。

家族企业运营模式由三个部分构成：企业运作（包括使命和策略、结构和系统、组织文化、技术、管理）、所有者（包括股东权益、所有权分配、管控和董事会、法律事务）、家族（共同价值观、经验、冲突机制、设计制造、规则制定、关系处理、生活圈、传统继承）。[48]虽然很多时候这三个部分有所重叠，但它们仍有各自的区别。管理一个家族与管理一个企业不同，许多管理者并未意识到这一点，结果事倍功半，免不了"郁郁而走"的命运。正是由于上述这三部分的需求、目标和人员关系都是相互交叉、相辅相成的，所以必须加强这三个部分的协调性管理。

表 2-1 五类传承模式的奢侈品公司

传承模式	模式说明	代表性奢侈品（集团）公司	传 承 情 况
独立公司创始家族传承制（直系）	家族业务始终在创始家族直系子孙手中	普拉达集团	创始人为马里奥·普拉达（Mario Prada）；如今，马里奥孙女缪西亚·普拉达（Miuccia Prada）为第二任掌门人
独立公司创始家族传承制（直系）	家族业务始终在创始家族直系子孙手中	菲拉格慕公司	创始人为萨瓦托·菲拉格慕（Salvatore Ferragamo）；如今，萨瓦托之子费鲁齐奥·菲拉格慕（Ferruccio Ferragamo）为第二任掌门人
		历峰集团	创始人为安顿·鲁伯特（Anton Rupert）；如今，安顿之子约翰·鲁伯特（Johann Rupert）为第二任掌门人
		开云集团	创始人为弗朗索瓦·皮诺（François Pinault）；如今，弗朗索瓦·皮诺之子弗朗索瓦-亨利·皮诺（François-Henri Pinault）为第二任掌门人
		斯沃琪集团	创始人为尼古拉斯·海耶克（Nicolas Hayek）；如今，尼古拉斯之子尼克·海耶克（Nick Hayek）为第二任掌门人
独立公司创始家族传承制（旁系）	家族业务已交予创始家族非直系子孙后代或无血缘关系的后代手中并继续传承	爱马仕集团	创始人为蒂埃里·爱马仕（Thierry Hermès）；第三代继承人埃米尔-莫里斯·爱马仕（Emile-Maurice Hermès）将家族事业传承给女婿罗伯特·杜马（Robert Dumas）；如今，罗伯特之孙阿克塞尔·杜马（Axel Dumas）为第六任掌门人
		菲亚特集团/Exor集团	创始人为乔瓦尼·阿涅利（Giovanni Agnelli）；因家族第三代所有后代自杀或病故，家族事业传承给第三任掌门人詹尼·阿涅利（Gianni Agnelli）外孙约翰·埃尔坎（John Elkann）和堂侄安德烈·阿涅利（Andrea Agnelli）
被收购后收购家族继承制	被大型奢侈品集团或基金公司收购后经重组，收购家族代替创始家族完全接管品牌，后者失去继承权	香奈儿集团	创始人为嘉柏丽尔·香奈儿；1954年，皮埃尔·韦特海默收购香奈儿集团；如今，皮埃尔之孙阿兰·韦特海默（Alain Wertheimer）为第三代掌门人
		古驰集团	创始人为古驰奥·古驰（Guccio Gucci）；2004年被皮诺-春天-雷都集团完全收购；皮诺家族成为古驰集团的掌门人，至今已两代
		百达翡丽公司	创始人为安东尼·百达（Antoine Patek）；1933年被查尔斯·斯登（Charles Stern）和让·斯登（Jean Stern）两兄弟全资收购；斯登家族成为百达翡丽公司的掌门人，至今已四代

续表

传承模式	模式说明	代表性奢侈品（集团）公司	传 承 情 况
被收购后创始家族传承制	被大型奢侈品集团或基金公司收购后，维持原有家族继承模式与部分品牌管理权	芬迪公司	创始人为阿黛勒·芬迪（Adele Fendi）；路威酩轩集团在2001年成为芬迪公司最大股东后，芬迪家族第二至第四代继续执掌家族企业
		范思哲公司	创始人为詹尼·范思哲（Gianni Versace）；2018年被Capri集团收购后，詹尼之妹多娜泰拉·范思哲（Donatella Versace）继续担任公司第二代掌门人
被收购后成为非家族企业	被大型奢侈品集团或基金公司收购后经重组，转型为非家族企业，由公司董事会任命继任者	博柏利公司	创始人为托马斯·博柏利（Thomas Burberry）；1995年被英国大世界百货公司收购后重组，转型为非家族企业

2. 家族成员的领导力

家族企业需要深刻地理解一家奢侈品公司如何运转。[49] 家族成员的领导力有助于管理者们共同做出关键抉择，他们需要从战略、品牌和人性洞察三个视角贯彻他们的领导力（如图2-16所示）。

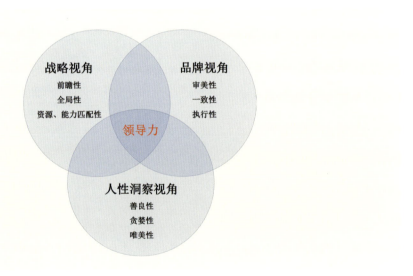

图2-16 家族企业领导力的三个视角

资料来源：李杰.高情商、高绩效的领导者——基于战略、品牌、人性视角[C].上海交通大学电子信息与电气工程学院工程管理硕士与博士论坛，2021-06-12.

下述五个方面是奢侈品公司的家族成员和管理者需要重视的关键问题。

（1）产品、要素与股权。品牌（股权）资金应如何在不同的业务和家族的要求下分配？如何在竞争环境下结合品牌自身因素考察和追踪要素市场、产品市场和股权市场的变化，并平衡三者之间的关系？它们如何影响公司在奢侈品行业的战略地位？

（2）控制。谁拥有家族和品牌的最终决策权，是董事会还是品牌拥有者？[50]

（3）企业运营者。一个人应该如何被选拔成为品牌或者家族的领导者或管理者？是选择家族成员还是回避他们？家族中无血缘关系的亲戚是否应该在考虑范围之内？

（4）冲突。家族成员是否有能力控制自己不把家族内部的不和谐关系带入公司？如果两个家庭成员在求偿问题上产生了意见分歧，他们还能心平气和地参加家族聚会吗？

（5）文化。对于家族和企业，什么样的价值观是至关重要的？这些价值观应该如何在家族和企业中传导？家族成员在企业中的表现是否会影响到其在家族中的地位？[51]

2.3 奢侈品公司定价策略

廉价品牌、普通品牌、高端品牌、奢侈品品牌在层次上属于逐渐上升的递进关系。俗称的"轻奢"属于高端品牌一类，不少人将高端品牌与奢侈品品牌搞混淆，认为高端的就是奢侈的。奢侈品不是普通商品往高端商品发展就能形成的。奢侈品公司的定价策略也并非是普通商品价格乘以一个系数那样简单。

2.3.1 奢侈品品牌等级与溢价

2007—2022年，尽管全球经济经历着巨大波动，奢侈品行业却"不可思议"地始终在增长。事实上，奢侈品行业是一个由众多不同企业和产品组成的宏观经济体，仅有极少数企业采用奢侈品的发展战略。如今，"奢侈品"这个词变得越来越时尚，许多从事时尚家居和高端品牌的公司也开始使用它。[52]然而，"奢侈品""时尚品""高端品"并不能互相代替，三类公司有不同的管理方法。奢侈品不是更高级的商品，它的内涵比高端品广很多，从仅仅贴一个牌子作为商标的廉价商品，到有一定质量保证的普通商品，到高端商品，再到奢侈品，从价格和奢侈程度两个维度上，它们是一个很难跨越的递进关系（如图2-17所示），尤其是从高端商品到奢侈品，并不是简单地提升价格就可以实现提升。[53]滥用"奢侈品"这个词语容易模糊概念，给品牌经营管理带来混乱。

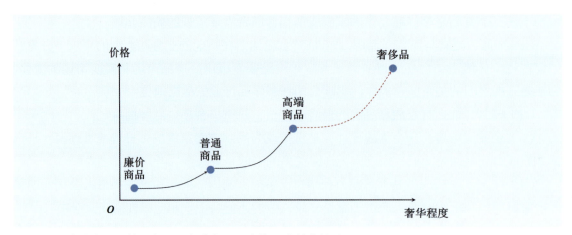

图 2-17　廉价商品、普通商品、高端商品、奢侈品的递进关系

时尚往往是瞬时、快速的，如优衣库、飒拉就是著名的快时尚品牌，款式效仿了很多奢侈品品牌或高端品牌，"诱惑"消费者模仿更高社会地位人群的穿着与消费方式；高端品牌定位是较高的性价比，具有较大的消费与投资价值，对那些现实主义的消费者有很大的吸引力[54]；奢侈品品牌展现的是梦想，代表着隽永价值、最高与卓越的产品质量，也反映了一种享乐主义和拥有者的社会地位（如图 2-18 所示）。

为了更好地区分高端品牌和奢侈品品牌，两者可进一步细分为快消高端品牌、高端品牌、入门级奢侈品品牌（entry-level luxury brands）、主流级奢侈品品牌（mainstream luxury brands）、威望级奢侈品品牌（prestigious luxury brands）和顶级奢侈品品牌（top

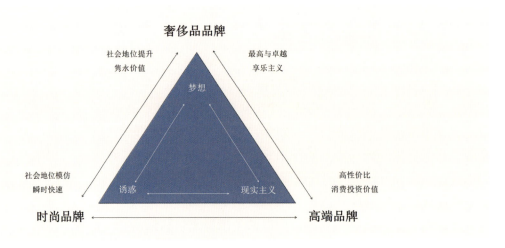

图 2-18　奢侈品品牌、高端品牌与时尚品牌的关系模型
资料来源：KAPFERER J-N, BASTIEN V. The Luxury Strategy: Break the Rules of Marketing to Build Luxury Brands[M]. 2nd ed. Kogan Page, 2009.

luxury brands）。[55]

高端品牌的销售快速增长并不会对奢侈品牌的销售带来太多负面影响，但如何在保持奢侈品品牌业务增长的同时维护其品牌地位是面临的最大挑战。奢侈品需要一直处于供小于求的状态，但也要谨慎而为，销量增长也是要追求的，不能一味地只保持小规模而影响营收。[56]如今，奢侈品品牌在发展中国家（如金砖四国——巴西、俄罗斯、印度和中国）的需求急速飙升，业绩增长的目标变得更加突出。但是，迎合了这样的需求意味着奢侈品品牌会变得逐渐平庸，品牌资产慢慢稀释，失去了排他性，极大地削减奢侈品品牌的溢价能力。

品牌附加值给品牌提供溢价（premium）。一个品牌同样的产品能比竞争品牌卖出更高价格，称为品牌溢价能力。一个具有高品牌溢价的品牌往往是那些非常知名的品牌，往往拥有很高的价格杠杆能力（price leverage）和品牌溢价能力。品牌溢价体现在感知质量的品牌知名度方面，同样是构成商品感知价值的一个重要组成部分，也是消费者在考虑是否购买过程中的一个潜在因素。[57]

从经济学理论上，更容易理解品牌溢价产生的影响。产品本身并不是打动消费者的唯一因素，高品质服务以及产品背后的品牌能够创造更大的净值（如图2-19所示）。

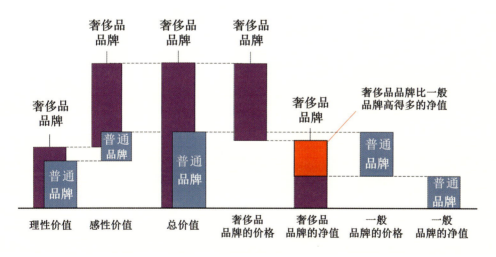

图2-19 消费者更愿意购买奢侈品品牌的原因——更高的净值
资料来源：李杰.奢侈品公司创新管理——商业生态视角[M].北京：机械工业出版社，2020.

奢侈品品牌与普通品牌的差距并不在于理性价值（如质量、功能性价值），而在于消费者的感性价值（如象征性价值和体验性价值）。[58]因此，尽管奢侈品品牌售价比普通品牌价格高不少，但消费者愿意购买净值高得多的奢侈品品牌。[59]这个净值就是消费者剩余（consumer's surplus）。消费者剩余指的是一个消费者对某个产品的支付意愿（willingness to pay，WTP）与产品定价（即消费者最后支付的价格）的差额。消费者剩余并不是实际获利的增加，而是一种心理感觉的程度。

2.3.2 奢侈品定价的独特性

品牌定价的目标是能让品牌在比竞争对手拥有更高消费者剩余的同时还能保持盈利。例如：一个消费者愿意以20万元的价格购买一款爱马仕铂金包，这款包的中国官方定价为15万元；当这个消费者以这个价格购买后，消费者剩余就是5万元。所谓的品牌溢价就是消费者剩余与品牌利润之和（如图2-20所示）。

奢侈品是根据品牌溢价能力进行定价的，这是一种以品牌为导向的销售策略。相对于常规定价方式，品牌溢价会更多地考虑品牌知名度对商品定价的影响，而不仅仅是商品本身。

在比较常规定价和品牌溢价的过程中，感知价值是一个主观概念，随着消费者个体的变化，某个商品对个人的感知价值就会有比较大的变化。常规定价关注点主要在商品成本、市场完全竞争理想状态的货币价值。例如：成本加成法策略在成本视角上通过 $p=c(1+m)$ 进行定价计算，虽客观、稳定，但忽略了市场竞争[60]与顾客价值[61]；而市场定价法以市场竞争视角，以完全竞争市场上的跟随定价为前提，通过需求曲线与供给曲线的交点，即 $d(p)=s(p)$，得到价格的稳定方案[62]。

与普通商品、高端商品不同，奢侈品定价更多考虑一个公司的品牌知名度、美誉度等因素，从而形成非常高的品牌溢价。对于不同的消费者群体，品牌溢价的作用可以天差地别。为了实现他们的身份目标，人们使用产品和品牌来创建和表示自我形象，并将这些形象呈现给他人或自己。对于不富有的人来说，中低端产品有更高的价值，他们不会为品牌溢价买单，产品的客观属性是他们更多考虑的因素。对于富裕人群来说，他们不满足于产品的客观属性，他们趋向于追求更好的产品。富裕人群通过品牌去寻求认同感，和不富有的人进行区分，他们趋向于为

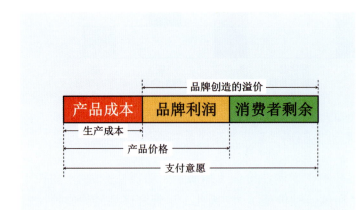

图2-20 品牌创造的溢价是消费者剩余与品牌利润之和

那种高端的品牌溢价消费。[63]因此在将产品溢价作为定价的策略中，需要更多地对目标消费者群体进行细分，分析他们对产品溢价的承受能力，再结合自身公司的品牌知名度因素去做出合理的产品定价。

消费者在购买奢侈品时，往往会考虑该品牌在市场中的地位和品牌的价值等因素，即品牌溢价。不过，消费者价值感知往往被第一印象所左右。在心理学中，人们在对某人某事做出判断时易受第一印象或第一信息支配，就像沉入海底的锚一样把思想禁锢在某处，称为锚定效应（anchoring effect）。[64]锚定效应在消费决策中扮演重要角色，锚可分为内在锚（self-generated anchor）和外在锚（experimenter-provided anchor）：前者指通过奢侈品消费经验产生的推断，后者指对奢侈品品牌第一印象引发的直觉[65]。外在锚的品牌力量和内在锚的经验力量及它们的共同作用对消费者的购买决策起到双重影响[66]，其中：

（1）消费者受内在锚和外在锚的双重影响，内在锚比外在锚影响更大；

（2）推理锚定效应与直觉锚定效应呈负相关关系；

（3）当消费者没有消费经验时，奢侈品品牌的详细陈述和简单陈述的锚定效应有显著差异[67]；

（4）当低端品牌作为低锚点出现时，中高端品牌的感知价值也会被低估；

（5）当消费者具有经验时，随着其对所评估产品熟悉度的增加，品牌锚定效应减弱，甚至对消费者决策失去了影响；

（6）低锚的锚定效应小于高锚的锚定效应。

与此同时，一个成功的奢侈品品牌能传达与众不同的品牌价值，在获得消费者认同的同时，也表达了消费者自身的价值。例如，一位时尚女性可能会购买香奈儿Le Boy手袋，因为香奈儿的品牌价值反映了她的个性（即自我表达），奢侈品便成为了一个状态符号，消费者就成了具有香奈儿价值观的人（即自我呈现）。由此可见，奢侈品品牌溢价非常高。定价越高的奢侈品具有越高的审美间隔，品牌溢价具有越大的效用（utility）。[68]当产品是公共消费的奢侈品时，消费者特别容易受到参考组的影响。在这种情况下，常规定价策略便失去了效用。

对于奢侈品公司来说，更好地通过广告等手段提高自身品牌溢价，更好地做出符合自身品牌溢价的定位，对俘获消费者的心起到非常重要的作用。持久的溢价都源自神秘感。而奢侈品品牌宣传手册或海报上往往只展示产品，很少有产品介绍，更极少显示价格，这在传统营销中恰恰相反。在奢侈品世界中，产品的预测价格高于实际价格的情况能够创造价值。如一个人佩戴格拉夫（Graff）Spiral白金钻石手镯，其他任何一个人看到这款手镯时都会预测价位，但又往往因为奢侈品的"魔力"高估它的价格。因此，当奢侈品被当作礼物赠送时，由于它的价格被高估，礼物接受者会更感激这一举动。

奢侈品行业以引领为指向，有意无意地营造稀缺性现象——这就是传统营销与奢侈品领域背道而驰的原因。传统营销完全以需求为基础，营销人员还需要考虑什么价位能给新产品留出空间。但在奢侈品行业中，奢侈品公司创造出一个产品，再决定售价——顾客越将它看作奢侈品，它的零售价格就可以越高。于是，奢侈品门店内的销售人员也与一般商品的销售员不同，他们会帮助顾客理解和分享品牌内在的传奇故事、创业精神、美学感受、关联任务和投入精力，以证明奢侈品高价格的合理性。当然，顾客自己看似"主动"的购买决策其实都是在奢侈品品牌若即若离的"召唤"和引导下被动完成的。

当下，随着成熟的商业模式理论框架相继提出，越来越多的奢侈品公司也尝试通过系统性、一体化的全价值链控制，最大程度地产生长尾效应。

研究聚焦　奢侈品公司商业模式比较研究：阿玛尼 vs 博柏利 vs 香奈儿

　　奢侈品行业中大多数品牌或被四大奢侈品集团收购，或被其他财团、各类私募基金公司收入囊中，能始终保持独立的奢侈品公司已经越来越少。其中，最具代表性、公认的奢侈品公司当属爱马仕集团、普拉达集团、杰尼亚集团、杜嘉班纳公司、阿玛尼集团、博柏利公司、香奈儿集团等。前三者是上市公司，虽仍保持独立，但已经向多品牌架构的集团公司发展——爱马仕集团旗下除爱马仕外，还有英国男士高级鞋履品牌约翰罗布（John Lobb）、法国高级水晶品牌圣路易（Saint-Louis）、法国银器品牌博艺府家（Puiforcat）；普拉达集团旗下除普达拉外，还有意大利时尚奢侈品品牌缪缪（Miu Miu）、英国高级鞋履品牌 Church's、意大利高端鞋履品牌 Car Shoe、意大利甜品店 Marchesi 1824；杰尼亚集团旗下除杰尼亚外，还有美国高级成衣品牌汤姆·布朗。杜嘉班纳公司至今未上市，也保持独立，但受到中国市场负面影响的巨大冲击，YNAP、发发奇、天猫奢品和京东奢品永久性关闭杜嘉班纳业务，2018 和 2019 财年分别亏损 2 411 万欧元和 3 420 万欧元[①]，2020 和 2021 财年虽未披露但仍不被市场看好，勉强维持在"10 亿欧元"二线奢侈品公司之列。商业模式非常值得对比研究的是后三个——意大利阿玛尼集团、英国博柏利公司和法国香奈儿集团，保持公司独立的同时没有收购其他奢侈品品牌，它们的首字母正好分别是 A、B、C，在本奢侈品学术研究中被称为"ABC 比较研究"，可从品牌创立环境、

---

① 数据来源：statista。可参考：https://www.statista.com/statistics/675310/net-profits-loss-of-italian-company-dolce-and-gabbana/.

高管结构与职责、产品品类、品牌架构演进、公司运营独立性、生产与上下游供应链、渠道管理、数字化与电商平台共八个方面进行对比分析。

第一，在品牌创立环境方面，三个品牌创立年代、国家、市场环境全然不同。乔治·阿玛尼（Giorgio Armani）先生于1975年在意大利米兰创立了同名品牌。当时，时装在欧洲市场（尤其是意大利市场）成为时尚主流业务，他凭借在米兰文艺复兴百货公司（La Rinascente）做橱窗布置、在意大利时装之父尼诺·切瑞蒂（Nino Cerruti）手下担任服装设计师的耳濡目染和历练，与爱人兼合伙人塞尔吉奥·加莱奥蒂（Sergio Galeotti）共同创业，制作成衣。使用高级灰色、做工精良、注重细节、线条简单纯粹、采用优质面料成为了阿玛尼先生作品的代表性元素。博柏利品牌诞生于1856年的英国，当时英国成衣市场讲究保守与皇室血统，创始人托马斯·博柏利白手起家制作布衣，以精致的雨衣开拓了新细分市场。香奈儿于1910年诞生于法国，处于第一次世界大战前的法国女装行业保守，追求夸张的华丽饰边，嘉柏丽尔·香奈儿依靠时尚界与商界的诸多情人鼎力相助，在时尚之都巴黎市中心开设了时尚女帽店"Chanel Modes"，从此开启了百年时装传奇之路。

第二，在高管结构与职责方面，阿玛尼集团更为独特，而博柏利公司和香奈儿集团颇为相似（如图2-21所示）。阿玛尼先生依靠其天才设计天赋、顶级商业头脑以及不世出的管理能力，在对公司控股的同时担任董事会主席、首席执行官和创意总监，全方位掌控品牌与公司经营。博柏利公司已经不是家族公司，现任董事会主席为盖瑞·墨菲（Gerry Murphy），首席执行官为乔纳森·阿克罗伊德（Jonathan Akeroyd），下设首席运营官、首席财务官、商务总裁、创意总监（由里卡多·提西担任）等九位N-1高级管理。① 香奈儿集团由韦特海默家族控股，阿兰担任董事会执行主席，热拉尔德担任董事会董事；2007年开设首席执行官一职，如今由丽娜·奈尔（Leena Nair）担任，下设首席财务官、创意总监（由维吉妮·维娅担任）、时尚业务总裁等七位N-1高级管理。[69]

第三，在产品品类方面，阿玛尼集团和香奈儿集团均从单一产品线向以时尚业务为核心的多元化延伸，开拓生活方式类产品和服务；博柏利公司相对保守，主要维持皮具、成衣、配饰、香水业务的市场地位（如表2-2所示）。

---

① 可参考博柏利公司对乔纳森·阿克罗伊德的任命披露信息：https://www.burberryplc.com/en/news/corporate/2021/burberry-appoints-jonathan-akeroyd-as-chief-executive-officer.html。

第二章 奢侈品公司商业模式：从价值观引领到创意产品

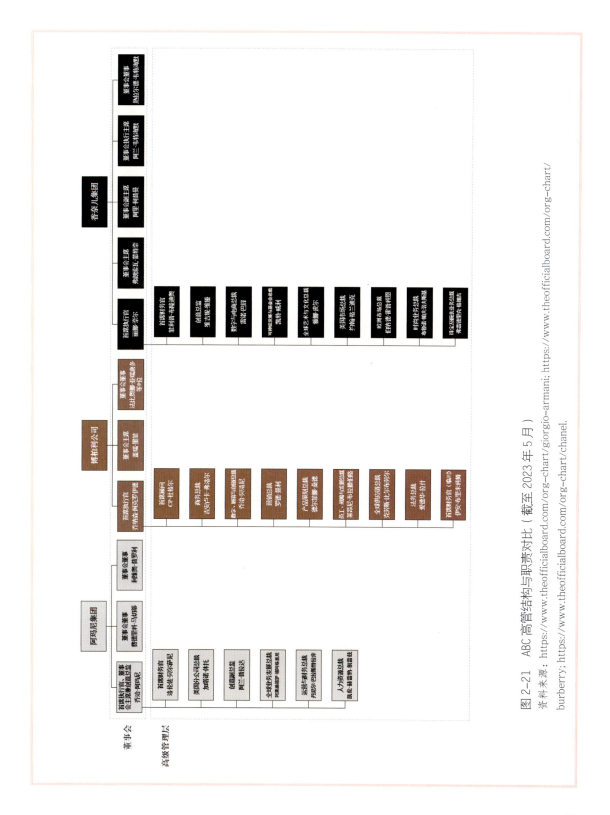

图 2-21 ABC 高管结构与职责对比（截至 2023 年 5 月）

资料来源：https://www.theofficialboard.com/org-chart/giorgio-armani; https://www.theofficialboard.com/org-chart/burberry; https://www.theofficialboard.com/org-chart/chanel.

表2-2 ABC产品品类比较

奢侈品公司	创立时品类	如今主营产品	其他产品线
阿玛尼集团	成衣	成衣、皮具	腕表、餐厅及咖啡屋、家具、花店、甜品、酒店、俱乐部和展览空间
博柏利公司	成衣	成衣、皮具	配饰、香水、餐厅
香奈儿集团	配饰（女帽）	成衣、皮具、香水及化妆品	高级珠宝、腕表、配饰、订制系列（包括自行车、冲浪滑板等）

第四，在品牌架构演进方面，阿玛尼集团和博柏利公司都经历了若干次重大变革，而香奈儿集团旗下始终保持单一品牌香奈儿。

阿玛尼先生在创立品牌之初即采用了多品牌战略[70]：顶级品牌乔治阿玛尼，面向35~50岁的富裕人群和高端顾客；高端时尚品牌安普里奥·阿玛尼（Emporio Armani），意大利文即"阿玛尼百货公司"之意，面向25~35岁的年轻消费群体；高端商务品牌Armani Collezioni为商务人士提供高端成衣，比乔治阿玛尼价格平均低20%左右；Armani Jeans是休闲服与牛仔服品牌，虽然放弃了其他高端系列的意式剪裁与优雅设计，但展现了美式休闲，备受18~30岁的年轻消费者青睐，同时也开拓了北美与亚洲市场；A/X Armani Exchange针对年轻潮流一族，设计上更前卫与大胆，是阿玛尼集团特许外包零售的品牌；Armani Junior面向孩童。2000年，Armani Fiori诞生。2005年，阿玛尼先生开设了高级订制品牌Armani Privé，只出现在巴黎高级订制时装周，仅为品牌尊贵顾客提供女装订制；同年，阿玛尼集团进军酒店业，先后在阿联酋和米兰建造了阿玛尼酒店。2010年，阿玛尼先生从AC米兰足球名宿安德烈·舍普琴科（Andriy Shevchenko）身上获得灵感[71]，与锐步集团（Reebok）携手推出了运动装系列EA7；此后，阿玛尼先生将业务拓展至香水及化妆品（Armani Beauty）、餐厅及咖啡屋（Armani Ristorante and Caffès）、俱乐部、展览空间（Silos）。2017年，高端家具品牌Armani Casa也应运而生。随着集团品牌线与产品业务迅速扩大，复杂的定位与定价使得阿玛尼的品牌发展陷入了困境。于是，乔治·阿玛尼在2018年对集团旗下所有时尚品牌做了精简，只保留乔治阿玛尼、安普里奥·阿玛尼和A/X Armani Exchange。高级订制品牌Armani Privé归入乔治阿玛尼；Armani Collezioni、Armani Jeans和EA7被纳入安普里奥·阿玛尼；A/X Armani Exchange和Armani Junior合并成为新的A/X Armani Exchange，单独建立官方网站和电商平台。阿玛尼集团品牌架构演进如图2-22所示。

博柏利公司在成立之时只有博柏利雨衣这单一产品。2001年，克里斯托弗·贝利上任为博柏利公司设计总监，采用了多品牌战略，产品范围从男士、女士、儿童的服装

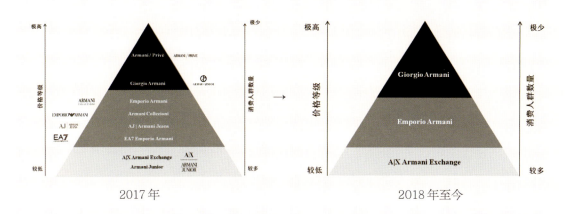

图 2-22 阿玛尼集团时尚类品牌架构演进（2017 年 vs 2018 年至今）

延伸到配饰。其中：高级成衣品牌"Burberry Prorsum"位于金字塔顶端，该系列参加米兰时装秀。博柏利伦敦（Burberry London）是博柏利公司旗下的核心品牌，主要是春夏季、秋冬季的男士与女士成衣，参加伦敦时装秀。为了挖掘温暖气候下时尚女性的审美需求，博柏利还推出了春夏季泳装系列与配饰品牌（Burberry Accessories），获得了很高的美誉度。创始人同名品牌（Thomas Burberry）、蓝标品牌（Burberry Blue Label）和黑标品牌（Burberry Black Label）是博柏利品牌纵向向下延伸的三个品牌，分别定位于青少年消费者、年轻女性和年轻男性。随着 2006 年安吉拉·阿伦德茨（Angela Ahrendts）担任首席执行官，与贝利成为黄金搭档，博柏利公司旗下品牌也重新精简为三个，即 Burberry Prorsum、博柏利伦敦和 Burberry Brit，蓝标、黑标、创始人同名品牌、配饰品牌、钟表品牌、童装品牌等都归入 Burberry Brit 品牌下，成为产品线品牌。2014 年，博柏利遭遇产品线缺乏创新、核心产品缺少竞争力的危机，贝利被迫再次精简品牌架构，Burberry Prorsum、博柏利伦敦和 Burberry Brit 合并为单一品牌，统一更名为"Burberry"，并延续至今。博柏利公司品牌架构演进如图 2-23 所示。

第五，在公司运营独立性方面，它们至今都是独立运营：阿玛尼集团还处于第一代家族的掌管下；博柏利公司与创始人家族已经无关，但成功上市；香奈儿集团在韦特海默家族的掌管下，已历经三代。

阿玛尼集团自创始至今仍由阿玛尼先生本人掌管，阿玛尼先生是集团的唯一股东，没有动用任何银行贷款。保持财务独立并维持一致的品牌个性是阿玛尼集团此前近 50 年如此成功的重要原因。财务独立帮助了阿玛尼集团进军不同业务领域，无须承担股东压力，也无须为面对季度性目标而烦恼。如今已 88 周岁的乔

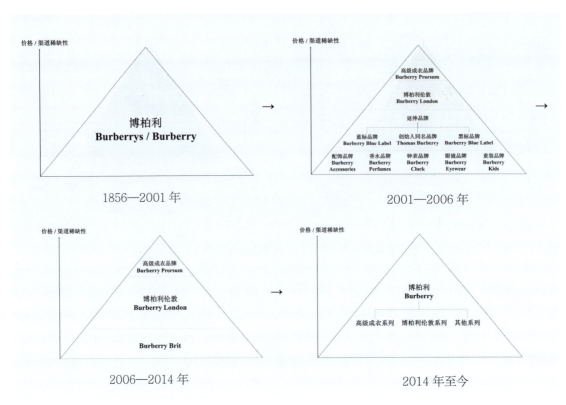

图 2-23　博柏利公司品牌架构演进图

治·阿玛尼早在 2016 年已着手准备自己的身后计划，成立了阿玛尼集团同名基金会（Giorgio Armani Foundation），目的是鼓励继承人们和谐相处，同时不会向公司的管理层授予股份，避免自己的产业被收购或分裂[72]，在自己退休前为阿玛尼集团的未来发展做好准备。在接班人问题上，没有后嗣的阿玛尼先生考虑的继承人包括两位侄女罗伯塔·阿玛尼（Roberta Armani）和西尔瓦娜·阿玛尼（Silvana Armani），以及长期合作伙伴潘塔莱奥·戴欧克（Pantaleo Dell'Orco）。[73] 然而，阿玛尼集团面临的困境还不止于家族继承，业绩历年出现下滑——2019 财年净利润下滑 18.4%、2020 财年亏损 2 900 万欧元——使得阿玛尼先生不再强硬地坚持保持独立："正在重新考虑公司作为一个独立经济实体的身份，而且有可能与一家成熟的意大利集团合作。"而 2019 年年末乔治阿玛尼与法拉利及法拉利 F1 车队的跨界合作也让诸多时尚媒体、投资银行猜测阿涅利家族的 Exor 集团也许即将投资甚至收购阿玛尼集团。[74]

博柏利公司作为登陆伦敦证券交易所的上市公司，同时也是英国富时 100 指数（FTSE Index）组成股之一。博柏利公司的成功与其运营模式与财务战略不无关系：通过数字化营销实现市场规模扩张和营收盈利增长；资产负债率逐年降低，且流动负债占比较高；资产周转较慢，着眼于长期可持续发展。然而，独立奢侈品公司上市也意味着品牌个性、形象与公司运作将受到股东与投资者的巨大影响。美国多个私募基金、路威酩轩集团、开云集团都曾公开或非公开将博柏利公司列为潜在收购对象，在收购传闻困扰下公司市值受到一定的损失。

正如第一章开篇案例所述，韦特海默家族的第四代阿兰和热拉尔德兄弟在1996年成为了香奈儿集团的掌舵人，各持一半股权。他们也是掌管香奈儿集团的第三代继承人。其中，热拉尔德掌管钟表业务，阿兰则负责其他所有业务。兄弟俩继承了家族精神，始终保持香奈儿家族控股，坚决不上市，保持香奈儿销售业绩和商业规划的神秘感。阿兰和热拉尔德兄弟始终保持家族传统的低调，几乎不出头露面、不接受媒体访问，直到2018年起才向公众透露香奈儿集团部分关键指标。

第六，在生产与上下游供应链方面，三个集团公司各有特色。

阿玛尼集团根据产品品类与品牌架构选择生产与上下游供应链模式。20世纪90年代，阿玛尼集团向当时全球最大的高级成衣制造商GFT集团（Gruppo Finanziario Tessile）授权生产各系列品牌成衣，由此获得的营收让阿玛尼先生成功在米兰兴建了一座新总部大楼。[75]此后，阿玛尼集团在一系列相关领域进行收购：1990年，收购了为公司生产安普里奥·阿玛尼品牌的Antinea工厂；1996年，取得Simint工厂控制权，负责生产Armani Jeans品牌；1998年，收购Intai工厂，用于生产旗下所有品牌的领带和配饰等；2000年，与杰尼亚集团合资建立Trimil工厂，用于生产Armani Collezioni男装系列。[76]虽然，奢侈品公司基本遵循原产地原则，但狭义而言，阿玛尼集团并非如此。只有集团旗下乔治阿玛尼是意大利生产（Made in Italy），并且所有工序生产与制造都在意大利境内；而安普里奥·阿玛尼、A/X Armani Exchange往往通过特许生产和代工厂在生产成本较低的他国进行，如果最后加工、质量控制和包装仍在意大利，也会贴上"意大利生产"的标签。阿玛尼集团的香水及化妆品业务属于欧莱雅集团，腕表业务由美国福思集团（Fossil Group）负责。

博柏利公司曾经在21世纪初授权日本，中国香港，美国纽约、新泽西工厂自行设计、生产与运营。当阿伦德茨和贝利意识到管理混乱后，中止大量特许经营协议，收购西班牙特许经营商，严格规定布料供应商清单，所有布料纺织运作由博柏利公司自己工厂完成，形成了一条高效的"6—6—6—6"模式垂直生产链。博柏利眼镜业务由意大利专业眼镜制造集团陆逊梯卡（Luxottica）授权生产。

香奈儿集团近30余年收购了数十家皮革商、工坊和制造商，如高级皮革商Colomer、印花皮革商Conceria Samanta、意大利制革厂Conceria Gaiera Giovanni、珠宝坊Desrues、意大利粗花呢供应商Vimar 1991、皮革配件制造商Renato Corti、高端皮具制造商 Mabi、意大利制鞋厂 Ballin 等，所有成衣与皮具业务都是"法国制造"或"意大利制造"。这些高级皮革商和手工坊不论是收购还是市场运作都基于优质且充足的原材料供给，持久与高质量合作夯实了生产供应链。腕表产品原产地在瑞士。其中，男友系列（Boy Friend）在表盘上刻有"瑞士制造"（Swiss Made），而 J12 系列和绅士系列（Monsieur de Chanel）则隐去了原产地标记。香奈儿眼镜业务与博柏利集团相同，也由陆逊梯卡集团授权生产。

第七，在渠道管理方面，阿玛尼集团的成衣与皮具业务门店采用了自营与授权代理相结合的模式，其中：乔治阿玛尼品牌全部自营，并开设奥特莱斯折扣店；而安普里奥·阿玛尼和 A/X Armani Exchange 在欧洲多采用直营店模式，在其他大洲多采用授权代理模式，并开设奥特莱斯折扣店。例如在中国，深圳国际品牌运营商赫美集团旗下子公司上海欧蓝和臻乔时装曾负责运营阿玛尼集团的业务。其中，上海欧蓝自 2003 年起便开始代理运营国际服饰品牌，也是阿玛尼在中国内地的首个代理商，而臻乔时装则在深圳、重庆、广州等城市负责乔治阿玛尼集团成衣业务的运营与销售。[77] 不过，随着品牌逐渐老化与稀释，阿玛尼先生也深刻意识到渠道管理的重要性，自 2018 年起精简品牌数量的同时收回各个代理公司的品牌存货和固定资产，未来将回归全部自营模式。

博柏利公司在完成单一品牌策略的变革后，仍保持原有的渠道结构，高端成衣类与皮具产品线采用自营模式，时尚与大众产品线使用代理与特许经营模式，并开设奥特莱斯。不过，随着乔纳森·阿克罗伊德的上任，博柏利折扣渠道和代理模式的比例逐渐减少，回归到高端英伦的品牌形象。博柏利香水业务入驻百货公司、精品店丝芙兰等，而眼镜业务由陆逊梯卡集团代理销售。

香奈儿集团成衣与皮具业务高度集中，门店全部由高级管理层管控，并坚持不开设奥特莱斯店；香水及化妆品业务入驻百货公司、精品店丝芙兰等；而眼镜业务由陆逊梯卡集团代理销售。

第八，在数字化与电商平台方面，博柏利公司明显领先一步；阿玛尼集团紧跟数字转型潮流；香奈儿集团相对谨慎，先通过官网和非主营业务试水观望。

阿玛尼集团在 2018 年精简时装品牌架构后，在官网建立了三个平行的电商平台：乔治阿玛尼、安普里奥·阿玛尼和 A/X Armani Exchange，并分别设立了专门的社交网络官方账户。2020 年，阿玛尼与历峰集团旗下 YNAP 电商平台达成了协议，制定了一项全新模式，取名为"新时代"（New Era），将品牌线上业务与实体店铺进行整合，并利用 YNAP 全球物流网络为消费者提供线上线下无缝衔接的消费体验，支持消费者更具可持续性、透明度和循环性的购物习惯。阿玛尼集团旗下所有产品订单既可以通过 YNAP 分销网络处理，也可以通过自己的分销中心和线下精品店铺销售。

博柏利公司是最早试水电商与数字化转型的奢侈品品牌之一。试水的想法来源于前首席执行官安吉拉·阿伦德茨与前首席创意总监克里斯托弗·贝利这对黄金组合。他们的第一个决定即是瞄准"80后""90后"的年轻消费者，让博柏利成为第一个数字化时尚奢侈品品牌。阿伦德茨从来不掩饰对苹果公司的敬佩："博柏利时尚、高端、极致的品牌体验也希望与苹果公司一样，一切由数字化来实现。"[78] 因此，博柏利公司自2009年起陆续开通了大型社交网络的主页，在脸书、推特、Instagram、YouTube和新浪微博等社交媒体上十分活跃；于2013年与谷歌公司合作推出名为"博柏利之吻"（Burberry Kiss）的互动活动，以此来传播风衣艺术，描绘品牌故事，分享产品发布、时装秀等信息[79]，更多地推广英国元素和英国精神，同时还善于和明星、粉丝联动赢得曝光率，打通横亘在奢侈品与大众之间的价格鸿沟。而2021年元宇宙（Metaverse）的快速兴起[80]也让博柏利公司率先尝试非同质化代币（non-fungible token，NFT）：发布了首个NFT虚拟玩偶，加强与Mythiacal游戏公司的合作，推出更多NFT配饰，如喷气背包、衣服和拖鞋等。① 博柏利公司旨在将元宇宙作为数字技术构建起与现实世界平行的虚拟世界，利用技术可以将现实世界里与博柏利品牌相关的所有内容都投射到元宇宙中。

香奈儿集团也在谨慎地尝试电商与数字化转型，例如在官网销售部分价格相对较低的皮具与配饰产品，但拒绝在第三方平台开设电商。其香水及化妆品业务是通过自营电商平台与第三方电商平台相结合的方式进行销售。此外，香奈儿集团在2022年设置了数字与电商总裁一职。正如香奈儿集团时尚业务总裁布鲁诺·帕夫洛夫斯基（Bruno Pavlovsky）说："我们或许是最后一家采用基于创意的商业模式的了……不是说哪天我们连电商都不做了，只是说我们不急……我们只想提供最好的体验。如今购买香奈儿配饰与成衣的顾客，也开始懂得品味在实体店内购物的独特性了。"[81]

从上述八方面可以看出，ABC三大集团各有独特个性与优势。阿玛尼集团创始人阿玛尼先生仍然掌控集团全局，避免管理层、设计团队、股东之间的利益取舍影响股权结构与品牌形象；博柏利公司作为最具探索前沿科技精神的奢侈品公司之一，已经摆脱了原先英伦品牌保守、不善创新的刻板印象，一步步向极具影响力的全球性奢侈品公司迈进；而香奈儿集团依旧是奢侈品行业的引领者之一，不盲目地跟随潮流，对公司运营独立性、生产与上下游供应链、渠道管理、数字化与电商平台的严格管控奠定了香奈儿尊贵、高雅的品牌形象。以帕夫洛夫斯基的话来诠释："香奈儿可以统一向同一个方向进发，但是我们并没有义务，去做那些别人在做的事情。"[82]——这正是香奈儿集团始终坚持的精神。

---

① 可参考博柏利公司官方对NFT产品的介绍：https://www.burberryplc.com/en/news/brand/2021/Blankos.html.

参考文献

[1] RODWAY G W. Mountain clothing and thermoregulation: A look back[J]. Wilderness & Environmental Medicine. 2012, 23(1): 91–94.

[2] Why am I in love with Trench kisses?[EB/OL]. (2013-09-14) [2022-04-19]. https://brandrepublix.wordpress.com/2013/09/14/why-am-i-in-love-with-trench-kisses/.

[3] WEN R. How the Burberry Trench coat became the icon of British fashion[EB/OL]. Tatler, (2017-06-06) [2022-04-19]. https://www.tatlerasia.com/style/fashion/ph-how-the-burberry-trench-coat-became-the-icon-of-british-fashion.

[4] WINDRIDGE M. Everest 100 years ago-Clothing myths and how outdoor clothing has evolved[EB/OL]. Forbes, (2021-05-24) [2022-04-07]. https://www.forbes.com/sites/melaniewindridge/2021/05/24/everest-100-years-ago--clothing-myths-and-how-outdoor-clothing-has-evolved/.

[5] CHASTAIN S. Trenchant coat cuffs may fray and buttons may pop, but a true believer won't abandon his Burberry[J]. Chicago Tribune. 1985, 40.

[6] UNKNOWN. "Bravo" for Burberry: From bust to boom–creating a luxury fashion brand[J]. Strategic Direction. 2005, 21(1): 22–24.

[7] BARTON L, PRATLEY N. The two faces of Burberry[EB/OL]. The Guardian, (2004-04-15) [2022-06-28]. https://www.theguardian.com/lifeandstyle/2004/apr/15/fashion.shopping.

[8] BOTHWELL C. Burberry versus the Chavs[EB/OL]. BBC News, (2005-10-28) [2022-04-07]. http://news.bbc.co.uk/1/hi/business/4381140.stm.

[9] MOORE C M, BIRTWISTLE G. The Burberry business model: Creating an international luxury fashion brand[J]. International Journal of Retail & Distribution Management. 2004, 32(8): 412–422.

[10] ELBERSE A. Burberry in 2014, Harvard Business Cases, 9–515–054, 2015-01-09.

[11]. MOORE C M, BIRTWISTLE G. The Burberry business model: Creating an international luxury fashion brand[J]. International Journal of Retail & Distribution Management. 2004, 32(8): 412–422.

[12] MAZZALOVO G, CHEVALIER M. Luxury Brand Management: A World of Privilege[M]. Singapore: John Wiley & Sons, 2012.

[13] ELBERSE A. Burberry in 2014[J]. Harvard Business Cases. 2015: 9–515–054.

[14] PHAN M, THOMAS R, HEINE K. Social media and luxury brand management: The case of Burberry[J]. Journal of Global Fashion Marketing. 2011, 2(4): 213–222.

[15] STRAKER K, WRIGLEY C. Emotionally engaging customers in the digital age: The case study of "Burberry love" [J]. Journal of Fashion Marketing and Management. 2016, 20(3): 276–299.

[16] SILBERT J. Everything you gotta know about Supreme & Burberry's SS22 Collab[EB/OL]. (2022-03-07) [2022-04-07]. https://www.highsnobiety.com/p/supreme-burberry-collab-ss22-collection-date/.

[17] 李杰. 品牌审美与管理[M]. 北京: 机械工业出版社, 2014.

[18] LEIBENSTEIN H. Bandwagon, snob, and Veblen effects in the theory of consumers' demand[J]. The Quarterly Journal of Economics. 1950, 64(2): 183–207.

[19] BINDRA S, SHARMA D, PARAMESWAR N, et al. Bandwagon effect revisited: A systematic review to develop future research agenda[J]. Journal of Business Research. 2022, 143: 305-317.

[20] SHAIKH S, MALIK A, AKRAM M S, et al. Do luxury brands successfully entice consumers? The role of bandwagon effect[J]. International Marketing Review. 2017, 34(4): 498-513.

[21] KASTANAKIS M N, BALABANIS G. Between the mass and the class: antecedents of the "bandwagon" luxury consumption behavior[J]. Journal of Business Research. 2012, 65(10): 1399-1407.

[22] TSAI W S, YANG Q, LIU Y. Young Chinese consumers' snob and bandwagon luxury consumption preferences[J]. Journal of International Consumer Marketing. 2013, 25(5): 290-304.

[23] UZGOREN E, GUNEY T. The snob effect in the consumption of luxury goods[J]. Procedia-Social and Behavioral Sciences. 2012, 62: 628-637.

[24] BOCHANCZYK-KUPKA D. Luxury Goods in Economics. Economic and Social Development: 42nd International Scientific Conference on Economic and Social Development, Varazdin Development and Entrepreneurship Agency, 2019[C]. London: Pearson College London, 2019.

[25] 李茂肃. 历代书信赏析[M]. 济南: 明天出版社.

[26] LIU Z, SUN X, TSYDYPOV L. Scarcity or luxury: Which leads to adolescent greed? Evidence from a large-scale Chinese adolescent sample[J]. Journal of Adolescence. 2019, 77: 32-40.

[27] KAPFERER J-N, BASTIEN V. The Luxury Strategy: Break the Rules of Marketing to Build Luxury Brands[M]. Kogan Page Publishers, 2012.

[28] TANG T L P, LUNA-AROCAS R, PARDO I Q, et al. Materialism and the bright and dark sides of the financial dream in Spain: The positive role of money attitudes-The Matthew Effect[J]. Applied Psychology. 2014, 63(3): 480-508.

[29] LI J, GUO S-J, ZHANG J, et al. When others show off my brand: self-brand association and conspicuous consumption[J]. Asia Pacific Journal of Marketing and Logistics. 2019, 32(6):1214-1225.

[30] MCKINSEY & COMPANY. Creating Value in Fashion: How to Make the Dream Come True[R]. 2015-05-01.

[31] CHEVALIER M, MAZZALOVO G. Luxury Brand Management in Digital and Sustainable Times[M]. 4th ed. Wiley: 2020.

[32] PORTER M. Competitive Advantage: Creating and Sustaining Superior Performance[M]. Free Press, 1998.

[33] GODEY B, PEDERZOLI D, AIELLO G, et al. Brand and country-of-origin effect on consumers' decision to purchase luxury products[J]. Journal of Business research, 2012, 65(10): 1461-1470.

[34] AIELLO G, DONVITO R, GODEY B, et al. Luxury brand and country of origin effect: Results of an international empirical study[J]. Journal of Marketing Trends. 2012, 1(1): 67-75.

[35] ARORA A S, MCINTYRE J R, WU J, et al. Consumer response to diffusion brands and luxury brands: The role of country of origin and country of manufacture[J]. Journal of International Consumer Marketing. 2015, 27(1): 3-26.

[36] ROXANA-DENISA S, GABRIELA C, & ADINA C. The impact of country-of-origin on brand positioning for luxury goods. Entrepreneurship[J]. Business and Economics. 2016, 1: 467-483.

[37] KO E, MEGEHEE C M. Fashion marketing of luxury brands: Recent research issues and contributions[J]. Journal of Business Research. 2012, 65(10): 1395-1398.

[38] STOLZ K. Luxury goods and the country-of-origin-effect: A literature review and co-citation analysis[J]. Eurasian Business and Economics Perspectives. 2021, 1: 101–119.

[39] MANKIW N G. Principles of Economics[M]. Cengage Learning, 2020.

[40] OSTERWALDER A, PIGNEUR Y. Business Model Generation: A Handbook for Visionaries, Game Changers, and Challengers[M]. John Wiley and Sons, 2010.

[41] DESOUZA I M & FERRIS S P. Social media marketing in luxury retail[J]. International Journal of Online Marketing. 2015, 5(2): 18–36.

[42] NUENO J L, QUELCH J A. The mass marketing of luxury[J]. Business Horizons. 1998, 41(6): 61–68.

[43] SEO Y, BUCHANAN-OLIVER M. Luxury branding: the industry, trends, and future conceptualisations[J]. Asia Pacific Journal of Marketing and Logistics. 2015, 27(1): 82–98.

[44] CAILLEUX H, MIGNOT C, KAPFERER J-N. Is CRM for luxury brands?[J]. Journal of Brand Management. 2009, 16(5): 406–412.

[45] FAIERS J. Luxury and design: Another time, another place[J]. A Companion to Contemporary Design Since 1945. 2019, 1: 351–372.

[46] BRESCIANI S, BERTOLDI B, GIACHINO C, et al. An exploratory investigation on new product development in family luxury businesses[J]. World Review of Entrepreneurship, Management and Sustainable Development. 2015, 11(2-3): 186–199.

[47] CARCANO L, CORBETTA G, MINICHILLI A. Why luxury firms are often family firms? Family identity, symbolic capital and value creation in luxury-related industries[J]. Universia Business Review. 2011, (32): 40–53.

[48] IJAOUANE V, KAPFERER J-N. Developing luxury brands within luxury groups-synergies without dilution?[J]. Marketing Review St. Gallen. 2012, 29(1): 24–29.

[49] GUTSATZ M, AUGUSTE G. Luxury Talent Management: Leading and Managing a Luxury Brand[M]. New York: Palgrave Macmillan, 2013.

[50] FURLOW B J. A Perfect Fit: The Logic of Sustainability in Luxury Strategy and Operation[D]. The American University of Paris, 2013.

[51] CRANE D. Globalization, organizational size, and innovation in the French luxury fashion industry: Production of culture theory revisited[J]. Poetics. 1997, 24(6): 393–414.

[52] DE BARNIER V, FALCY S, VALETTE-FLORENCE P. Do consumers perceive three levels of luxury? A comparison of accessible, intermediate and inaccessible luxury brands[J]. Journal of Brand Management. 2012, 19(7): 623–636.

[53] GUTSATZ M, HEINE K. Is luxury expensive?[J]. Journal of Brand Management. 2018, 25(5): 411–423.

[54] KO E, COSTELLO J P, TAYLOR C R. What is a luxury brand? A new definition and review of the literature[J]. Journal of Business Research. 2019, 99: 405–413.

[55] 李杰. 奢侈品品牌管理——方法与实践[M]. 北京：北京大学出版社, 2010.

[56] KAPFERER J-N, BASTIEN V. The Luxury Strategy: Break the Rules of Marketing to Build Luxury Brands[M]. 2nd ed. Kogan Page, 2019.

[57] WILSON A, ZEITHAML V, BITNER M J, et al. Services Marketing: Integrating Customer Focus Across the Firm[M]. McGraw Hill, 2016.

[58] LI G, LI G, & KAMBELE Z. Luxury fashion brand consumers in China: Perceived value, fashion

lifestyle, and willingness to pay[J]. Journal of Business Research. 2012, 65(10): 1516–1522.

[59] MASSARA F, PORCHEDDU D, MELARA R D. Luxury brands pursuing lifestyle positioning: Effects on willingness to pay[J]. Journal of Brand Management, 2019, 26(3): 291–303.

[60] COOPER R, KAPLAN R S. Measure costs right: Make the right decisions[J]. Harvard Business Review. 1988, 66(5): 96–103.

[61] LILIEN G L, KOTLER P, MOORTHY K S. Marketing Models[M]. New Jersey: Prentice-Hall, 1992.

[62] MANKIW N G. Principles of Economics[M]. Cengage Learning, 2020.

[63] PARGUEL B, DELÉCOLLE T, & VALETTE-FLORENCE P. How price display influences consumer luxury perceptions[J]. Journal of Business Research. 2016, 69(1): 341–348.

[64] FURNHAM A, & BOO H C. A literature review of the anchoring effect[J]. The Journal of Socio-economics. 2011, 40(1): 35–42.

[65] EPLEY N, GILOVICH T. Putting adjustment back in the anchoring and adjustment heuristic: Differential processing of self-generated and experimenter-provided anchors[J]. Psychological Science. 2001, 12(5): 391–396.

[66] KAHNEMAN D. A perspective on judgment and choice: Mapping bounded rationality[J]. American Psychologist. 2003, 58(9): 697–720.

[67] KIM M, TANG C H, ROEHL W S. The effect of hotel's dual-branding on willingness-to-pay and booking intention: A luxury/upper-upscale combination[J]. Journal of Revenue and Pricing Management. 2018, 17(4): 256–275.

[68] AIT-SAHALIA Y, PARKER J A, YOGO M. Luxury goods and the equity premium[J]. The Journal of Finance. 2004, 59(6): 2959–3004.

[69] The Associated Press. Fashion house Chanel hires Indian-born Leena Nair as CEO[EB/OL]. NBC News, (2021-12-16) [2022-04-27]. https://www.nbcnews.com/news/world/fashion-house-chanel-hires-indian-born-leena-nair-ceo-n1286083.

[70] Giorgio Armani: The iconic global fashion brand[EB/OL]. Martin Roll, (2020-11) [2022-04-26]. https://martinroll.com/resources/articles/branding/giorgio-armani-the-iconic-fashion-brand/.

[71] Shevchenko, Armani and the "gentle force"[EB/OL]. Pledge Times, (2021-11-06) [2022-04-27]. https://pledgetimes.com/shevchenko-armani-and-the-gentle-force/.

[72] ZARGANI L. Giorgio Armani sets up foundation to own his company[EB/OL]. WWD, (2016-07-29) [2022-04-27]. https://wwd.com/fashion-news/designer-luxury/giorgio-armani-foundation-10498616/.

[73] Giorgio Armani hints at his fashion heir: The designer has no children EB/OL]. (2017-09-19) [2022-04-26]. https://www.hellomagazine.com/fashion/news/2017091957987/giorgio-armani-hints-at-his-fashion-heir/.

[74] BARBAGLIA P, BARZIC G, ALOISI S. Exclusive-Agnelli heir held Armani tie-up talks to build luxury empire-sources[EB/OL]. Reuters, (2021-07-16) [2022-04-26]. https://www.reuters.com/article/armani-ma-exor-nv-idAFL8N2OR5Z8.

[75] MERLO E, PERUGINI M. Making Italian fashion global: Brand building and management at Gruppo Finanziario Tessile (1950s–1990s)[J]. Business History. 2017, 62(1): 42–69.

[76] Back to the beginning: Giorgio Armani: "I did it my way." [EB/OL]. The New York Times, (2002-04-9) [2022-04-26]. https://www.nytimes.com/2002/04/09/style/IHT--back-to-the-

beginning-giorgio-armanii-did-it-my-way.html.

[77] Pan Y-L. The Chinese company quietly becoming a major luxury retailer[EB/OL]. Jing Daily, (2018-01-31) [2022-04-26]. https://jingdaily.com/hemei-a-rising-luxury-retail-power-player/.

[78] PETEY S. Burberry's Digital Transformation[EB/OL]. Harvard Business School, (2016-11-18) [2022-04-26]. https://digital.hbs.edu/platform-rctom/submission/burberrys-digital-transformation/.

[79] SHIELDS R. Burberry and Google launch "Kisses" initiative[EB/OL]. Marketing Week, (2013-06-12) [2022-04-26]. https://www.marketingweek.com/burberry-and-google-launch-kisses-initiative/.

[80] DOWLING M. Is non-fungible token pricing driven by cryptocurrencies?[J]. Finance Research Letters. 2022, 44: 102097.

[81] CONLON S. Bruno Pavlovsky: Charting the future of Chanel[EB/OL]. Vogue Britain, (2016-10-5) [2022-04-27]. https://www.vogue.co.uk/article/bruno-pavlovksy-chanel-president-fashion-interview-see-now-buy-now-ecommerce.

[82] GUILBAULT L. Chanel's Bruno Pavlovsky lined up for French Fédération, sources say[EB/OL]. Vogue Business, (2022-03-28) [2022-04-27]. https://www.voguebusiness.com/fashion/chanels-bruno-pavlovsky-lined-up-for-french-federation-sources-say.

Merger & Acquisition
of Luxury Goods Companies

第三章

兼并与收购理论

兼并与收购理论

开篇案例　路威酩轩集团收购宝格丽

意大利珠宝品牌宝格丽与法国珠宝品牌卡地亚、美国珠宝品牌蒂芙尼并称世界三大珠宝品牌。宝格丽由希腊人索帝里欧·宝格丽（Sotirio Bulgari）于1884年创立于罗马。索帝里欧在罗马西斯提那大道（Via Sistina）开了第一家店铺，出售银制雕刻品。[1]1905年，索帝里欧在其子科斯坦蒂诺·宝格丽（Costantino Bulgari）和乔治·宝格丽（Giorgio Bulgari）的帮助下，在拥有"名牌街"美誉的罗马康多提大道（Via Condotti）创设了宝格丽总部，该总部至今仍是宝格丽旗舰店所在地。[2]

经历了两次世界大战的战火纷飞，科斯坦蒂诺和乔治决定不再拘泥于法国金匠学院派的严谨规范，从希腊古罗马古典艺术领域汲取灵感，将希腊文化和罗马古典主义的精髓融合在一起，借鉴意大利文艺复兴美学及19世纪罗马金匠学派风格，创造专属宝格丽的独特品位：如率先在首饰上使用了珊瑚、紫水晶、碧玺、黄晶、橄榄石等半宝石材料；又如改良于东方的圆凸面切割法，以圆凸面宝石代替多重切割面宝石。这是宝格丽风格史上的重大转折点。希腊文化源远流长，艺术品追求浑然天成，而欧洲文艺复兴的摇篮意大利，则以充满激情的文化特点誉满天下。两种不同风格的碰撞恰恰孕育出这个深受皇室贵族、社会名流、影视明星追捧的珠宝界翘楚。

到了20世纪60年代，极具创新大气风格的宝格丽掳获了众多富豪名流与影视巨星的心。① 20世纪70年代，随着品牌知名度在全球各地迅速蹿升，宝格丽进入拓展全球版

---

① 可参考宝格丽公司对其20世纪60年代风格的描述：https://www.bulgari.com/en-us/50s_60s_colour_revolution.html。

图的第一阶段,在纽约、日内瓦、蒙特卡洛、巴黎等地开设精品店。凭借金工和珠宝的设计与工艺基础,1977年,宝格丽重磅推出了品牌同名经典腕表。五年后,专门负责设计制作宝格丽腕表的宝格丽纳沙泰尔计时公司(Bulgari Time Neuchâtel)成立。[3] 宝格丽不甘于仅从珠宝业务发展品牌,还希望进一步向专业制表之路前进。

1984年,宝格丽品牌成立百年之际,乔治一子保罗·宝格丽(Paolo Bulgari)接任公司总裁,另一子尼古拉·宝格丽(Nicola Bulgari)成为公司副总裁,侄子弗朗西斯科·特拉帕尼(Francesco Trapani)被任命为首席执行官。

1995年,宝格丽控股公司(Bulgari S.p.A)在米兰证券交易所挂牌上市,不久,进入伦敦股票交易所交易。1997—2003年,公司营收增长了150%,散户股东持有的股份就占了全股份的45%。[4] 就在此时,路威酩轩集团的掌门人贝尔纳·阿尔诺的目光悄悄锁定在宝格丽的股份上,暗中筹谋,希望等到经济低谷或品牌估价处于低位时迅速出手,以最小代价完成收购。亟须在尚美巴黎(Chaumet)、戴比尔斯(De Beers)品牌基础上拓展集团珠宝业务的贝尔纳,一方面希望宝格丽继续发展,再一举将其纳入囊中,另一方面也在伺机而动,期待宝格丽遭遇挫折。这次等待竟然等到了2010年。

不过,上市后风光无限的宝格丽家族绝不会预见到十年之后可怕的金融风暴。宝格丽不满足于仅仅快速发展珠宝业务,自2000年起,开始积极推动垂直并购策略,先后并购了顶级小众钟表厂尊达表(Gerald Genta)[5]和丹尼尔·罗斯(Daniel Roth)[6],这是宝格丽公司并购计划中最核心的部分。2001年,宝格丽与万豪国际集团(Mariott International)合作,宣布成立宝格丽酒店与度假村(Bulgari Hotels & Resorts),并于三年后在米兰开了第一家店。① 2002年,宝格丽收购了意大利高端珠宝品牌Crova一半的股份,并于2004年完全收购了该品牌。[7] 2005年,宝格丽又连续收购了两家瑞士制表公司,分别为专门为顶级腕表制造表盘的Cadrans Design公司,以及专门制造金属表带的Prestige d'Or公司。[8] 同年,宝格丽取得了意大利皮具公司Pacini的全部股份,并将其更名为宝格丽配饰股份责任有限公司(Bulgari Accessori S.R.L)。[9] 2007年,宝格丽在腕表领域推动垂直整合的努力取得了丰硕成果,已经具备了独立设计、制造、组装机芯的能力,创下历史首例。

就在宝格丽品牌快速发展时,2008年金融危机使宝格丽遭遇了严重的"黑天鹅"。2009财年,宝格丽为了止住颓势,推出了独立制造的第一枚腕表,以创始人姓名为系列名,即"Sotirio Bulgari Tourbillon Quantième Perpétuel"腕表,其BVL 465机芯和零件全部由宝格丽自行研发、生产、组装,具备透明自动陀飞轮与万年历功能,搭载创新的双同轴逆跳指针显示功能[10];2010财年,宝格丽公司在24个国家拥有41家子公司,6大主营

---

① 可参考万豪国际集团和宝格丽酒店合作的官方披露:https://hotel-development.marriott.com/brands/bulgari/.

业务（即珠宝、腕表、香水、化妆品、皮具及配饰、酒店及度假村）在全球 21 个国家拥有 295 家门店（其中 174 家为直营），总员工人数达 3 815 人，但业绩停滞不前，营收为 10.69 亿欧元，净利润从 2007 财年的 1.51 亿欧元迅速下滑至 2008 财年的 0.83 亿欧元，2009 财年甚至亏损 0.47 亿欧元，2010 财年勉强恢复至 0.38 亿欧元（如图 3-1 所示）。即使宝格丽公司高级管理层（如图 3-2 所示）严肃地声称公司绝不会出售，但运营已经举步维艰，跌入了谷底。

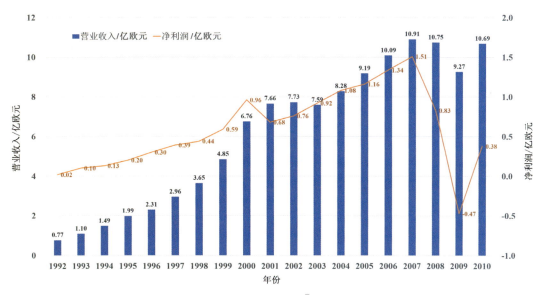

图 3-1　1992—2010 财年宝格丽公司营收与净利润情况[①]

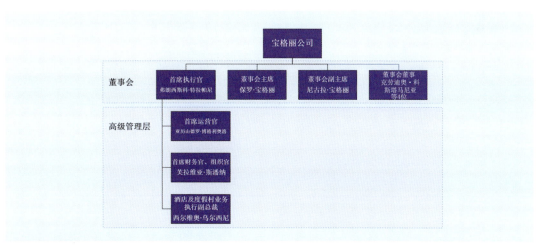

图 3-2　2010 年宝格丽公司高级管理层[②]

---

① 可参考宝格丽公司 2010 财年年报。
② 可参考宝格丽公司 2010 财年年报。

2011年3月3日，等待机会十余年之久的贝尔纳果断出手了。他甚至推掉了巴黎时装周迪奥的2011秋冬时装秀。在可以看到罗马城天际线的餐桌边，贝尔纳与保罗·宝格丽夫妇和特拉帕尼坐到了一起。贝尔纳向他们开诚布公地阐述了说服宝格丽股东们的方法：将路威酩轩集团的股票分给宝格丽公司的股东，向特拉帕尼提供路威酩轩集团腕表和珠宝部的总监职位。宝格丽公司瞬间不再强硬地反对出售公司，时任路威酩轩集团常务董事的安东尼奥·贝洛尼（Antonio Belloni）形容那一餐为："你可以感觉到当时的气氛非常好，这是目前为止我们最重要的时刻，它给我们与他们之间带来了友谊。"[11] 特拉帕尼毫不吝惜自己对贝尔纳和路威酩轩集团的赞美："贝尔纳·阿尔诺才是完美的合作伙伴。"[12]

在气氛融洽的餐桌洽谈的四天后，贝尔纳向宝格丽家族开出了十分优厚的条件：以37亿欧元的价格收购宝格丽，溢价高达61%；发行1 650万股股票，换取后者经营家族持有的1.525亿股股份，从而购入宝格丽家族手中所有50.43%的股权（如表3-1所示）；宝格丽家族相应获得价值19亿欧元的路威酩轩集团股份，此后路威酩轩集团将以每股12.25欧元的价格收购宝格丽的余下股份；获得路威酩轩集团3%股权的宝格丽家族成为继贝尔纳及其亲属之后集团的第二大股东，并且可以在董事会拥有两个席位；宝格丽品牌可以继续保持自己的品牌个性、历史传承和经营独立。[13]

表3-1　2011年3月宝格丽公司董事会构成与持股情况 ①

姓　　名	董事会职务	持有宝格丽公司股份
保罗·宝格丽	董事会主席	23.31%
尼古拉·宝格丽	董事会副主席	22.75%
弗朗西斯科·特拉帕尼	首席执行官	4.37%
克劳迪奥·科斯塔马尼亚（Claudio Costamagna）	董事	无
保罗·卡西亚（Paolo Cuccia）	董事	无
朱利奥·费加罗尔·迪·格洛佩罗（Giulio Figarolo di Gropello）	董事	无
克劳迪奥·斯波西托（Claudio Sposito）	董事	无
持有股份总计		50.43%

自路威酩轩集团收购宝格丽公司的传闻出现起，后者的股价一路攀升（如图3-3所示），投资者都非常看好宝格丽品牌未来在大型奢侈品集团中的发展前景。

---

① 可参考宝格丽公司2010财年年报。

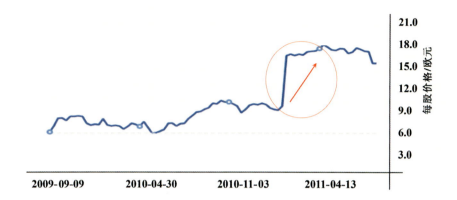

图 3-3　宝格丽公司一路攀升的股价
资料来源：https://www.gurufocus.com/stock/BULIF/summary#back-to-top。

欧盟委员会规定，两家企业收购行为不得对市场竞争性产生消极影响，在充分准备的文件材料获批后，2011 年 6 月 30 日，路威酩轩集团成功控股宝格丽公司，宝格丽家族股东出让当时全部持有的 55.03% 股份换取入股路威酩轩集团①，与谈判之日约定的出让股份相比还增加了 4.6 百分点。意大利证券监管机构在当年 7 月 24 日宣布正对一起投资公司有关收购宝格丽余下股份价格的投诉进行审理。路威酩轩集团立即反驳相关指控，强调宝格丽家族与其他股东获得同样价格。经历了一番波折后，8 月 22 日 8 时开始，路威酩轩集团以每股 12.25 欧元的价格公开收购宝格丽股权，并于 2011 年 9 月 23 日 17 时 40 分结束，宝格丽公司随即退市。至此，当时奢侈品行业最大的一次收购落下了帷幕。

宝格丽的加入让路威酩轩集团原本相对弱势的钟表及珠宝部门业务的市场占有率迅速提升，而后者强大的零售、营销网络与资金实力也为宝格丽增添了全球市场扩张的资本，品牌知名度、美誉度、利润率也通过业务整合、费用分摊而得到改善。[14] 2014 年，随着特拉帕尼卸任路威酩轩集团钟表及珠宝部门主管，保留董事会席位，转而担任贝尔纳的御用顾问，钟表及珠宝部门也被改组，分而治之：贝洛尼掌管珠宝部门，负责管理宝格丽、尚美巴黎、斐登和戴比尔斯，而宇舶表总裁让－克劳德·比佛（Jean-Claude Biver）同时管理泰格豪雅和真力时。[15]

宝格丽收购案还有一个鲜为人知的后续。2016 年 11 月，意大利金融市场监管局宣布对高升为路威酩轩集团总经理的安东尼奥·贝洛尼执行 35 万欧元的处罚，原因是后者在 2011 年收购宝格丽前泄露了大量保密和敏感信息。信息性质虽未被披露，但从贝洛尼处

---

① 可参考路威酩轩集团关于收购宝格丽公司的官方声明：https://r.lvmh-static.com/uploads/2014/11/the-business-combination-between-lvmh-and-bulgari-has-been-cleared-30-06-2011.pdf。

获得并购信息的瑞士投资公司Pentagram SA Wealth Management的基金经理亚历桑德罗·松维科（Alessandro Sonvico）也同样被处以35万欧元的罚款。[16] 同时，贝洛尼被法官禁止未来8个月内在任何上市公司担任管理职位。路威酩轩集团立即发表声明对贝洛尼表示支持，又指出根据法国和意大利的律师意见，意大利金融市场监管局的裁决对贝洛尼在集团内的一切职务都没有任何影响。

从宝格丽自21世纪起的发展历程来看，贝尔纳始终守株待兔，等时机成熟后一改此前成本最小化的收购风格，高溢价豪取宝格丽，不仅是因为他的珠宝情缘，更是因为他有寻求集团业务更为均衡发展的盘算[17]，并看好珠宝及腕表业务的上升空间，希望在"葡萄酒及烈酒"和"时尚及皮具"之后，将"钟表及珠宝"业务打造成集团的第三大业务板块。[18]

相比历峰集团和斯沃琪集团，钟表及珠宝业务领域一直是路威酩轩集团的短板，经营利润水平在集团五大主营业务中位居第三，略优于香水及化妆品板块、精品零售板（这两个板块的经营利润水平已明显高于同业，提升空间相对有限）。

贝尔纳通过与宝格丽联手，形成更大的集团化优势，提高盈利能力，进而形成钟表及珠宝、葡萄酒及烈酒、时尚及皮具的"金三角"。

随着科学技术的进步、社会生产力的全面发展和全球经济一体化的持续深化，企业兼并与收购越来越成为一种普遍的经济行为。作为一种重要的企业产权的资本性交易形式，兼并与收购成为了企业获取生产要素、扩大生存"空间"的有效途径，也体现了市场经济中优胜劣汰的竞争法则。[19]

要通过做大来做强企业，企业家可以采取多种方式和手段，但正如乔治·斯蒂格勒①所指出的一样，纵观全球企业发展史，大企业的发展壮大几乎都采取了兼并与收购的方式。[20] 一个企业通过并购其竞争对手而发展成巨型企业，是现代经济发展史中一个普遍的现象。由此可见并购对于企业发展战略的重要性。

3.1 并购基本理论

现实商业活动中经常出现企业间兼并或收购的行为。这是由于它们对成长的渴望，然而结果却经常不尽如人意，据伊尔马兹和坦耶里（Yilmaz and Tanyeri）等对历史兼并与收购行为的分析计算，约 70%～80% 的并购行为最终走向了失败。[21] 然而，作为一个风险极高的商业行为，兼并或收购却依然盛行，其中必有其存在的奥秘。

---

① 乔治·斯蒂格勒（George Stigler），美国著名经济学家，1982 年诺贝尔经济学奖得主。

3.1.1　并购定义与类型

企业兼并与收购（merger and acquisition，即 M&A，后文均简称"并购"）是经济学特别是微观经济学理论中一个重要的概念，也是市场经济条件下发生的一种组织变动形式，涉及企业资产的重组、清算和再分配。[22] 在不同的语言和法律环境下，并购具有不同的内涵与划分标准，目前国内外存在不同的解释和争论。

1. 并购定义

学术上用于描述并购活动的专业术语包括兼并、收购、接管、股权收购、合并等，这些名词包含的经济行为按具体的交易行为和条款辨析，实际上略有差异。

兼并（merger）在《大不列颠百科全书》（*Encyclopedia Britannica*）中被定义为"两家或更多的独立企业合并成一家企业，通常由一家占优势的企业吸收一家或更多的公司"。通过兼并，企业达到合并、共享普通资源的目标。《大美百科全书》（*Encyclopaedica Americana*）也对兼并做了界定："两个或两个以上的企业组织在法律上组合为一个企业组织，其中一个厂商继续存在，其他厂商丧失独立身份。惟有剩下的厂商保留其原有名称和章程，并取得其他厂商的资产。"《国际社会科学百科全书》（*International Encyclopedia of the Social Sciences*）则提出了比较简单的定义："兼并是指两家或更多的不同的独立的企业合并为一家。这种合并可以采取多种形式。最典型的一种是一家企业用现金、股份或负债方式来直接购买另一家企业的资产。"

收购（acquisition）指一家企业购买另一家企业（称目标企业）的资产、营业部门或股票，从而获得对该企业的控制权的交易行为，目标企业的法人地位并不因此而消失。

接管（takeover）类似于收购，它暗示着收购公司比被收购公司更强大。[23] 接管的一般含义是指某企业原来属于控股地位的股东因出售或转让股权，或者因股权持有数量被其他人超过而取代，导致控制权转移。股权收购（buyout）相比收购更强调股份所有权的变更。[24]

合并（consolidation）与兼并的概念相似，指两个或两个以上的企业合并成为一个新的企业，合并完成后，多个法人变成一个法人。[25] 在合并的概念中，不关注两个法人或多个法人之间地位的差别，仅仅强调多变一的过程。

由于实际商业并购行为中企业的出资方式、并购后的管理方式逐渐多样化、复杂化，这些术语的界定逐渐模糊化，学术研究也不对这几个概念进行具体区分。

2. 划分与类型

并购类型有很多种，可按市场关系（market relationship）、并购标的（M&A object）、并购企业对目标企业的态度（attitude of acquirer towards object）、杠杆使用

（use of leverage）和支付方式（mode of payment）五大标准进行划分（如表 3-2 所示）。

表 3-2　并购类型的划分及要点

并购划分标准	并购类型	要　点	特征与应用场景	著　名　案　例
市场关系	横向并购	实现横向一体化	多发生于同一行业企业之间	斯沃琪集团收购宝玑公司（1999 年） 罗尔斯·罗伊斯公司收购发动机及涡轮机联盟弗里德希哈芬公司（2014 年）
	纵向并购	实现纵向一体化	不同生产阶段上的企业之间	开云集团收购法国鳄鱼皮革处理制革厂 France Croco（2013 年） 香奈儿集团收购意大利供应商 Vimar1991 和 Conceria Gaiera Giovanni（2021 年） 德国曼恩柴油机公司收购法国皮尔斯蒂克公司（2006 年）
	混合并购	并购企业与被并购企业分别处于互不相关的产业部门	生产技术有一定关联度或没有关联度	斯沃琪集团收购美国高级珠宝品牌海瑞温斯顿（2013 年）
并购标的	股权并购	取得目标企业的控制权	只涉及公司股东、无须进行资产交割的并购交易	路威酩轩集团收购潮牌 Off-White 共 60% 股权（2021 年） Ssense 获得由红杉资本中国基金和红杉全球基金共同领投的少数股权投资（2021 年）
	资产并购	实现对该资产和相应业务的控制	目标企业可能存在潜在风险和法律责任，往往采用资产并购	Mayhoola for Investments 以 7 亿欧元收购意大利顶级时装品牌华伦天奴（2012 年） 复星时尚集团收购意大利鞋履品牌塞乔罗西（2021 年）
并购企业对目标企业的态度	善意收购	"白马骑士"，通过谈判达成一致意见达成交易	并购双方都有交易意愿，互相熟悉情况，双方董事会批准、股东会以特别决议形式通过	皮诺-春天-雷都集团收购古驰集团（2004 年） 杰尼亚集团收购汤姆布朗 85% 股份（2018 年） 历峰集团收购德尔沃（2021 年）
	恶意收购	"黑马骑士"，采取突然收购手段达成不友好的交易	目标企业高层管理者对并购意图毫不知晓或持有反对态度	路威酩轩集团收购古驰集团股份（1999 年） 路威酩轩集团收购爱马仕集团股份（2010 年）
杠杆使用	使用杠杆	利用目标企业未来经营收入作为支付价款或支付担保	用于自有资金较少的并购企业，并信任目标企业的未来盈利能力	Ares 投资基金和加拿大退休金计划投资委员会以 60 亿美元杠杆收购尼曼马库斯集团（2013 年）

续表

并购划分标准	并购类型	要　点	特征与应用场景	著　名　案　例
杠杆使用	不使用杠杆	不以目标企业未来经营收入作为支付价款或支付担保	使用自有资金，大多数情况都需要利用借贷完成	开云集团眼镜公司收购美国高端眼镜品牌 Maui Jim（2022 年）
支付方式	现金购买资产	实现对目标企业的控制	使用现金购买目标企业全部或绝大部分资产	路威酩轩集团收购蒂芙尼公司（2021 年）
支付方式	现金购买股票	实现控制目标企业的资产和经营权	使用现金在一级或二级市场购买目标企业一部分股票	路威酩轩集团收购迪奥高级时装业务（2017 年）
支付方式	股票交换股票	发行自己股票以交换目标企业的股权	不影响并购方的现金状况	路威酩轩集团收购宝格丽公司（2011 年）
支付方式	股票交换资产	发行自己的股票以交换目标企业的大部分资产	并购方同意承担目标企业的债务责任	盟可睐集团收购意大利高端休闲服装品牌石头岛（2020 年）

（1）按市场关系划分

企业并购行为最常见的分类方法。按照交易各方之间的市场关系，把并购分为横向并购、纵向并购和混合并购三种类型。[26] 在 20 世纪 20 年代美国的第二次并购高潮中还有一种比较常见的并购形式——生产不同类型的产品却共享同样的销售渠道的企业之间的并购，称为循环并购（circular M&A）。[27] 随着理论和实践的发展，"循环并购"已经较少作为单独并购类型，学术界和商界皆将之按并购企业间生产的关系归入横向并购、纵向并购和混合并购三大基本类型中的一类。

横向并购（horizontal M&A）是同一产业或同一生产部门的企业之间发生的并购，或两个及以上生产和销售相同或相似产品的企业之间的并购，这是最早出现的并购形式之一，在 19 世纪末 20 世纪初美国第一次并购高潮中就已经广泛存在。[28]

在奢侈品行业中，斯沃琪集团收购宝玑公司，罗尔斯·罗伊斯公司① 收购发动机及涡轮机联盟弗里德希哈芬公司（Motoren- und Turbinen-Union Friedrichshafen，即 MTU

---

① 英国人查尔斯·斯图亚特·罗尔斯（Charles Stewart Rolls）和弗雷德里克·亨利·罗伊斯（Frederick Henry Royce）创立了著名的劳斯莱斯公司，由于英国政府的干预，其业务重组，劳斯莱斯公司的汽车与航空发动机业务分离为两家公司：前者被宝马集团收购，中文名一般继续沿用"劳斯莱斯"；后者成为全球著名发动机企业，中文名一般为"罗尔斯·罗伊斯"（简称"罗罗"）以示区别。

公司)是横向并购的代表性案例。路威酩轩集团也以一系列横向并购,建立了丰富的品牌矩阵,成长为奢侈品行业当之无愧的巨擘。

纵向并购(vertical M&A)指处于同种产品不同生产阶段上的企业之间的并购,它最早出现于20世纪初,在20世纪20年代美国第二次并购高潮中被广泛使用。[29]例如,开云集团也在2013年收购了位于法国诺曼底地区的一家专业从事鳄鱼皮革处理的制革厂France Croco,以保证向旗下品牌提供最优质的原材料和稀有工艺;香奈儿集团在2021年收购意大利供应商Vimar1991和Conceria Gaiera Giovanni。类似的案例有2006年德国曼恩柴油机公司(Man Diesel)收购法国皮尔斯蒂克公司(Pielstick)。

混合并购(conglomerate M&A)指并购企业与被并购企业分别处于互不相关的产业部门,它们各自生产不同的产品,两者生产技术有一定关联度或没有关联度,这种并购形式与历史上横向并购出现的时期相近。[30]例如,斯沃琪集团在2013年收购美国珠宝品牌海瑞温斯顿,在巩固腕表业务的同时,将集团发展范围拓展至高级珠宝。复星集团以咨询业务、医药、地产等业务起步,除了并购浪凡(Lanvin)、塞乔罗西(Sergio Rossi)等奢侈品品牌外,还在康复养老、金融理财、时尚文娱、品质消费等多个领域投资收购进行多元化布局。

(2)按并购标的划分

按并购的标的是公司法律实体还是公司资产进行划分,可以把并购分为股权并购和资产并购。股权并购即通过购买目标企业的股份以取得其控制权。例如:路威酩轩集团在2021年收购潮牌Off-White共60%股权;同年,加拿大时尚电商公司Ssense获得由红杉资本中国基金和红杉全球基金共同领投的少数股权投资。资产并购即通过购买目标企业的资产从而实现对该资产和相应业务的控制。例如,卡塔尔王室控股的Mayhoola for Investments于2012年7月以7亿欧元收购了意大利顶级时装品牌华伦天奴(Valentino),复星时尚集团在2021年收购了意大利鞋履品牌塞乔罗西。

在并购实践中,股权并购远远多于资产并购,这是因为股权并购只涉及被并购公司的股东,而不牵涉被并购法律实体本身,只需要进行简易的股权转让手续,无须进行资产交割[31],因此比较易于执行。但资产并购也有自身的优势,该类并购只针对资产而非法律实体,不会涉及该法律实体的债务、责任和风险的概括承受问题。因此,在目标企业可能存在很多潜在风险和法律责任的情况下,资产并购会更受欢迎。在此种情形下,资产并购可能成为并购双方规避法律责任和风险的工具。

(3)按并购企业对目标企业的态度划分

按这种方式,可分为善意收购、恶意收购两类。

1)善意并购。并购企业事先与目标企业进行协商,征得其同意并通过谈判达成一致意见而进行的并购,西方形象地称之为"白马骑士"(white knight)。[32]这种方式要求目标企业同意收购企业提出的收购条件并承诺给予协助，由此并购双方高层管理者通过协商来决定并购的具体事宜，如并购方式（是以现金、股票、债券，还是以混合方式来进行收购）、收购价位、人员安排以及资产处置等。如果目标企业对收购条件不甚满意，双方还可对此进一步协商，最终达成双方都能接受的收购协议，并经双方董事会批准、股东会以特别决议的形式通过。由于并购双方都有合并的意愿，互相熟悉情况，因而这种并购有利于降低并购行动的风险和成本，成功率较高。[33]例如，皮诺－春天－雷都集团在2004年收购古驰集团、杰尼亚集团在2018年收购美国设计师品牌汤姆·布朗85%股份、历峰集团于2021年收购德尔沃（Delvaux）等。

2）恶意收购。收购企业在目标企业高层管理者对其收购意图毫不知晓或持有反对态度的情况下，对目标企业强行进行收购的行为。以这种方式进行的并购，并购方往往采取突然的收购手段，提出极为苛刻的条件使目标企业难以接受，西方形象地称之为"黑马骑士"（black knight）。[34]恶意收购使并购企业完全处于主动地位，不用被动权衡各方利益关系，并购行动迅速、时间短，可有效地控制并购成本。[35]但恶意收购通常难以从目标企业获取内部实际生产经营和财务状况的重要资料，给企业正确估价造成困难。同时，对目标企业来说，被并购意味原企业法人地位消失，员工面临新的就业抉择，管理人员也会更换，并购方提出的并购条件往往相当苛刻。一般情况下，目标企业在得知收购企业的收购意图后很可能采取一些反收购措施[36]（如表3-3所示），以此增加并购难度。

表3-3 企业常用的反恶意收购措施

序号	反恶意收购措施	具体策略与措施	案 例
1	黄金降落伞补偿计划（golden parachute）	假如企业被收购，按照被收购方雇佣合同中企业控制权变动条款，失去工作的管理人员将得到极其丰厚的补偿[37]。这个计划让收购方必须付出更大的收购代价，以此也可以确定收购方的诚意	蒂芙尼公司向高级管理层签订该计划。在2019—2021年路威酩轩集团收购案中，时任的五位高管——亚历山德罗·博格利奥洛、马克·埃塞克、菲利普·伽迪利·哈兰和丹妮娜·维塔莱获得了总值9 850万美元的补偿
2	毒丸计划（poison pills）	通过发行证券以降低目标企业在收购方的价值。最常用的方式为目标企业向普通股股东或合作企业发行优先股，一旦目标企业被收购，股东持有的优先股可以转换为一定数额的收购方股票[38]	1995年，巴林主权基金为了防止古驰集团被路威酩轩集团恶意收购，授权基金会3 700万新股的认购权，导致路威酩轩集团先前收购的34.4%股权被稀释成25%

续表

序号	反恶意收购措施	具体策略与措施	案例
3	资本结构变化（capital structure change）	通过调整目标企业的资本结构以增强企业抗收购的能力[39]	为了应对2010年起路威酩轩集团对爱马仕集团的恶意收购，2011年起，爱马仕家族的50位成员汇集手上所有爱马仕集团股份，成立一家名为"H51"的控股公司，股份总价值达到160亿美元，占全部股份的50.2%，并订立合同约定，在未来20年不出售手中的股份，以此站在对抗贝尔纳的战线上
4	白衣骑士护卫（white knight and squire）	为了避免被恶意并购，目标企业自行寻找"白衣骑士"（即更有合作意向的并购竞争者）寻求一定的保护，使并购成本增加，减少恶意并购行为发生的概率；另外，还可以通过锁住选择权条款，给予"白衣骑士"优惠购买目标企业有形或无形资产的特权[40]	1999年，古驰集团在面对路威酩轩集团的恶意收购时，在实施"毒丸计划"的同时，选择了皮诺-春天-雷都集团作为其"白衣骑士"，达成了战略合作，让其持有古驰集团42%的股权，最终避免被路威酩轩集团恶意收购；而古驰集团最终也成为了皮诺-春天-雷都集团旗下的公司
5	中止协议（standstill agreement）	目标企业与潜在收购者达成协议，收购者在一段时间内不再增持目标企业股票，如需出售，目标企业有优先购买的选择[41]	2021年，由于山东如意集团深陷质量危机与融资困境，巴利与山东如意集团达成收购中止协议，原定的6亿美元的收购交易不再执行
6	反噬防御（Pac-man defense）	目标企业威胁收购方进行反收购，并公开购买收购方的普通股，通过以攻为守的方式达到保卫自己企业股权的目的。一般而言，这种反恶意收购的极端方式风险大，虽然也有成功案例，但往往导致两败俱伤[42]	2005—2008年，保时捷公司持有德国大众集团的股份从18.53%增加至51%，掌握后者的实际控制权。然而，保时捷在收购过程中大量资金支出，导致财务危机，德国大众集团借机反戈一击，于2009年8月拿下保时捷49.9%的股权，并在2012年7月以44.6亿欧元的价格反收购保时捷50.1%的股权，从而德国大众集团完全控股保时捷公司
7	绿票讹诈（green mail）	目标企业以较高溢价回购企业股票，以促使恶意收购的股东将股票出售给企业，放弃进一步收购的打算。这种回购对象特定，不适用于其他股东[43]	暂无奢侈品公司采用这种措施。其他典型案例如：1986年10月，商人詹姆斯·哥德史密斯（James Goldsmith）以每股42美元的均价恶意收购了美国固特异轮胎橡胶公司（Goodyear）11.5%的股权。对此，固特异公司以每股50美元的价格回购股票，花费了29亿美元

并购作为经济活动中一种独特的现象,是企业外延扩大再生产的非常重要的手段,已经有一百多年的历史。随着社会经济的发展,商品经济与市场经济逐渐成熟,并购越来越成为人们深思熟虑后才采取的一种理性行为。

(4)按是否使用杠杆完成收购划分

当并购方采用杠杆收购(leveraged buyout)时,利用目标企业未来经营收入支付并购价款或作为这种支付的担保。[44]并购方不一定拥有收购所需的巨额资金,只须准备少量现金,用来支付收购过程中所必需的律师、会计和审计等费用,再加上用目标企业的资产和营运所得作为融资担保所贷得的金额,即可并购各种规模的企业。[45]这种并购方式在操作原理上类似于杠杆,所以称作杠杆收购。这种收购方式的特征是:并购方用来收购的自有资金与收购总费用相比很小,通常的比例为10%～15%;绝大部分收购资金通过贷款获得,贷款方可能是金融机构、信托基金,还可能是有钱的个体,甚至可能是目标企业的股东(并购交易中的卖方同意买方分期给付并购资金)。[46]

偿付贷款的款项来自目标企业生产经营所得的资金,也就是目标企业自身支付它的售价;并购企业只投入有限的资金,则不再进一步承担投资义务,而贷款人只能向目标企业求偿,而无法向真正的借贷方——并购方求偿。例如,2013年9月美国奢侈品零售商尼曼马库斯集团(Neiman Marcus)被美国Ares投资基金和加拿大退休金计划投资委员会(CPP Investment Board)以60亿美元杠杆收购。

非杠杆收购指并购企业不使用目标企业自有资金或营运所得来支付或担保支付并购价款。[47]在并购现象出现的早期阶段,多数企业采用此类形式。需要一提的是,这种形式并不意味并购方不用负债即可负担并购价款,在实际运作中,大多数收购都需要利用借贷来完成。例如,开云集团眼镜公司于2022年收购美国高端眼镜品牌Maui Jim即属于非杠杆收购。

(5)按支付方式划分

不同企业针对不同并购标的采用的支付方式往往不同,有现金购买资产、现金购买股票、股票交换股票、股票交换资产四类。并购也可通过支付方式进行划分,四类的具体差异与特征将在3.1.3一节中详细阐述。

3.1.2 并购相关理论与学说

并购相关理论内容多而庞杂,涉及并购意图、经营思想、企业文化和经营战略等各个方面,指导并购方与目标企业的战略发展与经营效益顺利有效实现,主要包括交易费用理论(transaction cost theory)、企业竞争力理论(enterprise's competitiveness theory)、企业成长理论(firm growing theory)、效率理论(efficiency theory)、价值低估理论(under valuation theory)、代理理论(agency theory)和市场势力理论(market power theory），如表 3-4 所示。

表 3-4　并购理论、学说及其要点与实践意义

并购理论与相关学说		学 说 要 点	实 践 意 义
交易费用理论	产权交易学说（Commons, 1909）	企业存在的根本原因是作为价格机制的替代物，有些交易在企业内部进行比通过市场进行所花费的成本要低	从产权交易角度解释了企业形成的原因
	交易成本学说（Williamson, 1987）	存在交易成本的因素：资产专业性、交易不确定性、交易频率。企业必须安排某种制度，并选择交易方式	解释企业之间进行纵向并购的原因、动机和发展，并为企业进行并购的财务管理提供了理论依据和操作思路
企业竞争力理论（Porter, 1997, 2001, 2008）		并购可以改变产业的竞争格局；并购后企业要赢得产品和市场竞争优势，真正实现协同效应，整合价值链活动是一条重要途径	解释企业并购和整合动机，揭示运营流程改进、价值链活动创新能力与效率提高可以使并购企业获得持续竞争优势
企业成长理论（Penrose, 1956）		企业成长的途径包括内部成长和外部成长，主要取决于能否更为有效地利用现有资源	佐证了并购交易与组建合营企业、吸引外来资本、建立战略联盟、兼并和收购及联合、长期融资等外部成长行为有利于企业核心能力得到创新和扩张
效率理论	管理协同效应理论（Agarwal, et al., 2009）	并购产生的原因在于并购双方管理效率不同，管理效率较高的企业将会并购管理效率较低的目标企业，并通过提高目标企业的管理效率而获得收益	提供了企业横向一体化并购行为的理论基础
	经营协同效应理论（Fiorentino, et al., 2015）	并购给企业生产经营活动在效率方面带来的变化以及因效率提高所产生的收益，分为横向和纵向协同	解释了规模经济性与范围经济性是企业并购的重要动机
	财务协同效应理论（Fluck, et al., 1999）	并购给企业在财务方面带来的种种效益是由于税法、会计处理惯例以及证券交易等内在规定的作用而产生	解释了企业并购的两个财务动机：其一是实现合理避税；其二是股票预期效应产生的刺激
价值低估理论（Tobin, 1968）		企业并购动因在于并购企业对目标企业价值的低估	托宾 Q 值可用于预测企业被并购的可能性：若 $Q<1$，且小得越多，则企业被并购的可能性越大，进行并购要比购买或建造相关资产的成本更低

续表

并购理论与相关学说		学说要点	实践意义
代理理论	代理成本理论（Jensen & Meckling, 1976）	低比例的持股或部分所有权会导致管理者工作不努力，或追求个人享受	解释了在企业并购前后经常出现的"搭便车行为"的产生
	管理主义理论（Ingham et al., 1992）	在所有权与经营权分离的现代公司制度下，股东与经营管理者的价值目标并不完全一致，企业管理层往往会从自身效用最大化出发，考虑企业并购问题	揭示了管理者为何往往会接受投资回报率较低的项目，并热衷于扩大规模；借并购来增加收入和提高职业保障程度
	自由现金流量理论（Jensen, 1986）	并购活动中自由现金流量的减少有助于减少代理成本	为企业提供了化解管理层与股东之间冲突的可行方案
市场势力理论（Eckbo, 1985）		并购会减少竞争，提高市场占有率，从而获得更多垄断利润；但这些利润也可增强企业实力，为新并购打下基础	为国家政府规制并购、反对垄断、促进竞争提供了理论依据

1. 交易费用理论

罗纳德·科斯[①]提出的交易费用理论[48]经由奥利弗·威廉姆森（Oliver Williamson）[49]、哈罗德·德姆塞茨（Harold Demsets）[50]、奥利弗·哈特（Oliver Hart）[51]、迈克·迪屈奇（Michael Dietrich）[52]等经济学家的深入研究，逐渐形成了一种解释市场、企业和两者的混合形式等各种组织之间的相互替代与互补，以及各种组织内部的有效治理机制的理论，它对于解释企业并购具有较强的说服力。其主要学派包括：

（1）产权交易学说

"交易"的概念最早来自约翰·康芒斯[②]，是一个与生产相对应的范畴。新古典企业理论把企业看作为"使利润最大化的黑匣子"，企业被视为一种生产函数，市场关系由供求曲线表达，交易费用为零。[53]

科斯通过创立"交易成本"这一重要概念，解释并分析了企业存在的原因及企业扩展规模的界限。科斯认为企业存在的根本原因是"作为价格机制的替代物"。在市场体系中，专业化的经济活动由"看不见的手"协调，分散的资源由价格信号配置；在企业内部，专业化的经济活动由"看得见的手"协调，分散的资源由行政指令配置。

市场经济中存在企业的原因在于有些交易在企业内部进行比通过市场进行所花费的成

[①] 罗纳德·科斯（Ronald Coase），新制度经济学的鼻祖，芝加哥经济学派代表人物之一，法律经济学的创始人之一，1991年诺贝尔经济学奖的获得者。

[②] 约翰·康芒斯（John Commons），制度经济学派早期代表人物之一。

本要低。科斯认为，企业是一种长期、固定的契约关系，市场则是一种短期的契约关系，企业就是代替市场来组织生产的方式；他还认为，与市场通过契约完成交易不同，企业依靠权威在其内部完成交易，企业形成的原因是通过把交易转移到企业内部来减少市场的交易成本。换言之，交易费用的节省是企业产生、存在以及替代市场机制的唯一动力。[54]

（2）交易成本学说

交易成本包括事前和事后两个部分。[55] 事前的交易成本包括"草拟合同、就合同内容进行谈判以及确保合同得以履行所付出的成本"。而事后的交易成本包括多种形式，如：交易行为偏离了合作方向而引起的不适应成本；交易双方想纠正事后不合作的现象，需要讨价还价所造成的成本；伴随建立治理结构并保证运行所需付出的成本；保证合同承诺得以兑现所付出的成本。

威廉姆森提出的交易成本学说对于确定企业边界，解释企业之间进行纵向并购的原因、动机和发展，具有很好的说服力，并为企业进行并购的财务管理提供了理论依据和操作思路。

交易成本理论的两个假设前提：一是有限理性，即交易主体在经济活动中其感知和认识能力是有限的，人们在收集和加工处理大量相关市场信息方面，其能力受到很多限制；二是机会主义，即用投机取巧的办法来实现自我利益。[56] 人的有限理性和机会主义的存在，导致了交易活动的不确定性和复杂性，使交易费用增加，因此，某种制度的安排和交易方式的选择是必要的。

威廉姆森提出交易成本存在的主要因素：一是资产专业性，即当一项耐久性投资被用于支持某些特定的交易时，所投入的资产就具有专业性，这是交易成本学说与其他理论相区别的重要特点；二是交易不确定性，市场环境的复杂多变，使交易双方的稳定性受到影响，增加了履约风险，应变性的、连续性的决策变得非常必要；三是交易频率，一种组织结构的确立和运转是有成本的，这些成本在多大程度上能被所带来的利益抵消，取决于在这种组织结构中所发生的交易频率。

2. 企业竞争力理论

迈克尔·波特[①]的企业竞争力理论从竞争定位到基本战略再到价值链，提出了企业获取竞争优势的较为完整的理论体系。波特认为，产业环境中存在着五种基本竞争力量：潜在进入者、替代品威胁、供方议价能力、买方议价能力和竞争对手。[57] 企业要在产业中形成战略优势必须进行准确的定位，并善于利用这五种竞争力之间的关系，推动这些力量向有利于自己的方向转变。企业可以选择总成本领先战略（cost leadership strategy）、差异化战略（differentiation strategy）和专一化战略（concentration strategy）来获取

---

① 迈克尔·波特（Michael Porter），哈佛商学院教授（University Professor），竞争战略之父。

竞争优势，这三种战略的实质是企业与竞争对手产生差异，实现竞争力量的对比。[58] 在这一研究中，波特提出了价值链的概念。他认为，一个企业的业务可以被描述成一条价值链，其中所有设计、生产、营销和服务的活动所带来的总收入减去总支出就是这条价值链所增加的价值。

波特关于企业竞争优势的思想，对于理解企业并购和整合的动机具有重要的指导意义。[59] 一方面，并购可以改变产业的竞争格局，如波特关于驱动产业竞争的五种力量的分析为管理者提供了一种思考竞争环境的结构。当影响产业竞争的作用力及其产生的深层次原因被确定之后，企业就可以明确自己在产业中所具有的优势和劣势、机遇和威胁，并进而制定有效的竞争战略。从这种战略观出发，企业并购和整合的目的就是通过各种并购方式的有效运用，力争使并购后的企业对产业环境施加影响和控制。另一方面，并购后的企业要赢得产品和市场的竞争优势，真正实现协同效应，整合它的价值链活动是一条重要的途径。在价值链的关键环节和流程（包括基础流程和辅助流程）上，如果能通过整合，实现对运营流程的改进和提高价值链活动的创新能力和效率，就可以成为并购企业持续竞争优势的一个重要来源，即商业生态系统的理念：不仅是通过并购活动形成垂直一体化的企业内在价值链系统，也不仅是供应链的延伸与扩展，更致力于企业群体之间以及企业与环境之间建设性关系的构建。[60] 一家企业由内而外地强化商业生态系统各层次间的地位，在价值链的各个环节中打下坚实基础，从而影响、优化整个商业生态环境，使之成为企业扩张、发展的助力。[61]

3. 企业成长理论

企业成长通常既表现为经营规模扩大，也表现为企业功能扩展，即企业把一些通过市场进行的交易活动纳入企业内部进行。伊迪斯·彭罗斯①认为"企业成长理念的内核可以非常简单地加以表述"，企业是"建立在管理性框架内的各类资源的集合体"，它的边界由"管理协调范围"和"权威沟通"决定，企业的作用是"获取和组织人力与非人力资源，以盈利为目的，向市场提供产品或服务""企业的成长则主要取决于能否更为有效地利用现有资源"。[62]

企业成长的途径包括内部成长和外部成长。内部成长主要是在现有资本结构不变的情况下，企业依靠自身的力量，通过要素整合内部资源，提高资源的利用率来达到成长的目的。外部成长主要是通过吸纳外部资源来达到企业成长的目的，包括组建合营企业、吸引外来资本、建立战略联盟、兼并和收购及联合、长期融资等。通过外部联合和资本集中的方式，使企业核心能力得到创新和扩张，其目的主要是追求跳跃式、突发式成长。

---

① 伊迪斯·彭罗斯（Edith Penrose），英国经济学家，企业内在成长理论和个体进化经济学研究先驱。

4. 效率理论

效率理论从经济学的角度对企业并购进行了解释，认为企业并购活动对整个社会来说具有潜在的收益，这主要体现在管理层业绩的提高或获得某种形式的协同效应。这里所说的协同效应，是指两个企业组合成一个企业之后，其价值大于原来两个独立企业价值算术和的状况，也就是整体价值超过各部分价值之和，即"1+1>2"。[63]例如，迈克高仕（Michael Kors）的母公司宣布以9亿英镑左右的价格收购高级女鞋品牌吉米周（Jimmy Choo）、蔻驰（Coach）的母公司收购凯特丝蓓（Kate Spade）等均是轻奢品牌试图通过并购增强协同效应、打破单一品牌天花板、降低业绩波动风险的实例。[64]

这种协同效应的具体形式有以下几种。

（1）管理协同效应理论

管理协同效应理论认为并购产生的原因在于并购双方的管理效率不同，管理效率较高的企业将会并购管理效率较低的目标企业[65]，并通过提高目标企业的管理效率而获得收益。根据这一理论观点，如果A企业的管理比B企业的管理更有效率，而且有剩余的管理资源，则A企业并购B企业后，一方面可将B企业的效率提高到A企业的水平，另一方面A企业释放了多余的管理能力，从而提高了整个经济效率。[66]管理协同的核心是并购方没有充分利用的管理资源可以在并购后的企业中得到充分的利用。这表明并购不仅会给目标企业带来经济效益，而且还会给整个社会带来经济效益。

对于并购方来说，如果能采取更简单的方式将其所拥有的过剩管理资源释放出去，那么就没有必要去并购其他企业；而当管理资源是一个整体，并且受不可分割性和规模经济的限制，采取解聘的形式减少或释放其过剩的管理资源不可行时，并购方就会积极寻找同行业中管理水平低的企业进行横向并购，使自己剩余管理资源有用武之地[67]；而管理效率低的企业不能在相关时间内通过直接方式组成一个有效的管理队伍，也无法直接聘用经理或其他高级管理人员，并购就会在同行业内发生。如果并购双方管理能力有差异，并购就能提高管理效率。但是，由于行业不同，所需要的管理技术也具有专用性和差异性，管理资源在毫不相关的产业之间转移和扩散存在一定困难，这说明跨行业的并购并不一定能使并购双方获得管理效益。因此，管理协同效应理论对解释具有相关知识的横向一体化并购更具有说服力，而在解释混合并购的动机方面有些力不从心。

（2）经营协同效应理论

经营协同效应主要指并购给企业生产经营活动在效率方面带来的变化以及因效率提高所产生的收益，分为横向和纵向两个层次。[68]横向协同是收购方与目标方的资源互补，从而实现规模经济，降低生产成本，提高生产效率。垂直协同是指同一行业内不同生产阶段的企业专业化，以增强生产过程的紧密性，从而降低每个生产步骤的成本。[69]经济效率具体体现在规模经济和范围经济。

规模经济是并购的重要动机。由于扩大生产和经营规模可以降低平均成本，从而提高利润，因而并购的主要动因在于谋求平均成本的下降。[70] 规模经济由工厂规模经济和企业规模经济两个层次组成。第一是工厂规模经济。并购对工厂规模经济有直接的影响，企业通过并购特别是纵向并购，可以有效地解决专业化引起的各生产流程的分离，将它们纳入同一工厂中，可以减少生产过程中的中间环节，降低操作和运输成本，充分利用生产能力。第二是企业规模经济。并购可以将许多工厂置于同一企业的领导之下，从而带来一定的规模经济，包括研究开发、行政管理、营销管理和财务方面的经济效益。

范围经济是指一个企业进行多样化经营，拥有若干独立的产品和市场，即不同的经营项目时，将获得比单独经营更大的收益。[71] 多样化经营是个别企业供给市场不同质的产品和劳务的增多。[72] 企业追求范围经济性的主要条件是企业所经营的多种项目中存在着某种关联性，因而有必要也有可能利用共同的资源，如技术、生产管理经验、商誉和土地等。当一个企业在其他条件相同的情况下，能够做到资源共享时，就可以获得范围经济性。这与企业通过扩大产品的生产规模而使生产成本降低所产生的规模经济性是有区别的。范围经济性强调生产不同种类产品获得的经济性，规模经济性强调产量规模带来的经济性。[73] 范围经济性主要体现在混合并购和纵向并购中。纵向并购的范围经济性是在降低交易费用的同时，实现技术互补，共同使用各生产过程之间可以共用的一些设施。混合并购的范围经济性主要体现在商标、研究开发机构、营销网络和管理经验等共享的经济性以及分散经营风险的经济性等。

（3）财务协同效应理论

财务协同指并购给企业在财务方面带来的种种效益，这种效益的取得不是由于效率的提高而引起的，而是由于税法、会计处理惯例、证券交易等内在规定的作用而产生的。[74] 它表现在两个方面：一是实现合理避税的目的，即利用税法中亏损延递条款实现合理避税，或并购企业将目标企业的股票按一定比例直接换成并购企业的股票，又或并购企业先将目标企业的股票转换为债券，一段时间后再将其转化为普通股票，以此减少企业所得税。[75] 二是预期效应对并购的巨大刺激作用。预期效应是指并购使股票市场对企业股票评价发生改变而对股票价格的影响。

5. 价值低估理论

价值低估理论认为，企业并购的动因在于目标企业价值的低估。[76] 当一家企业对另一家企业的估价比后者对自己的估价更高时，企业并购活动就会发生。目标企业市场价值低估的原因主要包括：企业现有管理层无法使企业的经营能力充分发挥；并购企业拥有外部市场所没有的目标企业价值的内部信息；企业资产的市场价值与其重置成本（replacement cost）之间存在差异，使企业资产价值被低估。

詹姆士·托宾[①]以Q值(Tobin's Q ratio），即公司股票的市场价值与公司资产重置成本的比值反映企业并购发生的可能性。若$Q<1$，且小得越多，则企业被并购的可能性越大，进行并购要比购买或建造相关的资产更便宜些。该理论提供了选择目标企业的一种思路，应用的关键是如何正确评估目标企业的价值，但现实中并非所有价值被低估的公司都会被并购，也并非只有价值被低估的公司才会成为并购目标。[77]

在奢侈品行业中，当一家奢侈品公司、原材料供应商或零售公司的$Q<1$时，即其估值或股票市场价值小于其重置成本，一些大型奢侈品公司倾向于通过收购这些企业来实现奢侈品业务扩张，提升现有业务的市场占有率或弥补自身业务的短板，而私募基金公司收购的目的往往在于投资盈利，而非真正参与到品牌管理中。此时，大型奢侈品公司短期内其他投资支出会降低。

6. 代理理论

代理理论由迈克尔·詹森[②]和威廉·麦克林[③]于1976年提出。他们认为，当管理者只拥有企业所有权的一小部分时，就会产生管理者利用管理特权去追求私人利益的代理问题。[78]目前从代理角度分析企业并购动机的理论有代理成本理论和管理主义理论。

（1）代理成本理论

代理成本理论认为，低比例的持股或部分所有权会导致管理者工作不努力，或追求个人享受，如豪华办公室、高档汽车、高级俱乐部会员资格等。由于股份比例低，高层管理人员即使努力工作促使公司业绩快速增长，他们从中分享的部分也很少，而这些追求奢侈享受的成本的大部分则是由其他股东来承担，他们本人只承担其中极少的部分，即"搭便车行为"（free rider）。[79]该理论认为代理问题产生的基本原因是经理人员（决策或管理代理人）与所有者（风险承担者）之间的合约不可能无成本地签订和执行。[80]由此而产生的代理成本主要包括：构建一系列合约的成本；由委托人监督和控制代理人行为而产生的成本；保证代理人做最优决策，否则委托人将需要补偿的成本；剩余亏损，即由于代理人的决策与使委托人福利最大化的决策之间的差异而使委托人承受的福利损失。这种剩余亏损也可能是由于完全执行合约的成本超过收益而引起的。

（2）管理主义理论

该理论认为在所有权与经营权分离的现代公司制度下，股东与经营管理者的价值目标并不完全一致，企业管理层往往会从自身效用最大化出发，考虑企业并购问题。[81]这一理论的观点与并购可以解决代理问题的观点相反，认为并购活动只是代理问题的一种表现形

---

① 詹姆士·托宾（James Tobin），美国著名经济学家，1981年诺贝尔经济学奖的获得者。
② 迈克尔·詹森（Michael Jansen），美国当代著名金融经济学家，2017年获"引文桂冠奖"。
③ 威廉·麦克林（William Meckling），美国著名经济学家。

式,而不是解决办法。管理主义就是其中之一:管理者具有很强的增大企业规模的欲望。[82] 管理者报酬是公司规模的函数,所以管理者往往会接受投资回报率较低的项目,并热衷于扩大规模,以便借并购来增加收入和提高职业保障程度。

(3)自由现金流量理论

在代理成本理论的基础上,自由现金流量理论诞生:并购活动中自由现金流量的减少有助于减少代理成本,从而化解经理和股东的冲突。[83] 公司若想有效率,并且实现股东利益最大化,这些自由现金流量就必须支付给股东。自由现金流量的支出降低了管理者所控制的资源量,从而削弱或缩小经理的权力,达到降低代理成本的目的;而当他们为额外的投资寻求新的资本而进行融资时,就会在更大程度上受到资本市场的约束和监控。除了减少自由现金流量外,适度的债权由于在未来必须支付现金,比管理者采用现金股利发放来得有效,更容易降低代理成本。[84]

7. 市场势力理论

通过并购减少竞争对手,提高市场占有率,从而获得更多的垄断利润,垄断利润的获得又增强企业的实力,为新一轮并购打下基础。在奢侈品行业中,路威酩轩集团、历峰集团、开云集团、斯沃琪集团、杰尼亚集团、盟可睐集团等传统大型奢侈品公司,以及以 Capri 集团、Tapestry 集团为代表的新兴公司,都通过并购提高市场占有率(如表 3-5 所示),将奢侈品行业从垄断竞争逐渐向寡头垄断的行业格局方向发展。

表 3-5　2017—2022 年奢侈品行业发生的重大收购行为交易

序号	奢侈品集团	收购品牌
1	路威酩轩集团	伍丁维尔威士忌(Woodinville)、Clos19、地球火山(Volcan de mi Tierra)、Eminente;巴杜(Patou)、迪奥(Christian Dior);L'Officine Universelle Buly、梵诗柯香(Maison Francis Kurkdjian)、芬缇美妆;蒂芙尼、贝梦德(Belmond)
2	历峰集团	Serapian、YOOX、Watchfinder & Co.、布契拉提(Buccellati)、德尔沃(Delvaux)
3	杰尼亚集团	汤姆·布朗
4	盟可睐集团	石头岛(Stone Island)
5	Capri 集团	范思哲(Versace)、吉米周(Jimmy Choo)

市场势力一般采用产业或行业集中度进行判断。[85] 如产业或行业中前 4 或前 8 家企业的市场占有率之和(CR4 或 CR8)超过 30% 为高度集中,15%~30% 为中度集中,低

于 15% 为低度集中。美国则采用赫芬达尔 – 赫希曼指数[①] 来表示产业或行业集中度。[86] 该理论成为政府规制并购、反对垄断、促进竞争的依据。

3.1.3 并购融资结构与支付方式

并购交易的融资途径有很多种，企业在选择融资方式时要考虑到每种融资方式的成本的可行性，并结合企业自身的财务状况和价值评估情况，以便降低并购融资的风险，为并购成功提供财务上的支持和保障。

企业并购交易的结构方式主要包括融资结构、收购方式、支付方式（现金或股权互换）与时间、交易组织结构（离岸与境内、企业的法律组织形式、内部控制方式、股权结构）、风险分配与控制退出机制。[87] 其中最为重要和关键的是并购融资结构和支付方式。

1. 并购融资结构

并购融资结构按照融资来源主要分为内部融资和外部融资。内部融资指企业通过自身生产经营活动获利并积累所得的资金，主要包括企业提取的折旧基金、无形资产摊销和企业的留存收益；外部融资主要分为股票融资和债券融资两种形式。企业使用内部融资能够减少融资成本和财务风险，但是如果并购活动所需要的资金量较大，内部资金又不足以支撑足够多的需求，就会对企业资金链和现金流产生压力，不利于企业的日常经营的持续运转。

股票融资指企业通过吸收直接投资，发行普通股、优先股等方式取得的资金。股票融资资金可供长期使用，不存在还本付息的压力，但容易稀释股权，威胁控股股东控制权，并且以税后收益支付投资者利润，融资成本较高。债券融资指企业为取得所需资金通过对外举债方式获得资金，包括商业银行贷款和发行公司债券、可转换公司债券。债券融资相对而言不容易稀释股权，也不会威胁控股股东的控制权，债务融资还具有财务杠杆效益。不过，债券融资具有还本付息的刚性约束，具有较高的财务风险，风险控制不好会直接影响企业生存。

---

① 赫芬达尔 – 赫希曼指数（Herfindahl-Hirschman Index，HHI）是一种测量产业集中度的综合指数。它是指一个行业中各市场竞争主体所占行业总收入或总资产百分比的平方和，用来计量市场份额的变化，即市场中厂商规模的离散度。

2. 支付方式

并购交易中的支付方式在很大程度上决定并购交易的成本，也间接影响并购双方的控制权和法律地位，所以并购交易的支付方式在整个并购过程中也是一个重要的环节。在实践中，并购交易的支付方式通常包括现金购买资产、现金购买股票、股票交换股票、股票交换资产四大类。

（1）现金购买资产

并购方使用现金购买目标企业全部或绝大部分资产，以实现对目标企业的控制。这种方式是被并购企业按购买法或权益合并法计算资产价值，并入收购方企业，原有法人地位及纳税户头消失。[88]对于产权关系、债权债务清楚的企业，这种并购方式能做到等价交换，交割清楚，不留后遗症或各种纠纷。例如，路威酩轩集团于2021年以全现金方式收购蒂芙尼公司所有资产（可详见第四章开篇案例）。

然而，目标企业的财务状况特别是债权债务关系难以清楚或准确获悉，在相当大程度上影响了并购方以现金购买目标企业的积极性。

（2）现金购买股票

并购方使用现金购买目标企业一部分股票，以实现控制后者资产和经营权的目标。出资购买股票可以通过一级市场或二级市场进行。通过二级市场出资购买目标企业股票是一种简便易行的并购方式，但要受到证券法规要求信息披露原则的制约。如购进目标企业股份达到一定比例，或达到该比例后持股情况又发生了变化都必须履行相应的报告及公告义务，在持有目标企业股份达到相当比例时便要向目标企业股东发出公开收购要约。[89]例如，路威酩轩集团在2017年收购迪奥高级时装业务，可详见4.2.2一节关于此次收购交易的分析。

不过，这些收购要求容易被一些人利用，故意哄抬股价，使得并购成本加大。并购方如果通过发行债券的方式筹集资金进行并购，也容易背上巨额债务负担。

（3）股票交换股票

并购方直接向目标企业股东发行自己的股票，以交换目标企业的大部分股票。交换的股票数量应至少达到并购方能控制目标企业的足够表决权数。这种方式通常是并购双方的企业高层管理者就并购达成协议，然后对换股的价格讨价还价，最后达成协议并成交。[90]例如，路威酩轩集团于2011年完成对意大利珠宝品牌宝格丽的收购，前者以换股方式入股宝格丽公司，同时宝格丽家族也成为路威酩轩集团的第二大股东，并获得该集团董事席位（可详见本章的研究聚焦部分）。

这种方式无须支付现金，不影响并购方现金状况；同时目标企业的股东不会丧失其股份，只是股权从目标企业转到并购企业从而丧失了对企业的控制权。这里关键在于达到一定的控股比例，当一个企业持有另一个企业的股份并达到足以控制另一个企业的比例时，法律可规定将两者视为一体。

（4）股票交换资产

并购方向目标企业发行自己的股票以交换目标企业的大部分资产。[91] 在一般情况下，并购方同意承担目标企业的债务责任，但并购双方也可以通过协商做出特殊约定，如并购方有选择地承担目标企业的部分债务责任。例如，盟可睐集团于 2020 年收购意大利高端休闲服装品牌石头岛（Stone Island），部分交易通过股票交换资产方式进行：石头岛品牌总裁兼股东卡罗·里韦蒂（Carlo Rivetti）认购 1 070 万股盟可睐集团发行的新股，以此交换家族手中持有的石头岛公司 69.9% 的资产。

在实际并购交易中，并购企业往往通过上述四种现金支付与股票支付相结合的方式来进行交易。在特殊情况下，如果目标企业存在重大财务问题或者面临财务困境时，并购企业可代为承担并偿还目标企业全部或部分债务，从而获得目标企业资产。这种并购交易方式通常被称为"承债式支付"。

3.2 并购规划、实施与评估

企业并购的动因很多，可以为了追求规模经济，可以为了实现多样化经营，也可以为了获得先进技术和管理经验等，但绝大多数企业并购的根本目的并非单纯地追求利润最大化[92]，而是企业成长与商业生态（股东及所有利益相关者）价值最大化[93]。在了解企业自身条件、行业发展状况与并购方式优劣势后，企业需要缜密地对并购交易活动进行流程制定，从而有效地规划并实施，最终达成这一风险较大的交易目的。

在学术上，大多数学者对并购内部控制的研究从并购流程切入，不同学者们对并购流程的划分各有不同。本著述从并购规划与实行、并购后整合与实施、并购绩效评估三个主要并购环节逐一讲解。

3.2.1 并购规划、执行与整合实施

企业并购成功的关键因素在于是否进一步增加企业核心竞争力。因此，实施并购要紧紧围绕企业的核心竞争力加强与否进行选择。

1. 并购规划过程

企业在规划并购过程中需按照如下四个步骤：构建并购战略、选择并购目标、价值评

估、审慎性调查。

1）构建并购战略

并购是不断发展的市场经济下出现的一种战略手段，是实现企业通过做大而做强，拓展业务范畴，改善资本结构等目标的策略。而要达成预定的并购目标，构建制定合理有效的并购战略就成为重中之重。

（1）SWOT分析

通过评价企业的优势、劣势、竞争市场上的机会和威胁，用以在制定企业的发展战略前对企业进行深入全面的分析以及竞争优势的定位。[94] 先对企业的自身情况进行深入分析和探究，找出企业在行业中的优势，如技术的先进性、人才的多元化、企业文化的高度渗透等，企业在行业中的劣势，如产业链的不足、资金链的短缺等，全面分析企业在市场竞争中的机遇和挑战，分析竞争对手的优劣势和竞争力，以及面临的政策上、环境上的威胁等。通过企业横向和纵向的全面剖析，从而制定一套符合企业发展方向的战略规划。在此基础上，根据并购动机和目的来制定并购战略，使其与企业发展战略相匹配的同时，也能充分考虑到企业各方面对于并购实施的影响，从而增加并购战略的科学性和可行性，以及并购后实际运营中获得协同增效的落地可操作性。

（2）PIMS分析

PIMS分析即市场策略-利润影响模型分析（profit impact of market strategies model），是最强有力的业务组合策划工具之一，可以给出公司业务单位的资金分配比例的建议。[95]

为了说明公司市场占有率对企业盈利能力的影响，确定战略性规划与利润效果之间的关系，寻求影响盈利能力的因素，在企业考虑并购交易时，需要完成PIMS分析工作。其中，业务单位可以是一个部门、一个产品生产线或隶属于一个母企业的利润中心。

PIMS分析包括影响盈利能力和净现金流量的六个主要因素[96]，分别是：

市场地位：用相对市场占有率（即该企业的市场占有率与同一行业最大竞争者的市场占有率的比值）表示。它是决定企业盈利能力和净现金流量的一个重要因素。

投资强度：总投资与销售额之比。投资强度对盈利能力和净现金流量一般产生负面影响。

市场增长：通常对利润产生正的影响。由于在一个增长的市场上，要保持市场占有率的稳定，必须投入高额费用，因此对现金流量产生负的影响。

产品生命周期：产品所处生命周期的阶段会对现金流量产生影响。

产品与服务质量：顾客对企业所提供的产品或服务相对于它的竞争对手的产品或服务所作的评价也会对现金流量产生影响。

创新或差异化：如果一个企业开发和投产新的产品，并在营销和研究与开发上做出较大的努力，产品从一开始就有较强的市场地位，那么它将产生有利的影响；否则它将产生不利的影响，这主要反映在提高市场占有率所需的高额费用上。

其中，市场地位（即市场占有率）是最重要因素，其他因素所产生的影响与市场占有率有关，企业之间在盈利能力和净现金流量上所存在的差异，80%可以归因于市场因素。[97] 经验曲线和 PIMS 分析都说明了市场占有率对企业经营的重要性，而产业集中度和市场占有率的提高常常是通过企业并购来实现。

（3）落实明确的并购目的 [98]

在分析了企业内外部环境的基础上，构建并制定了并购战略后，就要确定并购动机及目的，这样才能为后面并购实施做好有效的铺垫。并购目的其实是一种战略考量，是企业想借助并购活动的手段，最终达到的一种成果。根据企业情况的不同，并购目的也各有不同：有的企业想通过并购实现产业结构整合，实现通过做大而做强；有的企业想通过借壳上市来达到融资和扩大规模的效应；有些企业通过纵向并购加深产业链集群的优势；还有很多企业想进入全新的行业，但是受政策等方面的行业限制，惟有通过并购才可以更方便进入。总之，明确并购目的是并购活动的重要一环，并购目的的确定要保持与公司战略和企业发展方向一致。

（4）选择并购类型

企业战略方向决定了并购的类型和方式，不同的公司层战略一般都会采取不同并购手段来迅速实现目标。[99] 常见的公司层战略包括：一体化战略（包括横向与纵向一体化，以及外包战略）、多元化战略、战略联盟、战略创新和全球化 [100]，不同的战略类型和具体方向对应着不同类型的并购。

PIMS 分析主要通过不断完善企业战略评价指标体系，不断扩充数据库资料来完成。不过，在实际操作中，企业还需要避免该分析方法存在的缺陷，即忽略评价指标之间客观的相关性和相对重要程度指数，往往需要企业家或投资者根据自身经验做出相对主观的判断。

2）选择并购目标

在了解企业的经营现状、评估企业的自身价值之后，需要判断企业的未来发展方向，以选择欲实施并购的行业。如果企业所处的行业竞争激烈，很难实现预期的增长，那么可以考虑实施混合并购，即并购一家不同行业的企业；如果企业对现有的原材料采购或者产品分销不满意，可以考虑实施纵向并购，即进入上下游行业；如果企业在本行业中很有竞争优势，产品销售供不应求，企业可以进行横向并购，并购同行业的企业以扩大生产规模，提高效益。[101]

确定了企业想要实施并购的行业，接下来就要在该行业中选择合适的并购对象。选择并购目标没有固定的标准，企业可以根据自己的经营状况和发展目标，制定相应的选择标准。通常，企业需要考虑如下因素：
- 并购对象的财务状况。包括变现能力、盈利能力、运营效率、负债状况。
- 核心技术与研发能力。包括技术周期与可替代性、技术先进性、技术开发和保护情况、研发人员的创新能力和研发资金的投入状况。
- 企业管理体系。包括公司治理结构、高层管理人员的能力以及企业文化。
- 企业在行业中的地位。包括企业占有率、企业形象，与政府、客户和主要供应商的关系等。标准制定得越详细，找到的目标企业就越适合；但若标准制定得过于详细，可能会错过一些市场机遇。

并购者往往聘请投资银行或其他咨询机构来制定恰当的选择标准。

3）价值评估

价值评估是企业并购中关键且复杂的环节，能否找到恰当的交易价格是并购能否成功的重要因素之一。价值评估包含三个方面的内容：评估目标企业的价值、评估协同效应、评估并购后联合企业的价值。

（1）评估目标企业的价值

企业一般不会接受低于其自身价值的价格，并购方必须支付的价格为目标企业的价值加上一部分溢价[102]，溢价部分的多少则视具体情况而定。

（2）评估协同效应

恰当地评估并购带来的协同效应，一方面，可以对并购后联合企业的未来经营、盈利状况进行合理预测，以更好地评估并购后联合企业的价值，另一方面，联合企业的价值评估越合理、越准确，就可以得出越准确的协同效应价值，两者相辅相成，评估协同效应在整个并购评估中占有举足轻重的地位。[103] 对协同效应进行估价是很困难的，并购者并购目标企业后，不仅目标企业的价值在并购方的控制和影响下会发生变化，并购者自身的价值也会由于并购行为而产生变化，协同效应对并购双方都将产生影响。

（3）评估并购后联合企业价值

对协同效应进行恰当的分析和评估。在此基础上，可以更合理地预测并购后的联合企业经营状况，并评估其价值。而用联合企业的价值，减去并购前双方各自的价值，又可以得出协同效应的价值，将两者进行分析验证，就可以确定协同效应的最终结果。在制定支付价格时，协同效应即为溢价的上限，超出这个范围只能放弃并购。

4）审慎性调查

审慎性调查即"尽职调查"（financial due diligence），是企业在进行并购战略制定、目标企业选择后，对目标企业的资产状况、经营情况以及法律合规性等方面详尽全面地调查和判断，以便准确、真实地了解目标企业的实际情况。[104]

审慎性调查在整个并购活动中处于关键核心的地位，它是企业了解目标企业的最主要途径，是并购活动中风险防范的重要工具。审慎性调查形成的调查报告是制订企业并购计划的重要参考资料。[105] 审慎性调查顺利与否，关系到并购最终的成败。而在并购实践中，很多企业未能重视审慎性调查或没有采取必要、完备的调查程序和方法，不完全或未及时了解目标企业信息，从而忽视了其中潜在的风险，最终导致并购失败。

审慎性调查的内容包括[106]：

（1）公司背景情况。关于公司背景的调查，应该了解公司的名称、地址、成立的时间、性质以及所有权结构，公司董事的相关情况，出售公司的动机和有关信息，主要管理人员的未来趋向，公司所在行业的最新发展和前景，公司所有权和主要经营业务的变化，公司在过去以及未来的计划和战略，公司面临的潜在的诉讼，政府对于公司业务的管制和要求，公司相应的信贷记录和评级，以及其他影响公司的外部因素等。

（2）市场和产业。调查者应当深入并购企业所处的行业进行信息采集，了解行业的特点、规模以及发展速度等，据此判断行业的发展水平，是处于萌芽期、生长期还是稳定期，从而判断企业是否应当进入这个行业。另外，企业应该对目标企业的核心竞争力进行调研分析，判断是属于销售方面的优势还是生产方面的优势，是否符合并购目标和并购战略。

（3）组织架构和企业文化。企业的组织架构体系和企业文化是重要的软实力，起到了凝聚员工的重要作用。调查者应该对目标企业的组织架构进行深入的了解探究，明确相应的职责分工和运行机制，以便进行并购企业组织架构和目标企业组织架构的匹配和对应，通过重构组织架构体系，进行人员的合理配置和高效利用，以实现缩减成本、提高工作效率的目的。目标企业的文化更是需要重视的一个部分，企业文化的差异和矛盾是造成很多并购活动失败的重要导火索。调查者在进行目标企业文化的了解和分析时，要注重其企业文化的发展过程和相关规律[107]，以及员工对于目标企业文化的认可度和忠诚度，双方企业文化的差异性以及是否可以融合共存等方面的问题。

（4）企业财务状况和会计体系。企业的财务状况是企业生存发展的"生命线"，也是彰显企业综合实力和发展潜力的"晴雨表"。财务状况的好坏同样是调查者需要重点关注的内容。调查者主要需要了解的是目标企业财务报表的情况。其中应当包括过去几个年度的和中期的资产负债表、利润表以及现金流量表，资产和负债中重要科目的内容以及目标企业使用的会计政策近几年有无重大变化等。[108] 调查者还要通过目标企业财务报表比率的分析来判断企业财务状况的稳定性和企业资金流的情况等。

（5）企业人力资源情况。对人力资源相关方面的调查主要有：主要高层管理人员的职位、年龄、资历等具体情况以及合同签订情况，员工福利包括哪些，企业工会的人数以及会员的管理情况，还有劳资关系比如有没有过罢工历史等。[109] 对人力资源相关情况的调查判断能够为并购后期的人力资源整合提供有效的信息。

审慎性调查的基本流程是：第一步，目标企业选择一家投资公司负责整个并购活动的调解和谈判沟通工作；第二步，由潜在并购企业成立一个由律师、会计师以及财务分析师等组成的调查小组；第三步，潜在的并购企业和聘请的中介机构与目标企业签订保密协议；第四步，目标企业搜集整理相关资料并进行资料的编号和索引；第五步，潜在并购企业整理出一份审慎性调查清单；第六步，制定一套能够让潜在的并购企业获取相关文档信息以及与目标企业沟通交流的程序；第七步，潜在并购企业的外部专家做出审慎性调查报告；第八步，潜在并购企业拟定并购合同草案以便进一步谈判和修改。[110]

2. 整合与实施过程

企业作为一个系统，可以按照一定的标准划分为若干个子系统。当两个或多个企业通过并购成为一体时，企业各子系统的一体化肯定要遇到很多困难。因此，企业并购后会出现大量利益相关者关心的整合问题[111]，如战略匹配、业务活动、组织匹配与职位调整、企业文化与管理风格等。

（1）战略整合

战略整合包括战略决策组织的一体化及各子系统战略目标、手段、步骤的一体化。它是指兼并企业在综合分析目标企业情况后，将目标企业纳入其发展战略内，使目标企业的总资产服从兼并企业的总体战略目标及相关安排与调整[112]，从而取得一种战略上的协同效应。

并购一家在经营策略上不能互相配合的公司后患无穷，而如果并购主体双方能够互补，目标企业的发展能够有机地与并购企业的经营战略相整合，则会产生并购的正面效应，给并购双方带来价值的增加。例如，路易威登公司在1987年与酩悦轩尼诗公司合并成为路威酩轩集团就是战略整合的成功范例之一。

（2）业务整合

业务整合是联合、调整和协调采购、产品开发、生产、营销及财务等各项职能活动。并购后的企业可以将一些业务活动合并，包括相同的生产线、研究开发活动、分销渠道、促销活动等，同时放弃一些多余的活动，如多余的生产、服务活动，并协调各种业务活动的衔接。[113] 例如，古驰集团在2000年前后先后收购伊夫圣罗兰（Yves Saint Laurent）、Sanofi Beauté、塞乔罗西、葆蝶家、巴黎世家等品牌的目的即在于此。

从企业并购的动因分析可以看出，并购双方产销活动整合后产生的经营优势和规模效应也是并购企业追求的目的之一。因此，并购后的业务活动整合就成为此类并购成功与否的关键。

一般而言，生产作业的整合可能比产品线的整合困难。产品线的整合通常涉及某些重复设备的处置，在业务活动的整合过程中，厂房设备的迁移费用是不可避免的，但可以通过降低生产成本、存货成本而提高整体利润水平，达到并购的目的。生产作业整合的效果通常在一段时间后才能体现出来，在整合期间，大量的整合投入以及适应过程，可能暂时降低企业的经营效率。

通常情况下，在企业并购完成后，并购企业应尽可能地将目标企业和本企业的人员在组织上予以合并，特别是财务、法律、研究开发等方面的专业人员。当然业务活动的整合不可能一蹴而就，并购企业应视目标企业具体情况采取措施，分步骤进行整合。

（3）组织结构与人事整合

随着并购双方业务活动与管理方式的整合，双方的组织机构也会发生变化。并购完成后，企业会根据具体情况调整组织机构，有时把目标企业作为一个相对独立的整体加以管理，有时又可能将目标企业进行分解，并入本企业的相应子系统。[114] 并购后的企业在调整组织机构时要注意目标统一、分工协调、精干高效，使权责利相结合，明确相应的报告与协作关系，建立高效率的、融洽的、有弹性的组织机构系统。

企业并购后，人事制度整合也是一个比较棘手的问题。由于人才是企业最重要的资源之一，尤其是高层管理人员、技术人才与熟练工人，并购企业在人事问题上一定要谨慎，做到并购双方在人事上的一体化，防止因人心浮动而降低生产经营效率。

企业并购会给并购主体双方的经理人员及其他职工，尤其是目标企业职工的工作和生活带来较大影响。这种压力与混乱既包括对职工个性的影响，也包括工作安全感的丧失、人事与工作习惯的变动以及文化上的不协调等。[115] 多数目标企业员工知晓本企业即将出售，难免忧心忡忡。因此，并购企业如何稳定目标企业人才，便成为人事制度整合的首要问题。并购企业对人才的态度将会影响目标企业职员的去留。如果并购企业重视人力资源管理，目标企业人员将会感觉到继续发展机会的存在，自然愿意留任。目标企业的管理人员及职工积累了很多的专用人力资本，企业并购后要珍惜这份人力资本，采取实质性的激励措施，提供较优越的任用条件，留住目标企业人才。在留住目标企业优秀员工后，并购企业应考虑加强并购双方员工的沟通与交流。并购后双方的员工都会有一些顾虑，如并购企业员工担心失去原有位置，目标企业员工担心受到歧视，此时，沟通便成为一种解决员工思想问题，提高士气的重要方式。

在充分地沟通并了解目标企业的人事状况后，并购企业可制定原有人员的留任政策，调整人员以提高经营绩效。[116] 成熟的国际化企业在人才调整方面会采用较好的经验和方法，即"平稳过渡、竞争上岗、择优录用"，在并购完成后往往不急于调整，而是经过一段熟悉和了解，根据职工的实际能力和水平，再定机构、定岗位、定人员，并通过考核，使各方面人才均能找到适合其实际能力的位置。这种方法既能充分发挥优秀人才的能量与作用，又能增强职工的竞争意识与紧迫感，进而能够调动职工队伍的潜力，实现并购双方技术人员和管理人员的优化组合。当然，对一些完全掌握被收购公司的大型奢侈品集团而言，组织结构与人事调整的节奏相对快速，如路威酩轩集团收购蒂芙尼公司后立即启动高层管理团队换血：蒂芙尼公司首席执行官、首席财务官、执行副总裁、首席法务官在并购交易成功之日领取黄金降落伞补偿后立即离开公司，创意总监等重要职位也在不久之后更新换代——从中可以看到商业世界，尤其是奢侈品行业的残酷性。

（4）企业文化与管理风格整合

在横向并购中，并购方往往会将自己部分或全部的文化注入被并购企业以寻求经营协同效应；而在纵向并购和多元化并购中，并购方对被并购方的干涉相对较少。因此，在横向并购时，并购方常常会选择替代式或融合式文化整合模式；而在纵向并购和多元化并购时，选择促进式或隔离式文化整合模式的可能性较大。并购后的企业要整合两个可能有排斥的企业文化，必须解剖文化的"基因"，让优秀的基因组合，摒弃相对平庸的基因。

企业文化是企业经营中最基本与核心的部分，企业文化影响着企业运作的一切方面，并购后，只有买方与目标企业在文化上达到整合，才意味着双方真正的融合，因此对目标企业文化的整合，对于并购后整个企业能否真正协调运作有关键的影响。[117] 例如，历峰集团收购上海滩后遇到了企业文化与管理风格冲突的难题，最终成为双方分道扬镳的导火索之一（可详见第五章开篇案例）。

因此，在对目标企业的文化整合过程中，应深入分析目标企业文化形成的历史背景，判断其优缺点，分析其与买方的文化融合的可能性，在此基础上，吸收双方文化的优点，摒弃其缺点，从而形成一种优秀的、有利于企业战略实现的文化，并在目标企业中推行，使双方实现真正的融合。

3.2.2 并购分析模型与绩效评估

任何组织都要靠建立并实施良好的战略而取得成功；在并购中，为了找到合适的公司战略与业务发展方向，必须要进行内外部信息匹配，产生备选战略，从中选出最适合的方案，并在交易完成后评估并购绩效。

1. 并购分析模型

常用的并购分析模型包括波士顿矩阵（Boston consulting group matrix）、通用电气矩阵（General Electric matrix）和指导性政策矩阵（directional policy matrix），这三个并购分析模型方法的运用并不局限于企业的并购活动中，在选择并购目标以及并购完成后的整合过程中都有广泛的适用性（如表3-6所示）。

表 3-6　三个常用并购分析模型及其基本内容

分析模型	基 本 内 容	分 析 结 论
波士顿矩阵	适用于所有企业的并购分析。根据市场占有率和市场增长率两个维度将企业产品划分为四类，通过分析和规划企业产品组合，给出企业未来并购方向	企业并购时，尽可能瞄准市场增长较快的行业，放弃对市场占有率太低的业务或企业的并购
通用电气矩阵	适用于所有企业的并购分析。由波士顿矩阵发展而成，根据行业吸引力和竞争地位两个维度将企业业务划分为九类，并制定四种类型的业务发展目标	企业可以将业务分为投资和增长型、选择增长型、维持型和出售/剥离型
指导性政策矩阵	适用于所有企业的并购分析。由波士顿矩阵发展而成，根据公司竞争力和业务吸引力两个维度将企业业务划分为九类，细化业务组合，采取星级评定的方式量化指标，以达到业务分区的真实性	企业可以将业务分为九种细化的投资类型，各个区域内业务有相应的指导性政策，包括并购、业务剥离等

（1）波士顿矩阵

一个企业实力的表现包括市场占有率，技术、设备、资金利用能力等，其中市场占有率是决定企业产品结构的内在要素，它直接显示出企业竞争实力。市场增长率与市场占有率既相互影响，又互为条件。以上两个因素相互作用，会出现四种不同性质的产品[118]，形成不同产品发展前景（如图 3-4 所示），包括高市场增长率、高市场占有率的明星产品（stars），低市场增长率、高市场占有率的现金牛产品（cash cow），高市场增长率、低市场占有率的问题产品（question marks），低市场增长率、低市场占有率的瘦狗产品（dogs）。

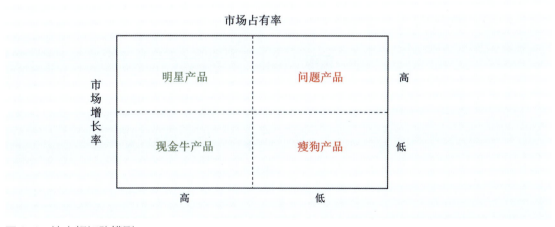

图 3-4　波士顿矩阵模型

资料来源：MADSEN D O. Not dead yet: The rise, fall and persistence of the BCG Matrix[J]. Problems and Perspectives in Management. 2017, 15(1): 19-34.

企业在并购中尽可能瞄准市场增长较快的行业。一般情况下，企业不应该并购市场占有率太低的业务或企业，因为市场占有率是决定企业盈利能力和净现金流量的最重要的因素。通常，并购活动成功的可能性是与被并购企业市场占有率的高低正相关。此外，企业在考虑并购时，应尽可能并购相同产业或相关产业的企业，因为在进行多元化经营时，与并购企业本来的业务离得太远，风险就会增大。

（2）通用电气矩阵

通用电气矩阵又称麦肯锡矩阵（McKinsey matrix），主要由两个分析因子构成：行业吸引力和竞争地位，由这两个因素搭配横轴和纵轴的高中低三个层次，构成一个九宫格矩阵（如图3-5所示）。

九宫格左上角三格属于公司应该重点发展的项目，最左上角方格对应了行业吸引力和竞争地位均很强，应尽量扩大投资，谋求在市场上的主导地位；其他两格应该选择细分市场，大力投入，追求主导地位。

九宫格中从左下角至右上角呈对角线的三格属于公司可以适当地选择投入的项目。其中：左下角方格对应行业吸引力弱、竞争地位强，企业应选择维持地位，必要时减少投

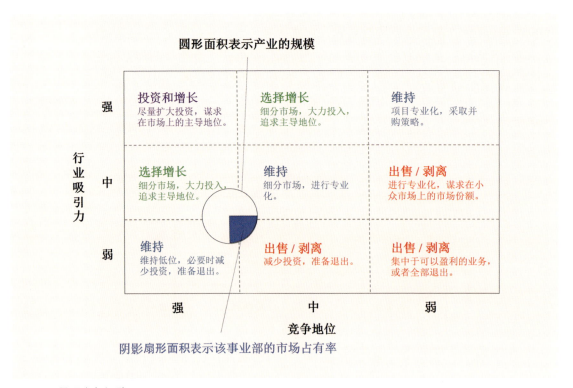

图3-5　通用电气矩阵

资料来源：MCKINSEY & COMPANY. Enduring ideas: The GE-McKinsey nine-box matrix[J]. McKinsey Quarterly, 2008-09-01.

资，准备退出；中心方格对应行业吸引力和竞争地位均一般，企业应选择细分市场，进行专业化；右上角方格对应行业吸引力强、竞争地位弱，企业应进行项目专业化，可采取并购措施。

九宫格右下角三格属于公司可以淘汰的项目。最右下角方格对应行业吸引力和竞争地位均很弱，公司应选择集中于可以盈利的业务或者索性全部退出；其他两格对应的公司可以进行专业化，谋求在细分市场的市场份额，或直接减少投资，准备退出。

（3）指导性政策矩阵

荷兰皇家壳牌集团进一步发展了波士顿矩阵，他们认为资本收益率尽管是衡量企业盈利能力的一个非常有用的指标，但不能为企业制订战略计划提供一个充分的基础。因此，壳牌化学企业创立了一种新分析技术，称为指导性政策矩阵。指导性政策矩阵实质上就是把外部环境因素和企业内部实力归结在一个矩阵内，并对此进行经营战略的评价分析[119]，如图3-6所示。

业务吸引力取决于外部环境因素，如市场大小、市场增长率、竞争程度、受商业周期的影响程度等因素。公司竞争力取决于其内部可控制的因素，包括市场占有率、产品的质量和价格、对顾客及市场的了解程度、加工制造上的竞争力、研究与开发实力等因素。[120]

指导性政策矩阵把业务部门发展前景和企业的竞争能力各分为三个等级，形成九个区域，并相应提出处于各个区域内的业务的指导性政策。对企业各项业务的定位可以依照下列步骤进行[121]：

（1）确定影响业务部门发展前景和企业竞争能力的主要因素；

（2）根据历史资料、现实数据和对未来的预期给各主要因素评分，并加总出业务部门发展前景和企业竞争能力各自的总得分；

（3）根据两者的得分在矩阵中描出相应的点，给各项业务

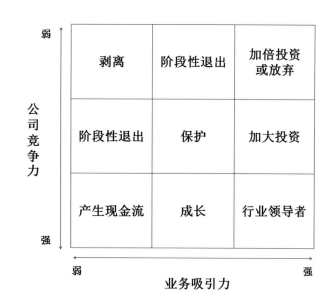

图3-6 指导性政策矩阵

资料来源：MCDONALD M H B. Some methodological comments on the directional policy matrix[J]. Journal of Marketing Management. 1990, 6(1): 59-68.

定位；

（4）为各项业务确定相应战略。

指导性政策矩阵中每一区域的战略方针只是一种合乎逻辑的决策，仅具有一定的指导意义，企业必须结合自身的实际情况灵活地加以运用。

2. 并购绩效评估

并购成功与否在很大程度上取决于如何定义绩效和成功。[122] 现有关于并购评估的文献共存在 12 个要素分析并购对业绩的影响，包括测量类型（主观、客观）、计量单位（预期收益、实现收益）、时间周期（短期、长期）、信息来源（公共、私人）、分析级别（任务级、项目级、公司级），以及观点角度（收购方观点、被收购方观点、共同观点）[123]。可从以下五个方法与角度研究并购绩效：

事件研究法（event study method）是传统评估方法，已在商业界应用了数十年之久。[124] 该方法考察了并购等意外事件的宣布导致的股票价格的超额回报。如果公司的观察收益显著高于并购公告时的估计收益，这意味着它为公司的所有者（股东）创造了正价值。

会计法（accounting method）主要依赖并购前后财务和其他特征的比较。因此，它是基于与事件研究相反的实际回报，因此意味着长期视角。其背后的逻辑是，并购的所有好处都将消失。由于计量工具众多，会计研究可能会有很大的差异。因此，它可以用许多不同的方式来评估绩效：盈利能力、生产力[125]、创新、增长。尽管如此，许多学者认为资产收益率或经营现金流是估计并购绩效最合适的工具。

业务经理评估法（manager evaluation method）需要在并购发生几年后采访相关管理者，收集他们对并购与最初预期相比表现的看法。虽然他们的预期结果通常采取比率的形式，职业经理人经常被要求评估并购的整体绩效，以测试结果的收敛性。[126] 当使用这种方法时，更常见的是分析收购公司，有时可采用被收购公司管理层的评估结论。

专家法（expert method）与业务经理评估法相似，只是采访了一些外部专家而不是高管。由于专家处于被分析公司的外部，评估受到管理者部分主观性影响的风险较小。[127] 尽管如此，提供消息者的外在性意味着提供可用信息变得十分有限。

撤资评估法（disinvestment evaluation method）通过并购后收购方是否撤资新收购方来评价并购绩效。其背后的理由是，只有在收购方认为没有达到最初预期或目标时，被收购方才会被撤资。[128] 事实上，当收购方面对并购后反复出现的风险或遭遇外界宏观环境剧变时，撤资未必代表交易彻底失败，有时甚至可能是成功之前的预兆。[129]

3.2.3 奢侈品公司并购的应用场景

奢侈品行业集中度相对较高，奢侈品品牌的 Tobin's Q 值往往小于 1，因此并购交易活动在奢侈品行业中屡见不鲜。由于奢侈品公司具备发展长期性、业务全球性和家族管理性等特征，并购时机、地域距离与文化差异、家族持股等因素显著地影响了奢侈品行业的并购活动。

首先，最佳并购时机是奢侈品公司最关注的要素之一。如果错过最佳并购时机，并购方后续盈利能力就会降低。成功并购会带来积极的协同效应，而拖延会使协同效应消失。这就是许多并购者希望迅速完成交易的原因。同时，并购不透明的公司可以花费更少时间，它将带来更强的并购业绩。[130] 不过，信息不对称会带来交易障碍，使并购过程更加困难，难以保证最终业绩。[131]

贝尔纳·阿尔诺就是奢侈品行业抓准最佳并购时机最炉火纯青的商人之一。纵览路威酩轩集团的并购历程，大多数都发生在被并购品牌或公司处于有市场潜力但运营出现问题之时，如并购纪梵希、迪奥、思琳、蒂芙尼、贝梦德等。历峰集团并购德尔沃、开云集团并购古驰集团、斯沃琪集团并购宝玑都不外乎如此。

其次，奢侈品公司多为跨国公司，并购交易也多为跨国甚至跨洲行为，因此地域距离也较大地影响了奢侈品公司的并购行为和进程。地理距离会导致信息不对称，距离越大，信息不对称程度越高，尤其是跨国交易中较远的地理距离也会增加并购溢价[132]，路威酩轩集团并购宝格丽、Exor 集团并购上下、Capri 集团并购范思哲和吉米周等案例都印证了这一点。

不仅如此，由于地域距离衍生而出的文化差异更是起到了决定性作用。跨国交易所带来的文化差异也会直接导致并购的失败。虽然并购前两家公司之间的战略差异可以产生协同效应，带来更高的短期绩效，但在现实中，很难预测特定时间段以外的并购绩效。此外，整合带来的文化冲突是影响并购绩效的重要因素[133]，特别是员工之间文化背景不同，会带来直接误解和冲突，从而对后期的整合效果产生负面影响。即使两家公司具有很高的潜力和战略一致性，但两家公司文化管理风格的巨大差异会使并购后的管理不善，最终未能实现协同效应，导致失败、业绩不佳。[134-135]

文化差异带来的种种挑战从路威酩轩集团接管蒂芙尼后的挫折中可见一斑。子公司和母集团不断磨合对方的国家文化和企业文化，蒂芙尼公司为了适应文化差异，甚至私下发布了《法美文化差别和礼仪》（*Franco-American Cultural Nuances and Etiquette*）这项未经批准的备忘录。[136]

最后，奢侈品行业几乎都是家族企业（无论是创始企业还是收购企业），所以这一因素更值得注意。家族持股被认为会给并购带来更高的异常回报，且并购异常回报与家族经营水平、金融机构持股、行业多元化呈负相关，与地域多元化呈正相关。[137]

爱马仕的反并购案例更是凸显了收购时机、地域距离与文化差异、家族持股等因素在奢侈品行业并购交易中的重要性。

2010年10月23日，路威酩轩集团突然发表声明，宣布已斥资14.5亿欧元，购入爱马仕集团14.2%的股权，加上购入的可转换债券（convertible bonds），总计持有17.1%的股份[138]，几周之后更是达到了20.2%。随后，爱马仕集团强硬地组织家族成员反对此次"恶意"收购，并坚决表示："不需要任何形式的帮助和支持，强烈要求路威酩轩集团退出爱马仕股份，并同时要求法国证券监管机构介入调查路威酩轩集团操作的合法性。"[139]

事实上，早在20世纪80年代，爱马仕集团的一些股东曾卖给路威酩轩集团约10%的股份。20世纪90年代初，爱马仕家族为防止恶意收购行为的发生，要求路威酩轩集团放弃这部分股权。21世纪后，路威酩轩集团又想方设法陆续收购了爱马仕集团约5%的股份，前者的掌门人贝尔纳·阿尔诺想故技重施，告诉公众路威酩轩集团不会寻求恶意收购，也不会谋求爱马仕的董事会席位，"我们会尊重爱马仕家族的独立性，为保存其家族和法国特色做贡献……我不认为一个私人合伙公司有权力命令投资人放弃他的股份……我们对于爱马仕的投资是长线的，既不针对社会，也不受其家族牵制"。

根据法国金融市场监管条例，当单一股东持有一家上市企业股份超过33%，需要向其他股东提出公开收购要约，才能取得对这家企业的控制权。爱马仕家族继承人共持有73.4%的股份，但单个继承人持有的股份均未超过5%。如果任由贝尔纳继续收购股份，爱马仕家族将有可能失去对爱马仕集团一百多年来的控制权。当爱马仕集团获悉路威酩轩集团收购了其17.1%的股份后，立即召集管理层及监管董事会举行了联合会议。

贝尔纳的举动使得爱马仕家族成员团结到了一起。借此机会，爱马仕家族一致表明了其长期掌控公司股份的坚定决心，并向公众发表了声明："爱马仕集团将坚持自己的文化、精神的传播和发扬，保持其独特性。在此前10年间，爱马仕集团创造了年均10%的净收入增长，拥有7亿欧元现金流，资金实力雄厚。爱马仕家族成员股东拥有公司近75%的股权，紧密团结，对公司发展抱有统一的愿景。公司有限合伙股份制度可以保证爱马仕家族成员股东拥有对公司的长期稳定控制，而且家族成员股东也确认他们无意大量出售股票。爱马仕集团公开上市的部分股票使有兴趣成为爱马仕股东的投资者成为小份额的股东。而作为一个家族企业，爱马仕集团将一如既往地对每一位股东报以最大的尊重。"

2011年3月，爱马仕品牌创始人蒂埃里·爱马仕（Thierry Hermès）的50位后人做出了另一项大胆举动,他们汇集手上的爱马仕股份,成立一家名为"H51"的控股公司,股份总价值达到 160 亿美元。这些股份贡献者拥有爱马仕公司全部股份的 50.2%,他们订立合同约定,在未来 20 年内不出售手中的股份。爱马仕集团另外两名大股东、第五代家族成员伯特兰德·皮艾什(Bertrand Puech)和尼古拉·皮艾什(Nicolas Puech)没有将各自的股份放到 H51 公司,但他们同样站在对抗贝尔纳的战线上,并同意在出售手中股份时给予家族成员优先购买权。

按照这个计划,装入其中的股份在没有得到家族成员 75% 以上比例同意票的情况下,禁止向外出售;另外 12.6% 的股权并没有装入其中,以给予家族成员一定的减持、套现空间,但一旦家族成员出售这部分股份,家族的股权托管基金将享有优先的购买权。这一安排保证了即便后人们打算出售公司股权,要想达到 75% 以上的家族成员同意也至少需要几十年的时间。在此期间,爱马仕集团在法律意义上将一直处于爱马仕家族成员的控制之下。[140]

这两大奢侈品集团间的股权官司直到 2014 年才算告一段落。在巴黎商业法院的建议下,贝尔纳同意交出其持有的 23% 的爱马仕集团股权,价值约 64 亿欧元,并承诺至少未来 5 年内不会再收购爱马仕集团的股份。这部分交出的股权会在其股东与机构投资者间做重新分配,分配后,贝尔纳家族持有爱马仕集团 8.5% 的股权,而路威酩轩集团旗下最大的控股公司迪奥公司也把持有的爱马仕集团股票对股东进行了再分配。

3.3　并购的领导权与管理权决策

并购是企业发展过程中极其重要的公司层战略(corporate-level strategy),风险较高。企业在并购时需要对风险进行识别、评估和管理以提高并购绩效,其中关键活动是对被并购公司的股权选择、董事会成员与投票权决策、财务与运营管理决策等。

3.3.1　股权比例

企业选择并购股权必须考虑可能遇到的风险。一般而言,企业在市场扩张和国际化进程中选择完全并购的并购模式面临着诸多挑战,股权控制作为并购公司对被并购方的决策与运行的控制权,意味着相应的资源承诺、风险、回报和控制水平。[141]一方面,并购公司拥有被并购方的股权水平反映了并购企业对被并购企业的控制程度和资源承诺水平,特别是对被并购方特定资产和知识的控制意愿，完全控股即代表完全获得和控制被并购方的资产与知识。另一方面，并购股权水平也决定了并购方的并购风险，即企业在并购前后遭受损失的可能性。

公司股权分配比例按所持股份进行分配，持股越多意味着比例越高。有限责任公司的股权比例可以在各股东之间协商确定；上市公司股权比例可以通过收购方式不断提升，甚至达到控股的股权比例，但如果通过收购方式增加股权，收购达到一定比例股权的交易必须公告。在中国，根据《中华人民共和国公司法》等法律制度规定，上市公司收购股份的，应当依照《中华人民共和国证券法》规定，履行信息披露义务，并且公司不得接受本公司的股票作为质押权的标的。[142] 若收购方是最大股东，且收购达到一定比例的股权，则可称为相对控股，同时触发强制要约收购，必须向目标企业全体股东发出公开收购要约。在中国，相对控股的持股比例由出资额或持有股份所享有的表决权是否足以对股东会或股东大会决议产生重大影响而决定，若股权比较分散，一般要达到30%以上。

在并购交易完成后，一般情形下，股东不得要求公司收购股份或退还股本。[143] 不过，当出现下列情形之一时，对股东会决议投反对票的股东可以请求公司按照合理价格收购其股权。其一，当公司连续五年不向股东分配利润，而公司在该五年连续盈利，并符合法律规定分配利润条件。其二，公司合并、分立、转让主要财产。其三，公司章程规定的营业期限届满或出现章程规定的其他解散事由，股东会会议通过决议修改章程使公司存续。

公司股权持有人分配方面，科学、合理的股权架构通常由创始人、合伙人、投资人、核心员工四类人群掌握大部分股权，这四类人对公司发展、资金、管理、战略执行起到了重要作用。因此，创始人在分配股权时，往往都会照顾到这些利益相关者，给予他们一定比例的股份。

3.3.2　董事会成员与投票权

投票权是股东参加股东大会就公司重大问题进行投票表决的权利，也被称为"投票表决权"。股东通过投票表决权的行使，形成股东大会决议，把个人意见转化为公司决策，对公司董事人选、公司重大决策（如兼并或收购互动）起到决定性作用。[144]

对于股票而言，按照股东是否对股份有限公司的经营管理享有表决权，可将股票划分为表决权股股票和无表决权股股票。[145] 其中，表决权股股票具体又可分为普通表决权股股票、多数表决权股股票、限制表决权股股票、有表决权优先股股票。

普通表决权股股票即每股股票只享有一票表决权,也称单权股股票。这类股票符合股东权一律平等原则,各国公司法均予以确认,故其适用范围广,发行量也大。

多数表决权股股票即每张股票享有若干表决权的股票,也称多权股票。这种股票一般是股份有限公司向特定的股东(如董事会或监事会成员发行),其目的在于保证某些股东对公司的控制权,以限制公司外部的股东对公司的控制,或限制股票的外国持有者对本国产业的支配权。这样,持有多数表决权股股票的少数股东,就可能成为大多数持有无表决权股股票的小股东的主宰。现代公司制度中,对持有多数表决权股股票的股东的行为往往也加以限制,有的国家甚至不允许发行多数表决权股股票。

限制表决权股股票即表决权受到法律和公司章程限制的股票。在股东所持股票达到一定数量后,其享有的表决票数将受到限制。限制的目的在于防止持有多数股票的少数股东利用多数表决权控制公司的经营,以保护众多小股东的权益。

有表决权优先股股票是优先股股票中的特例。持有这类股票的股东,可以参加股东大会,有权对规定范围内的公司事务行使表决权。

3.3.3 财务与运营管理决策

企业在发生并购后的财务与运营管理就是利用特定财务和运营手段对业务活动和财务关系进行整理、整顿、整治,以使公司运营与财务运作更合理、协调。这不仅是对现有运营管理和财务管理系统的调整和修复,发挥企业并购"管理协同"和"财务协同"效应的保证,也是并购方对被并购方实施有效控制的根本途径。企业并购后的财务与运营管理有两种模式。

(1)移植模式

移植模式是指将并购方的财务控制体系适时地全面移植到被并购企业中,强制性地要求被并购方贯彻执行。该原则主要适用于两种情形。

其一是被并购方管理体系混乱,严重影响了公司与品牌发展,而并购方企业拥有科学完善且行之有效的管理体系。在这种情况下把并购方的财务与运营管理体系或者是根据被并购方的具体情况,参照并购方管理体系设计全新的管理体系,采用强制性的注入方式,直接注入被并购企业。[146] 如此,不仅可以有效改善被并购方的运营效率和财务管理状况,还可以加快整合进程。

其二是并购方为了迅速扩大自身规模,一次性并购多家企业。在此种情况下,就可以把自身财务与运营管理体制直接移植到被并购的各个企业当中,这样有利于并购后整个企业集团业务的开展。

(2)融合模式

若并购双方处于均势地位,简单地把并购方的管理体系强加给被并购企业势必会严重地影响企业并购整合的正常顺利进行,甚至有可能导致并购的失败。对于纵向并购涉及不同产业部门和不同经营行为的情形尤甚[147],因为很难找到一套既适应于并购公司,又适应于各个被并购公司的管理体系。而融合模式是将并购后原有企业运营模式与财务制度中的先进性和科学性等加以吸收和融合,形成新的管理体系,这样的管理体系更有利于并购后新企业的组织管理和生产经营。

研究聚焦 阿尔诺珠宝情缘：收购蒂芙尼

贝尔纳·阿尔诺（Bernard Arnault）出生于法国北部工业小镇鲁贝（Roubaix），他的第一个爱好是音乐，但他没有成为钢琴家的才能。相反，他于 1971 年从法国精英工程学校（École Polytechnique）毕业后加入了由其祖父在家乡创立的建筑公司。同年，他在纽约游历时无意中询问当地出租车司机是否知道时任法国总统乔治·蓬皮杜（Georges Pompidou），司机却表示，关于法国他只知道迪奥时装与珠宝。[148] 这次交流不仅在贝尔纳心中种下了日后路威酩轩集团的种子，也开启了他对珠宝的欣赏和情缘。

在路威酩轩集团成立后，他先后收购了巴黎尚美（Chaumet）、戴比尔斯（De Beers）、斐登（Fred）、宝格丽（Bulgari），壮大了集团旗下高级珠宝业务，市场规模仅次于历峰集团。然而，年已古稀的贝尔纳对珠宝业务取得的成就并不满意。他将狩猎的目标瞄准了当初播下奢侈品情怀种子的美国——与爱马仕同年（1837 年）诞生的珠宝品牌蒂芙尼成为了贝尔纳的最新目标。蒂芙尼公司和路威酩轩集团的股价如图 3-7 和图 3-8 所示。

1. 收购蒂芙尼的艰辛历程

2019 年 10 月起，时尚与金融媒体陆续援引知情人士报道称，蒂芙尼公司正考虑出售给大型奢侈品公司或基金公司，而路威酩轩集团是最有潜力的买家，参与竞标的强力对手还有开云集团等。[149]

2019 年 11 月 11 日，在第二届中国国际进口博览会期间，贝尔纳及其第三子弗雷德里克·阿尔诺（Frédéric Arnault）在接受包括 *WWD* 等在内的多家时尚媒体采访时始终

图 3-7　2018 年 2 月—2021 年 1 月 7 日蒂芙尼公司股价走势图
资料来源：https://www.barchart.com/stocks/quotes/TIF/interactive-chart.

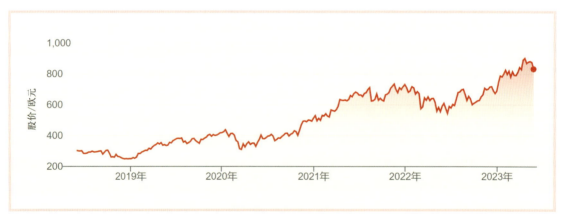

图 3-8　2018 年 5 月—2023 年 5 月路威酩轩集团股价走势图
资料来源：https://www.barchart.com/stocks/quotes/MC.FP/interactive-chart.

谢绝关于收购蒂芙尼公司的任何采访："不做任何公开评论。"[150]

不到半个月，2019 年 11 月 25 日，路威酩轩集团宣布与蒂芙尼公司达成交易，将以每股 135 美元，总价约合 162 亿美元收购蒂芙尼公司，全部以现金进行交易。[151] 如果交易成功，将成为当时路威酩轩集团历史上规模最大的收购交易。当日，蒂芙尼公司股价从 125.51

美元大涨6.17%至133.25美元，路威酩轩集团从396.25欧元上涨2.02%至404.25欧元。

2020年2月4日，蒂芙尼公司全体股东投票通过路威酩轩集团的收购要约，预计整个收购过程在2020年年中完成。

2020年第一季度，新型冠状病毒感染疫情在欧美地区相继暴发，奢侈品零售业遭遇重创，这起天价收购案能否顺利进行成为外界关注的焦点。路透社、《金融时报》等媒体报道称，路威酩轩集团董事会对新型冠状病毒感染疫情在美国的大流行和美国社会连日来大规模的反种族歧视抗议示威游行表示担心。他们还担心，蒂芙尼公司是否有能力在收购交易完成时偿清所有的债务。[152]

2020年6月2日，路威酩轩集团董事会专门就新型冠状病毒感染疫情对蒂芙尼公司收购案的潜在影响进行讨论。贝尔纳正在想办法重启与蒂芙尼公司的谈判，前者可能向后者施压，降低每股135美元的收购价格。同时，路威酩轩集团否认了考虑从公开市场收购蒂芙尼公司股份的可能性。当日，蒂芙尼公司股价从128.50美元大跌8.93%至117.03美元，路威酩轩集团股价从378.90欧元小涨1.60%至384.95欧元。

2020年9月9日，路威酩轩集团威胁将终止收购交易的决定，蒂芙尼公司在特拉华州法庭对路威酩轩集团率先提起上诉，指责对方试图采取一系列手段拖延这项收购的完成。蒂芙尼公司声明指出对方通过与法国政府的关系不断向己方施压，试图推迟交易完成时间，这破坏了双方此前达成的收购协议。[153] 蒂芙尼公司董事长罗杰·法拉（Roger Farah）还在声明中表示："我们很遗憾不得不采取这一行动，是路威酩轩集团让我们别无选择，只能启动诉讼程序，以保护我们的公司和股东的权益。"当日，蒂芙尼公司股价从121.81美元大跌6.44%至113.96美元，路威酩轩集团股价从404.40欧元小跌0.09%至404.05欧元。

当晚，路威酩轩集团迅速做出回击，反诉蒂芙尼公司董事会和管理层在新型冠状病毒感染疫情期间管理经营不善。蒂芙尼公司未遵循正常业务流程，特别是当公司亏损时分配大量股息，且公司运营和组织不完整："蒂芙尼公司今年上半年业绩及对2020年的展望非常令人失望，并且在此期间明显逊于本集团的其他品牌。本集团因此确认，完成收购蒂芙尼公司的必要条件未得到满足。"

路威酩轩集团的顾虑在于：2015—2019年，除2018年净利润增速为正值，蒂芙尼公司其他年份净利润增速均为负值。尤其是2020年前三季度，净利润仅有0.86亿元，同比下降75%。导致利润增速下滑的直接原因是销售费用的逐年上涨。自2015年开始，蒂芙尼公司销售费用的投入已经超过其营业成本，占收入的比重逐年上升。[154] 虽然销售力度持续加大，但是收入表现却不尽如人意。

2020年9月21日，特拉华州法庭批准了蒂芙尼公司申请，同意将起诉路威酩轩集团的开庭时间提前至2021年1月，庭审将持续四天。[155] 不过，这个开庭日期虽然晚于原定并购交易完成的截止日期，但仍然早于已获得通过的反垄断审批的有效期。这实际上为双方在开庭前和解留下时间窗口。

2020年9月28日,路威酩轩集团正式在特拉华州地区法庭起诉蒂芙尼公司。在一份长达97页的详尽起诉书中,路威酩轩集团评价蒂芙尼公司"对未来的挑战毫无准备",而且"其业绩表现是灾难性的,而且前景黯淡"。[156]

正当双方长达一个月的"分手大戏"愈演愈烈之际,2020年10月26日,欧盟委员会批准了路威酩轩集团收购蒂芙尼公司的提案,宣告这项并购交易案已经得到全球所有相关司法管辖区的监管审批通过。[157]欧盟介入的重要原因包括2019年起发生的"法美数码税制裁"和美国的"反制裁高关税",欧盟与法国政府部分官员坚信此次收购交易可以成为改善法美关系的砝码之一。次日,蒂芙尼公司股价从122.82美元大涨4.93%至128.88美元;路威酩轩集团股价则从23日的428.00欧元一路跌至28日的402.15欧元,整体跌幅超过6%。此时,路威酩轩集团是耗时耗力与蒂芙尼公司继续对簿公堂,还是"不计前嫌"、恢复推进这笔收购交易?贝尔纳成为了决定这项收购交易命运的关键人物。

三天后,即2020年10月29日,路威酩轩集团与蒂芙尼公司正式发布联合声明,表示双方就修订原兼并协议中的部分条款达成共识,路威酩轩集团除了决定将以2.6%的折扣并购蒂芙尼公司之外,还减少成交所需条件,而"其他条款则保持不变"。[158]

2020年12月30日,路威酩轩集团以折后158亿美元收购蒂芙尼公司的交易获得蒂芙尼股东投票通过。这是蒂芙尼公司股东就这桩"美法联姻"交易做出的第二次投票表决。二次投票通过后,一旦收购交易达成,蒂芙尼公司时任五名高管将收到总值为9 854万美元的解约补偿(如表3-7所示),即著名的"黄金降落伞补偿计划"(golden parachutes compensation)。[159]2021年1月7日,路威酩轩集团宣布完成了对蒂芙尼公司的并购,前者股价从502.30欧元上涨2.59%至515.30欧元,后者则从纽约证券交易所退市。值得一提的是,翌日,美国政府便暂停了其对法国商品关税的制裁。

表3-7 路威酩轩集团提供给蒂芙尼公司五位高管的黄金降落伞补偿计划

姓 名	职 位	补偿金额/万美元
亚历山德罗·博格利奥洛(Alessandro Bogliolo)	首席执行官	4 836
马克·埃塞克(Mark Erceg)	首席财务官	1 743
菲利普·伽迪(Phillipe Galtie)	执行副总裁	1 447
利·哈兰(Leigh Harlan)	首席法务官	1 018
丹妮娜·维塔莱(Daniella Vitale)	执行副总裁	810

资料来源:RICE D. Tiffany top execs could receive $98.5 million from reworked LVMH deal[EB/OL]. (2020-11-19)[2022-05-13]. https://today.westlaw.com/Document/Ie813cb412a8511ebbea4f0dc9fb69570/View/FullText.html?transitionType=Default&contextData=(sc.Default)&firstPage=true.

2. 收购蒂芙尼的目的

首先，路威酩轩集团虽然在时装、箱包皮具、旅游零售等多个高端零售领域占有绝对话语权，但一直未能攻下珠宝市场。在该领域，最大的竞争对手历峰集团旗下拥有卡地亚、梵克雅宝、布契拉提、伯爵等多个顶级珠宝品牌，在全球顶级珠宝市场拥有巨大市场份额。收购蒂芙尼公司的交易有助于路威酩轩集团增强珠宝领域竞争力，特别是与历峰集团的相对竞争力。此外，路威酩轩集团将获得一批新客户和新渠道，与其他品牌发挥更大协同效应。其次，蒂芙尼销量大且品牌知名度高，仅次于卡地亚，是该品牌吸引路威酩轩集团的一个重要原因。为此，路威酩轩集团于2022年11月收购了意大利著名珠宝制造商Pedemonte集团，并于2023年4月收购了卡地亚上游公司、法国著名珠宝生产商Platinum Invest的多数股份，旨在进一步提升蒂芙尼的产量和产品质量。

对蒂芙尼公司而言，被收购后，可以共享路威酩轩集团的销售渠道资源、品牌推广资源、媒体资源等，从而加强品牌竞争力。优势互补[160]得到充分体现。此外，蒂芙尼在全球最大奢侈品集团的光环下摆脱原先日益下滑的高端品牌形象，逐渐停止出售定价较低的925银饰产品线，重点推出高价的钻石与珠宝产品线，如维多利亚系列、T系列、植物绮境高级珠宝系列等，并依靠购买力强大的亚洲消费者快速提升蒂芙尼公司的销售业绩。

3. 收购后管理层与人事变动

随着收购交易的完成，原蒂芙尼公司五位高管和创意总监全部离职。其中：亚历山德罗·博格利奥洛于2021年1月22日离任后担任迪赛（Diesel）首席执行官；丹妮娜·维塔莱在过渡期结束后担任菲拉格慕公司首席执行官；马克·埃塞克、菲利普·伽迪、利·哈兰以及原创意总监瑞德·克拉考夫（Reed Krakoff）也相继离开蒂芙尼公司。

与此同时，路威酩轩集团立即启动蒂芙尼公司的全新管理层和组织架构：原路易威登全球商务活动执行副总裁安东尼·莱德鲁（Anthony Ledru）担任蒂芙尼公司首席执行官；原路易威登首席执行官兼董事长迈克尔·博克（Michael Burke）空降至蒂芙尼公司，担任董事会主席；2021年7月，路威酩轩集团任命卡地亚珠宝创意总监娜塔莉·维黛勒（Nathalie Verdeille）担任珠宝及高级珠宝艺术总监；10月，阿尔诺又先后任命博柏利公司前首席商务官（Chief Commercial Officer）盖文·海格（Gavin Haig）在蒂芙尼公司担任同样职务，在宝洁集团拥有丰富营销经验的安德烈·戴维（Andrea Davey）为首席营销官（Chief Marketing Officer）；2022年6月，贝尔纳又任命在路威酩轩集团任职22年之久的亲信菲利普·科林（Philippe Colin）担任首席财务官，全权负责蒂芙尼公司的财务规划与信息安全，同时增设人力资源高级副总裁、供应链与物流副总裁两个N-1管理层席位。至此，历时近18个月之久的蒂芙尼公司高管团队"大换血"工作基本完成（如图3-9所示）。

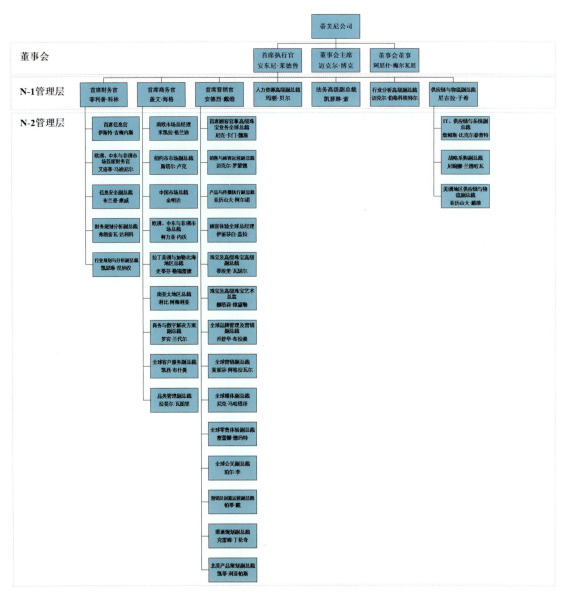

图3-9　高管大换血后的蒂芙尼公司管理层（截至2023年5月）

资料来源：https://www.theofficialboard.com/org-chart/tiffany-co。

值得注意的是，路威酩轩集团旗下高端旅游箱包品牌日默瓦（Rimowa）原首席执行官、贝尔纳次子、当时年仅28岁的亚历山大·阿尔诺（Alexandre Arnault）也进入蒂芙尼公司，协助莱德鲁分管产品与传播业务。而2021年3月4日到任的创意总监、露华浓（Revlon）前高级副总裁鲁巴·阿布-尼玛（Ruba Abu-Nimah）负责领导蒂芙尼品牌的市场营销和传播创意工作，但不参与产品开发，直接向亚历山大汇报工作[161]——每一项任命都明确指向把蒂芙尼培养为顶级珠宝品牌。

4. 收购后的成就与挑战

在贝尔纳派遣的法国高管和来自外部的人才组成的新团队引导下，蒂芙尼的品牌定位和产品定价都提升颇多。一方面，蒂芙尼在把握更高端市场的同时延续品牌的美国基因。2021年11月8日，蒂芙尼与街头潮流品牌苏博瑞（Supreme）合作系列正式发售，蒂芙尼的经典产品中融入了街头元素，其中一款美国售价1 250美元的珍珠项链成为最受欢迎的产品。[162]另一方面，蒂芙尼原有的部分系列价格比收购前上升了近15%；蒂芙尼在2021年11月展示了品牌史上最昂贵的一件铂金作品"世博项链"（World's Fair Necklace），其中最令人瞩目的是"帝国钻石"（Empire Diamond）。[163]这颗以纽约地标——帝国大厦命名的80克拉D色无瑕钻石取代了项链中央原来的海蓝宝石，被蒂芙尼贴上"无价"的标签，且不出售。尽管路威酩轩集团在收购后从未公布蒂芙尼的具体业绩数据，但是从珠宝及腕表部门2021财年的高增长表现（89.64亿欧元，同比上升167%）中可以推断①，蒂芙尼品牌一扫颓势，业绩取得久违的强劲增长。

毋庸讳言，路威酩轩集团接管蒂芙尼后，两者之间的国家文化和企业文化差异仍需要时间来磨合。蒂芙尼公司原高级管理层被替换后，美国总部员工一度戏称学习法语是保住工作的先决条件，还于2021年4月发布了一份名为《法美文化差别和礼仪》（*Franco-American Cultural Nuances and Etiquette*）的未经批准的备忘录。[164]安东尼·莱德鲁随即谴责了这一备忘录，对人们必须同化才能在工作中取得成功的观点提出异议。同年7月，法国品牌管理团队在美国市场开启的广告营销活动却因涉嫌侮辱把品牌推向巅峰的长期消费者而引发争议。在蒂芙尼发布的美国市场广告大片中，模特穿着休闲的背心和牛仔裤，顶着不精致的妆发，佩戴蒂芙尼项链与手镯，身旁用法式幽默的涂鸦写有"不是你妈妈的蒂芙尼"（Not Your Mother's Tiffany），却冒犯了那些购买蒂芙尼的"美国母亲"[165]，很多愤怒的消费者在各大社交平台上发泄自己对蒂芙尼现状的不满。

无论是成就还是挑战，先前阿尔诺在珠宝业务领域的成功经验应该是蒂芙尼未来致胜可借鉴的法宝，相信路威酩轩集团会采用相似的手段，对蒂芙尼进一步投资，努力达到"年轻人第一件高级珠宝"的象征意义。路威酩轩集团在后续会如何以新的方式将蒂芙尼培育成为与卡地亚、梵克雅宝并驾齐驱的高级珠宝品牌目前还不得而知，但各国消费者对蒂芙尼未来都有着更多的期待。

---

① 可参考路威酩轩集团2021财年年报：https://r.lvmh-static.com/uploads/2022/03/lvmh_rapport-annuel-2021-va.pdf。

参考文献

[1] Sotirio Bulgari[EB/OL]. WorldTempus, [2022-04-08]. https://en.worldtempus.com/article/industry-news/people-and-interviews/bulgari-sotirio-bulgari-28512.html

[2] The True Story behind The Bulgari Diamond Industry[EB/OL]. All Diamond, (2021-03-29) [2022-04-08]. https://www.ehudlaniado.com/home/index.php/news/entry/the-true-story-behind-the.

[3] Watchmaking at Bulgari – Part 4 Bulgari time in Neuchâtel[EB/OL]. WatchProZine, (2009-06-16) [2022-04-08]. https://www.watchprozine.com/bulgari/watchmaking-at-bulgari-part-4-bulgari-time-in-neuch%C3%A2tel/3208656/.

[4] NELSON R A. The Bulgari Connection: A novel form of product placement[J]. Journal of Promotion Management. 2004, 10(1-2): 203-212.

[5] Bulgari is bringing back one of the most coveted names in watches[EB/OL]. (2021-10-12) [2022-04-08]. https://www.bloomberg.com/news/articles/2021-10-11/bulgari-g-rald-genta-one-of-the-most-coveted-names-in-watches.

[6] Review: Bulgari Daniel Roth[EB/OL]. [2022-04-08]. https://www.watchfinder.com/articles/review-bulgari-daniel-roth.

[7] Bulgari acquires Crova in full[EB/OL]. (2005-1) [2022-04-09]. https://www.europastar.com/news/1000746042-bulgari-acquires-crova-in-full.html.

[8] Bulgari[EB/OL]. The Naked Watchmaker, [2022-04-08]. https://www.thenakedwatchmaker.com/land-bulgari.

[9] Bulgari continues accessories expansion[EB/OL]. FashionUnited, (2005-10-19) [2022-04-08]. https://fashionunited.uk/news/fashion/bulgari-continues-accessories-expansion/2005101835986.

[10] Bulgari: Sotirio Bulgari Tourbillon Quantième Perpetuel[EB/OL]. GPHG, [2022-04-08]. https://www.gphg.org/horlogerie/en/watches/sotirio-bulgari-tourbillon-quantieme-perpetuel.

[11] ELLIOTT H. LVMH acquires majority stake in Bulgari[EB/OL].Forbes, (2011-03-07) [2022-04-08]. https://www.forbes.com/sites/hannahelliott/2011/03/07/lvmh-acquires-majority-stake-in-bulgari/?sh=68d2fa267c10.

[12] ZARGANI L, CONTI S, & DIDERICH J. LVMH takes control of Bulgari in merger deal: The fine jeweler's CEO, Francesco Trapani, will head the French group's enlarged watch and jewelry division[EB/OL]. WWD, (2011-03-07) [2022-04-08]. https://wwd.com/fashion-news/designer-luxury/lvmh-buys-bulgari-3542289/.

[13] LVMH. The Bulgari family joins forces with LVMH and transfers its majority shareholding in Bulgari S.p.A.[EB/OL]. (2011-03-07). https://www.lvmh.com/news-documents/press-releases/the-bulgari-family-joins-forces-with-lvmh-and-transfers-its-majority-shareholding-in-bulgari-s-p-a/.

[14] LVMH in 2012 – double-digit growth[EB/OL]. (2013-02-22) [2022-04-10]. https://www.fhs.swiss/eng/2013-02-22_1085.html.

[15] LVMH. LVMH Watches Division, by Jean-Claude Biver[EB/OL]. (2014-04-11). https://www.lvmh.com/news-documents/news/lvmh-watches-division-by-jean-claude-biver/.

[16] Italy's market watchdog fines LVMH executive over Bulgari deal[EB/OL]. Reuters, (2016-11-

02) [2022-04-09]. https://www.businessinsider.com/r-italys-market-watchdog-fines-lvmh-executive-over-bulgari-deal-2016-11.

[17] Bulgari boosts LVMH jewelry growth[EB/OL]. Rapaport News, (2019-07-25) [2022-04-08]. https://www.diamonds.net/News/NewsItem.aspx?ArticleID=63965&ArticleTitle=Bulgari+Boosts+LVMH+Jewelry+Growth.

[18] KAPFERER J-N, TABATONI O. The LVMH-Bulgari agreement: Changes in the luxury market that lead family companies to sell up[J]. Journal of Brand Strategy. 2012, 1(4): 389-402.

[19] DRINGOLI A. Merger and Acquisition Strategies: How to Create Value[M]. Edward Elgar Publishing, 2016.

[20] STIGLER G J. Monopoly and oligopoly by merger[J]. The American Economic Review. 1950, 40(2): 23-34.

[21] YILMAZ I S, TANYERI B. Global merger and acquisition (M&A) activity: 1992-2011[J]. Finance Research Letters. 2016, 17: 110-117.

[22] PHILLIPS G M, ZHDANOV A. R&D and the incentives from merger and acquisition activity[J]. The Review of Financial Studies. 2013, 26(1): 34-78.

[23] PIESSE J, LEE C-F, LIN L, et al. Merger and acquisition: Definitions, motives, and market responses[M]//LEE C-F, LEE A C. Encyclopedia of Finance, 2nd ed. Springer, 2013: 541-554.

[24] KUMAR N. Mergers and acquisitions by MNEs: Patterns and implications[J]. Economic and Political Weekly, 2000, 35(32): 2851-2858.

[25] WANG F-R. M&A and Corporate Consolidation[M]. Springer, 2021.

[26] ROZEN-BAKHER Z. Comparison of merger and acquisition (M&A) success in horizontal, vertical and conglomerate M&As: Industry sector vs. services sector[J]. The Service Industries Journal. 2018, 38(7-8): 492-518.

[27] CHOI S H, JEON B N. The impact of the macroeconomic environment on merger activity: Evidence from US time-series data[J]. Applied Financial Economics. 2011, 21(4): 233-249.

[28] HAKKINEN L, HILMOLA O P. Integration and synergies of operations in horizontal M&A[J]. International Journal of Management and Enterprise Development. 2005, 2(3-4): 288-305.

[29] GUPTA P K. Mergers and acquisitions (M&A): The strategic concepts for the nuptials of corporate sector[J]. Innovative Journal of Business and Management. 2012, 1(4): 60-68.

[30] ROZEN-BAKHER Z. Comparison of merger and acquisition (M&A) success in horizontal, vertical and conglomerate M&As: Industry sector vs. services sector[J]. The Service Industries Journal. 2018, 38(7-8): 492-518.

[31] SEHGAL S, BANERJEE S, DEISTING F. The impact of M&A announcement and financing strategy on stock returns: Evidence from BRICKS markets[J]. International Journal of Economics and Finance. 2012, 4(11): 76-90.

[32] AIELLO R J, WATKINS M D. The fine art of friendly acquisition[J]. Harvard Business Review. 2000, 78(6): 100-107.

[33] SCHMIDT B. Costs and benefits of friendly boards during mergers and acquisitions[J]. Journal of Financial Economics. 2015, 117(2): 424-447.

[34] AIELLO R J, WATKINS M D. The fine art of friendly acquisition[J]. Harvard Business Review. 2000, 78(6): 100-107.

[35] CONYON M J, GIRMA S, THOMPSON S, et al. Do hostile mergers destroy jobs?[J]. Journal of

Economic Behavior & Organization. 2001, 45(4): 427–440.

[36] SCHOENBERG R, THORNTON D. The impact of bid defences in hostile acquisitions[J]. European Management Journal. 2006, 24(2–3): 142–150.

[37] CHOI A. Golden parachute as a compensation-shifting mechanism[J]. Journal of Law, Economics, and Organization. 2004, 20(1): 170–191.

[38] HERON R A, LIE E. On the use of poison pills and defensive payouts by takeover targets[J]. The Journal of Business. 2006, 79(4): 1783–1807.

[39] DANN L Y, MIKKELSON W H. Convertible debt issuance, capital structure change and financing-related information: Some new evidence[J]. Journal of Financial Economics. 1984, 13(2): 157–186.

[40] CHEN S S, HSU C Y, HUANG C W. The white squire defense: Evidence from private investments in public equity[J]. Journal of Banking & Finance. 2016, 64: 16–35.

[41] DANN L Y, DEANGELO H. Standstill agreements, privately negotiated stock repurchases, and the market for corporate control[J]. Journal of Financial Economics. 1983, 11(1–4): 275–300.

[42] KUMAR V, SHARMA P. M&A Process and Defensive Strategies[M]. Singapore: Palgrave Macmillan, 2019.

[43] SHLEIFER A, VISHNY R W. Greenmail, white knights, and shareholders' interest[J]. The Rand Journal of Economics. 1986, 17(3): 293–309.

[44] KAPLAN S N, STROMBERG P. Leveraged buyouts and private equity[J]. Journal of Economic Perspectives. 2009, 23(1): 121–146.

[45] OPLER T, TITMAN S. The determinants of leveraged buyout activity: Free cash flow vs. financial distress costs[J]. The Journal of Finance. 1993, 48(5): 1985–1999.

[46] IVASHINA V, KOVNER A. The private equity advantage: Leveraged buyout firms and relationship banking[J]. The Review of Financial Studies. 2011, 24(7): 2462–2498.

[47] PALEPU K G. Consequences of leveraged buyouts[J]. Journal of Financial Economics. 1990, 27(1): 247–262.

[48] COASE R H. The nature of the firm[J]. Economica. 1937, 4(16): 386–405.

[49] WILLIAMSON O E. The economics of organization: The transaction cost approach[J]. American Journal of Sociology. 1981, 87(3): 548–577.

[50] DEMSETZ H. The structure of ownership and the theory of the firm[J]. The Journal of Law and Economics. 1983, 26(2): 375–390.

[51] HART O, MOORE J. Property rights and the nature of the firm[J]. Journal of Political Economy. 1990, 98(6): 1119–1158.

[52] DIETRICH M. Transaction Cost Economics and Beyond: Toward a New Economics of the Firm[M]. Routledge, 2008.

[53] COMMONS J R. American shoemakers, 1648–1895: A sketch of industrial evolution[J]. The Quarterly Journal of Economics. 1909, 24(1): 39–84.

[54] RINDFLEISCH A, HEIDE J B. Transaction cost analysis: Past, present, and future applications[J]. Journal of Marketing. 1997, 61(4): 30–54.

[55] WILLIAMSON O E. Transaction cost economics: The comparative contracting perspective[J]. Journal of Economic Behavior & Organization. 1987, 8(4): 617–625.

[56] WILLIAMSON O E. The economics of organization: The transaction cost approach[J]. American

Journal of Sociology. 1981, 87(3): 548–577.
[57] PORTER M E. The five competitive forces that shape strategy[J]. Harvard Business Review. 2008, 86(1): 25–40.
[58] PORTER M E. Competitive strategy[J]. Measuring Business Excellence. 1997, 1(2): 12–17.
[59] PORTER M E. Competition and antitrust: Toward a productivity-based approach to evaluating mergers and joint ventures[J]. The Antitrust Bulletin. 2001, 46(4): 919–958.
[60] HONG X, LIN X, FANG L, et al. Application of machine learning models for predictions on cross-border merger and acquisition decisions with ESG characteristics from an ecosystem and sustainable development perspective[J]. Sustainability. 2022, 14(5): 2838.
[61] 李杰. 中国企业的全球化竞争——基于商业生态系统视角[J]. 上海管理科学, 2019, 41(6): 1-11.
[62] PENROSE E T. Foreign investment and the growth of the firm[J]. The Economic Journal. 1956, 66(262): 220-235.
[63] HITT M A, KING D, KRISHNAN H, et al. Mergers and acquisitions: Overcoming pitfalls, building synergy, and creating value[J]. Business Horizons. 2009, 52(6): 523–529
[64] 光大证券. MK 收购 JIMMY CHOO, 品牌并购热度提升[R]. 2017-07-30.
[65] AGARWAL R, BARNEY J B, FOSS N J, et al. Heterogeneous resources and the financial crisis: Implications of strategic management theory[J]. Strategic Organization. 2009, 7(4): 467–484.
[66] JENKINS W, WILLIAMSON D. Strategic Management and Business Analysis[M]. Routledge, 2015.
[67] FIORENTINO R, GARZELLA S. Synergy management pitfalls in mergers and acquisitions[J]. Management Decision. 2015, 53(7): 1469–1503.
[68] GUPTA D & GERCHAK Y. Quantifying operational synergies in a merger/acquisition[J]. Management Science. 2002, 48(4): 517–533.
[69] CHATTERJEE S. Why is synergy so difficult in mergers of related businesses?[J]. Strategy & Leadership. 2007, 35(2): 46–52.
[70] FARRELL J, SHAPIRO C. Scale economies and synergies in horizontal merger analysis[J]. Antitrust Law Journal. 2001, 68(3): 685–710.
[71] PANZAR J C, WILLIG R D. Economies of scope[J]. The American Economic Review. 1981, 71(2): 268-272.
[72] HELFAT C E, EISENHARDT K M. Inter-temporal economies of scope, organizational modularity, and the dynamics of diversification[J]. Strategic Management Journal. 2004, 25(13): 1217–1232.
[73] CHANG P C. A measure of the synergy in mergers under a competitive market for corporate control[J]. Atlantic Economic Journal. 1988, 16(2): 59–62.
[74] FLUCK Z, LYNCH A W. Why do firms merge and then divest? A theory of financial synergy[J]. The Journal of Business. 1999, 72(3): 319–346.
[75] LELAND H E. Financial synergies and the optimal scope of the firm: Implications for mergers, spinoffs, and structured finance[J]. The Journal of Finance. 2007, 62(2): 765–807.
[76] TOBIN J. Notes on optimal monetary growth[J]. Journal of Political Economy. 1968, 76(4-2): 833–859.
[77] SERVAES H. Tobin's Q and the gains from takeovers[J]. The Journal of Finance. 1991, 46(1): 409-419.

[78] JANSEN M C, MECKLING W H. Theory of the firm: Managerial behavior, agency costs and ownership structure[J]. Journal of Financial Economics. 1976, 3(4): 305–360.

[79] KIM O, WALKER M. The free rider problem: Experimental evidence[J]. Public Choice. 1984, 43(1): 3–24.

[80] ANG J S, COLE R A, LIN J W. Agency costs and ownership structure[J]. The Journal of Finance. 2000, 55(1): 81–106.

[81] INGHAM H, KRAN I, LOVESTAM A. Mergers and profitability: A managerial success story[J]. Journal of Management Studies. 1992, 29(2): 195–208.

[82] MUELLER D C. A theory of conglomerate mergers[J]. The Quarterly Journal of Economics. 1969, 83(4): 643–659.

[83] JENSEN M C. Agency costs of free cash flow, corporate finance, and takeovers[J]. The American Economic Review. 1986, 76(2): 323–329.

[84] COX R A. Mergers and acquisitions: A review of the literature[J]. Corporate Ownership & Control. 2006, 3(3): 55–59.

[85] ECKBO B E. Mergers and the market concentration doctrine: Evidence from the capital market[J]. Journal of Business. 1985, 58(3): 325–349.

[86] CALKINS S. The new merger guidelines and the Herfindahl-Hirschman Index[J]. California Law Review. 1983, 71(2): 402–429.

[87] HUANG J-H, SWATDIKUN T, & SAHAYRAK K. China's cross border mergers and acquisitions: Transaction characteristics that make deal complete[J]. Science, Technology, and Social Sciences Procedia. 2021, (1), acm013: 1–10.

[88] KALINOWSKA A, MIELCARZ P. Methods of payment in M&A transactions and the operational performance of acquirers[J]. ЭКОНОМИКА.ПРЕДПРИНИМАТЕЛЬСТВО.ОКРУЖАЮЩАЯ СРЕДА.2014, 4(60): 142–147.

[89] CHEN H, YANG D, ZHANG J H, et al. Internal controls, risk management, and cash holdings[J]. Journal of Corporate Finance. 2020, 64: 101695.

[90] 赵英军, 侯绍泽. 并购与股票价格、企业价值的关系[J]. 世界经济, 2003, 26(5): 70–74.

[91] 廖珂, 谢德仁, 张新一. 控股股东股权质押与上市公司并购——基于市值管理的视角[J]. 会计研究, 2020, (10): 97–111.

[92] DALY J P. The effects of anger on negotiations over mergers and acquisitions[J]. Negotiation Journal. 1991, 7(1): 31–39.

[93] HARVEY S K. The role of mergers and acquisitions in firm performance: A Ghanaian case study[J]. Journal of Applied Business & Economics. 2015, 17(1): 66–77.

[94] BRUNER R F, PERELLA J R. Applied Mergers and Acquisitions[M]. John Wiley & Sons, 2004.

[95] ANDERSON C R, PAINE F T. PIMS: a reexamination[J]. Academy of Management Review. 1978, 3(3): 602–612.

[96] MCCABE D L, NARAYANAN V K. The life cycle of the PIMS and BCG models[J]. Industrial Marketing Management. 1991, 20(4): 347–352.

[97] NAYLOR T H. PIMS: Through a different looking glass[J]. Planning Review. 1978, 6(2): 15–32.

[98] GAUGHAN P A. Mergers, Acquisitions, and Corporate Restructurings[M]. 7th ed. Wiley, 2017.

[99] LAJOUX A R. The Art of M&A: A Merger, Acquisition, and Buyout Guide[M]. 5th ed. McGraw Hill, 2019.

[100]李杰, 滕斌圣. 企业战略[M]. 北京: 机械工业出版社, 2016.
[101]MALIK M F, ANUAR M A, KHAN S, et al. Mergers and acquisitions: A conceptual review[J]. International Journal of Accounting and Financial Reporting. 2014, 4(2): 520–533.
[102]AKTAS N, DEBODT E, COUSIN J G. Do financial markets care about SRI? Evidence from mergers and acquisitions[J]. Journal of Banking & Finance. 2011, 35(7): 1753–1761.
[103]BAUER F, FRIESL M. Synergy evaluation in mergers and acquisitions: An attention-based view[J]. Journal of Management Studies. 2022: 12804.
[104]LATTUCH F, RUPPERT E. Human resources, organizational learning and due diligence: Avoiding the honeymoon hangover effect in mergers & acquisitions[J]. Development and Learning in Organizations. 2022, 36(3): 12–14.
[105]GADA V P, POPLI M, MALHOTRA S. Time to complete the due diligence phase in mergers and acquisitions: Impact of CEO psychological characteristics[J]. Applied Economics. 2021, 53(50): 5812–5825.
[106]HOWSQN P. Checklists for Due Diligence[M]. Routledge, 2017.
[107]HARDING D, ROUSE T. Human due diligence[J]. Harvard Business Review. 2007, 85(4): 124–131.
[108]MARQUARDT C, ZUR E. The role of accounting quality in the M&A market[J]. Management Science. 2015, 61(3): 604–623.
[109]MCINTYRE T L. A model of levels of involvement and strategic roles of human resource development (HRD) professionals as facilitators of due diligence and the integration process[J]. Human Resource Development Review. 2004, 3(2): 173–182.
[110]BHAGWAN V, GROBBELAAR S S, BAM W G. A systematic review of the due diligence stage of mergers and acquisitions: Towards a conceptual framework[J]. South African Journal of Industrial Engineering. 2018, 29(3): 217–234.
[111]STEIGENBERGER N. The challenge of integration: A review of the M&A integration literature[J]. International Journal of Management Reviews. 2017, 19(4): 408–431.
[112]LEES S. Global Acquisitions: Strategic Integration and the Human Factor[M]. Springer, 2002.
[113]DE HALDEVANG B. A new direction in M&A integration: How companies find solutions to value destruction in people-based activity[J]. Global Business and Organizational Excellence. 2009, 28(4): 6–28.
[114]PANIBRATOV A. Cultural and organizational integration in cross-border M&A deals: The comparative study of acquisitions made by EMNEs from China and Russia[J]. Journal of Organizational Change Management. 2017, 30(7): 1109–1135.
[115]CHANG-HOWE W. The challenge of HR integration: A review of the M&A HR integration literature[J]. Journal of Chinese Human Resource Management. 2019, 10(1/2): 19–34.
[116]WEBER Y, RACHMAN-MOORE D, TARBA S Y. HR practices during post-merger conflict and merger performance[J]. International Journal of Cross Cultural Management. 2012, 12(1): 73–99.
[117]ZHANG J, AHAMMAD M F, TARBA S, et al. The effect of leadership style on talent retention during merger and acquisition integration: Evidence from China[J]. The International Journal of Human Resource Management. 2015, 26(7): 1021–1050.
[118]MADSEN D O. Not dead yet: The rise, fall and persistence of the BCG Matrix[J]. Problems and Perspectives in Management. 2017, 15(1): 19–34.
[119]HUSSEY D E. Portfolio analysis: practical experience with the directional policy matrix[J]. Long Range Planning. 1978, 11(4): 2–8.

[120] WEN W, WANG W-K, WANG T-H. A hybrid knowledge-based decision support system for enterprise mergers and acquisitions[J]. Expert Systems with Applications. 2005, 28(3): 569–582.

[121] MCDONALD M H B. Some methodological comments on the directional policy matrix[J]. Journal of Marketing Management. 1990, 6(1): 59–68.

[122] DEPAMPHILIS D. Cross-border mergers and acquisitions: Analysis and valuation[M]//DEPAMPHILIS D. Mergers, Acquisitions, and Other Restructuring Activities: An Integrated Approach to Process, Tools, Cases, and Solutions. Academic Press, 2019: 507–535.

[123] ZOLLO M, MEIER D. What is M&A performance?[J] Academy of Management. 2008, 22(3): 55–77.

[124] MARTYNOVA M, RENNEBOOG L. A century of corporate takeovers: What have we learned and where do we stand?[J]. Journal of Banking & Finance. 2008, 32(10): 2148–2177.

[125] BERTRAND O, ZITOUNA H. Domestic versus cross-border acquisitions: which impact on the target firm's performance?[J]. Applied Economics. 2008, 40(16–18): 2221–2238.

[126] SCHOENBERG R. Measuring the performance of corporate acquisitions: An empirical comparison of alternative metrics[J]. British Journal of Management. 2006, 17(4): 361–370.

[127] CANNELLA A A, HAMBRICK D C. Effects of executive departures on the performance of acquired firms[J]. Strategic Management Journal. 1993, 14(S1): 137–152.

[128] LAMBRECHT B M, MYERS S C. A theory of takeovers and disinvestment[J]. The Journal of Finance. 2007, 62(2): 809–845.

[129] HACKBARTH D, MORELLEC E. Stock returns in mergers and acquisitions[J]. The Journal of Finance. 2008, 63(3): 1213–1252.

[130] THOMPSON E K, KIM C. Information asymmetry, time until deal completion and post-M&A performance[J]. Journal of Derivatives and Quantitative Studies. 2020, 28(3): 321–346.

[131] VIARENGO L, GATTI S, PRENCIPE A. Enforcement quality and the use of earnouts in M&A transactions: International evidence[J]. Journal of Business Finance & Accounting. 2018, 45(3–4): 437–481.

[132] BICK P, CROOK M, LYNCH A, et al. Does distance matter in mergers and acquisitions?[J]. The Journal of Financial Research. 2017, XL(1): 33–54.

[133] MUCENIEKS K. Factors Affecting Mergers and Acquisitions in the European Union, Humanities and Social Sciences Latvia[C]. Latvia: University of Latvia Press, 2018

[134] KUMAR B R. Daimler-Chrysler Merger[M]//Kumar B R. Wealth Creation in the World's Largest Mergers and Acquisitions: Integrated Case Studies. Springer, 2019: 349–354.

[135] ALDAOUD T. M&A towards a global reach strategy: Cross-border M&A success and failure-The case of Daimler-Chrysler merger[D]. Porto: Universidade do Porto, 2015.

[136] Tiffany's new French proprietor brings a makeover-and a tradition conflict[EB/OL]. (2021-12-24) [2022-05-05]. https://successnews.online/companies/tiffanys-new-french-owner-brings-a-makeover-and-a-culture-clash/.

[137] TETI E, DALLOCCHIO M, CURRAO T. Family ownership and M&A payment method[J]. International Journal of Finance & Economics. 2022, 27(2): 1989–2005.

[138] LVMH takes € 1.45 billion Hermes share[EB/OL]. (2010-10-25). https://www.campdenfb.com/article/lvmh-takes-%E2%82%AC145-billion-hermes-share.

[139] FENICOT O, CAFRITZ E, SHRIVER F F H. Did LVMH violate securities regulations[J].

International Financial Law Review. 2010, 29: 104.

[140]SCHUMPETER. How Hermès got away from LVMH – and thrived?[EB/OL]. The Economist, (2020-09-12) [2022-03-19]. https://www.economist.com/business/2020/09/12/how-hermes-got-away-from-lvmh-and-thrived.

[141]CONSTRACTOR F J, LAHIRI S, ELANGO B, et al. Institutional, cultural and industry related determinants of ownership choices in emerging market FDI acquisitions[J]. International Business Review. 2014, 23(5): 931-941.

[142]全国人民代表大会. 中华人民共和国公司法[EB/OL]. [2018-11-05]. http://www.npc.gov.cn/npc/c12435/201811/68a85058b4c843d1a938420a77da14b4.shtml.

[143]全国人民代表大会. 中华人民共和国公司法[EB/OL]. [2018-11-05]. http://www.npc.gov.cn/npc/c12435/201811/68a85058b4c843d1a938420a77da14b4.shtml.

[144]MIKKELSON W H, PARTCH M M. Manager's voting rights and corporate control[J]. Journal of Financial Economics. 1989, 25(2): 263-290.

[145]SCHMIDT B. Costs and benefits of friendly boards during mergers and acquisitions[J]. Journal of Financial Economics. 2015, 117(2): 424-447.

[146]CUSTODIO C. Mergers and acquisitions accounting and the diversification discount[J]. The Journal of Finance. 2014, 69(1): 219-240.

[147]ANDERSON J E. Making operational sense of mergers and acquisitions[J]. The Electricity Journal. 1999, 12(7): 49-59.

[148]Bernard Arnault, the man of Louis Vuitton and Christian Dior turns 71[EB/OL]. (2020-05-03) [2022-04-07]. http://www.elegancepedia.com/elog/bernard-arnault-the-man-of-louis-vuitton-and-christian-dior-turns-71.

[149]Analyst: Tiffany will want more than $14.5 billion to sell to LVMH[EB/OL]. (2019-10-28) [2022-03-08]. https://www.cnbc.com/2019/10/28/analyst-tiffany-will-want-more-than-14point5-billion-to-sell-to-lvmh.html.

[150]ZHANG T-W. Beauty outperforms luxury at 2019 China International Import Expo[EB/OL]. WWD, (2019-11-11) [2022-03-09]. https://wwd.com/business-news/markets/beauty-outperforms-luxury-2019-china-international-import-expo-1203367380/.

[151]TOH M. LVMH scoops up Tiffany for $16.2 billion[EB/OL]. CNN, (2019-11-25) [2022-04-04]. https://www.cnn.com/2019/11/25/investing/tiffany-lvmh-acquisition/index.html.

[152]PAOLOCCI C. The rules of engagement for M&As in the time of coronavirus: The case of LVMH and Tiffany & Co[D]. Rome: Luiss Guido Carli, 2021.

[153]WHITE S, DINAPOLI J. LVMH calls Tiffany's prospects 'dismal' as war of words escalates[EB/OL]. Reuters, (2020-09-29) [2021-04-09]. https://www.reuters.com/article/us-tiffany-m-a-lvmh-idUSKBN26K1U3.

[154]可参考蒂芙尼2019财年报表：https://www.annualreports.com/HostedData/AnnualReportArchive/t/NYSE_TIF_2019.pdf

[155]DAWKINS D. Blow for billionaire Bernard Arnault as Tiffany fast-tracks $16 billion LVMH takeover to U.S. Court[EB/OL]. Forbes, (2020-09-21) [2022-04-03]. https://www.forbes.com/sites/daviddawkins/2020/09/21/billionaire-bernard-arnault-faces-key-court-decision-in-fight-over-16-billion-tiffany-deal/?sh=3500dd0f343c.

[156]SUBRAMANIAN G, ZLATEV J, FAROOK R. LVMH's bid for Tiffany & Co.[J]. Harvard

Business School Publishing, 2021: N9-921-049.

[157] EUROPEAN COMMISSION. Case M.9695 - LVMH / Tiffany, Regulation (EC) No 139/2004 Merger Procedure[EB]. (2020-10-26). https://ec.europa.eu/competition/mergers/cases1/202123/m9695_518_3.pdf.

[158] STANLEY J. LVMH agrees new price for Tiffany acquisition[EB/OL]. (2020-10-29) [2022-04-06]. https://hypebeast.com/2020/10/lvmh-tiffany-agree-new-merger-deal.

[159] STYCH A. Stockholders approve Tiffany sale to French luxury goods group LVMH after months of back-and-forth[EB/OL]. (2021-01-04) [2022-04-08]. https://www.bizjournals.com/bizwomen/news/latest-news/2021/01/stockholders-approve-tiffany-sale-to-lvmh.html?page=all.

[160] VAUGHN,C, POWERS S, VOKETAITIS R, et al. Tiffany & Co. and LVMH: How much is enough?[J]. SAGE Business Cases Originals, 2022.

[161] SAWYER J. Tiffany thinks outside the box with new creative director appointment[EB/OL]. HighSnobiety, (2021-03-05) [2022-05-05]. https://www.highsnobiety.com/p/tiffany-creative-director-ruba-abu-nimah/.

[162] SHAW-ELLIS D. Tiffany & Co. x Supreme Is Sure to Break the Internet[EB/OL]. (2021-11-8) [2022-05-05]. https://www.vanityfair.com/style/2021/11/tiffany-and-co-supreme-collab-break-the-internet.

[163] CORMACK R. This new $30 million diamond and platinum necklace is Tiffany's most expensive piece of jewelry[EB/OL]. (2021-11-22) [2022-05-05]. https://robbreport.com/style/jewelry/tiffany-co-world-fair-necklace-most-expensive-1234649287/.

[164] Tiffany's new French proprietor brings a makeover-and a tradition conflict[EB/OL]. (2021-12-24) [2022-05-05]. https://successnews.online/companies/tiffanys-new-french-owner-brings-a-makeover-and-a-culture-clash/.

[165] BATES R. "Not Your Mother's Tiffany" campaign angering some[EB/OL]. (2021-07-26) [2022-05-05]. https://www.jckonline.com/editorial-article/not-your-mothers-tiffany-anger/.

Merger & Acquisition
of Luxury Goods Companies

第四章

路威酩轩集团——阿尔诺家族的商业帝国

路威酩轩集团——阿尔诺家族的商业帝国

开篇案例　路威酩轩集团与旗下 75 个奢侈品品牌

　　三十余年奢侈品行业的并购史见证了一家超级奢侈品集团从诞生、崛起，直至"一览众山小"的历程，它即是众人熟知的路易威登（Louis Vuitton）、迪奥（Dior）、轩尼诗（Hennessy）等诸多品牌的母公司——路威酩轩集团（Louis Vuitton Moët Hennessy，即 LVMH 集团）。一位名为贝尔纳·阿尔诺（Bernard Arnault）的精明法国商人自 1987 年起不断通过资本运作兼并了许多奢侈品品牌，逐渐在奢侈品行业树立了的霸主地位。集团业务遍及以奢侈品为主的六大商业领域：葡萄酒及烈酒（wines & spirits）、时装及皮具（fashion & leather goods）、香水及化妆品（perfumes & cosmetics）、钟表及珠宝（watches & jewelry）、精品零售（selective retailing）和其他业务（other activities），旗下每个品牌都秉持传统，以独特的历史传承为基础，坚定不移地专注于打造精美绝伦的产品。

　　2021 财年，路威酩轩集团总营收为 642.15 亿欧元，同比增长 44%；净利润为 120.36 亿欧元，同比大涨 156%。按业务类型划分，葡萄酒及烈酒销售同比增长 26% 至 59.74 亿欧元，时装及皮具收入增长 46% 至 308.96 亿欧元，香水及化妆品收入增长 26% 至 66.08 亿欧元，钟表及珠宝销售大涨 167% 至 89.64 亿欧元（如表 4-1 所示）。

1. 葡萄酒及烈酒

　　路威酩轩集团的葡萄酒及烈酒品牌在全球独占鳌头，该业务领域下拥有 25 个品牌。其中，酩悦香槟（Moët & Chandon）、库克香槟（Krug）、凯歌香槟（Veuve Clicquot）、轩尼诗和滴金酒庄（Château d'Yquem）等品牌已成为非凡品质、深厚渊源的完美象征。这些历史数百年的品牌位于香槟区、波尔多等著名葡萄酒种植区域，不仅个性鲜明，更拥有精益求精的共同理念，将传统与创新、品质与创意完美融合。正如原酩悦轩尼诗公司的首席执行官菲利普·绍斯（Philippe Schaus）所言，旗下品牌"都以相同的卓越精神为灵感，从生产、营销到分销等各个层面，致力于追求创新，不断提升品牌的吸引力和声誉"。[1] 表4-2列举了25个品牌的基本信息与被收购时间。

表4-1　2019—2022财年路威酩轩集团重要财务数据①　　　　单位：亿欧元

财务指标	2022财年	2021财年	2020财年	2019财年
营业收入	791.84	642.15	446.51	536.70
葡萄酒及烈酒	70.99	59.74	47.55	55.76
时装及皮具	386.48	308.96	212.07	222.37
香水及化妆品	77.22	66.08	52.48	68.35
钟表及珠宝	105.81	89.64	33.56	44.05
精品零售	148.52	117.54	101.55	147.91
其他业务（包括冲销）	2.82	0.19	(70)	(174)
总利润	541.96	438.60	287.80	355.47
经常性业务利润	210.55	171.51	83.05	115.04
净利润	140.84	120.36	47.02	71.71

资料来源：路威酩轩集团2022财年年报。

2. 时装及皮具

起家于箱包业务的路威酩轩集团在时装及皮具领域处于绝对领先的市场地位，传承特色与历史渊源，同时不断推陈出新，引领时代潮流，这正是路威酩轩集团旗下时装及皮具

---

① 路威酩轩集团的财年周期为当年1月1日至12月31日，后同。

制品领域品牌的立足之本。为了给卓越产品提供良好的商业环境，时尚与皮革制品领域的品牌以比较完善的分销渠道为顾客提供了独一无二的购物体验。表4-3列举了14个品牌的基本信息与被收购时间。

3. 香水及化妆品

路威酩轩集团的香水及化妆品业务在市场上占据十分重要的地位，它的活力得益于经久不衰的重点系列以及大胆创新的全新系列。品牌不断挖掘自身特色，确保在竞争激烈的全球市场脱颖而出。香水与化妆品领域品牌的成功源自迪奥香水（Parfums Christian Dior）、纪梵希（Givenchy）和法国娇兰（Guerlain）等主要传统品牌与贝玲妃（Benefit Cosmetics）、馥蕾诗（Fresh）和玫珂菲（Make Up For Ever）等新生品牌之间的平衡搭配。表4-4列举了15个品牌的基本信息与被收购时间。

4. 钟表及珠宝

作为路威酩轩集团最新设立的业务部门，钟表及珠宝部门汇集了定位互补的顶尖品牌。高级制表业务令品牌拥有坚实地位，如赢得国际声望的泰格豪雅（TAG Heuer）、展现创新活力的宇舶表（Hublot）、传承工艺的真力时（Zenith）和挥洒创意的迪奥（Dior）。在珠宝领域，宝格丽（Bulgari）、蒂芙尼（Tiffany）、尚美巴黎（Chaumet）和斐登（Fred）等品牌大胆创新，凭借完美工艺不断为顾客带来惊喜。表4-5列举了8个品牌的基本信息与被收购时间。

5. 精品零售

路威酩轩集团旗下精品零售领域品牌均拥有同一个目标：将购物打造为独一无二的体验。这些品牌通过专家精选产品、最新门店及服务、持久创新、数字化发展和个性化客户服务，将顾客作为日常业务的最大核心。该业务领域下拥有5个品牌，业务遍及欧洲、美洲、亚洲。表4-6列举了5个品牌的基本信息与被收购时间。

6. 其他业务

路威酩轩集团的其他业务让追求同样生活方式、文化和艺术的人们汇聚在一起。该业务领域下拥有10个品牌。得益于垂直整合系统，这些品牌为顾客提供更高品质的产品和服务。表4-7列举了10个品牌的基本信息与被收购时间。

表 4-2　路威酩轩集团 25 个葡萄酒及烈酒品牌列表[①]

序号	中文名	外文名	品牌图示	创立时间	主营业务与特征	收购时间[①]
1	郎贝雷酒庄	Clos des Lambrays		1365 年	位于名酒之路上的莫雷-圣丹尼产区，是勃艮第最古老、最负盛名的葡萄园之一	2014 年
2	滴金酒庄	Château d'Yquem		1593 年	1855 年跻身苏玳-巴萨克特级一等酒庄，素来秉持一丝不苟的严谨酿造风格。自成立之初便坐拥条件优越的葡萄种植园，将始于 1593 年的祖传酿酒技艺承袭至今	1999 年
3	唐培里侬香槟王	Dom Pérignon		1668 年	被世人公认为"香槟王"，精选顶级葡萄，力求在每款年份酒品之上有所创新，彰显属于自己年份的卓越特质，即使超出年份酒的传统范畴也毫不犹豫	1987 年
4	慧纳酒庄	Ruinart		1729 年	世界历史上首家香槟酒庄，是生活艺术的象征；始终致力于传承专业技艺，支持当地手工艺和推广艺术，并孜孜不倦地追求创新，投身于环境保护事业	1987 年
5	酩悦香槟	Moët & Chandon		1743 年	以卓越酿造技艺著称，更具有无与伦比的开创精神。从成功创新混调酒品，到全力打造新式酿造技艺	1987 年
6	轩尼诗	Hennessy		1765 年	干邑白兰地的代表性品牌，全球备受瞩目的高级烈酒品牌之一	1987 年
7	凯歌香槟	Veuve Clicquot		1772 年	始终秉持品牌创始人凯歌夫人的大胆率性、创新精神和社会承诺，并从中汲取灵感，不断推陈出新，突破香槟行业界限	1987 年

[①] 该表列中"1987 年"表明该品牌自路易威登公司与酩悦轩尼诗公司合并之日即成为路威酩轩集团旗下品牌，表 4-3 至表 4-7 同。

续表

序号	中文名	外文名	品牌图示	创立时间	主营业务与特征	收购时间
8	阿德贝哥	Ardbeg		1815 年	以拥有独特泥煤香味与单一麦芽甘甜的威士忌而闻名于世	2004 年
9	白马酒庄	Château Cheval Blanc		1832 年	位于波尔多右岸圣-埃美浓产区，正牌酒是圣-埃美浓一级酒庄	1998 年
10	库克香槟	Krug		1843 年	每年仅酿制名贵香槟而闻名于世	1999 年
11	格兰杰	Glenmorangie		1843 年	坐落于苏格兰东北部小镇，专注出品蜚声国际的顶级单一麦芽威士忌	2004 年
12	梅西埃酒庄	Mercier		1858 年	一举冲破香槟行业传统，精心打造出"适合所有场合"享用的香槟美酒。2013 年品牌升级打造，采用全新包装、标识和图案符号	1987 年
13	夏桐酒庄	Chandon		1959 年	在阿根廷、美国、巴西、澳大利亚、中国、印度建立了六大夏桐酒庄，重新定义奢华起泡酒，适应现代社会发展，出口酿造技术，而非起泡酒本身	1987 年
14	曼达岬酒庄	Cape Mentelle		1970 年	坐落于澳大利亚顶级葡萄酒产区玛格利特河产区，以卓越品质闻名于世，经典的赤霞珠葡萄佳酿是品牌享誉全球的一大特色	2002 年
15	纽顿葡萄酒	Newton Vineyard		1977 年	坐落于美国纳帕谷，集精湛技艺、环保理念与卓越产区条件于一身，专注酿制极具国际水准的葡萄酒	2001 年
16	云雾之湾	Cloudy Bay		1985 年	长相思白葡萄酒使新西兰在世界葡萄酒版图上拥有了一席之地，彻底改变了人们对"新世界"葡萄酒和长相思白葡萄酒品种的看法	2003 年

续表

序号	中文名	外文名	品牌图示	创立时间	主营业务与特征	收购时间
17	雪树伏特加	Belvedere		1993年	波兰伏特加酿造传统的典范,仅采用波兰黑麦和纯净水,以明火蒸馏工艺进行酿造,不含任何添加剂,并经过犹太洁食认证	2002年
18	安第斯之阶酒庄①	Terrazas de Los Andes		1996年	阿根廷高原阶地和优质土壤为成品葡萄酒带来醇厚、浓郁、丰富的风味,为马尔贝克爱好者们带来门多萨产区尤为馥郁纯正的口感	—
19	努曼西亚酒庄	Bodega Numanthia		1998年	与西班牙传统历史及卓越土壤密不可分,品牌专注于酿造口味强劲浓郁的葡萄美酒,展露酒品原产地的独特风味	2008年
20	安第斯白马酒庄	Cheval des Andes		1999年	安第斯之阶酒庄和白马酒庄携手创立,坐落于阿根廷门多萨产区,在安第斯山脉山麓下种植马尔贝克和赤霞珠葡萄品种,产区纯净自然	1999年
21	伍丁维尔威士忌	Woodinville		2010年	酿造威士忌,美国最出色的酿酒厂之一	2017年
22	敖云	Aoyun		2013年	位于喜马拉雅山脚,毗邻云南香格里拉市,通过在从未开发过的地带建立葡萄酒庄园,对酿酒工艺精益求精,从而打造无与伦比的佳酿	2013年
23	—	Clos19		2017年	Clos19是一家电子商务品牌,提供来自LVMH独家香槟、葡萄酒和烈酒世界的非凡体验、产品和服务	2017年
24	地球火山	Volcan de mi Tierra		2017年	哈利斯科地区的地形和地貌,使当地非常适合蓝色龙舌兰的生长,火山灰中富含玄武岩和铁元素,使龙舌兰酒别具风味	2017年

① 安第斯之阶酒庄是路威酩轩集团在阿根廷成立的子公司。

续表

序号	中文名	外文名	品牌图示	创立时间	主营业务与特征	收购时间
25	—	Eminente		2020年	体现19世纪古巴朗姆酒的复兴	2020年

表4-3 路威酩轩集团14个时装及皮具品牌列表

序号	中文名	外文名	品牌图示	创立时间	主营业务与特征	收购时间
1	罗意威	Loewe		1846年	始终执着于精妙的手工艺和纯熟的制革技术	1996年
2	摩奈	Moynat		1849年	通过对传统高级皮具加工业和创新科技的熟练掌握，现代时尚作品呈现出精益求精的细节和精深广博的工艺。每件摩奈作品都蕴藏着自由个性的历史	2011年
3	路易威登	Louis Vuitton		1854年	诞生于对探索的渴求，不断继承创始人的精湛技艺、创造力和创新的价值观。在更多领域开发新的专业技术，结合尖端设计、材料和人体工程学，满足旅行者需求	2011年
4	伯尔鲁帝	Berluti		1895年	作为造型专家，通过皮革处理、精选织物和精准裁切来为男性顾客带来从头到脚的优雅风情	1993年
5	日默瓦	Rimowa		1898年	具有代表性的经典旅行箱品牌，以其标志性的设计和对卓越的不懈追求而闻名于世。作为德国工艺与创新的行业基准，始终致力于激励资深旅行者探索全新疆域	2016年

151

续表

序号	中文名	外文名	品牌图示	创立时间	主营业务与特征	收购时间
6	巴杜	Patou		1914年	最初是一家高定时装品牌，其同名创始人彻底改变了女性时尚	2018年
7	诺悠翩雅	Loro Piana		1924年	源自意大利北部地区，使用全球最精致、稀有的原材料，以打造高档面料及奢侈品佳作	2013年
8	芬迪	Fendi		1925年	以其精湛工艺和卓越创新闻名于世，与其发源地罗马渊源颇深。芬迪是悠久传统、开拓进取和标新立异的代名词	2001年
9	思琳	Celine		1945年	为女性诠释优雅、创造时尚，同时不断地透过新设计的推出表达时尚界对文化与运动的关心，代表了一种新的生活方式	1996年
10	璞琪	Emilio Pucci		1947年	品牌拥有清晰可辨的个性特点，善于用诙谐的方式打破时尚桎梏，用全新视角展现女性魅力与时尚风采	2000年
11	迪奥	Christian Dior		1947年	不断推出优雅精致、结构分明且充满女性魅力的系列作品，以彰显独特的时尚观点	2017年
12	纪梵希	Givenchy		1952年	凭借享誉全球的男女时尚系列，用性感方式新颖演绎优雅风情、精致理念与女性魅力	1988年
13	凯卓	Kenzo		1970年	秉承纷繁多彩、大胆不羁的理念，致敬自然和文化多样性，传播正能量和饱含感染力的自由精神	1993年
14	莫杰	Marc Jacobs		1984年	始终秉承品牌的独特个性，并不断推陈出新，演绎时尚风格	1997年

表 4-4 路威酩轩集团 15 个香水及化妆品品牌列表

序号	中文名	外文名	品牌图示	创立时间	主营业务与特征	收购时间
1	—	L'Officine Universelle Buly		1803 年	品牌忠实秉持法式工艺传统，提供个性化服务。利用自己独特的美容配方在制香和护肤领域收获了极高的声誉	2021 年
2	法国娇兰	Guerlain		1828 年	一直在香水、护肤品和彩妆领域探索、创新和提升美感	1994 年
3	帕尔玛之水	Acqua di Parma		1916 年	意大利精湛工艺和典雅风范的象征，以优雅的香水和时尚生活产品体现低调奢华	2001 年
4	迪奥香水	Parfums Christian Dior		1947 年	将大胆创新的精神与专业技术和卓越传统相结合。品牌体现的是珍贵传统与创意火花之间的巧妙融合	2017 年
5	纪梵希香水	Givenchy Parfums		1957 年	自品牌历史典藏汲取灵感，以自由现代的视角演绎优雅，彰显精致考究又大胆不羁的风格	1986 年
6	罗意威香水	Perfumes Loewe		1972 年	创作的香水充满激情与感性，代表着西班牙的完美主义	1996 年
7	贝玲妃	Benefit Cosmetics		1976 年	通过快乐趣味的方式表达品牌的信条：微笑是最好的化妆品	1999 年
8	玫珂菲	Make Up For Ever		1984 年	集合专业化妆师们共同打造优质产品和品质服务。通过艺术创作，启发并赋予人们释放自身潜能的力量	1999 年

续表

序号	中文名	外文名	品牌图示	创立时间	主营业务与特征	收购时间
9	凯卓香水	Kenzo Parfums		1988年	品牌以饱含诗意和清新脱俗的眼光，颠覆传统香水设计，颂扬自由表达、多元化和创造力	1993年
10	馥蕾诗	Fresh		1991年	产品的质地和气味将带给顾客耳目一新的感官体验，这种体验令产品非同凡响。品牌的特别之处源自高效和非凡体验的结合，这也是吸引品牌爱好者的原因	1999年
11	凯特方迪	KVD Beauty		2008年	自创始之初始终致力于以颠覆传统、无所畏惧的精神探索不受限制的美。品牌向纹身艺术汲取灵感，不断打破创意边界，在美妆世界掀起了一场革命	2020年
12	梵诗柯香	Maison Francis Kurkdjian		2009年	品牌推出一系列香水作品组成独特的香氛衣柜，为制作与喷涂香水呈现现代时尚视角，是法式工艺技术与生活风尚的全新象征	2017年
13	莫杰香水	Marc Jacobs Beauty		2013年	以意想不到的方式发掘妆容之美，传达日常生活中的奢华真谛	—
14	茶灵	Cha Ling		2016年	将源自中国云南的珍贵、馥郁且纯净的森林古树普洱茶的抗氧化、御龄和抵御外界环境给肌肤带来的压力特性融为一体的护肤品牌	2016年
15	芬缇美妆	Fenty Beauty		2017年	由长期引领时尚潮流的蕾哈娜创立，打造适合全球所有人的各种色调，颠覆现有规则	2017年

表 4-5　路威酩轩集团 8 个腕表及珠宝品牌列表

序号	中文名	外文名	品牌图示	创立时间	主营业务与特征	收购时间
1	尚美巴黎	Chaumet		1780 年	两个多世纪以来，品牌一直是非凡创意与卓越工艺的象征	1999 年
2	蒂芙尼	Tiffany		1837 年	凭借自身不断创新的珠宝设计、超卓精湛的工匠技艺以及不同凡响的创造实力，蒂芙尼已成为全球颇具传奇色彩的奢侈品设计品牌之一	2021 年
3	泰格豪雅	Tag Heuer		1860 年	自 1860 年成立以来，泰格豪雅致力于融合技术创新、高精准计时性能及前卫设计，呈现性能优异的出众作品，以卓越性能不断雕塑时光	1999 年
4	真力时	Zenith		1865 年	真力时从每件作品的概念到完成都充满动力，突破极限。正是机械使这一瑞士品牌在制表艺术领域拥有一席之地	1999 年
5	宝格丽	Bulgari		1884 年	代表地中海及稍纵即逝的美态，不断从这个永不枯竭的灵感源泉获得启迪。品牌的所有珠宝作品皆彰显出个性风格，大胆不羁而不失精致优雅	2011 年
6	斐登	Fred		1936 年	大胆张扬，色彩明丽	1996 年
7	雷波西	Repossi		1957 年	历经三代意大利设计师，呈现隽永前卫的珠宝作品，将艺术和建筑灵感与精湛工艺相结合	2015 年
8	宇舶表	Hublot		1980 年	坚持融合艺术，自成一格，打破时间的界限，彰显精湛工艺	2008 年

表 4-6　路威酩轩集团 5 个精品零售品牌列表

序号	中文名	外文名	品牌图示	创立时间	主营业务与特征	收购时间
1	乐蓬马歇百货	Le Bon Marché Rive Gauche		1852 年	氛围高贵典雅，产品和服务考究精选，是巴黎最精致的精品百货商店之一	1984 年
2	—	La Grande Épicerie		1923 年	位于巴黎市中心优雅环境中，为顾客带来独一无二的体验	1984 年
3	右舷邮轮免税店	Starboard Cruise Services		1958 年	在邮轮上提供划时代购物体验，营造出独一无二的零售环境，让邮轮乘客能够沉浸于梦幻之旅的美好回忆之中	2000 年
4	环球免税集团	DFS		1960 年	全球领先的旅游奢侈品零售商，以卓越的产品和优异的服务满足顾客需求	1996 年
5	丝芙兰	Sephora		1969 年	为顾客提供跻身最新时尚潮流前沿的独特购物体验，以划时代的化妆品和香水零售理念在世界范围产生重大影响力	1997 年

表 4-7　路威酩轩集团 10 个其他业务品牌列表

序号	中文名	外文名	品牌图示	创立时间	主营业务与特征	收购时间
1	科瓦	Cova		1817 年	意大利最古老的甜品店，以卓越的产品、服务以及豪华内饰而著称，完美融合传统、优雅与时尚	2013 年
2	—	Royal Van Lent		1849 年	高端游艇制造公司，坚守久负盛名的荷兰航海传统	2008 年
3	巴黎动植物驯化公园	Jardin d'Acclimatation		1860 年	法国首家休闲娱乐公园	2016 年

续表

序号	中文名	外文名	品牌图示	创立时间	主营业务与特征	收购时间
4	《回声报》	Les Echos		1908年	法国重要的媒体机构，涵盖各类金融新闻	2007年
5	《巴黎人报》	Le Parisien		1944年	有广泛影响力的综合类新闻媒体品牌	2015年
6	《艺术知识》	Connaissance des Arts		1952年	顶级艺术杂志，涵盖考古、当代艺术、园林艺术、摄影、设计、建筑等领域	2000年
7	《投资》	Investir		1974年	财经周报，为读者提供专家建议、经济知识和税务信息，帮助读者管理股票市场投资组合	2007年
8	贝梦德	Belmond		1976年	豪华旅游领域先驱，将人们对真正休闲旅行体验的渴望融入独特的体验组合	2019年
9	古典音乐之声	Radio Classique		1983年	通过音乐、声音和高雅气息，让听众欣赏音乐之美	2007年
10	白马酒庄酒店	Cheval Blanc		2006年	不同凡响的出众体验和精彩发现，开启全新情感艺术	2009年

路威酩轩集团全名 Louis Vuitton Moët Hennessy（LVMH），1987 年由贝尔纳·阿尔诺（Bernard Arnault）将路易威登公司与酩悦轩尼诗（Moët Hennessy）公司合并而成。随后，路威酩轩集团不断扩张，通过资本运作收购了许多奢侈品公司以及相关时尚产业领头公司，在奢侈品行业拥有了的霸主地位，也是股价与市值最高的奢侈品集团之一（可参考图 3-8）。

4.1　路易威登与酩悦轩尼诗（1987）：为求自保的合并

1854 年，法国工匠路易·威登（Louis Vuitton）夫妇完婚不久后在法国巴黎尊贵地段嘉布遣街（Rue des Capucines）4 号开设店铺，标志着同名品牌的创立。百余年来，其无与伦比的创意、匠心独具的技艺、叹为观止的品质代代传承。其创始人路易·威登是巴黎有名的行李箱工匠，曾是欧仁妮皇后御用的行李箱专家。他开创性地将灰色防水"Trianon"帆布作为行李箱表面材料而制成的行李箱，早已成为路易威登行李箱家族中的经典。然而，直到 20 世纪 70 年代末，路易威登还只是一个家族控制的小型企业。

截至 1977 年，路易威登的员工数量不到 100 人，年销售额不到 100 万法郎。同年，路易·威登先生的曾孙女婿、65 岁的亨利·拉卡米耶（Henri Racamier）执掌这个家族企业之后，路易威登开拓了一系列新的市场营销策略，商场规模越做越大。十年间，销售额猛增到 22 亿法郎。随着日本市场的崛起，路易威登进入高速发展期。到 20 世纪 80 年代，日本市场贡献了超过 1/3 的销售收入。

1984 年，年仅 35 岁的贝尔纳管理着由他祖父创立的家族建筑公司，但他对进入奢侈品行业垂涎已久。当年，迪奥母公司博萨克纺织品集团（Boussac）因政治混乱和政客插手而极度混乱，3 万多员工纷纷罢工，濒临破产，法国政府亟须资本接盘。当机会降临时，贝尔纳毫不犹豫地抵押家族企业，筹得 1 500 万美元，并说服法国著名投资银行拉扎德银行（Lazard）提供了 4 500 万美元贷款。在拉扎德银行联合创始人安托万·贝尔南（Antoine Bernheim）的牵线下，与联合汇丰银行等金融公司共同拍下迪奥母公司博萨克纺织品集团（Boussac）的控制权。贝尔纳收购了迪奥部分业务[2]，燃起追逐世界知名品牌的热情。

贝尔纳完成收购后迅速展开了大规模重组，仅保留集团内部部分持股的迪奥和乐蓬马歇百货公司（Le Bon Marché）。贝尔纳不感兴趣的纺织业务和婴儿尿布业务被剥离出售，他获得了近 16 亿法郎的资产，却使 8 000 余名法国工人失业，因而他饱受民众和媒体抨击。不过，博萨克集团也因此迅速起死回生，并重组为迪奥公司（Christian Dior S.A.）。[3] 收购迪奥部分股份的同时，贝尔纳投资优秀设计师，并创建设计师同名品牌克里斯汀·拉克鲁瓦（Christian Lacroix），但并没有成功。遇到挫折的贝尔纳于是将收购作为投资的首要选择。

同年，路易威登公司在巴黎及纽约证券交易所同时上市，从而导致家族持股比例迅速下降；与此同时，拥有大量名酒品牌和迪奥香水及化妆品业务的酩悦轩尼诗集团的创始家族持股比例也下降到了 22%，投票权下降至 33%，公司遭遇被并购的威胁。拉卡米耶和时任酩悦轩尼诗集团总裁的阿兰·舍瓦利耶（Alain Chevalier）开始担忧公司失去控制权。两家公司都在尽力寻找同盟避免被收购，为求自保，双方一拍即合，十分仓促地确定了并购方案。

然而，由于创始家族文化的不相容，路易威登公司和酩悦轩尼诗集团陷入了争权夺利的漩涡，整合协同困难重重。直到 1987 年 6 月，两家公司才顺利合并，路威酩轩集团宣告成立。舍瓦利耶出任集团总裁，拉卡米耶出任战略委员会主席。但在并购完成后，两家公司在业务上几乎完全独立，并没有实现协同效应，反而由于家族出身——酩轩家族的创始人世代贵族，而威登家族则是平民出身——以及文化和业务上的不相容，双方家族和各自经理人之间的权力斗争加剧。

4.2 奢侈品帝国核心：时装与皮具的魅力

1987 年 10 月，股灾致使双方创始人家族摩擦升级。贝尔纳瞅准威登和轩尼诗家族因"内斗"而两败俱伤的时机，在 1988 年 9 月大举购入路威酩轩集团 29.4% 的股权，由此获得了集团控制权，标志着贝尔纳时代已经开启。1989 年 1 月，贝尔纳借助拉卡米耶的支持，成功取代舍瓦利耶成为集团董事会主席。威登家族淡出管理层，在集团中只担任名誉顾问与家族档案管理员的职位。1988年，贝尔纳入股思琳（Celine）成为其奢侈品帝国多元化的先河之举，而完全控股迪奥则奠定了路威酩轩集团在奢侈品行业不可撼动的第一宝座地位。

4.2.1 收购思琳（1996）——继承与创新

思琳于1945年诞生于法国巴黎，产品线覆盖成衣、手袋及皮具、鞋履、珠宝及配饰、香水及高定香氛、家居系列六大品类（如图4-1所示）。创始人思琳·薇皮娅娜（Céline Vipiana）女士在品牌创立同年开设了以"Céline, Le Bottier pour Enfants"为广告语[①]的高级男童皮鞋店，自己负责所有产品的设计工作。思琳也是奢侈品行业少有的用创始人名字而非姓氏命名的奢侈品品牌。

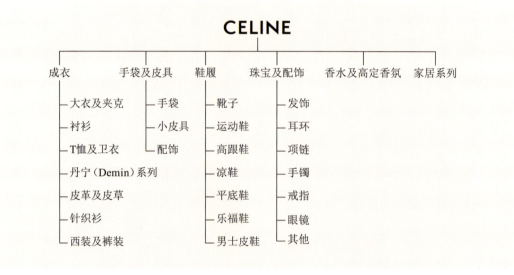

图4-1 思琳全产品线（截至2023年5月）
资料来源：https://www.celine.com。

1959年起，手袋成为思琳的主营产品。1967年，思琳发布了第一个成衣系列。大象（1950年诞生，代表童心、幸福和快乐）、双轮马车（1966年诞生，与贵族联系在一起）、凯旋门（1973年诞生，代表不平凡的创作精神及清丽脱俗的形象）、希腊字母 Ω、花朵和半月标记成为了品牌的经典设计元素。

---

① 中文意思为"思琳，专做童鞋的手工坊"之意。

1975—1978 年是思琳快速扩张的发展时期，在三年左右的时间内，思琳在法国市场以外新开了 7 家新店，分别在摩纳哥蒙特卡洛、瑞士日内瓦、中国香港、意大利罗马、美国路易斯安那、加拿大多伦多和美国比佛利山庄。此后十年，思琳依然延续国外开店模式，扩张其在国际奢侈品行业的影响力。截至 1987 年，思琳在全球开设的专营店数量已达 85 家。

然而，当薇皮娅娜女士步入生命晚年时，历史并不算悠久的思琳却日渐式微。贝尔纳瞅准了收购时机，自 1988 年 7 月起，陆续购入思琳的股份。获得资本注入的思琳市场表现逐渐回暖，1989 年，思琳在纽约创立了思琳有限公司，为扎根于美国跨出了坚实的一步。1994 年春，思琳加入了法国精品行业联合会，次年又加入了法国高级订制时装协会的前身——法国高级时装公会。

1996 年，路威酩轩集团以 5.4 亿美元的价格完全收购了思琳，使之成为了旗下重要的时尚品牌之一。在路威酩轩集团的运营之下，思琳从一个走下坡路的法国时尚品牌变身为备受瞩目的奢侈品品牌，呈现稳定的上升趋势，并在巴黎蒙田大街 36 号开设了全新精品店。为了使思琳成为 10 亿欧元以上年销售额的"二线奢侈品品牌"[4]（second-tier luxury brand），贝尔纳任命时任迪奥公司远东地区负责人南·勒格莱（Nan Lergeai）接手思琳品牌的管理，并招募美国设计师迈克·高仕（Michael Kors）担任品牌第二任创意总监兼任女装成衣系列首席设计师[5]，继承薇皮娅娜女士一生打造的品牌。在路威酩轩集团的资金与人力支持下，思琳迅速崛起，开始在世界各地开设精品店，英国、美国、日本市场成为被收购后的品牌发展重心。2001 年 5 月，思琳进军英国市场，在伦敦邦德大街开设了第一家精品店；2001 年 8 月，东京伊势丹博物馆为思琳举办了品牌回顾展，展出了自品牌创始以来思琳最重要的设计作品。

被路威酩轩集团收购后，思琳品牌在迈克·高仕和南·勒格莱执掌之下经历了创新与重要变革。[6] 此后思琳的历代设计总监——2004—2005 年的罗伯托·麦尼切蒂（Roberto Menichetti）、2005—2008 年的伊凡娜·奥麦克（Ivana Omazic）、2008—2018 年的菲比·费罗（Phoebe Philo）和 2018 年至今的艾迪·斯理曼（Hedi Slimane）都在继承薇皮娅娜女士精神的基础上，开创了各自的创新旅程。

4.2.2　收购迪奥公司（2017）——覆盖全产品线

法国著名高级时装品牌迪奥诞生于 1946 年，业务包含时装、皮具、珠宝及腕表、香水及化妆品、家具及家具用品等，是覆盖全产品线的奢侈品品牌之一（如图 4-2 所示）。迪奥之所以能成为经典，除了其创新中蕴含的优雅设计，还由于历代设计总监（如表 4-8 所示）秉持的设计精神与创新——迪奥的精致剪裁将品牌声势推向顶点。时至今日，迪奥是全球时尚人士最信赖、追求的奢侈品品牌之一。

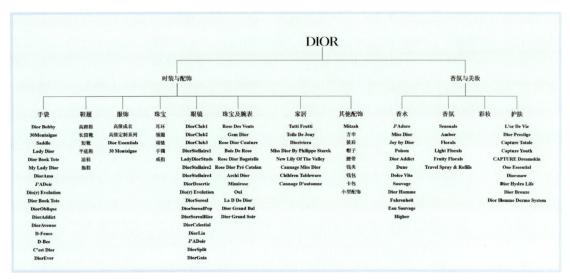

图 4-2 迪奥全产品线（截至 2023 年 5 月）
资料来源：https://www.dior.com/.

表 4-8 迪奥时装历代设计总监

历代	年份	设计总监姓名
第 1 代	1946—1957 年	克里斯汀·迪奥（Christian Dior）
第 2 代	1957—1960 年	伊夫·圣·罗兰（Yves Saint Laurent）
第 3 代	1960—1989 年	马克·博昂（Marc Bohan）
第 4 代	1989—1996 年	奇安弗兰科·费雷（Gianfranco Ferre）
第 5 代	1996—2011 年	约翰·加利亚诺（John Galliano）
第 6 代	2012—2015 年	拉夫·西蒙（Raf Simons）
第 7 代	2015 年至今	玛丽亚·嘉茜娅·蔻丽（Maria Grazia Chiuri）

资料来源：https://www.dior.com/.

2017 年 4 月 25 日，贝尔纳宣布以 121 亿欧元的价格收购迪奥公司 25.9% 的股权，对后者实现完全控股。同时，路威酩轩集团从阿尔诺家族手里买下迪奥公司高级时装业务（包括皮革制品、高级订制服装、成衣系列、珠宝及鞋履），与之前已经拥有的迪奥香水与彩妆业务线合并。

在收购迪奥公司高级时装业务之前，阿尔诺家族拥有迪奥公司 74.1% 的股权和 84.9% 的投票权、路威酩轩集团 5.8% 的股权和 6.3% 的投票权，而迪奥公司拥有高级时装业务、路威酩轩集团 41% 的股权和 56.8% 的投票权。

2017年第一财季，迪奥公司总销售额同比增长15%，达104亿欧元，销售额有机增长率为13%，旗下所有业务都实现了增长。其中高级时装业务销售额为5.06亿欧元，同比增长17%。截至2017年3月31日的12个月，迪奥公司高级时装业务销售额为20亿欧元，税息折旧及摊销前利润（后文简称为EBITDA）为4.18亿欧元，营业利润为2.7亿欧元，其中93%销售收入来自零售；在全球60多个国家拥有198家门店（其中在中国有20家），5 000名员工。

根据收购要约，阿尔诺家族通过子公司Semyrhamis为每股迪奥股票支付172欧元现金以及0.192股爱马仕股票。此次交易对迪奥公司高级时装业务估值约为65亿欧元，是后者此前12个月EBITDA的15.6倍；外界对每股迪奥股票估价为260欧元，比4月24日收盘价226.85欧元高出14.7%，比当年3月平均股价高出18.6%，比前三个月平均股价高出25.9%。

交易完成后，阿尔诺家族拥有迪奥公司100%的股权和投票权，后者不再经营高级时装业务，变为纯粹控股公司，继续拥有路威酩轩集团41%的股权和56.8%的投票权。与此同时，阿尔诺家族直接拥有的路威酩轩集团5.8%的股权和6.3%的投票权保持不变；而迪奥高级时装业务加入公司香水和美妆业务行列，全部归属于路威酩轩集团（如图4-3所示）。[7]

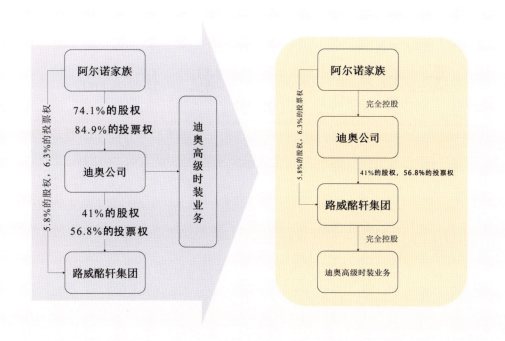

图4-3 贝尔纳收购迪奥高级时装业务前后股权结构变化①

路威酩轩集团收购迪奥的主要原因有两个。

首先，路威酩轩集团受酒类等零售市场低迷的影响，业绩增长遭遇瓶颈，而迪奥时装部门市场始终保持"越活越年轻"，如字母白 T 恤、JA Dior 蝴蝶结猫跟鞋等市场表现强劲。为了避免遭遇业绩下降的窘境，贝尔纳选择收购策略扩大市场份额，以此提升业绩。

其次，收购迪奥部门符合集团的投资策略，在其官方声明中表示：迪奥时装和路威酩轩集团董事会一致赞成交易，并任命独立专家审查条款。法国巴黎银行奢侈品行业分析师卢卡·索尔卡（Luca Solca）在一份投资者说明中写道："这笔交易以合理的估值为路威酩轩集团投资组合增添了强劲的品牌。"

而在此之前，波士顿咨询公司的合伙人兼高级董事总经理奥利维耶·阿博坦（Olivier Abtan）也曾表示"路威酩轩集团收购迪奥时装部门是一次积极举措"，他还强调目前奢侈品行业虽然每年增长速度为 2%～5%，但是路威酩轩集团收购迪奥时装之后增长速度将会更快，多数业内人士持赞成态度。[8] 在收购爱马仕失败后，贝尔纳·阿尔诺依然觉得路易威登最大的竞争对手是香奈儿。有了迪奥时装部门的加入，路威酩轩集团与竞争对手香奈儿的对抗又增添一记砝码。

收购消息发布之后，一日之内，迪奥公司股价大涨 11% 至每股 252 欧元，而爱马仕集团股价下跌 4.51% 至每股 440.75 欧元，路威酩轩集团股价则增长 3.94% 至每股 223.15 欧元，市值为 1 132 亿欧元。自此，迪奥成为了集团仅次于路易威登的第二大时尚品牌。

4.3　女性世界：香水、彩妆、护肤品

奢侈品在女性消费中起到了独一无二的作用。[9] 奢侈品消费除了能提升消费者本人的自信心，点亮消费者的身份与地位，还有助于异性关系的发展与巩固。[10] 著名时装设计师汤姆·福特（Tom Ford）曾说："……真正使人着迷的地方就是它与两性关系有某些联系。"[11] 而英国时装设计师凯瑟琳·哈玛尼特（Katherine Hamnett）从生物演化与文化背景角度更直白地揭示女性奢侈品消费的根本："在某种程度上……男人和女人都为了吸引异性，生儿育女。"[12]

贝尔纳深谙"女为悦己者容"之理，接连将法国娇兰（Guerlain）、芬缇美妆等十余个高端香水与化妆品品牌收入囊中。

---

① 可参考路威酩轩集团收购迪奥高级时装业务后的官方公告：https://r.lvmh-static.com/uploads/2017/04/uk-cd-lvmh-presentation-marche-25-04-171.pdf。

4.3.1 收购法国娇兰（1994）——美，无惧时光

法国娇兰成立于 1828 年。除众人熟知的香水这一主营业务外，如今的法国娇兰已经将业务延伸至护肤与彩妆（如图 4-4 所示），致力于打造成为集香水与化妆品于一身的法国顶级品牌。

医生兼药剂师皮埃尔 – 弗朗索瓦·娇兰（Pierre-François Guerlain）在法国巴黎开设了第一家香水店，从此娇兰成为了高级香氛的代名词。1830 年，皮埃尔 – 弗朗索瓦尝试把香水个人订制化，如某种香味专为某位女士使用，或为某个场合而设计。依循这个概念，皮埃尔 – 弗朗索瓦同时创造了一系列的美容处方，在日常护肤品及化妆品上崭露头角。皮埃尔 – 弗朗索瓦去世后，两个儿子加布里埃尔·娇兰（Gabriel Guerlain）和艾米·娇兰（Aime Guerlain）肩负使命，制造出世界上第一瓶利用人工合成法制作而成的现代香水，奠定了现代香水具有前中后三段味道的基本模式。

娇兰家族三世、加布里埃尔之子雅克·娇兰（Jacpues Guerlain）于 1900 年继承家族事业，不仅完成了蝴蝶夫人（Mitsouok）和一千零一夜（Shalimar）等系列代表性香水作品，同时也将大量精力投入香水之外的护肤品、洁面乳、化妆品等其他产品的大规模生产上。在他 55 年的掌管之下，法国娇兰品牌发展进入了新纪元。

第四代家族调香师、雅克之孙让 – 保罗·娇兰（Jean-Paul Guerlain）将公司重心调整回香水业务，凭借其卓越的天赋让法国娇兰女士和男士香水成为当之无愧的王者。不过，单一产品线让法国娇兰在 20 世纪 90 年代前后遇到了困境。面对奢侈品行业的并购

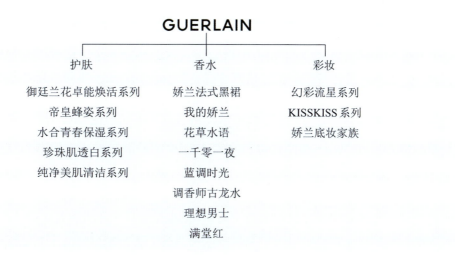

图 4-4 法国娇兰全产品线（截至 2023 年 5 月）
资料来源：https://www.guerlain.com/.

浪潮、香奈儿与迪奥香水与化妆品业务大肆"蚕食"市场份额，甚至受到价格战、赝品的冲击，法国娇兰的市场份额与业绩连续两年负增长。娇兰家族不仅亟须延续自身皇室御用品牌的地位，还要面对商业本质——市场拓展与利润提升，在多次商议抉择后，法国娇兰公司于1994年决定投入路威酩轩集团麾下。

然而，在被大集团收购后，一些法国娇兰调香师和忠实拥护者对路威酩轩集团经营理念产生了较多不满，他们认为"贱卖"使得法国娇兰不再拥有高贵的品牌形象，路威酩轩集团过于商业化的运作也让法国娇兰背离了品牌价值观与伦理。同年，路威酩轩集团支持法国香水师奥利维耶·克雷斯波（Olivier Cresp）取代让-保罗·娇兰推出了1996年款全新法国娇兰香榭丽舍系列香水（Guerlain Champs-Elysées），虽然这款香水大获成功并名垂青史，但更令法国娇兰与路威酩轩集团的关系变得愈发紧张。

2002年，让-保罗迫于与情人、子嗣间的巨大矛盾的压力，宣布退休；家族外人、瑞士人蒂埃里·瓦塞尔（Thierry Wasser）接替成为第五代调香师，法国娇兰公司自此与娇兰家族不再有联系。[13]贝尔纳招募让-保罗成为集团香水及化妆品业务顾问，但不再拥有任何实权。随着眼疾、阿尔兹海默症、家族情感纠葛不断影响让-保罗的日常状态，他在2010年一次法国电视台的采访时阐述了过激的种族言论，贝尔纳毫不留情地解除了其顾问职务。[14]从此，娇兰家族淡出了历史舞台，继续与阿尔诺家族对簿公堂；而法国娇兰品牌却始终是路威酩轩集团的掌上明珠。

4.3.2 创立芬缇美妆（2019）——年轻化潮流

自2017年完全收购迪奥后，路威酩轩集团与巴巴多斯籍女歌手、演员、模特蕾哈娜的深度合作引起世人再一次的关注。

蕾哈娜和路威酩轩集团的渊源由来已久，早在2015年蕾哈娜就成为了迪奥的首位黑人代言人。迪奥在凡尔赛拍摄的《秘密花园》（Secret Garden）第四部中的蕾哈娜的形象令人印象深刻，高级时装与其强烈个人特色的结合让人眼前一亮并为之震撼。[15]蕾哈娜也因此卖出了上百万张专辑，可见她在时尚界日趋上涨的声势。[16]

蕾哈娜的公司Denim UK Holdings在Project Loud France（芬缇所属公司的正式名称）中拥有49.99%的股份。2019年，路威酩轩集团为品牌提供了3 000万欧元的资金支持。

这次合作标志着路威酩轩集团自1987年为克里斯汀·拉克鲁瓦（Christian Lacroix）设立高级时装店以来首次推出一个全新的时尚品牌。蕾哈娜也成为了路威酩轩集团第一位黑人女性创意总监。

以歌手身份为大众所熟知的蕾哈娜进军时尚、电影、美妆等多个行业，并且都取得了相当优秀的成绩。她担任德国运动服品牌彪马（Puma）创意总监，通过其Fenty by Puma项目为品牌注入活力，2015年她为彪马设计的"Creeper"运动鞋，发布仅三小时即售罄。她与位于加州的TechStyle Fashion Group合作，推出自己的内衣系列Savage×Fenty，以适用于各种体型和尺寸的产品为内衣界带来了一次革新。芬缇美妆在开售的40天内，销售额就达到了一亿美元，并被《时代周刊》评为2017年最佳发明之一。在蕾哈娜运营同名品牌的第一个财年，她就获得了约五亿欧元的营业收入。

然而，路威酩轩集团在2021年终止了与芬缇时装业务的合作关系。原因之一是业绩低迷。芬缇时装业务完全依靠互联网和电商平台，没有一家实体店，但疫情依然重创了该品牌。原因之二出在蕾哈娜身上。她在社交媒体上过亿的粉丝中多数不会购买奢侈品，但路威酩轩集团却必须始终关注高端顾客市场——这点与芬缇时装品牌的奢侈品定位保持高度一致。不过，这次"分手"并未影响路威酩轩集团旗下私募基金公司艾卡特腾（L. Catterton）继续给蕾哈娜的内衣品牌Savage×Fenty提供支持，也未影响芬缇美妆与丝芙兰继续合作，推出了40种色号的口红产品。

芬缇美妆产品的多元化与包容性恰好适应了消费者的需求（如图4-5所示）。芬缇美妆上市伊始，就推出40款粉底液，互联网爆发了一阵庆祝之声，美妆行业的大门完全被打开。很多品牌花费了30年的时间才拥有的多元化商业目标，芬缇美妆在短短两年内便达成了，这种抛开业界狭隘的思想让芬缇美妆在商业上取得了巨大的成功。

图4-5　芬缇美妆全产品线（截至2023年5月）
资料来源：https://www.fentybeauty.com/.

尽管很多品牌拥有针对多种肤色的产品，但是在推广和员工培训方面并没有做到同等程度的尽心尽力，大多数美妆品牌的模特仍然是以白人为主。芬缇美妆则恰恰相反，蕾哈娜自己经常在社交媒体账号上对自己的美妆产品进行试色展示，经过网络的驱动，芬缇美妆极具多元化的品牌形象很快就成功树立在消费者心中，加上蕾哈娜名人身份效应，消费者对品牌的好感度和忠诚度不断上升。

芬缇美妆的成功也得益于蕾哈娜与路威酩轩集团合作。芬缇美妆的产品全部在路威酩轩集团所拥有的美妆零售店丝芙兰进行销售，芬缇美妆可以将丝芙兰的销售数据用于开发新产品，同时丝芙兰可以在其官网和门店中对芬缇美妆进行大量曝光。芬缇美妆因为其依托的平台相对强大，因而也就更容易在同类品牌中脱颖而出。

4.4　业务拓展：从艺术杂志到奢华酒店

贝尔纳自诩为艺术收藏家，希望将追求同样生活方式、文化和艺术的人们聚集到一起，成为丰富文化与生活艺术典范。传递生活艺术精髓的《艺术知识》（*Connaissances des Arts*）和《艺术品与拍卖行》（*Art+Auction*）、聚焦经济文化新闻的《回声报》（*Les Echos*）、订制游艇公司 Royal Van Lent，以及奢华精品酒店白马庄园（Cheval Blanc）和贝梦德（Belmond）都成为了贝尔纳收购的"猎物"。

4.4.1　收购《艺术知识》（2001）——传递生活艺术精髓

为了把西方生活艺术的精髓传遍世界，体现传统工艺的高贵典雅，继续彰显旗下品牌的高雅与创意，2001年，贝尔纳收购了两家杂志，分别是主营艺术月刊及特刊的《艺术知识》和权威艺术杂志《艺术品与拍卖行》。

《艺术知识》创建于1952年，成为当时首家图文并茂的艺术刊物。杂志以专业视角对法国和国际艺术新闻进行分析，为读者诠释各种艺术形式，在刊载知名艺术家的同时，介绍年轻艺术人才和新的艺术趋势。每月，《艺术知识》分享给艺术兴趣读者艺术市场的最新资讯。对此，《艺术知识》编辑总监盖伊·博伊尔（Guy Boyer）曾说过："《艺术知识》通过杂志、特刊和数字版，以严肃而新奇的态度推出国际艺术新闻。《艺术知识》关注集团所发起的各种重大活动，因为激情和教育是编辑活动的中心主题。"[①]

---

① 可参考路威酩轩集团关于盖伊·博伊尔评论的摘录：https://www.lvmh.com/houses/other-activities/connaissance-arts/.

《艺术知识》至今仍是路威酩轩集团旗下的精品杂志，但同年收购的《艺术品与拍卖行》却在 2003 年被贝尔纳出售给前菲利普斯拍卖行前首席执行官、被称为"艺术女王"的路易斯·布罗恩（Louise Blouin）。[17] 此次交易低调到如今已经几乎找不到当初出售与收购的消息，只有只言片语提及贝尔纳对拍卖行相关业务不再感兴趣，转而在媒体行业专注于艺术传媒：2007 年，路威酩轩集团收购了法国最具权威性的经济类日报《回声报》（Les Echos）；2010 年，推出艺术与奢侈品媒体网站 Nowness.com；等等。贝尔纳在传媒领域也取得了初步成功，相较于开云集团、历峰集团等竞争对手，路威酩轩集团具备了独特的竞争优势。

4.4.2 收购贝梦德（2019）——奢华酒店业的布局

2018 年 12 月 17 日，路威酩轩集团宣布以每股 25 美元，共计约 26 亿美元的价格以现金方式收购奢华酒店品牌贝梦德，这一价格相比后者当时的股价高出 42%（如图 4-6 所示）。2019 年 4 月 17 日，路威酩轩集团宣布 5 天前已经获得各方监管部门批准，已完成对贝梦德公司的全部收购，后者从纽约证券交易所退市；此次交易对贝梦德公司的估值达 32 亿美元。在截至收购前的最后一个财年，即截至 2018 年 9 月 30 日的 2017/2018 财年中，贝梦德公司营业收入达 5.72 亿美元，调整后息税折旧摊销前利润 1.4 亿美元，在全球 24 个国家拥有酒店业务，员工人数约 8 000 名。

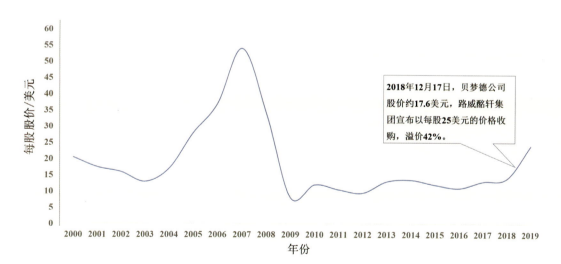

图 4-6　2000 年 8 月 3 日上市之日起至退市的贝梦德公司历史股价①

资料来源：https://www.netcials.com/stock-price-chart-history-nyse/BEL-Belmond-Ltd/

① 贝梦德公司每年股价值取当年的日平均值。

创立于1976年的贝梦德公司前身为东方快车集团（Orient-Express Hotels Ltd.），直至2014年才更名为如今的"Belmond Ltd."，拥有"威尼斯—辛普伦东方快车"（Venice Simplon Orient Express），沿伦敦—巴黎—苏黎世—茵斯布鲁克—威尼斯线路运营举世闻名的豪华列车专线。

截至最新一次2019年贝梦德公司公布的数据，全球24个国家开设了高端奢华酒店，其中包括意大利阿马尔菲海岸的贝梦德卡鲁索酒店（Belmond Hotel Caruso）、圣彼得堡欧洲大酒店（Grand Hotel Europe）、意大利威尼斯西普里亚尼酒店（Belmond Hotel Cipriani）和巴西里约热内卢科帕卡巴纳皇宫饭店（Belmond Copacabana Palace）等（如图4-7所示），还拥有并运营一系列豪华邮轮，如法国船队（Belmond Afloat in France）。

更名后的贝梦德公司一直在强化其标志性酒店、火车和游艇项目的投资与收购。2017年收购了位于秘鲁科尔卡河峡谷（Colca Canyon）的拉斯·卡西塔斯酒店（Las Casitas），推出南美洲第一条豪华列车旅行路线，命名为"Belmond Andean Explorer"，并以1.21亿美元的价格收购了位于加勒比海安圭拉岛上的奢华海滩度假村酒店Cap Juluca。贝梦德公司自身的一系列收购活动巩固了其在美洲奢华旅游业的领导地位。

路威酩轩集团对贝梦德酒店的收购目的之一在于推动集团在高端旅游业领域的发展，可以对旗下白马酒店、宝格丽酒店等酒店服务资产进行补充。与此同时，贝梦德的历史传承和创新服务与路威酩轩集团的企业价值观契合，能与旗下葡萄酒及烈酒业务产生协同增效的重要作用。

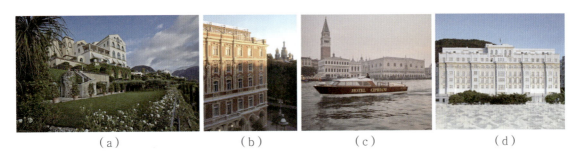

（a）　　　　　　（b）　　　　　　（c）　　　　　　（d）

图4-7　全球各地经典的贝梦德酒店
（a）贝梦德卡鲁索酒店；（b）圣彼得堡欧洲大酒店；（c）西普里亚尼酒店；（d）科帕卡巴纳皇宫饭店
资料来源：https://www.belmond.com/hotels/.

研究聚焦 全球收购：路威酩轩集团策略与逻辑研究

奢侈品行业的收购与运营的标杆公司当属路威酩轩集团。掌门人贝尔纳·阿尔诺拥有独特的收购逻辑与投资策略（如图4-8所示），其并购与品牌管理的精髓与1987年合并之时所奠定的并购术一脉相承。[18] 贝尔纳既是集团掌门人，也是集团并购策略的推动者、并购历程中的灵魂人物。"没有不好的品牌，只有不合格的品牌经理"，作风强硬的贝尔纳对于自己集团的并购战略充满自信和坚定，其引人瞩目的成就使得路威酩轩集团的并购策略自成风格，成为行业历来关注的重点。[19]

首先，贝尔纳在奢侈品行业深耕多年，可以非常敏锐地捕捉到奢侈品行业或品牌发展低谷，从而控制并购成本。

路威酩轩集团通常选择"公司价值较低时收购"的策略。历史上，路威酩轩集团有两次较大的收购风潮，均发生在全球或当地经济的低潮期[20]，分别是1987—1988年和1998—2000年（如表4-9所示）。集团或利用经济周期处于低谷进行收购，或针对标的公司的资本结构或者制度设计漏洞突然袭击，或在标的公司家族矛盾激化时利用手中庞大的自由现金流和集团股权交易作为"诱饵"出手。路威酩轩集团在收购成本上的控制为集团带来了良好的效益。[21] 即使收购爱马仕（利用公司资本结构和制度设计漏洞突然袭击）、古驰（利用家族丑闻和股权混乱）最终遭遇"滑铁卢"，但贝尔纳依然擅长用这些手段收购品牌和相关公司。

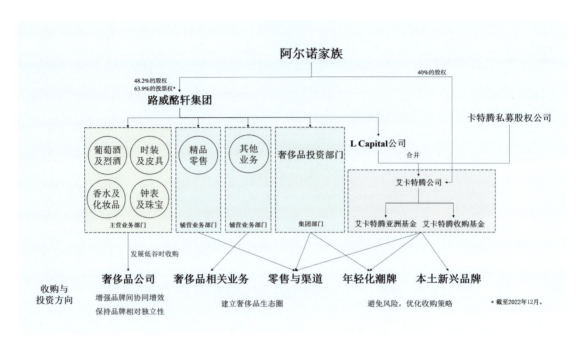

图 4-8　贝尔纳·阿尔诺的并购策略与逻辑

表 4-9　路威酩轩集团的两次收购浪潮

收购浪潮时间段	1987—1988 年	1998—2000 年
收购品牌	路易威登	白马酒庄
	酩悦香槟	库克香槟
	轩尼诗	安第斯白马酒庄
	唐培里侬香槟王	璞琪
	凯歌香槟	贝玲妃
	梅西埃酒庄	玫珂菲
	夏桐酒庄	馥蕾诗
	纪梵希	尚美巴黎
	纪梵希香水	泰格豪雅
		真力时
		《艺术知识》

其次，路威酩轩集团善于利用母合优势达到旗下品牌间的协同增效。

低谷收购决定了集团买入的品牌当前正面临着各种各样的问题，将其培育至利润丰厚、具备较大影响力的品牌绝非易事，而品牌管理能力正是路威酩轩集团所擅长的。路威酩轩集团收购后经营策略往往按照如下三个重要步骤进行：①挖掘品牌历史，重新定义品牌美学与品牌伦理；②通过寻找合适的设计总监展现品牌美学与品牌伦理，从而勾勒品牌基因；③理顺销售渠道，塑造并提升品牌形象[22]——这些都是品牌管理的核心，让消费者重新认识这个品牌，提升品牌等级，带来新的消费增长点。设计总监及其设计团队在重塑品牌的过程中处于核心地位，提升品牌资产，甚至可以带来涅槃重生的效果。

收购法国品牌思琳是经典的例子。路威酩轩集团接手前，思琳亏损达到1 600万美元，集团任命时任路易威登二号人物让－马克·卢比耶（Jean-Marc Loubier）负责思琳的运营。他挖掘出该品牌在1945年开业时曾是巴黎的高档鞋零售商的历史，于是他赋予了思琳巴黎和欧洲复兴的象征意义，通过集团包装，将思琳演绎成现代奢侈品品牌，并利用媒体传播和名人效应，同时将其产品转化为利润率更高的皮具，提升了存货周转速度，从此，思琳盈利能力大增，走上正轨。[23]当时尚人士听到或看到双"C"印花或标识时，第一反应已不再全是香奈儿，思琳也成为了双"C"的代表品牌。在思琳甚至2022年4月推出了高级订制鳄鱼皮手袋Haute Maroquinerie，一方面致敬首席设计师艾迪·斯里曼尼（Hedi Slimane）为品牌精心打造的工匠精神，另一方面也进一步提升自身品牌形象[24]，为跻身高级手袋品牌做好了充足准备。路威酩轩集团在宝格丽、纪梵希、璞琪、真力时等不同品类品牌上，也用同样的手法做出了成功尝试。[25]虽然路威酩轩集团收购的品牌数量不少，但绝大多数品牌都在被路威酩轩集团收购后得到长足进展。在三十余年的收购历史中，算不上成功的只有爱马仕、古驰、唐娜卡兰（Donna Karan）、拉克鲁瓦（Christian Lacroix）等数个，拥有极高的收购成功率。[26]

在产生协同效应的基础上，路威酩轩集团重构了奢侈品品牌生态圈。路威酩轩集团恪守"追逐贵族血统品牌"的收购原则，即使品牌创始家族已经衰败，甚至分离崩析，也是集团追求的目标。路威酩轩集团旗下品牌几乎全是奢侈品品牌，因此，在消费效应上能产生巨大的协同效果[27]。拉路易威登行李箱，挎罗意威手袋，身穿思琳大衣，备一件凯卓的卫衣，佩戴戴比尔斯珠宝，披上芬迪围巾，脚踏迪奥高跟鞋，喷帕尔玛之水香水，用芬缇美妆时尚护肤品，小酌凯歌香槟，在DFS内购买免税商品……路威酩轩集团强大的实力得以追求构建奢侈时尚生态圈的目标。

再次，路威酩轩集团以品牌为主导的运营模式保证了品牌被收购后的相对独立性。

路威酩轩集团在收购管理上最独特、最明智的做法是尽量保持旗下各奢侈品品牌的独立性，做到"购"却不"并"，品牌充分自治，独立经营，各自发挥创造力。[28]路威酩轩集团保持各子公司的家族管理体系，并不把集团管理风格强加到旗下品牌上，允许它们拥有自己的设计总监和创意团队，让它们凭借各自独立的风格和特性吸引消费者[29]，不会单独设立首席设计总监、创意总监或艺术总监。

同时，旗下品牌可以共享路威酩轩集团强大的零售渠道、品牌推广和人力资源（尤其是门店与品牌管理人才），大大促进了销售业绩提升，并利用路易威登、迪奥等明星品牌通过集团内联名或跨界合作拉动其他品牌的价值[30]，这种策略也被诸多竞争对手争相效仿。集团在管理层面非常注重让其他品牌直接或间接借鉴其成功的品牌经验，这决定了具备跨品牌经营能力的人才属于集团整体整合资源之列。

不少消费者可能并不了解迪奥、芬迪、法国娇兰、宝格丽等奢侈品行业高知名度品牌均出自路威酩轩集团，这也正是集团为了保持品牌相对独立而在渠道管理和品牌推广过程中故意隐去相互关系的结果，同时也有效地保留了品牌忠诚的消费群体。[31] 对外，路威酩轩集团不宣传自己庞大的品牌群；对内，品牌管理者充分享有自由、激励和支持。这正是路威酩轩集团将自身定位为所有品牌的拥有者的原因，也是其并购之道成功的诀窍。

最后，路威酩轩集团采用集团投资部门与家族控股基金公司分而投资模式，从而优化收购策略。

在经历对古驰和爱马仕两次重大收购失败后，意识到奢侈品行业的收购难度在不断增加，而21世纪年轻一代对奢侈品及其品牌的态度变化也使路威酩轩集团开始调整其收购策略——阿尔诺家族控股约40%的艾卡特腾公司（L Catterton）及其亚洲子公司（L Catterton Asia）投资年轻化品牌[32]，而2017年新成立的奢侈品投资部门（Luxury Ventures Department）投资六大板块业务相关品牌和渠道（如表4-10所示）。

表4-10　路威酩轩集团奢侈品投资部门投资的品牌（截至2023年5月）

投资时间	品牌	业务类型	投资备注
2017年11月	L'Officine Universelle Buly	法式药妆店	已退出
2018年2月	Stadium Goods	潮牌二手电商	已退出
2019年1月	Garbiela Hearst	女装	
2019年10月	Madhappy	潮牌服装	
2020年1月	Versed	美妆	
2020年10月	Hodinkee	腕表媒体	
2021年1月	Replika Software	社交电商平台	
2022年1月	Heat	英国鞋履电商平台	
2022年6月	Lusix	以色列实验室培育钻石	

资料来源：https://www.lvmhluxuryventures.com/projects-en/.

艾卡特腾公司于 2001 年成立，是由路威酩轩集团旗下 L Capital 公司和成立于 1989 年的卡特腾私募股权公司（Catterton Private Equity）合并而成。2016 年 1 月，路威酩轩集团、阿尔诺家族和艾卡特腾公司共同发起设立了艾卡特腾公司并购基金，规模达到 150 亿美元，其投资方向涵盖了几乎所有的消费部门：食品饮料、零售业和餐厅、美妆和健康、时尚和配饰、消费产品和服务。① 设立一家专业的消费并购基金也使路威酩轩集团的收购和对外投资具备更大的灵活性，艾卡特腾并购基金的 200 余个投资案例也极大地丰富了路威酩轩集团的产业生态。[33]

与路威酩轩集团聚焦在收购有上百年历史的奢侈品公司不同，艾卡特腾公司聚焦在 21 世纪年轻一代的生活方式变化上。为了迎合千禧一代日益高涨的健身需求，艾卡特腾公司投资了美国高端健身房品牌 Equinox、家庭健身品牌 Peloton 和澳大利亚高性能专业运动装备品牌 2XU。

与此同时，贝尔纳迅速意识到名人效应和互联网流量在逐渐颠覆时尚品牌的塑造，转而积极与顶流明星合作打造全新时尚品牌，并积极投资布局相关公司。2016 年，路威酩轩集团和歌坛天后蕾哈娜合作发起了芬缇美妆彩妆产品线，这是路威酩轩集团时隔 32 年首次从零到一打造全奢侈品品牌；而蕾哈娜的超高人气也使芬缇美妆在成立仅一年后便在 Instagram 上拥有了 630 万粉丝。2018 年，艾卡特腾公司收购了由知名演员杰西卡·阿尔巴（Jessica Alba）创立的个人护理用品品牌 Honest。[34] 在中国，艾卡特腾亚洲子公司于 2013 年参股了基于线上营销的护肤品牌丸美（Marubi）②，后者于 2019 年 7 月 25 日在上海证券交易所挂牌上市；2017 年，与京东集团合作共同投资中国奢侈品电商平台寺库，开拓奢侈品电商业务；2018 年，投资了历史悠久的上海健身品牌威尔士；2021 年 3 月，投资元气森林，扶持中国本土新兴品牌。

通过自身的核心品牌收购和艾卡特腾并购基金的前沿投资，路威酩轩集团构造了一个在时尚行业极具统治力的品牌生态，同时又凭借敏锐的洞察力和业务运营能力获得充沛的现金流反哺收购策略。预计在不久的将来，艾卡特腾公司将成功上市[35]，贝尔纳还会在收购市场带来惊喜。

从路威酩轩集团的收购策略可以发现，任何一家公司的收购行为必须与其公司层战略和整体发展战略一致。[36] 例如：通用电气（General Electric）为提升电力设备和输电基础设施，收购了法国阿尔斯通（Alstom）；德国大众汽车集团（Volkswagen Group）进军高端汽车、豪华车市场，相继收购奥迪（Audi）、宾利（Bentley）、兰博基

---

① 可参考艾卡特腾公司官方对旗下业务的简介：https://www.lcatterton.com/Press.html#!/Catterton_Creates_LCatterton.
② 可参考艾卡特腾公司关于丸美品牌收购的官方信息：https://www.lcatterton.com/Investments.html#!/current/M:nag_major,R:Europe/Marubi.

尼（Lamborghini）、布加迪（Bugatti），与保时捷（Porsche）合并，又拓展重型卡车和摩托车市场，收购了曼恩（Man）和杜卡迪（Ducati）；爱马仕集团通过收购表盘制造商 Natebar 和控股高端表壳生产公司 Joseph Erard，投入腕表市场竞争；塔塔集团（Tata Group）收购捷豹（Jaguar）和路虎（Land Rover），旨在整合资源并弥补原先落后的技术研发能力，吉利集团收购沃尔沃（Volvo）的动机也同样如此；宝钢集团收购澳大利亚 Aquaila 部分股份，加速矿产资源整合并加快国际化进程；中国船舶集团收购瑞士温特图尔发动机（WinGD），强化了旗下分（子）公司的协同与管理，增强了技术研发与服务优势，并推动了海外市场的发展。

在奢侈品行业中，经常出现"君子和而不同"的现象。山东如意集团收购巴利（Bally）后陷入劣质风波，宣告失败；深圳赫美集团囫囵吞枣式收入大量奢侈品品牌运营渠道，但最后被列入黑名单，不得不出售阿玛尼集团等代理业务；少数算得上差强人意的收购是复朗集团收购浪凡（Lanvin）、沃尔福德（Wolford）、塞乔罗西（Sergio Rossi），在经历一番波折后开始有所起色。因此，在主要以收购延伸业务并拓展市场的奢侈品行业中，收购与被收购需要更加谨慎，并且收购方公司都需要形成一套自己独特的并购逻辑及并购后的经营技巧，解决并购时机与品牌管理的两难问题——并不是投入足够资金就能让一个处于衰退期的奢侈品品牌涅槃重生，也并不是居于一家大型集团之下即可摆脱经营不善、形象老化的困境。

参考文献

[1] MICALLEF J V. Philippe Schaus on the future of Moët Hennessy and its brands[EB/OL]. Forbes, (2021-07-08) [2022-04-08]. https://www.forbes.com/sites/joemicallef/2021/07/08/philippe-schaus-on-the-future-of-mot-hennessy-and--its-brands/?sh=310019ac2db2.

[2] O'BRIEN P, BAIRD J. The farce of fashion: A defrocking of Dior[J]. Refractory Girl: A Women's Studies Journal. 1997, (52): 42-45.

[3] DONZÉ P Y, WUBS B. Storytelling and the making of a global luxury fashion brand: Christian Dior[J]. International Journal of Fashion Studies. 2019, 6(1): 83-102.

[4] CAVENDER R, KINCADE D H. Leveraging designer creativity for impact in luxury brand management: An in-depth case study of designers in the Louis Vuitton Möet Hennessy (LVMH) brand portfolio[J]. Global Fashion Brands: Style, Luxury & History. 2014, 1(1): 199-214.

[5] ADAMS B. Remember When Michael Kors Designed for Céline?[EB/OL]. (2017-10-19) [2022-05-04]. https://crfashionbook.com/fashion-a13045843-celine-designer-phoebe-philo-michael-kors/.

[6] DODES R, PASSARIELLO C. LVMH wipes Celine slate clean, opening way for Phoebe effect[J]. The Wall Street Journal. 2010-03-09: B1-B4.

[7] LVMH, Arnault to simplify Christian Dior business structure[EB/OL]. CNBC, (2017-04-25) [2022-03-24]. https://www.cnbc.com/2017/04/25/lvmh-arnault-to-simplify-christian-dior-business-structure.html.

[8] WHITE S. LVMH keen to be green as sector embraces ethical fashion[EB/OL]. Reuters,

(2017-09-21) [2022-03-20]. https://www.reuters.com/article/us-lvmh-environment-idUKKCN1BV2M6.

[9] JOAN M-L, BARBARA L. Revisiting gender differences: What we know and what lies ahead[J]. Journal of Consumer Psychology. 2015, 25(1): 129–149.

[10] WANG Y-J, GRISKEVICIUS V. Conspicuous consumption, relationships, and rivals: Women's luxury products as signals to other women[J]. Journal of Consumer Research. 2014, 40(5): 834–854.

[11] LALANNE O. Smooth talk: Tom Ford opens up about sex, fantasies, and the ideal man[EB/OL]. Vogue, (2019-08-27) [2022-05-04]. https://www.vogue.fr/vogue-hommes/fashion/story/tom-ford-gucci-a-single-man-classic-interview/3680.

[12] RASMUSSEN T. Katharine Hamnett talks sex, politics, and returning to fashion[EB/OL]. (2018-02-05) [2022-05-04]. https://www.dazeddigital.com/fashion/article/38895/1/katharine-hamnett-talks-sex-politics-and-returning-to-fashion.

[13] ENGSTRAND S. Perfumer Thierry Wasser reflects on his time with Guerlain[EB/OL]. (2018-07-30) [2022-03-16]. https://hashtaglegend.com/style/perfumer-thierry-wasser-guerlain/.

[14] AFP. Jean-Paul Guerlain raises stink with "negro" comment[EB/OL]. Fashion Network, (2010-10-21) [2022-03-16]. https://ww.fashionnetwork.com/news/Jean-paul-guerlain-raises-stink-with-negro-comment,130756.html.

[15] KILCOOLEY-O'HALLORAN S. Watch: Rihanna for Dior behind the scenes[EB/OL]. (2015-05-28). [2022-03-16]. https://www.vogue.co.uk/gallery/rihanna-dior-secret-garden-full-campaign-film-and-images.

[16] DORMOY P G. Pourquoi Fenty, la marque de mode de Rihanna, change la donne. [EB/OL]. (2019-05-23) [2022-03-17]. https://www.lexpress.fr/styles/mode/pourquoi-fenty-la-marque-de-mode-de-rihanna-change-la-donne_2079667.html.

[17] Art & Auction Magazine Sold[EB/OL]. Arts Journal, (2003-03-23) [2022-05-04]. https://www.artsjournal.org/2003/03/23/art-auction-magazine-sold/.

[18] PŁONECZKA K. Internationalization process on the example of LVMH[J]. Ekonomia Międzynarodowa. 2018, (21): 20–31.

[19] LU G. Mergers and acquisitions strategies in the globalization of luxury-Taking LVMH Group as a case study[J]. Scientific and Social Research. 2022, 4(3): 149–152.

[20] DONZÉ P Y. The birth of luxury big business: LVMH, Richemont and Kering[M]// DONZÉ P Y. Global Luxury. Singapore: Palgrave, 2018: 19–38.

[21] QUINN B J. Response to the cost of guilty breach: What work is "willful breach" doing?[J]. Boston College Law Review. 2021, 62(9): 49–53.

[22] CAVENDER R-C, KINCADE D H. Management of a luxury brand: Dimensions and sub-variables from a case study of LVMH[J]. Journal of Fashion Marketing and Management. 2014, 18(2): 231–248.

[23] DONZÉ P Y & WUBS B. LVMH: Storytelling and organizing creativity in luxury and fashion[M]// BREWARD C. European Fashion: The Creation of a Global Industry. Manchester University Press, 2018: 63–85.

[24] MOSS J. Celine Haute Maroquinerie is an extraordinary celebration of Parisian savoir-faire[EB/OL]. (2022-04-12) [2022-04-23]. https://www.wallpaper.com/fashion/celine-haute-maroquinerie-collection-hedi-slimane-parisian-savoir-faire.

[25] KAPFERER J N, TABATONI O. The LVMH-Bulgari agreement: Changes in the luxury market that lead family companies to sell up[J]. Journal of Brand Strategy. 2012, 1(4): 389–402.

[26] KUMAR S, BLOMQVIST K H. Making brand equity a key factor in M&A decision-making[J]. Strategy & Leadership. 2004, 32(2): 20–27.

[27] YUAN Q, SHEN B. Renting fashion with strategic customers in the sharing economy[J]. International Journal of Production Economics. 2019, 218: 185–195.

[28] DJULIARDHIE R, BOROSI D, SAZTURA R, et al. Business ethics, CSR & market segmentation: A qualitative study in LVMH Moët Hennessy-Louis Vuitton[J]. Finance & Accounting Journal. 2015, 4(2): 312–329.

[29] QUACQUARELLI B. Integration of mergers and acquisitions in the fashion and luxury industry[M]// RIGAUD-LACRESSE E, PINI F M. New Luxury Management: Creating and Managing Sustainable Value across the Organization. Palgrave Macmillan, 2017: 261–274.

[30] BOUCHIKHI H, KIMBERLY J R. Making mergers work[J]. MIT Sloan Management Review. 2012, 54(1): 63–70.

[31] CHUNG Y, KIM A J. Effects of mergers and acquisitions on brand loyalty in luxury brands: The moderating roles of luxury tier difference and social media[J]. Journal of Business Research. 2020, 120: 434–442.

[32] CHEN R. (2021). Analysis on how LVMH can be the leader of the luxury industry. 2021 International Conference on Financial Management and Economic Transition, 2021[C]. Atlantis Press, 2021.

[33] CABIGIOSU A. (2020). An overview of the luxury fashion industry. Digitalization in the Luxury Fashion Industry, 9–31.

[34] LCATTERTON. The Honest Company® Accelerates Growth Strategy with Significant Investment from L Catterton[EB/OL]. https://www.lcatterton.com/Press.html#!/LC-Honest.

[35] ADEGEEST D-A. LVMH investment vehicle L Catterton is planning a summer IPO[EB/OL]. (2022-02-28) [2022-04-10]. https://fashionunited.uk/news/business/lvmh-investment-vehicle-l-catterton-is-planning-a-summer-ipo/2022022761663.

[36] CALIPHA R, TARBA S, BROCK D. Mergers and acquisitions: A review of phases, motives, and success factors[M]// COOPER C L, FINKELSTEIN S. Advances in Mergers and Acquisitions. Emerald Group Publishing Limited, 2010: 1–24.

Merger & Acquisition
of Luxury Goods Companies

第五章

历峰集团——鲁伯特家族的
全球奢侈品版图

历峰集团——鲁伯特家族的全球奢侈品版图

开篇案例　上海滩：历峰集团与东方元素

上海滩（Shanghai Tang）是一个致力于"中国风"设计的中国时装奢侈品品牌，曾是历峰集团（Richemont Group）旗下品牌之一，代表奢侈品行业的东方元素。上海滩从历峰集团1998年入股、2008年全资收购到2017年出售，历经了并购过程中的风雨（如图5-1所示）。在被历峰集团收购初期，上海滩在中国市场开拓中起到了重要作用。然而，随着蜜月期的结束，作为非核心资产的上海滩与历峰集团珠宝及腕表主营业务的冲突逐渐显现；加之上海滩业绩表现不佳，历峰集团不得已出售上海滩。其后，上海滩面临整合困局，又历经了意大利、中国企业资本的多次收购——曲折多样性的跨文化冲突成为了奢侈品行业并购的代表性案例。

历峰集团是全球四大奢侈品集团之一，成立于1988年。自1994年起，历峰集团不断通过"集邮式"的并购，吸纳更多奢侈品品牌，来逐渐壮大市场份额与品牌影响力。1995年，历峰集团在香港发现了一个极具潜力的中国时装品牌——上海滩。

上海滩成立于1994年9月，创始人邓永锵花费1.2亿港元在香港中环的毕打街（Pedder Street）开设了第一家门店，也是旗舰店。[1] 邓永锵出生于香港，很早便进入商界，管理邓氏家族①的投资基金与业务。英国剑桥大学哲学博士毕业后，邓永锵成为全球

---

① 香港邓氏家族企业的开创者是邓永锵的祖父邓肇坚爵士，1933年创立了九龙汽车有限公司，并长年担任董事局主席及总监督之职。邓肇坚爵士以生活俭朴、热心公益及慷慨捐款著称，先后任东华医院及保良局主席，曾经多次获勋，现时不少建筑物都以他命名。

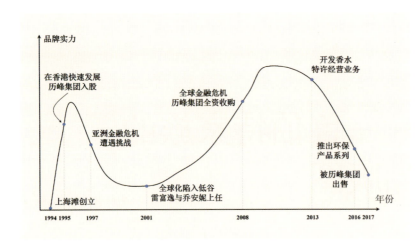

图5-1 上海滩与历峰集团关系演化历程图

香烟业的巨头之一,还参与了中国近海石油勘探及在非洲的金矿开采,高斯巴(Cohiba)雪茄在加拿大、亚洲国家和澳大利亚的独家分销,并且长期担任国际公司如美国著名上市投资管理公司黑石集团(The Blackstone Group)、美国轻奢服装品牌汤米希尔费格(Tommy Hilfiger)、伦敦萨伏伊酒店集团(Savoy Hotels Group)等的董事和顾问。

创业前的丰富经历与对中华文明的理解和感悟使得邓永锵在敏锐地观察中国高端消费市场后,前瞻性地预见了中国时尚发展的机遇,在不惑之年建立了一个以中华文化为核心的生活品牌,并抓住1997年香港回归给中国带来的巨大商机,借此表达自己长久以来对东方美学和神秘的热爱。他曾不讳言:"……我相信中国终将成为世界第一大经济体……现在是时候创建一个以中华文化为精髓的品牌了。"[2]

创立之初,上海滩的设计受到了当时上海装饰艺术派①的启发,主要出售中国大陆生产的高质量产品,包括唐装、旗袍、丝绸睡衣、"中国风"皮制品、订制礼服等,也高价出售以20世纪六七十年代红色题材为设计灵感的商品,并都在商品上标注"很荣幸由中国人生产"(Proudly Made by Chinese)。[3]

上海滩品牌最初的目标顾客是到中国香港旅游、热爱东方文化的外国游客,他们会被上海滩具有特色的旗舰店建筑吸引驻足,到店内购买刻有标志的唐装、光鲜亮丽的长袍、丝绸手提包等代表性商品。[4]通常来说,一个新品牌想要在竞争激烈的国际性大都市盈利至少需要两年,高端品牌和奢侈品品牌需要更久,但上海滩在成立后仅仅一年便开始盈利,这也让大型奢侈品集团、时装业买手等见识到了其巨大的潜力。

随即,上海滩与历峰集团"情投意合"地联系在了一起。1995年,邓永锵与鲁伯特家族的历峰集团达成协议,希望通过合作走进纽约、巴黎、伦敦等国际时尚之都,让上海滩变得更加国际化,从而成为中国第一个真正意义上的奢侈品品牌;而鲁伯特家族也认同

---

① 20世纪30年代的上海被称为"东方明珠"。当时上海的建筑主流风格是装饰艺术派,脱胎于世纪之交的新艺术运动,发展于1925年以"现代工业装饰艺术"为主题的巴黎国际博览会。

上海滩的潜力，通过旗下伦勃朗公司以 1 310 万美元购得上海滩 40% 的股份。[5]

然而好景不长，1997 年，亚洲金融危机导致上海滩在中国香港的销售额骤减近 40%。更糟糕的是，为了挽回颓势，同年 12 月，野心勃勃的邓永锵在纽约麦迪逊大街开了一家占地 12 500 平方英尺①的双层上海滩专卖店，但他高估了美国消费者对于高端中国艺术的兴趣，该店并未被纽约的顾客认可，甚至被主流媒体打上"艳俗"和"华而不实"等标签[6]，以至于这家纽约旗舰店在运营短短 19 个月后便停业搬迁。上海滩的持续萎靡与衰退导致邓永锵所持的上海滩股份在 2001 年缩减为仅 5%，随后品牌被历峰集团接管。

2001 年 9 月，雷富逸（Raphael le Masne de Chermont）接任上海滩执行主席，依托其在历峰集团旗下伯爵（Piaget）、名士（Baume & Mercier）、卡地亚（Cartier）等众多品牌的管理经验与执行层工作经验，认为上海滩需要一个全新的发展方向。与邓永锵不同的是，雷富逸并不那么关心上海滩在美国市场的占有率，而是把目标集中在中国市场。

然而，上海滩试图以中式风格吸引高端外国游客，但其服饰设计流于中式元素的表面，并且不易穿搭，因而饱受时尚界批评，其市场也未彻底打开。2001 年，雷富逸为上海滩招募了一位全新的创意总监，她直白地指出上海滩的主要问题："这个品牌定价过高，在中国人眼中它都还没有积累足够的信誉，更别说全球时尚圈了。上海滩的目标客群是高端游客，但这个市场过于狭小……而且，上海滩的服装或饰品都不易穿戴、不易搭配，有些还有些古怪。"[7] 这位女创意总监就是著名的华裔环保主义者乔安妮·奥伊（Joanne Ooi），她很清楚上海滩需要打造的是国际形象。乔安妮很大程度上扭转了上海滩的销售颓势。

雷富逸和乔安妮认为上海滩的服装一定要具有现代气息并且适合搭配，他们想让每一季的服装样式都反映出一个中国文化主题。由于原先的产品款式过于隆重华丽，日常生活中可穿机会不大，因此在雷富逸的领导下，上海滩构建了一支内部设计团队，将上海滩打造成为一个生活品牌，不断更新和升级产品线，并将业务拓展到服装以外的家具及配饰领域。此外，上海滩还会定期召开产品策划会管理整个创意设计过程。这一系列举措使上海滩设计的产品一夜之间受到国际超模、明星的青睐，如凯特·摩丝（Kate Moss）、丽芙·泰勒（Liv Tyler）、艾尔顿·约翰（Elton John）、娜奥米·坎贝尔（Naomi Campbell）和基努·里维斯（Keanu Reeves），帮助上海滩逐渐扭亏为盈。

在雷富逸和乔安妮的带领下，2005 年，上海滩纽约旗舰店的收益提高了 50%，香港旗舰店的业绩也大幅提高，这让他们坚信将业务扩展到整个亚洲和世界各地的时机已经成熟，2006 年上海滩的零售店数量增长了 40%。[8]

---

① 约合 1 161 平方米。

这一阶段,历峰集团成功地挖掘了上海滩的品牌差异性和真实性——在开发服装产品系列时,它既继承了中国的传统文化,又不失时机地融入了现代元素。比如,虽然上海滩在服饰上频频出现双喜、双鱼、八仙、寿字、脸谱等东方韵味的图案(如图5-2所示),每一件货品的每一处细节都蕴含令各国顾客心驰神往的中国细节,但其西式裁剪、用料和设计,以及更为国际化的流行色彩搭配,使得购买上海滩的产品已经不同于以往买旅游纪念品的意义,而是"向顾客提供可以在任何时间任何场合都能穿着的唐装"。上海滩成衣设计极具中国风元素,色彩以红、蓝等中国传统色调为主,显得格外显眼,独具特色,逐渐显露些许与顶级时装品牌相媲美的调性(如图5-3所示)。

即使是2008年全球金融危机爆发之后,上海滩仍在14个国家和地区有条不紊地运营40多家门店,历峰集团也在北京奥运会期间完成了对上海滩的全资收购[9],意味着上海滩正式成为这个瑞士奢侈品集团的成员之一。

图 5-2 上海滩 2006 春夏款代表性作品
(a)"牡丹"魔力外套;(b)丝绸亚麻外套;(c)丁尼布"毛"夹克;(d)棉质睡衣;
(e)丝绸扇形手拿包;(f)明线"双鱼"坐垫
资料来源:https://www.shanghaitang.com/.

图5-3 顶级时装品牌2006春（夏）代表性作品
（a）香奈儿2006春夏高级定制；（b）迪奥2006春夏高级成衣；
（c）乔治阿玛尼2006春夏高级成衣；（d）范思哲2006春季成衣；
（e）杜嘉班纳2006春季成衣；（f）博柏利2006春季成衣
资料来源：Vogue; Pinterest; Livingly。

上海滩的独立定位帮助历峰集团稳进中国市场，而历峰集团也凭借集团化的奢侈品运作经验，帮助上海滩进一步提升经营规模。自从被历峰集团收入麾下，上海滩年均产品研发费用高达总营收的40%。大量的研发投入，为上海滩品牌注入了新活力。同时，上海滩将目标客户群体锁定在25～50岁中高净值人群，并且加入时尚元素，推出男装系列以及更加年轻的产品系列。

在稳固主营业务的同时，上海滩也尝试将触角伸到利润率更高、品牌知名度提升更快的业务。2013年，上海滩与依特香水集团（InterParfums）签订了为期12年的独家全球许可协议，开发、生产并分销上海滩香水及化妆品，由依特香水集团香港分公司全权管理。[10]2016年9月，上海滩与荣获"2015年衣酷适再生时尚设计奖"（EcoChic Design Award 2015）的瑞士设计师凯文·格尔曼埃尔（Kévin Germanier）携手合

图 5-4 上海滩可持续升级再造纺织品系列
（a）拼接羊绒大衣；（b）羊毛褶裙；（c）拼接棉质丝绸旗袍裙；（d）短款羊绒夹克；（e）丝绸无袖上衣；（f）马海毛丝绸夹克
资料来源：https://www.shanghaitang.com/.

作[11]，推出首个限量系列——"可持续升级再造纺织品系列"（sustainable update with surplus fabric，如图 5-4 所示），该系列产品全部由内部供应链中的循环过剩纺织品制成，价格从 4 600 港元到 16 000 港元不等。

然而即便极力推广可持续发展与环保理念，上海滩销售额及年增长率仍然从 2015 年起下滑，并影响了历峰集团整体业绩表现（见表 5-1）。[12]另外，上海滩几乎未能引起年轻消费者的共鸣，他们当中绝大多数还是偏爱法国、意大利的奢侈品品牌，上海滩未能就年轻消费者的偏好改变做出快速反应[13]——连乔安妮在离开上海滩后也吐露了内心秘密："上海滩并没有为此积极做出改变。"[14]

在与路威酩轩集团抗衡、与开云集团争全球第二大奢侈品集团宝座的重要关口，鲁伯特家族不得已寻求上海滩的下家，自身专注于珠宝、腕表与电商业务。

表 5-1 历峰集团 2016—2018 财年销售情况

财年	销售额/亿欧元	销售额同比增长/%	净利润/亿欧元
2016	110.76	-1	22.27
2017	106	-4	12
2018	109.8	3.1	18.4

资料来源：历峰集团 2016—2018 财年年报。

2017年7月3日，历峰集团正式对外公布把上海滩品牌出售给意大利时装制造商 A. Moda 创始人、董事长亚历山德罗·巴斯塔利（Alessandro Bastagli）的控股企业，结束了两家长达 19 年的合作，具体收购金额并未公布。当人人讶异一家意大利企业为何有勇气接手一个处于低谷、迟迟无法打开欧洲市场的中国奢侈品品牌时，巴斯塔利坚定地表示上海滩标志性的中山装为当时的商务人士提供了更多的选择，"当人们不想再打领带或领结时，上海滩中山装为人们出席正式场合提供了另一种着装选择"[15]。

在上海滩被巴斯塔利收购不到两个月后，邓永锵因肝癌不幸去世，享年 63 岁。巴斯塔利采取了一系列措施对品牌重新定位，将重点目标消费者调整为 25～45 岁具有较高消费水平的人群，同时重点发展数字渠道，拓展零售业务，以适应时尚品位快速成长且愈发挑剔的中国顾客。

2018 年，巴斯塔利任命了前菲拉格慕资深意大利设计师马西米兰诺·乔尼蒂（Massimiliano Giornetti）担任上海滩设计总监，负责产品设计、视觉营销创意。乔尼蒂继承了基于邓永锵国际化的生活方式，运用了大量丝绸面料与鲜艳色彩凸显上海滩的品牌特性，融合中国和意大利的美学要素。可惜的是，这种绚丽的成功仅仅是昙花一现：同年 12 月，由于内部意见分歧，上海滩再次被出售，收购方是一家总部位于中国的投资基金——云月投资（Lunar Capital）。云月投资重点投资正在成长中的企业或曾有辉煌历史的品牌。随着云月投资的入主，邓永锵的长女邓爱嘉（Victoria Tang-Owen）于 2019 年 3 月任创意总监一职，在品牌成立 25 周年之际接手父亲的事业，重新找回上海滩在创立之初的贵族精神与东方美学，进一步将上海滩打造成生活方式品牌，希望吸引更多年轻消费者。为此，邓爱嘉特别设计了全新产品印花，区别于此前英文"SHANGHAI TANG"与汉字"上海滩"的组合（如图 5-5 所示），新印花为一个圆圈，中间只有"上海滩"三个汉字，主色调为橙色，意为把上海滩的过去与现在连接，从而体现中国美学的未来。

图 5-5　上海滩经典产品印花（左）与曾短暂采用的新印花（右）
资料来源：https://www.shanghaitang.com/.

既有家族传承背景，又有足够丰富的经验，邓爱嘉本应是领导上海滩的最佳人选，不少时尚界人士也看好上海滩的顺利传承与成功转型。现实却出乎众人意料，2020年11月，邓爱嘉便宣布离职，此前设计的全新印花被全部弃用。频繁收购交易使得上海滩长期处于颠沛流离的状态，经历了投资人、商业掌舵者和创意总监多轮更替的动荡历史，命途多舛的上海滩又开始了寻求合作伙伴的征程。

2021年5月，上海滩宣布与韩裔设计师Yuni Ahn合作。[16] 毕业于伦敦中央圣马丁设计学院的Yuni Ahn师从思琳前创意总监菲比·费罗（Phoebe Philo），以东方美学设计和极简主义闻名。[17] 上海滩试图借此市场红利重整旗鼓，将产品线稳定并拓展至服装、配饰和家居三大业务（如图5-6所示）。新中式和极简主义市场虽仍有潜力，但竞争也极为激烈，上海滩仍旧面临着严重的品牌识别危机。

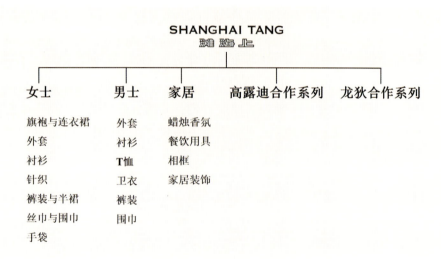

图5-6　上海滩全产品线（截至2023年5月）
资料来源：https://www.shanghaitang.com/.

随着中国经济的飞速发展，诸多欧美奢侈品品牌在中国的经营规模也不断提升。上海滩的命运多变值得所有人反思，这也为研究为何拥有五千年文明史的中国难以打造奢侈品品牌、即使创造了奢侈品品牌也难以维持可持续发展的课题提供了其中一则有价值的讨论材料——另一则正是本书第一章研究聚焦的品牌上下。上海滩在中国市场急切渴望诞生本土奢侈品品牌的当下，依托历峰集团与欧美商业体系的长期运营管理经验，却始终无法走出属于自己的道路。上下也同样面临类似的挑战，被Exor集团收购后，品牌的发展态势备受关注与期待。

究竟是欧美奢侈品品牌管理体系运用在中国品牌上水土不服，还是并购导致中国品牌丢失了自身基因，抑或是中国品牌真的无法成为奢侈品品牌——值得每个人深入思索和探讨。

历峰集团是一家瑞士奢侈品公司，由南非拥有亿万财富的伯特家族在1988年建立，1995年在瑞士证券交易所上市（如图5-7所示）；与路威酩轩集团、开云集团并称为全球三大奢侈品集团，拥有着行业内声名显赫的众多奢侈品品牌，尤其在钟表制造、珠宝首饰及书写工具领域独具实力。截至2023年3月31日的2023财年，旗下共有品牌22个，总营收为199.53亿欧元，同比增长19.14%[①]；净利润为3.01亿欧元，同比大跌85.52%；按业务类型划分，珠宝业务同比增长21.15%至134.27亿欧元，腕表业务收入上升12.81%至38.75亿欧元（如表5-2所示）。

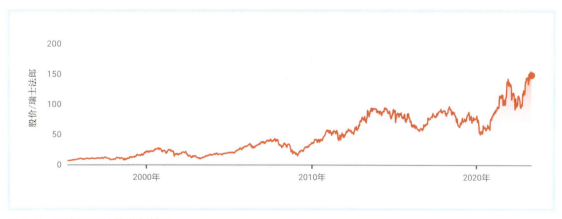

图5-7 历峰集团股价变化情况
资料来源：https://finance.yahoo.com/chart/.

---

① 由于历峰集团剥离了所有电商业务，官方在2023财年年报中将2022财年的191.81亿欧元销售总额调整至167.48亿欧元。

表 5-2　2020—2023 财年历峰集团重要财务数据①　　　　　　　　　　　单位：亿欧元

财务指标	财　　年			
	2023	2022	2021	2020
营业收入	199.53	191.81	131.44	142.38
珠宝业务	134.27	110.83	74.59	72.17
腕表业务	38.75	34.35	22.47	28.59
其他业务	26.51	48.44	35.42	42.15
冲销	0	(1.81)	(1.04)	(0.53)
总利润	137.16	120.27	78.61	86.11
经常性业务利润	50.31	33.90	14.78	15.18
净利润	3.01	20.79	12.89	9.31

资料来源：历峰集团 2020—2023 财年年报.

5.1　起步：伦勃朗烟草公司

1916 年，安顿·鲁伯特出生在南非东开普省古老的小镇赫拉夫 – 里内特（Graaff-Reinet），完成学业后迁居至小镇斯泰伦博斯（Stellenbosch），开始了家族生意。随着卷烟的风靡，安顿·鲁伯特瞅准商机，在 1941 年投资了 10 英镑生产香烟，最初公司名叫"Voorbrand"，不久改名为伦勃朗公司（Rembrandt）②，很快就把自家烟草生意扩大到整个南非。20 世纪 60 年代，伦勃朗公司控制了南非烟草业 80% 左右的市场份额。生意越来越好，公司的业务也开始延伸到酒类、矿业和资源领域。鲁伯特家族由此成为南非第二富家族，仅次于控制钻石矿产的犹太垄断资本家奥本海默家族（Oppenheimer's Family）。

安顿不再满足于仅在非洲大陆上投资，开始向国际市场进军。1954 年，安顿将出售烟草的部分利润投资于英国烟草企业乐福门公司（Rothman's）[18] 和英美烟草公司（British American Tobacco）[19] 上，并取得了乐福门控股权。

1967 年，乐福门公司收购了英国品牌登喜路（dunhill）51% 的股权，不过当时的伦勃朗公司关注的业务仅仅是登喜路的烟草、打火机和烟斗。[20]

---

① 历峰集团的财年周期为前一年 4 月 1 日至当年 3 月 31 日。
② 伦勃朗公司此后将业务分拆至历峰集团和 Remgro 投资公司。可参考 Remgro 投资公司关于伦勃朗公司的历史回顾：https://www.remgro.com/about-remgro/history/.

20世纪70年代，伦勃朗公司已经成为仅次于菲利普莫里斯国际公司（Philip Morris International）、英美烟草公司和美国雷诺烟草公司（R.J. Reynolds Tobacco Company）的全球第四大烟草公司。具有雄厚实力的安顿瞄准了以制造钢笔为主的德国品牌万宝龙（Montblanc），通过登喜路公司的资金运作，历经千辛万苦将万宝龙的所有股权揽入囊中。

通过对登喜路香烟、烟斗、打火机等男士配饰的经营，以及对高端钢笔业务运营的耳濡目染，当时着眼点还停留在香烟的乐福门公司很快就发现了烟草与奢侈品之间存在的微妙关系——那些购买高端香烟的消费者似乎也是奢侈品消费的常客。

5.2 转型：卡地亚投桃报李

事实上，安顿的伦勃朗公司距离奢侈品行业还十分遥远，家族企业的真正转型与家族第二代的高瞻远瞩、伦勃朗公司的解体，尤其是卡地亚公司的鼎力合作无不相关。

5.2.1 伦勃朗公司解体与后起之秀约翰·鲁伯特

20世纪70年代的南非笼罩在种族隔离制度的阴影之下。[21] 风险意识强烈的安顿·鲁伯特开始为家族准备后路。源于避险的需求，伦勃朗公司的海外业务被剥离，1979年在卢森堡成立国际矿业与资源集团（IMR），独立管理鲁伯特家在海外的资产。[22]

年轻的安顿之子约翰·鲁伯特（Johann Rupert）在开普敦著名学府斯坦陵布什大学（University of Stellenbosch）学习经济与公司法。由于种种原因辍学的他当时也没有继承父业，而是前往美国，进入大通银行（Chase）曼哈顿分行和华尔街拉扎德投资银行（Lazard Freres）先后工作了两年和三年①，积累了国际商业、银行和金融从业的经验。这也为后来与卡地亚的姻缘和历峰集团的建立埋下了伏笔。

取得了足够资本运作经验的约翰于IMR集团成立的同年回到了家乡南非。他依然对继承父业没有兴趣，而是成立了南非兰特商业银行（Rand Merchant Bank）②，还凭借在华尔街积累的人脉与罗斯柴尔德家族合作，管理葡萄园罗伯乐富齐酒庄（Rupert & Rothschild）和鲁伯特奥马瑞酒庄（Rupert L'Ormarins）。[23]

---

① 可参考历峰集团官网对约翰·鲁伯特的介绍：https://www.richemont.com/en/home/about-us/corporate-governance/board-of-directors/meet-our-board-of-directors/johann-rupert/.
② 可参考南非兰特商业银行的官方简介：https://www.rmb.co.za/our-story.

1984年，约翰还是决定听从父亲的召唤，将自己创立的两家公司合并，回到了伦勃朗公司。随着伦勃朗公司的不断拆分、IMR集团的成熟壮大，约翰在家族业务中扮演越来越重要的角色。有了在资本圈积累的经验，约翰为公司做的第一件事就是整合各类资产。对奢侈品的兴趣远比父亲要浓厚的他亲自上阵，将海外资产从家族企业中剥离出来，并把IMR集团重心转移到南非以外的奢侈品业务上[24]，以防止家族产业受到国际上对南非种族隔离政权制裁的影响。

1988年，IMR集团更名为历峰集团，约翰·鲁伯特出任董事会主席，并一手促成了其在瑞士证券交易所的上市。约翰在参与家族资产剥离、重组，以及历峰在瑞士证交所挂牌上市等工作中，充分展示了他的经营天赋，也让父亲放心地把家族生意交托给他。当时的历峰集团业务多元化且复杂，烟草、金融投资、矿业资源、消费品、奢侈品业务均有涉猎；持股方式也比较散乱，历峰集团直接持有卡地亚公司股份，通过卡地亚公司持有伯爵（Piaget）和名士（Baume & Mercier）股份[25]，还通过乐福门公司间接持有卡地亚和登喜路公司股份，包括后者持有的万宝龙和蔻依（Chloé）（如图5-8所示）[26]。鲁伯特家族的奢侈品帝国雏形已经显现。

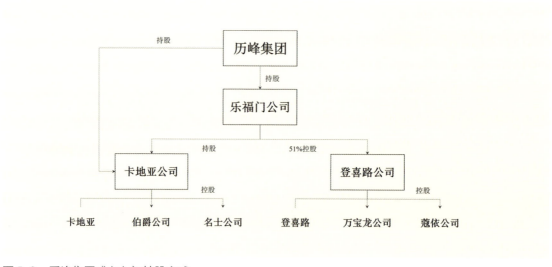

图5-8 历峰集团成立之初持股方式

5.2.2 收购卡地亚公司股份——进军奢侈品行业

鲁伯特家族收购卡地亚公司股份的动机还需要回溯至20世纪70年代约翰·鲁伯特的职业经历和卡地亚的曲折发展历程（如图5-9所示）。

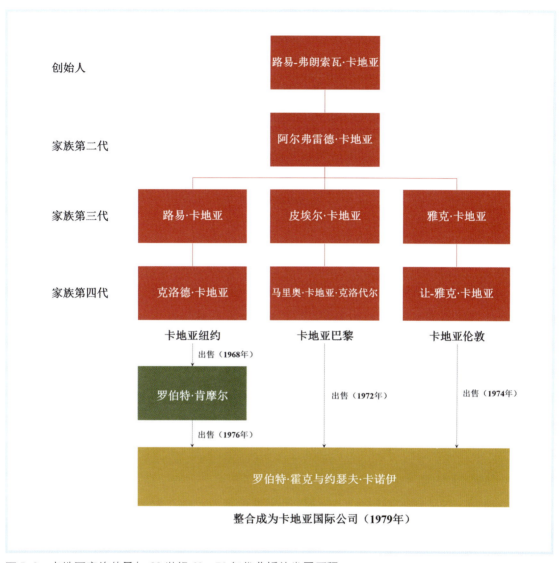

图 5-9　卡地亚家族传承与 20 世纪 60—70 年代曲折的发展历程

约翰在美国银行工作期间，遇到了卡地亚一位股东的女儿。约翰杰出的职业风范让两人交谈甚欢，很快谈到了珠宝公司卡地亚的股权问题。凭借职业的敏锐嗅觉，约翰认为这正是投资机遇。

当时，被英国国王爱德华七世赞誉为"皇帝的珠宝商，珠宝商的皇帝"（the jeweler of kings, and king of jeweler）的卡地亚公司由于第二次世界大战丢失了大部分 VIP 客户，第三代掌门人路易·卡地亚（Louis Cartier）、皮埃尔·卡地亚（Pierre Cartier）和雅克·卡地亚（Jacques Cartier）三兄弟相继去世，又受到法国经济紧缩政策的影响负债累累，创造力和财务状况已经黯淡无光，大有陨落之势。卡地亚后代家族不得不各自寻求资金来源，掌管卡地亚纽约的路易之子克洛德·卡地亚（Claude Cartier）、掌管卡地亚巴黎的皮埃尔之女马里奥·卡地亚·克洛代尔（Marion Cartier Claudel）、掌管卡地亚伦敦的雅克之子让-雅克·卡地亚（Jean-Jacques Cartier）各自在全球兜售公司业务。

1968年，野心勃勃的奢侈品爱好者、经营许多百货公司的商人罗伯特·肯摩尔（Robert Kenmore）收购了卡地亚纽约[27]，推出定价仅150美元的镀金石英腕表，直接通过自家的百货公司销售。几乎同一时间，在法国经营名为"Silver Match"打火机公司的商人罗伯特·霍克（Robert Hocq）也开始与卡地亚巴黎产生了交集。为了使自家的打火机公司能与都彭（S. T. Dupont）、登喜路这类豪华打火机公司竞争，霍克开始寻求更有影响力的品牌进行品牌联名，霍克在遭到梵克雅宝（Van Cleef & Arpels）婉拒后，与卡地亚巴黎达成了授权协议。[28]

1972年，时任卡地亚巴黎打火机部门商务销售经理的阿兰-多米尼克·佩林（Alain-Dominique Perrin）发现在高端烟草商、珠宝商和雪茄店中销售卡地亚打火机后，卡地亚打火机销量迅速显著增长。这次成功证明了卡地亚在传统的珠宝业务外依然具有巨大魅力。随即，他提议霍克为卡地亚品牌开发更多价格亲民且日常所需的产品，如皮具、钢笔、香水、腕表等。他说："虽然这些小物件的价格比不上珠宝，但既然现在我们还没有足够的资金投资卡地亚，为什么不尝试一下这些新领域？而且这些小物件依然可以代表卡地亚的高级品质和工艺。"[29]霍克也因此看到了卡地亚公司的巨大潜力，当年即与投资者约瑟夫·卡诺伊（Joseph Kanoui）收购了卡地亚巴黎。

有了之前成功的经验，卡地亚巴黎在两年后推出了卡地亚必需品系列（Les Musts de Cartier），除了打火机产品，还有太阳镜和围巾，全都由卡地亚授权的外部供应商生产。这个系列帮助卡地亚巴黎在短时间内获取了大量现金流，霍克利用这笔资金在1974年、1976年先后收购了卡地亚伦敦和卡地亚纽约；而已升任公司总裁的佩林研究了当时皮尔卡丹（Pierre Cardin）和香奈儿品牌的衰落危机，意识到：大量的授权许可协议让两个品牌赚取"快钱"的同时也失去了产品品质与品牌灵魂，如果放手让被授权方以品牌的名义制造皮具、香水等产品，品牌将完全失去对自己产品的控制权。于是，佩林决定采用完全相反的策略打造必需品系列，从产品设计、原型制作到生产和销售环节全部由卡地亚自己把控，不与任何第三方签署授权协议。

1979年，卡地亚巴黎、伦敦和纽约的所有业务重新整合至卡地亚国际公司（Cartier International）旗下。[30]因父意外身亡，娜塔莉·霍克（Nathalie Hocq）接任公司总裁，卡诺伊担任副总裁[31]；佩林在两年后被任命为公司总裁①。

---

① 可参考阿兰-多米尼克·佩林个人网站的自我简介：https://www.alain-dominique-perrin.com/uk/biography/beginnings_at_cartier.php。

也正是如此，回到南非的约翰成功说服了希望在海外进行投资的父亲，通过 IMR 集团和持股的乐福门公司直接或间接地持有了卡地亚公司的股份。虽然因年代久远、具体交易金额保密而不可考，但可以发现，获得资金的卡地亚自此在珠宝及腕表行业游刃有余，在奢侈品行业的地位逐步提升。

卡地亚公司在佩林和卡诺伊的带领下已经成为了奢侈品行业的领军企业，卡地亚品牌的各品类产品保持着强大的影响力（如图 5-10 所示）。

图 5-10　卡地亚全产品线（截至 2023 年 5 月）
资料来源：https://www.cartier.com.

1988 年，卡地亚公司收购了伯爵公司和名士公司多数股份，并与约翰开启了对奢侈品集团的设计[32]——算作对鲁伯特家族的报答，为日后历峰集团的名扬海外做出了不可磨灭的贡献。

5.3 升级：建立奢侈品王国

历峰集团成立后，约翰通过换股方式把奢侈品与香烟部门分开经营，于 1993 年设立了梵敦奢侈品集团（Vendôme Luxury Group）经营奢侈品业务，旗下的奢侈品品牌包括卡地亚、登喜路、万宝龙、伯爵、名士、蔻依，以及"老佛爷"同名时尚品牌卡尔拉格斐、男士订制服装品牌 Sulka、英国男装品牌 Hackett 和希腊皮具品牌 Seeger[①]。原乐福门公司继续经营香烟业务。烟草的丰厚收入给历峰集团输送了大量现金流，为收购做好了充足的准备。1998 年，历峰集团将所有奢侈品品牌直接归入集团旗下，解散了梵敦奢侈品集团，并于翌年以换股方式将乐福门公司出售给英美烟草公司，完全退出香烟的日常经营。换股完成后，历峰集团持有英美烟草公司 19.6% 的股权[②]，而自身的运营方向彻底向大型奢侈品集团发展。

集团发展初期，约翰的收购目标主要锁定在了高级腕表及珠宝行业；当历峰集团奠定了该市场的龙头之位后，收购目标又瞄准了皮具与时尚业务。

5.3.1 收购江诗丹顿（1996）、积家（2000）等六个腕表品牌

约翰·鲁伯特对高级腕表持有近乎疯狂的偏爱。[33] 历峰集团成立后，约翰尤为偏爱收购那些历史悠久、有皇室渊源、"血统纯正"的腕表品牌（如表 5-3 所示）。

表 5-3 约翰·鲁伯特收购的高级腕表品牌

收购年份	品　　牌	创立年份	创立地点	全产品线（截至 2022 年 7 月）
1996 年	VACHERON CONSTANTIN GENÈVE	江诗丹顿	1755 年	瑞士日内瓦	高级腕表系列：阁楼工匠系列、艺术大师系列；腕表系列：传承系列、传袭系列、伍陆之型系列、伊灵女神系列、纵横四海系列、马耳他系列、历史名作系列、创意时光系列、和韵系列

---

① 可参考历峰集团 1996 财年年报：https://www.annualreports.com/HostedData/AnnualReportArchive/r/richemont_1996.pdf.
② 可参考历峰集团 1999 财年年报：https://www.annualreports.com/HostedData/AnnualReportArchive/r/richemont_1999.pdf.

续表

收购年份	品牌		创立年份	创立地点	全产品线（截至2022年7月）
1997年	PANERAI	沛纳海	1860年	意大利佛罗伦萨	潜行系列、庐米诺系列、庐米诺杜尔系列、镭得米尔系列
2000年	JAEGER-LECOULTRE	积家	1833年	瑞士勒桑捷	空气钟系列、约会系列、双翼系列、翻转系列、大师系列、北宸系列
2000年	A. LANGE & SÖHNE GLASHÜTTE I/SA	朗格	1845年	德国格拉苏蒂	朗格1系列、时间机械系列、萨克森系列、理查朗格系列、1815系列、奥德修斯系列
2000年	IWC SCHAFFHAUSEN	万国	1868年	瑞士沙夫豪森	飞行员系列、达文西系列、柏涛菲诺系列、工程师系列、葡萄牙系列、海洋时计系列
2016年	ROGER DUBUIS	罗杰杜彼	1995年	瑞士日内瓦	王者系列、王者竞速系列、名伶系列、圆桌骑士系列、"超级腕表"系列

资料来源：https://www.vacheron-constantin.com/; https://www.panerai.com/; https://www.jaeger-lecoultre.com/; https://www.alange-soehne.com/; https://www.iwc.com/; http://www.rogerdubuis.com/.

  1996年，历峰集团将瑞士顶级腕表品牌江诗丹顿（Vacheron Constantin）纳入麾下。诞生于1755年的江诗丹顿早已不再是家族世家掌管，其"易主"历史自20世纪20年代末的全球经济危机起开启。严重的通货膨胀使得许多企业破产、消费者丧失购物动力，江诗丹顿家族继承人查尔斯·江诗丹顿（Charles Constantin）在1929年的订单骤减，但还是不得不维护厂房和腕表生产设备。最终，大萧条导致江诗丹顿在1933年完全停产。1938年，查尔斯希望将品牌大部分股权出售给积家（Jaeger-LeCoultre），但后者提出的苛刻交易前提是未来江诗丹顿所有腕表都只能使用积家机芯和零配件，并断绝与其他所有产商的合作。历经两年的权衡与谈判，积家公司的股东之一乔治·凯特勒（Georges Ketterer）最终收购了江诗丹顿多数股权。[34]20世纪70—80年代，江诗丹顿受到石英危机的重大影响，随着凯特勒家族第二代雅克·凯特勒（Jacques Ketterer）于1987年的去世，前沙特阿拉伯石油部长兼狂热收藏家艾哈迈德·亚马尼

（Ahmed Yamani）成为该公司的大股东，将江诗丹顿纳入其个人投资组合。[35]1996年，约翰瞅准时机收购了江诗丹顿的全部股权[36]，并将目光锁定在江诗丹顿的前东家——积家身上。

1997年春，梵敦奢侈品集团收购了以"为意大利海军制作腕表"而著名的公司沛纳海（Panerai），品牌与钟表精密仪器部门都纳入历峰集团旗下。① 约翰立即在意大利设立精选试点分销网络，以调整品牌行业和商业策略，并利用该集团现有的结构产生协同效应。

2000年对历峰集团是里程碑式的一年。精明的约翰·鲁伯特以竞标收购的方式从路威酩轩集团手中"截和"了三个顶级腕表品牌，除了积家外，还有万国（IWC）和朗格（A. Lange & Söhne）。[37]

时任积家公司首席财务官的杰罗姆·兰伯特（Jérôme Lambert）在2002年成为了积家公司首席执行官直至2013年，在短暂接任万宝龙首席执行官、历峰集团首席运营官后，2018年9月，兰伯特成为历峰集团首席执行官——职业生涯一帆风顺。成功收购三个顶级腕表品牌对约翰而言是历史性的时刻，自此历峰集团基本完成了对高端腕表品牌的收购，壮大了珠宝及腕表业务；但对贝尔纳来说，这是继收购古驰失败后，第二次在与直接竞争对手的较量中败下阵来。

2007年，历峰集团收购了由钟表大师罗杰·杜彼（Roger Dubuis）和卡洛斯·迪亚斯（Carlos Dias）在1995年联合创办的罗杰杜彼的零件制造业务[38]，一年后宣布拥有了后者60%的股权，剩余40%的股权为瑞士腕表品牌海赛珂（Hysek）投资人兼首席执行官阿克拉姆·阿尔约德（Akram Aljord）持有[39]。2016年，该40%的股权被历峰集团完全收购[40]，罗杰杜彼品牌及其供应链一并纳入历峰集团的腕表业务版图。

5.3.2　收购梵克雅宝（1999）和布契拉提（2019）

除腕表外，历峰集团另一个主营业务是高级珠宝。卡地亚和梵克雅宝两个法国珠宝世家被约翰视为珍宝，而布契拉提在2019年的加入更补充了历峰集团珠宝业务在小众高级珠宝细分市场上的渗透，进一步巩固了其在腕表及珠宝业务上的领头地位。

1. 梵克雅宝

成立于1906年的梵克雅宝在经历了70多年的发展后陷入了停滞，在20世纪80—90年代，梵克雅宝只有两个新品系列上市，分别是Col Claudine高级项链和Galilee座

---

① 可参考沛纳海品牌官方网站对加入历峰集团的历史回顾：https://www.panerai.com/us/en/about-panerai/history.html.

钟。[41]可见，在传统奢侈品消费领域，梵克雅宝二十余年再无建树。

就在品牌发展不如意之时，1999年，历峰集团快速收购梵克雅宝60%的股权，四年后收购了剩余40%的股权。[42]梵克雅宝在挣扎了数年后，凭借历峰集团更加宽广的销售渠道、珠宝购买渠道和宝石储备，以及设计创意和品牌管理人才的输送，快速走向全球高级珠宝市场。

如今，梵克雅宝在各类高级珠宝品牌排行中都能位列前十，各个产品线（如图5-11所示）都备受众多王室贵族、好莱坞巨星的青睐。

图5-11　梵克雅宝全产品线（截至2023年5月）

资料来源：http://www.vancleefarpels.com/.

2. 布契拉提

2019年9月27日，历峰集团宣布已完成对意大利奢华珠宝品牌布契拉提（Buccellati）的母公司布契拉提控股有限责任公司（Buccellati Holding Italia S.p.A.）所有股份的收购[43]，具体交易细节不做公开披露。

布契拉提始于1919年，由被当时誉为"金艺王子"的意大利人马里奥·布契拉提（Mario Buccellati）创立，凭借其精湛的手艺与完美的设计，布契拉提很快就在欧洲名声大噪，各国王室、贵族甚至梵蒂冈的教皇都成为了马里奥先生的常客。马里奥用意大利最精妙的珠宝制作工艺打响了布契拉提的招牌。而真正将布契拉提品牌打造成世界顶级珠宝品牌的，则是他的儿子吉安马里亚·布契拉提（Gianmaria Buccellati）。吉安马里亚与父亲一样，推崇文艺复兴时期的艺术，主张一切创作都源于自然。大自然成为他设计灵感的来源。

1979年，吉安马里亚在巴旺多姆广场开设了旗舰店，确立了布契拉提在世界顶级珠宝界中的地位。2001年，吉安马里亚在日内瓦高级钟表展期间推出布契拉提的首个腕表系列。

2013年3月，布契拉提家族与意大利私募基金公司Clessidra达成协议，将67%的多数股权出售给后者，家族保留剩余的33%股权。[44] 2017年8月，中国刚泰集团通过旗下的上市公司刚泰控股以1.955亿欧元的价格收购了布契拉提控股有限责任公司总共85%的股权，后者剩余15%的股权由意大利私募投资公司Clessidra和布契拉提家族各自持有7.5%。[45] 以当时的股价计算，布契拉提公司估值约为2.3亿欧元。

在不断不稳定的股权收购过程中，布契拉提在顶级珠宝届的地位快速下滑，多数收购者只是将这个百年珠宝品牌作为金融工具完成盈利，但品牌年年亏损。2018年10月，中国刚泰集团与美银美林集团（Bank of America Merrill Lynch）合作，意欲出售其持有的布契拉提公司股权。[46] 当时，各大时尚媒体与投资银行都认为，主营高级珠宝及腕表业务的历峰集团很可能是布契拉提的最终归属地。果不其然，一年后布契拉提成为鲁伯特家族的又一珠宝主力军品牌，产品线覆盖高级珠宝、珠宝首饰、腕表与银饰品（如图5-12所示）。

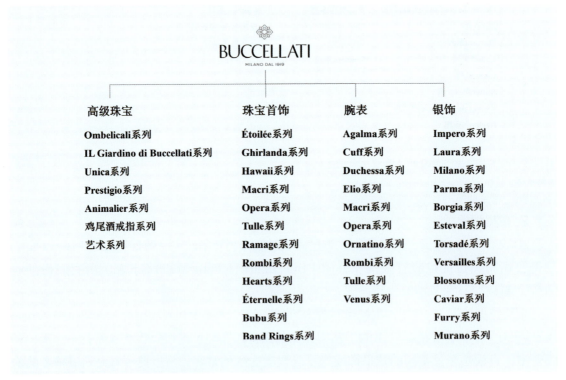

图5-12 布契拉提全产品线（截至2023年5月）

资料来源：https://www.buccellati.com。

约翰·鲁伯特毫不吝惜对这个意大利珠宝世家的溢美之词："布契拉提以其悠久传统、精致工艺和家族精神而闻名，是为数不多的高级珠宝品牌之一。我们十分欢迎布契拉提的加入，并期待其未来的持续发展。"[47]

5.3.3 收购德尔沃（2021）

2021年6月30日，历峰集团宣布将通过私人交易从冯氏兄弟手中收购比利时奢侈皮具品牌德尔沃（Delvaux）100%的股份[48]，但未透露具体交易金额。根据彭博社此前的报道，德尔沃估值在5亿~6亿美元，低于德尔沃所有者香港亿万富翁冯氏兄弟此前定下的10亿美元的心理价位。[49]在德尔沃被收购前，德尔沃是冯氏家族尚未出售的剩余时尚资产之一。2020年，受新型冠状病毒感染疫情影响，德尔沃业绩遭到重创，比利时总部裁减26名员工，创意总监克里斯蒂娜·泽勒（Christina Zeller）也已离职。

收购德尔沃是历峰集团对抗路威酩轩集团、开云集团、香奈儿集团、爱马仕集团的重要手段。以珠宝腕表为核心业务的历峰集团在时尚和皮具方面相对弱势，在2018年相继出售上海滩[50]和兰姿[51]（Lancel）后，仅剩下蔻依和登喜路两个时装品牌，其中市场规模最大的蔻依多年来却一直处于亏损状态；近年来瑞士钟表行业整体的不景气也是让历峰集团面临挑战。更让历峰集团感到警惕的是，竞争对手都不断把触角伸至顶级奢侈品领域，例如路威酩轩集团收购蒂芙尼、古驰先后推出首个高端珠宝系列和瑞士高端腕表系列、香奈儿推出高级珠宝系列。

历峰集团核心业务的低迷和顶级奢侈品市场的生命周期性令集团的未来充满不确定性。历峰集团要想继续提升竞争力，必须把缺失的"拼图"补上。当下正在寻求出售的奢侈品品牌中，历史比爱马仕还悠久的德尔沃无疑是最诱人的一个。

德尔沃由查斯·德尔沃（Charles Delvaux）创立于1829年，以制造行李箱起家，是全球首个奢侈品皮具世家，比比利时王国的成立还要再早一年，爱马仕直到德尔沃诞生八年后才正式创立。然而，即使拥有"比利时皇家御用供应商"称号，全球第一个手袋申请专利的德尔沃集齐了悠久历史、丰厚文化底蕴、标志性产品线（如图5-13所示）三个成为头部奢侈品品牌的核心要素，但发展至今没能像爱马仕、路易威登、香奈儿一样崛起。

事实上，德尔沃上述三大优势恰好是品牌发展的最大限制。

首先，德尔沃的历史虽比爱马仕、路易威登都要悠久，但品牌知名度、曝光率远不如竞争对手。不过，近年来德尔沃在明星街拍中出镜率不断提升，比爱马仕还悠久的历史吸引了一小部分不愿跟随主流的富裕人群关注，德尔沃Brillant手袋一度处于售罄状态。然而，截至2021年年末，德尔沃依然只有3个生产基地，192年来坚持手工制作，常年的

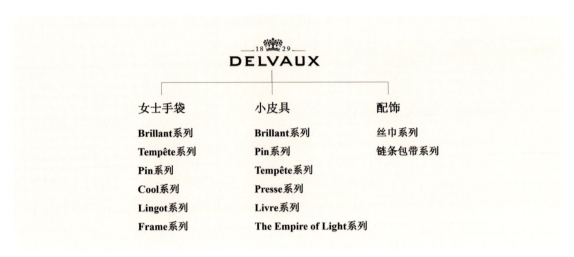

图 5-13　德尔沃全产品线（截至 2023 年 1 月）

资料来源：https://www.buccellati.com。

年产量只有约 1.5 万只[52]，导致该手袋长期处于供不应求的状态，这在数字化和社交媒体时代无疑是一个弊端。反观竞争对手，即便是爱马仕，在意识到中国消费者对铂金包需求持续高涨后，连续三年增产，以推动业绩增长，其法国皮具工坊已增至 20 个，另有两家正在建设中，分别位于法国诺曼底和奥弗涅地区，将于 2022 年和 2023 年投入使用。

其次，德尔沃具有丰富文化底蕴，长期为比利时皇室提供服务，包款极具传承性，不容易过时，但品牌不轻易推出新款，无形中却降低了忠实消费者重复购买的欲望。克里斯蒂娜·泽勒在 2020 年直言："我们的消费者不希望人人都有德尔沃。"泽勒的离开在一定程度上让德尔沃的处境更加艰难。

最后，德尔沃最大的硬伤在于标志性手袋全球化的滞后。作为最古老的手袋奢侈品品牌之一，德尔沃真正走上国际舞台只有短短十几年时间。2011 年，冯氏家族通过子公司 First Heritage Brands 与新加坡国有投资公司淡马锡（Temasek）一同收购了德尔沃 80% 的股权[53]后，德尔沃才在拥有丰富经验的首席执行官马尔克·普罗布斯特（Marco Probst）以及带领思琳复兴的让-马克·卢比耶的领导下开启了一段全球化扩张之路，于 2013 年在北京开设中国首家实体店，正式挺进中国、韩国和日本等主要亚洲市场；此后，德尔沃相继在纽约第五大道、伦敦邦德街和米兰雷纳宫等地开设旗舰店，并在总部布鲁塞尔成立了德尔沃博物馆。

历峰集团收购德尔沃后，其优势可以弥补德尔沃的发展劣势。历峰集团有足够资金收购并发展德尔沃；电商完善布局也能更好地为德尔沃赋能。历峰集团希望通过对德尔沃品牌的收购，使其在皮具奢侈品领域与路威酩轩集团、开云集团等竞争对手一较高下。

5.4 开拓：迈入数字经济时代

尽管手握历峰集团的"生杀大权"，但约翰·鲁伯特对权力并不痴迷，他更习惯于隐于幕后，而把历峰集团的管理权交予他人，只有公司出现危机时，他才会重新回到"操控台"上力挽狂澜——约翰定义自己是集团各品牌的"平衡器"，平衡各个品牌的特性及市场策略。[54]

2002年，历峰集团遭遇危机，运营成本失控，资金问题反过来又拖住了产品创新的后腿。为了迅速挽回颓势，约翰接管首席执行官之位，将部分英美烟草公司股票套现，偿还了近10亿美元的债务[55]，同时在历峰集团内部大刀阔斧地进行改革，大幅削减成本。在约翰的带领下，历峰集团很快摆脱了困境。

进入数字经济时代后，历峰集团在关注创新、推出新款产品系列的同时开拓电商平台、二手商店平台，并推出云计划战略以推动数字化转型。

5.4.1 收购 Net-A-Porter 公司（2010）与 YNAP 集团的并购（2018）

Net-A-Porter 公司于 2000 年由英国时尚编辑娜塔莉·马斯奈（Natalie Massenet）创立，灵感源于其在美国时尚杂志《女装日报》（*WWD*）、英国时尚杂志《尚流》（*Tatler*）担任编辑的经历。与其他奢侈品电商平台（如表 5-4 所示）仅售卖产品不同，Net-a-Porter 公司每周都会在网站上推出一期由时尚大片组成的电子杂志，吸引了众多年轻消费者，刺激其迅速成长为全球最成功的奢侈品电商平台之一。

2009年，Net-A-Porter 公司开设了名为"Outnet"的奢侈品折扣商店，旨在销售过季的设计师奢侈品。2010年，Net-A-Porter 公司被历峰集团整体收购，估值约3.5亿英镑。[56]一年后，男士版"Net-A-Porter"成立，取名为"Mr Porter"，目标群体锁定为追求时尚、热衷奢侈品的年轻男性。Net-A-Porter 公司的所有战略布局与主要竞争对手 YOOX 公司有关。

YOOX 公司同样创立于 2000 年，被视为意大利"时尚界的亚马逊"，创始人为费德里科·马切蒂（Federico Marchetti）和科斯塔斯·康斯坦丁努（Costas Constantinou）。后者取了"YOOX"之名——Y 和 X 在生物学上代表了决定性别的性染色体，而"OO"既代表数学上的无穷符号"∞"，又是计算机语言中的基本二进制代码[57]——标志潜力无限的消费数字化时代已经到来。

2009年，YOOX 公司在米兰证券交易所上市。YOOX 公司与意大利奢侈品公司杜嘉班纳（Dolce & Gabbana）、古驰（Gucci）、阿玛尼（Armani）、玛尼（Marni）、迪赛（Diesel）

表 5-4　全球重要奢侈品电商平台

平台名	Net-A-Porter	YOOX	Ssense	发发奇	Matches Fashion	寺库	天猫奢品	京东奢品
品牌标识	NET-A-PORTER	YOOX	SSENSE	FARFETCH	MATCHESFASHION	SECOO	天猫奢品	TOPLIFE
成立年份	2000年	2000年	2003年	2007年	2007年	2008年	2017年	2017年
总部	英国	意大利	加拿大	英国	英国	中国	中国	中国
创始人	娜塔莉·马斯奈	费德里科·马切蒂等	拉米·阿特拉等	何塞·内维斯	查普曼夫妇	李日学	马云	刘强东
业务所属	历峰集团旗下YNAP集团	历峰集团旗下YNAP集团	独立	独立	独立	独立	阿里巴巴集团	发发奇中国①
上市情况	未上市	2009年在米兰证券交易所上市；2015年与Net-a-Porter合并上市；2018年被历峰集团收购后退市	未上市	2018年9月21日在纽约证券交易所上市	未上市	2017年9月22日在纳斯达克证券交易所上市	未上市（部门非公司）	未上市（部门非公司）
覆盖地区	180余个国家和地区	180余个国家和地区	150余个国家和地区	190余个国家和地区	190余个国家和地区	主要在中国市场	主要在中国市场	主要在中国市场
主要奢侈品相关业务	一手奢侈品二手奢侈品	一手奢侈品艺术品	时尚奢侈品	一手奢侈品二手奢侈品	时尚奢侈品	一手与二手奢侈品鉴定奢侈品养护服务	一手奢侈品	一手奢侈品二手奢侈品
奢侈品品类	皮具及时装、珠宝及腕表、鞋履及化妆品等	皮具及时装、珠宝及腕表、鞋履及化妆品等	皮具及时装等	皮具及时装、珠宝及腕表、鞋履及化妆品等	皮具及时装等	几乎覆盖奢侈品全品类	皮具及时装、珠宝及腕表、鞋履及化妆品等	皮具及时装、珠宝及腕表、鞋履及化妆品等

---

① 2019年7月，京东奢品业务TopLife并入发发奇中国。

等，以及艺术家达明安·赫斯特（Damien Hirst）、马克·奎因（Mark Quinn）和彼得·布莱克（Peter Blake）等的合作让 YOOX 声名远扬，给 Net-A-Porter 公司造成了巨大、无形的压力。

2015 年，历峰集团考虑到电商业务对奢侈品公司形象可能造成的负面影响，剥离了 Net-a-Porter 业务，与当时竞争对手 YOOX 合作，通过换股方式共同成立了 YNAP 集团[58]，估值约 30 亿欧元。为实施换股比率，YOOX 公司通过发行 65 599 597 份普通股（无票面价值）将其股本面额增加了 655 995.97 欧元，又将该部分股份分配给历峰集团（英国）有限公司，其中包括 20 693 964 份普通股和 44 905 633 份无表决权股份（即"B 类股"）。合并成为 YNAP 集团后，股本为 1 277 339.29 欧元，分为 127 733 929 股（无票面价值），其中包括 82 828 296 份普通股和 44 905 633 份 B 类股；历峰集团作为股东之一，持有 50% 的股权和 25% 的投票权，日常管理及运营都由 YOOX 集团负责，马切蒂担任首席执行官，而马斯奈离任。①

YNAP 集团在奢侈品电商业务中占据主导地位。根据最后一次完整公开的 2017 财年数据显示，YNAP 集团的销售额突破 20 亿欧元，同比增长 12%，收入中占比较大的为移动端，占到了 50%。不过它也面临竞争对手增加带来的冲击，其在诸如折扣、品牌电商等领域的优势也在渐渐削弱，伴随着电商业务在全球范围内得到重视，越来越多的品牌开始开发自有电商平台（如 2017 年成立的路威酩轩集团电商平台 24 Sèvres）。

面对日益激烈的电商平台竞争，2018 年 1 月，持有 YNAP 集团 25% 股权的历峰集团向前者提供了约 28 亿欧元的收购要约来实现完全控股，以便更好地在奢侈品在线市场上展开竞争。根据意大利证券交易所的数据显示，接近 94% 的股东（拥有 YNAP 集团约 70% 的股本）是历峰集团收购要约的目标，并接受了报价，这意味着历峰集团持有的股份比例超过 90%。根据意大利证券交易相关法律，超过 90% 的持股比例触发了收购剩余投资者手中股票的义务。[59] 从而，历峰集团全资收购了 YNAP 集团，后者则相应从米兰证券交易所退市。收购后的 YNAP 集团估值约 53 亿欧元。

马切蒂对此次收购赞誉有加："由历峰集团运营 YNAP 集团可以说是真正无与伦比之举。我们稳健的增长使我们成为奢侈品电商平台的领头羊。在历峰集团的帮助下，我们会对产品、技术、物流、人才和市场营销方面等进行更多投资，加速全球增长并保证 YNAP 集团的长期领导地位。"②

同年 10 月，YNAP 集团与阿里巴巴集团成立合资公司，通过 Net-A-Porter 和 Mr

---

① 可参考 YNAP 集团关于合并与人事任命的信息披露：https://www.ynap.com/document/today-marks-the-foundation-of-the-new-group-shares-start-trading-on-the-mta-as-ynap/.
② 可参考 YNAP 集团对管理层任命的通告：https://www.ynap.com/document/statement-from-federico-marchetti-ceo-of-yoox-net-a-porter-group-regarding-compagnie-financiere-richemonts-announcement/.

Porter 分别为中国市场的女性和男性消费者服务，Net-A-Porter 和 Mr Porter 也入驻"天猫奢品"平台[60]；阿里巴巴集团则为合资公司提供技术、支付、物流等基础支持和数据选品、消费者洞察等多方面的服务和帮助[61]。

历峰集团与阿里巴巴集团的电商合作并不止于此：2020年，两者建立了全球战略合作伙伴关系，各自出资3亿美元收购发发奇发行的价值6亿美元的私募可转换债券①，进一步奠定了奢侈品电商行业领先的公司地位。

不过，考虑到更加关注奢侈品自身业务，历峰集团也开始尝试剥离电商业务。2022年8月24日，发发奇与阿联酋投资基金 Symphony Global 决定分别收购 YNAP 集团47.5%和3.2%的股份，这也是历峰集团向奢侈品新零售转型道路上迈出的重要一步。此举不仅减轻了电商业务高投资与运营高成本的负担，也能借助发发奇的数字技术使公司从中获利，从而实现奢侈品新零售愿景。

5.4.2　与亚马逊集团 IT 合作（2021）——云优先战略

在线零售与电商布局仅仅是历峰集团实现数字化转型的第一步。历峰集团在数字经济时代走出的第二步是与亚马逊集团深度合作，实现基础设施现代化，推动产品创新，提供独一无二的客户体验，促进全球业务效率提升。

历峰集团确定了云优先战略，将关键业务的企业IT应用和企业资源规划、会计、供应链管理、制造、产品生命周期管理和电子商务系统迁移到亚马逊云科技。[62] 2021年年末，历峰集团正在将全部企业IT基础设施迁移到亚马逊云科技。历峰集团将关闭欧洲数据中心，并将中国香港和美国的数据中心同步迁移到亚马逊云科技。作为数字化转型战略的一部分，历峰集团将把5 000多台虚拟机和120个企业资源计划（enterprise resource planning，ERP）迁移到亚马逊云科技[63]，以实现基础设施的现代化，提高安全等级，推动全球业务运营的自动化。

历峰集团将使用亚马逊云科技广泛且先进的云服务，包括机器学习、分析、安全和数据库，促进实体零售业务和电子商务的产品创新。作为其五年规划的组成部分，历峰集团将开发基于云的系统，使用机器学习提升渠道的数字化，从而提供更具吸引力的客户体验。利用亚马逊云科技的领先技术，历峰集团正在加速创新其电子商务平台的动态数字化体验，包括个性化店面和造型服务，通过视频聊天为客户提供订制化的时装秀相关咨询，以及新品上市前的订制优惠。

---

① 可参考发发奇公司发布的关于三方合作的信息披露：https://www.farfetchinvestors.com/financial-news/news-details/2020/Farfetch-Alibaba-Group-and-Richemont-Form-Global-Partnership-to-Accelerate-the-Digitization-of-the-Luxury-Industry/default.aspx.

历峰集团还将增加对亚马逊云科技"Marketplace"的使用[64]，这是一个方便企业寻找、采购、授权、配置和管理第三方软件的数字目录，利用后者的领先解决方案，在移动端和线上渠道上扩展、构想和进一步提升个性化购物体验。历峰集团还将利用亚马逊云科技技能培训指南，为IT员工提供培训和认证，提高各类人才对云计算技能的熟悉度。这些培训机会将助其进一步提高以产品为中心的业务运营能力，提升效率，获得满足业务和客户需求的速度和敏捷性。

由此可见，在历峰集团寻找更好的方式来服务客户、优化工作方式并参与全球竞争时，亚马逊云科技成为其数字化转型的重要支柱，可以凭借成熟的经验和高性能的全球基础设施，提供给历峰集团启动新业务流程和新服务模式所需的敏捷性、安全性和可扩展性，通过包括分析和机器学习的创新速度与服务组合获取更多市场与消费者洞察，在云端业务发展和管理上更加灵活。

研究聚焦 收购策略比较研究 I：历峰集团 vs 路威酩轩集团

历峰集团作为第二大奢侈品巨头，在奢侈品行业腕表及珠宝业务上具备领先优势。同样是通过收购策略扩大业务规模、提升品牌发展与提升集团实力，历峰集团与路威酩轩集团在收购策略上存在较为明显的差异。战略差异与运营模式的不同从历峰集团与路威酩轩集团的业绩表现（如表 5-5 所示）和业务结构（如图 5-14 所示）即可窥一二。

表 5-5 历峰集团 2023 财年与路威酩轩集团 2022 财年业绩对比

	历峰集团	路威酩轩集团
销售总额（同比增长）	199.53 亿欧元（+19%）	791.84 亿欧元（+23%）
净利润（同比增长）	3.01 亿欧元（-86%）	140.84 亿欧元（+17%）
自由现金流	27.94 亿欧元	101.13 亿欧元
腕表及珠宝业务	170.19 亿欧元	105.81 亿欧元
时尚及皮具业务	18.05 亿欧元	386.48 亿欧元
葡萄酒及烈酒业务	—	70.99 亿欧元
香水及化妆品业务	—	77.22 亿欧元
精品零售业务（包含渠道）	—	148.52 亿欧元
其他业务	11.29 亿欧元	2.82 亿欧元

资料来源：历峰集团 2023 财年年报，路威酩轩集团 2022 财年年报。

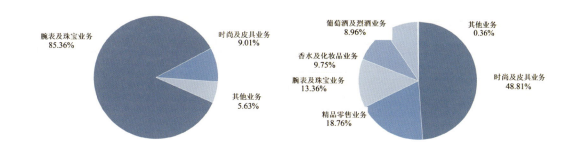

图 5-14　历峰集团 2023 财年（左） vs 路威酩轩集团 2022 财年（右）业务结构对比
资料来源：历峰集团 2023 财年年报，路威酩轩集团 2022 财年年报。

从历峰集团 2023 年财报中可以发现，卡地亚、梵克雅宝、布契拉提所在的珠宝部门贡献了集团近 66% 的营业收入，江诗丹顿和伯爵等所在的腕表部门贡献了 19% 的营业收入，两者相加超过集团总营收的 85%，是鲁伯特最仰仗的两个业务模块，也是历峰集团始终位于奢侈品行业三甲之列的基石。可见，历峰集团的核心优势在于腕表及珠宝业务的寡头市场地位，甚至比著名腕表公司斯沃琪集团拥有更多的高级腕表品牌，包括江诗丹顿、名士、积家、朗格、沛纳海、伯爵、罗杰杜彼，且卡地亚、梵克雅宝、万宝龙等珠宝与时尚品牌也拥有自己的腕表产品线。然而，登喜路、蔻依、阿莱亚等时尚及皮具业务在 2016—2023 财年间在"入不敷出"的窘境中挣扎，几乎无法为集团做出利润贡献。正是珠宝及腕表业务高营收与盈利能力，才使得历峰集团的整体盈利水平超过大多数奢侈品公司。

相比之下，路威酩轩集团无论是营业收入、净利润还是自由现金流及其增长速度，都远远高于历峰集团。路威酩轩集团更像是一家致力于相关多元化、全业务扩张的奢侈品公司；主营的时尚及皮具业务不到总营收的一半（约 49%），而仅作为第三大业务的腕表及珠宝业务（仅约占总营收的 13%），尤其在收购蒂芙尼后，已经对历峰集团产生了一定威胁。[65]

因此，回顾历峰集团的收购之路（如表 5-6 所示）以及自行创立的品牌，如奢侈品电商 Online Flagship Stores（2006 年创立）和 Mr Porter（2011 年创立），珠宝业务设计总监同名品牌 Giampiero Bodino（2013 年创立），免税店品牌时光天地（TimeVallée，2014 年创立），时尚成衣品牌 AZ Factory（2021 年创立），可见历峰集团在股票市场的表现也与其收购和新业务开发密切相关（可参考图 5-7）。虽然历峰集团几乎不公开收购与出售金额，但是可以挖掘出与路威酩轩集团的收购方向、收购策略、收购方式，以及收购后的运营管理模式的异同之处。

表 5-6　历峰集团主要收购历程一览

收（售）情况[①]	品　　牌	创立年份	主营产品	创立地点
1988 年	卡地亚（Cartier）	1847 年	珠宝及钟表	法国巴黎
	名士（Baume & Mercier）	1830 年	钟表	瑞士日内瓦
	伯爵（Piaget）	1874 年	钟表	瑞士日内瓦
	蔻依（Chloé）	1952 年	时尚及皮具	法国巴黎
1992 年（2005 年出售）	哈克特（Hackett）	1983 年	成衣	英国伦敦
1993 年	登喜路（dunhill）	1893 年	时尚及皮具	英国伦敦
	万宝龙（Montblanc）	1906 年	文具、时尚及皮具	德国汉堡
1994 年	Purdey	1814 年	高级枪械	英国伦敦
1996 年	江诗丹顿（Vacheron Constantin）	1755 年	钟表	瑞士日内瓦
1997 年	沛纳海（Panerai）	1860 年	钟表	意大利佛罗伦萨
1997 年（2018 年出售）[66]	兰姿（Lancel）	1876 年	皮具	法国巴黎
1999 年	梵克雅宝（Van Cleef & Arpels）	1906 年	珠宝及钟表	法国巴黎
2000 年	积家（Jaeger-LeCoultre）	1833 年	钟表	瑞士勒桑捷
	朗格（A. Lange & Söhne）	1845 年	钟表	德国格拉苏蒂
	万国（IWC）	1868 年	钟表	瑞士沙夫豪森
2000 年（2009 年出售）	万特佳（Montegrappa）	1912 年	文具	意大利维琴察
2007 年	阿莱亚（Alaïa）	1964 年	成衣	法国巴黎
2008 年（2018 年出售）	上海滩（Shanghai Tang）	1994 年	成衣	中国香港
2010 年（2022 年出售）	Net-A-Porter	2000 年	奢侈品电商	英国伦敦
	The Outnet	2009 年	奢侈品电商	英国伦敦
2012 年	彼得·米勒（Peter Millar）	2001 年	成衣	美国纳罗利
2016 年	罗杰杜彼（Roger Dubuis）	1995 年	钟表	瑞士日内瓦
2017 年	Serapian	1928 年	时尚及皮具供应商	意大利米兰
2018 年（2022 年出售）	YOOX	2000 年	奢侈品电商	意大利
	Watchfinder & Co.	2002 年	二手腕表电商	英国伦敦
2019 年	布契拉提（Buccellati）	1919 年	珠宝	意大利米兰
2021 年	德尔沃（Delvaux）	1829 年	时尚及皮具	比利时布鲁塞尔

① 收购年份指全资收购时间（以及完成出售的时间）。

在收购方向方面，历峰集团与路威酩轩集团、开云集团、斯沃琪集团相似，在早期均以稳固主营业务、强化品牌协同效应并提升供应链为主。例如，斯沃琪集团主营腕表，路威酩轩集团主营时装及皮具、葡萄酒及烈酒、香水及化妆品等，开云集团主营皮具，而历峰集团在成立之初的12年间，也是围绕当时溢价和盈利能力最强的腕表（以江诗丹顿、万国、积家为代表）和珠宝品牌（卡地亚和梵克雅宝）为主完成收购。

在集团发展到一定规模后，各集团开始弥补自身发展的劣势。历峰集团表现在渠道管理、电商与数字化转型、上下游产业链、与竞争对手相比的业务短板上。为了弥补上述四方面劣势，历峰集团在收购方向与手段上与路威酩轩集团有共同之处，也具有自己独特的并购策略。

首先，历峰集团在运营与渠道管理中还十分依赖第三方多品牌珠宝、腕表批发渠道，2014财年传统批发渠道占总销售额的58%，而自营零售渠道仅占42%，绝大多数还是卡地亚和万宝龙门店的渠道贡献。[67]于是，历峰集团通过向外收购不断优化渠道布局，视销售高级珠宝、腕表为主的旅游零售渠道为重要领地。2017年5月19日，历峰集团斥资4.72亿美元收购当时世界最大的免税零售商杜福睿集团（Dufry AG）5%的股权，从原先的2.5%提升至7.5%[68]，以强化旅游零售渠道。约翰·鲁伯特在2017财年业绩电话会议时强调，第二个机器时代（Second Machine Age）即将来临，机器人让人类从繁忙的工作中解放出来，得以拥有闲暇时间来旅行，未来消费者对旅游的需求会大幅增加。[69]值得一提的是，中国游客的旅游消费力成为历峰集团布局旅游零售渠道的重要原因之一。正如历峰集团首席财务官布克哈特·格伦德（Burkhart Grund）发布声明时所说："入股杜福睿集团有助于我们集团的旗下品牌在主要机场占有好位置。"[70]

相比竞争对手，历峰集团的渠道优化与线下免税店、零售商布局显得较晚。早在1996年，路威酩轩集团收购环球免税集团（DFS），1997年收购著名香水及化妆品零售店丝芙兰，2000年收购右舷邮轮免税店（Starboard Cruise Services）；而斯沃琪集团也于2004年建立了斯沃琪机场名表零售店，取名为"Hour Passion"。

其次，历峰集团通过并购现有各类时尚、奢侈品电商与自建电商并举，投入数字化转型，与路威酩轩集团自2017年投入巨资构建自有电商平台24Sèvres不同。在日益白热化的奢侈品电商竞争中，借势得以差异化竞争的公司便可以成为阶段性的胜出者。在电商与数字化转型方面，历峰集团显得更胜一筹，很大程度上弥补了相比路威酩轩集团在渠道管理和线下免税店、零售店布局的劣势。

2002年，奢侈品电商平台Net-A-Porter刚刚成立两年之久。当时，互联网系统还在构建完善中，几乎整个奢侈品行业都认为电商稀释了奢侈品品牌形象与价值，大众化路线的电商渠道对奢侈品公司只会产生负面作用，因此它们都对电商平台持以嗤之以鼻的寡淡态度。然而，历峰集团嗅觉敏锐，约翰·鲁伯特力排众议公开表示："未来十年内，数字化和电商化将给奢侈品行业带来巨大影响变化，而历峰集团将领先于这条变化曲线。"因此，约翰前瞻性地收购 Net-A-Porter 20% 的份额，为未来发展做好铺垫。8 年后，互联网浪潮开始渗透奢侈品行业时，通过不断地收购股权，历峰集团已经成为 Net-A-Porter 的最大股东。

2015 年，为了进一步提升电商平台的运营能力，约翰·鲁伯特组局策划 Net-A-Porter 与 YOOX 合并成 YNAP，历峰集团占股 50%[71]，但 YOOX 和 Net-A-Porter 仍然保持各自独立运营。2017 年 4 月，卡地亚尝试在 Net-A-porter 平台独家发售猎豹系列（Panthère de Cartier）腕表的首个款式，两分钟之内被一抢而空。[72] 此次在电商平台的顺利尝试更加坚定了历峰集团对在线渠道的战略决心。

2018 年，历峰集团以每股 38 欧元的价格收购了 YNAP 全部剩余股份，总交易额约 28 亿欧元[73]。随后，YNAP 从米兰证券交易所退市，历峰集团完成收购私有化。收购 YNAP 的股权让历峰集团线上渠道快速见效，加快线上销售渠道的增长速度，收购业务的同时也拥有了足够专业的电商渠道销售人才助推历峰集团继续在奢侈品电商业务上保持领先。

为稳固腕表市场的地位并顺应市场潮流，在完成 YNAP 的收购后，当年 6 月宣布收购英国二手腕表电商 Watchfinder，但始终未公开具体交易金额。[74] 创立于 2002 年的 Watchfinder 是多渠道二手腕表零售商，线上品牌销售的二手腕表品牌包括劳力士（Rolex）、泰格豪雅（TagHeuer）、欧米茄（Omega）等。历峰集团收购的动机之一在于介入此前腕表行业几乎一直忽视、正在迅速崛起的二手腕表市场，而灰色市场混入的假货产品将严重地稀释腕表品牌资产。历峰集团对灰色市场的态度始终坚持不妥协，收购 Watchfinder 有助于更好地把控集团旗下腕表品牌在二手市场的流通，而历峰集团也通过 Watchfinder 渠道数据更精确地洞察消费者需求。

此后，历峰集团又相继收购了折扣奢侈品电商平台 The Outnet、男士奢侈品电商平台 Mr Porter，与 YOOX、Net-A-Porter、Watchfinder 共同组成了新数字矩阵，作为线上分销部门给集团带来新增量销售，从而在数字渠道与电商之路上进一步领先路威酩轩集团和开云集团。即使历峰集团在 2022 年将 YNAP 集团股份出售给发发奇和 Symphony Global 公司，但产生的协同效应也稳固了历峰集团的数字化优势。

反观路威酩轩集团的自创电商平台 24Sèvres，是将旗下乐蓬马歇高端百货公司搬至线上，以其巴黎所在地名为品牌名打造了在线销售平台，不仅销售集团旗下品牌产品，也开设了普拉达、古驰等竞争品牌的专栏。相比历峰集团，由于数字化与电商转型较晚，自建立之初就受到重重挑战，即使集团前首席数字官伊恩·罗杰斯（Ian Rogers）和 24Sèvres 首席执行官埃里克·戈盖（Eric Goguey）先后表示集团自营电商平台在市场取得的成功高于集团预期，已接收了来自 100 多个国家和地区交付的订单，但国际化进程和平台影响力仍需要赶超包括历峰集团等在内的竞争对手。

再次,历峰集团在加快收购步伐后将目标锁定在上游零件制造商。一方面,历峰集团先后收购配件封装公司HGT Petitjean(2001年)、配件抛光公司BestinClass(2007年)、表带表盘制造公司Donze-Baume(2007年),保证集团内部的配件供应,完善集团内部的垂直产业结构;另一方面,接连收购Minerva(2006年)、罗杰杜彼(2016年)两家机芯公司,其中,罗杰杜彼是历峰旗下几乎所有手表品牌的机芯供应商,因此将核心的机芯业务控制权牢牢掌握在自己手中。其实早在2007年,历峰集团就收购了由罗杰杜彼和著名钟表设计师卡洛斯·迪亚斯(Carlos Dias)在1995年联合创办的罗杰杜彼零件制造商(Manufacture Roger Dubuis),2008年收购罗杰杜彼品牌60%的股权;然而,直到2016年历峰集团意识到奢侈品行业加速竞争态势后,才得以全资控股罗杰杜彼,将零件制造商也一同收入囊中。当然,对上下游供应链的收购也存在失败案例。2022年3月,历峰集团宣布出售了其所拥有的瑞士制表品牌高珀富斯(Greubel Forsey)的全部股份(20%)。[75]这也意味着高级腕表行业的趋势:高级制表品牌寻求对生产和设计的完全控制,以响应市场对于小众独立制表品牌的需求。

路威酩轩集团也较少直接参与对上下游供应商的收购行为,多采用与原料供应商、手工作坊、生产基地等进行合作的方式。当然,这样的做法也容易造成较大风险。著名的案例之一发生在中国。2018年路威酩轩集团与杭州万事利丝绸公司开启全面合作,围绕丝绸领域,开展品牌、渠道、技术、人才等多方面的深度合作,利用双方优势努力为对方创造价值;但遇到品牌文化、跨国合作等的瓶颈,2021年便停止了合作;经历了艰难的合作后,万事利公司于当年9月22日在A股创业板上市,通过资本市场运作发展自身品牌。

最后,历峰集团也在尽可能通过收购弥补奢侈品业务上的短板与缺失,这点与路威酩轩集团的收购策略大同小异。前者在2021年收购了比利时顶级皮具品牌德尔沃;后者为了弥补在珠宝和腕表上的不足,于2021年1月也完成对蒂芙尼的收购,甚至为了加强在北美市场的品牌渗透率和影响力,计划收购美国经典时尚品牌拉夫劳伦(Ralph Lauren)。

在并购策略方面,历峰集团耐心寻找市场上发展势头良好、预期升值潜力较大的品牌,而这些品牌往往更具备雄厚的技术实力支撑。路威酩轩集团则"咄咄逼人"得多:贝尔纳倾向于在奢侈品行业低谷期或品牌濒临破产之时通过现金和/或股权交易的方式一举拿下,其中数次被上诉法庭,如试图收购爱马仕、古驰、蒂芙尼等品牌时被起诉存在"恶意收购"等不正当竞争行为;在有较多不确定因素或非奢侈品相关业务的情况下,他通过集团的奢侈品投资部门或参股的艾卡特腾收购基金进行投资收购。

在收购后的运营管理模式方面,历峰集团低调、谨慎,甚至保守。历峰集团坚持将大部分资源和能力应用于腕表及珠宝、零售渠道这些核心业务,将旗下品牌打造成为奢侈品品类翘楚,由此带来可观的市场利润;同时,也低调地收购并运营时尚及皮具业务,持续地给竞争对手施加压力。相比之下，路威酩轩集团张扬、狂热、更加自由，允许绝大多数品牌自由地进行产品延伸，可以由皮具业务进入时装、香水，甚至珠宝及腕表等领域，只要品类符合集团文化、个性与价值观即可。这种做法最大化地利用了品牌资产[76]，在引领消费者多元化诉求的同时，又最大程度提升了品牌影响力和盈利能力。

历峰集团与路威酩轩集团等奢侈品行业巨擘之争愈演愈烈。卡地亚总裁兼首席执行官西里尔·维涅龙（Cyrille Vigneron）多次在公开场合强调，未来历峰集团还将继续寻求合适的收购目标。[77] 因此，在维持珠宝及腕表业务优势的同时，尽可能补足时尚及皮具等业务增量，仍然是历峰集团下一阶段的运营目标与收购方向。

参考文献

[1] Shanghai Tang: from Pedder to…Duddell[EB/OL]. Jing Daily, (2012-03-20) [2022-07-04]. https://jingdaily.com/shanghai-tang-from-pedder-to-duddell/.

[2] CHUA R Y, ECCLES R G. Managing Creativity at Shanghai Tang[J]. Harvard Business School Case. 2009: 410-018.

[3] OOI J. What Shanghai Tang's rise, fall and return means for luxury fashion[EB/OL]. Vogue Business, (2019-08-21) [2022-07-04]. https://www.voguebusiness.com/fashion/shanghai-tang-richemont-chinese-luxury-fashion.

[4] HEINE K, PHAN M. A case study of Shanghai Tang[J]. Asia Marketing Journal. 2013, 15(1): 1-22.

[5] Shanghai Tang takes on African accent[EB/OL]. South China Morning Post, (1995-10-31) [2022-07-04]. https://www.scmp.com/article/137115/shanghai-tang-takes-african-accent.

[6] HAYS C L. A fashion mistake on madison avenue; humbling end for Shanghai Tang and its gaudy take on chinese style[EB/OL]. The New York Times, (1999-08-19) [2022-07-04]. https://www.nytimes.com/1999/08/19/nyregion/fashion-mistake-madison-avenue-humbling-end-for-shanghai-tang-its-gaudy-take.html.

[7] CHUA R Y, ECCLES R G. Managing Creativity at Shanghai Tang[J]. Harvard Business School Case. 2009: 410-018.

[8] HEINE K, PHAN M. A case study of Shanghai Tang[J]. Asia Marketing Journal. 2013, 15(1): 1-22.

[9] RICHEMONT GROUP. Richemont sells Shanghai Tang[EB/OL]. (2017-07-03). https://www.richemont.com/en/home/media/press-releases-and-news/richemont-sells-shanghai-tang/.

[10] AHSSEN S. Inter Parfums seals license deal with Chinese brand Shanghai Tang[EB/OL]. Fashion Network, (2013-07-13) [2022-07-04]. https://ww.fashionnetwork.com/news/inter-parfums-seals-license-deal-with-chinese-brand-shanghai-tang,346001.html.

[11] SYAZANA. Shanghai Tang's first up-cycled fashion collection: The Sassy Mama interview[EB/OL]. Sassy Mama, (2016-10-24) [2022-07-04]. https://www.sassymamasg.com/fashion-collection-shanghai-tang-kevin-germanier/.

[12] PAN Y-L. What Richemont's divorce from Shanghai Tang reveals about these western-owned Chinese luxury labels[EB/OL]. Jing Daily, (2017-07-06) [2022-07-04]. https://jingdaily.com/shanghai-tang-richemon-west-owned-chinese-luxury-brands/.

[13] LI S. Research on Shanghai-style Culture's impact on the development of Chinese domestic

luxury brands-from the perspective of "Shanghai Tang" [J]. Journal of Business Administration Research. 2017, 6(1): 14-19.

[14] CHUA R Y, ECCLES R G. Managing Creativity at Shanghai Tang[J]. Harvard Business School Case. 2009: 410-018.

[15] DENG H-X. The rise and fall (and rise?) of Shanghai Tang[EB/OL]. Jing Daily, (2018-01-08) [2022-07-04]. https://jingdaily.com/rise-and-fall-of-shanghai-tang/.

[16] SAHMET L. Shanghai Tang drops a capsule collection with Yuni Ahn[EB/OL]. Lifestyle Asia, (2021-05-13) [2022-07-04]. https://www.lifestyleasia.com/hk/style/fashion/shanghai-tang-capsule-collection-yuni-ahn/.

[17] WHITE R. How an ex-celine designer is ushering in a bold new era for maison kitsune[EB/OL]. i-D, (2019-09-24) [2022-07-04]. https://i-d.vice.com/en_uk/article/wjwgn5/maison-kitsune-yuni-ahn-ex-celine-designer-interview-sam-rock.

[18] SAMPSON J. A tribute to Dr. Anton Rupert 1916-2006[J]. Journal of Marketing. 2006, (2): 3.

[19] OJODE L A. Tobacco Business and Regulation in the Developing Markets: The Case of British American Tobacco (BAT) in East Africa[J]. Journal of African Business. 2006, 7(1-2): 31-56.

[20] HUGHES P. Trust changes everything: business-managing for profit[J]. Farmer's Weekly, 2015: 15034.

[21] DUCKITT J. The development and validation of a subtle racism scale in South Africa[J]. South African Journal of Psychology. 1991, 21(4): 233-239.

[22] GöBEL B C. Restructuring in the Richemont Group: A Consequential Historical Analysis, 1988-2013[D]. Johannesburg: University of Johannesburg, 2017.

[23] BROWN A. Billionaire Johann Rupert on the jewels of South African wine[EB/OL]. Forbes, (2016-03-23) [2022-05-07]. https://www.forbes.com/sites/abrambrown/2016/03/23/south-african-wine-to-buy-anthonij-rupert-johann-rupert/?sh=241038efcf25.

[24] TERASAKI S, & NAGASAWA S Y. Richemont as focused luxury conglomerate[J]. International Journal of Affective Engineering. 2014, 13(1): 1-10.

[25] Cartier acquires control of Baume et Mercier, Piaget[EB/OL]. (1988-04-26) [2022-05-04]. https://www.upi.com/Archives/1988/04/26/Cartier-acquires-control-of-Baume-et-Mercier-Piaget/8399578030400/.

[26] Vendôme Luxury Group plc history[EB/OL]. [2022-05-06]. http://www.fundinguniverse.com/company-histories/vend%C3%B4me-luxury-group-plc-history/.

[27] BARMASH I. Man in business[EB/OL]. The New York Times, (1971-08-01) [2022-05-05]. https://www.nytimes.com/1971/08/01/archives/article-1-no-title-kenmore-formula-facts-plus-instinct.html.

[28] JR GOODMAN G. Robert Hocq, Cartier Executive, is killed by automobile in Paris[EB/OL]. The New York Times, (1979-12-10) [2022-05-05]. https://www.nytimes.com/1979/12/10/archives/robert-hocq-cartier-executive-is-killed-by-automobile-in-paris.html.

[29] Luxury, according to Alain-Dominique Perrin[EB/OL]. Luxe Magazine, (2007-10) [2022-05-07]. http://www.luxe-magazine.com/en/article/2363-luxury_according_to_alain_dominique_perrin.html.

[30] The history of Cartier[EB/OL]. (2020-04-17) [2022-05-06]. https://www.truefacet.com/guide/the-history-of-cartier/.

[31] BURTON D S. Cartier's colorful past and present[EB/OL]. (2021-05-07) [2022-05-07]. https://

[32] Cartier acquires control of Baume et Mercier, Piaget[EB/OL]. (1988-04-26), [2022-05-04]. https://www.upi.com/Archives/1988/04/26/Cartier-acquires-control-of-Baume-et-Mercier-Piaget/8399578030400/.

[33] DOULTON M. Ralph Lauren & Johann Rupert: Eyebrows raised at venture between two powerhouses[EB/OL]. Financial Times, (2009-03-27) [2022-05-09]. https://www.ft.com/content/9c731c2e-18cb-11de-bec8-0000779fd2ac.

[34] Guide to Vacheron Constantin watches[EB/OL]. [2022-05-09]. https://www.europeanwatch.com/history/vacheron/vacheron.inc.html.

[35] THOMPSON J. Mechanical watches almost disappeared forever, here's how they didn't: A concise history of timepieces, 1976 to 2000[EB/OL]. Hodinkee, (2018-01-04) [2022-05-07]. https://www.bloomberg.com/news/articles/2018-01-04/how-mechanical-watches-survived-after-quartz-a-concise-history.

[36] GOMELSKY V. Brand awareness is the goal at Vacheron Constantin[EB/OL]. The New York Times, (2016-11-16) [2022-05-06]. https://www.nytimes.com/2016/11/18/fashion/watches-vacheron-constantin-juan-carlos-torres.html.

[37] What companies own which watch brands?[EB/OL]. (2017-05-31) [2022-05-08]. https://blog.crownandcaliber.com/what-companies-own-which-watch-brands/.

[38] SHUSTER W G. Richemont Buys Dubuis production facility[EB/OL]. JCK, (2007-09-17) [2022-05-05]. https://www.jckonline.com/editorial-article/richemont-buys-dubuis-production-facility/.

[39] AMERICAN WATCHES CLOCKMAKERS INSTITUTE. Horological Times: Setting service standards and educating the horological community[R]. 2016-3.

[40] Richemont acquires remainder of Roger Dubuis[EB/OL]. (2016-01-25) [2022-05-04]. https://www.thembsgroup.co.uk/external/richemont-acquires-remainder-of-roger-dubuis/.

[41] KAREN S. Van Cleef & Arpels 101: A history[EB/OL]. The Vault, (2021-01-25) [2022-05-08]. https://www.rebag.com/thevault/van-cleef-arpels-101-a-history/.

[42] Jewelry house histories: A brief intro to Van Cleef & Arpels[EB/OL]. (2022-02-17) [2022-05-01]. https://www.invaluable.com/blog/jewelry-house-histories-a-brief-intro-to-van-cleef-arpels/.

[43] RICHEMONT GROUP. Richemont acquires Buccellati[EB/OL]. (2019-09-27). https://www.richemont.com/en/home/media/press-releases-and-news/20190927-richemont-acquires-buccellati/.

[44] DORBIAN I. Clessidra exits Italian jeweler Buccellati[EB/OL]. (2016-12-27) [2022-05-02]. https://www.pehub.com/clessidra-exits-italian-jeweler-buccellati/.

[45] DEMARCO A. Italian jeweler Buccellati now owned by Chinese conglomerate[EB/OL]. Forbes, (2017-08-01) [2022-05-04]. https://www.forbes.com/sites/anthonydemarco/2017/08/01/gangtai-group-completes-buccellati-acquisition/?sh=364bf398223c.

[46] Richemont looking to buy Italian jeweler Buccellati: Paper[EB/OL]. Reuters, (2018-10-1) [2022-05-05]. https://www.reuters.com/article/us-buccellati-m-a-richemont-idUSKCN1MB1S4.

[47] BATES R. Richemont Buys Italian Jeweler Buccellati[EB/OL]. JCK, (2019-09-27) [2022-05-06]. https://www.jckonline.com/editorial-article/richemont-buys-jeweler-buccellati/.

[48] RICHEMONT GROUP. Richemont acquires Delvaux[EB/OL] (2021-06-30) [2022-03-21]. https://www.richemont.com/en/home/media/press-releases-and-news/20210630-richemont-acquires-delvaux/.

[49] RASCOUET A. Richemont buys Belgian luxury handbag and leather goods maker Delvaux[EB/OL] (2021-07-01) [2022-03-21]. https://www.bloomberg.com/news/articles/2021-06-30/richemont-acquires-belgian-luxury-handbag-maker-delvaux.

[50] RICHEMONT GROUP. Richemont sells Shanghai Tang[EB/OL] (2017-07-03). [2022-02-03]. https://www.richemont.com/en/home/media/press-releases-and-news/richemont-sells-shanghai-tang/.

[51] RICHEMONT GROUP. Richemont Sells Lancel[EB/OL] (2018-06-04). [2022-03-21]. https://www.richemont.com/en/home/media/press-releases-and-news/richemont-sells-lancel/.

[52] FOREMAN K. Delvaux's quiet impact: The most luxurious company you've never heard of[EB/OL]. WWD, (2011-04-04) [2022-04-23]. https://wwd.com/fashion-news/designer-luxury/quiet-impact-3571050/.

[53] FRIEDMAN V. Fung Brands Buys Belgian Bags[EB/OL]. Financial Times, (2011-09-30) [2022-04-23]. https://www.ft.com/content/58a16a6c-4728-3b81-b3ca-1021155fa2d8.

[54] MÜLLER-STEWENS G, SCHULER M, LINDEMANN T. Synergies versus autonomy: Management of luxury brands at Richemont[J]. The Case Centre Reference. 2013: 313-303-1.

[55] CHANCELLOR E. Capital Returns: Investing Through the Capital Cycle - A Money Manager's Reports (2002-15)[M]. Palgrave MacMillan Education, 2016.

[56] RICHEMONT GROUP. Richemont offers to acquire shares in NET-A-PORTER[EB/OL]. (2010-04-01). https://www.richemont.com/en/home/media/press-releases-and-news/richemont-offers-to-acquire-shares-in-net-a-porter/.

[57] YOOX. YOOX Affiliate Program Review[R], 2022-5.

[58] MOSCA F, GIACOSA E, ZAGNI L M. The evolution of distribution in the luxury sector: From single to omni-channel[M]// MOSCA F, CASALEGNO C, GALLO R. Developing Successful Global Strategies for Marketing Luxury Brands .IGI Global, 2021: 1-21.

[59] JAHSHAN E. Richemont's takeover of YOOX Net-a-Porter completed[EB/OL]. Retail Gazette, (2018-05-10) [2022-05-07]. https://www.retailgazette.co.uk/blog/2018/05/richemont-completes-acquisition-YOOX-net-porter/.

[60] BAIN M. Alibaba has teamed up with the world's biggest player in online luxury[EB/OL]. Quartz, (2018-10-26) [2022-05-06]. https://qz.com/1439167/alibaba-is-bringing-net-a-porter-mr-porter-and-their-roster-of-luxury-fashion-to-tmall/.

[61] SANTAMARIA B. Net-A-Porter makes China debut via Alibaba's Tmall[EB/OL]. Fashion Network, (2019-09-30) [2022-05-07]. https://ww.fashionnetwork.com/news/Net-a-porter-makes-china-debut-via-alibaba-s-tmall,1142789.html.

[62] Richemont selects AWS as its preferred cloud provider to drive product innovation[EB/OL]. Bloomberg, (2021-11-23) [2022-05-08]. https://www.bloomberg.com/press-releases/2021-11-23/richemont-selects-aws-as-its-preferred-cloud-provider-to-drive-product-innovation.

[63] DOUGLASS R. Richemont transfers IT operations to Amazon Web Services[EB/OL]. Fashion United, (2021-11-23) [2022-05-08]. https://fashionunited.com/news/business/richemont-transfers-it-operations-to-amazon-web-services/2021112343966.

[64] METE S. Amazon's (AMZN) AWS gets picked by Richemont, clientele grows[EB/OL]. Yahoo Finance, (2021-11-26) [2022-05-09]. https://finance.yahoo.com/news/amazons-amzn-aws-gets-picked-164904810.html.

[65] NAIK G. LVMH's purchase of Tiffany puts pressure on jewelry rival Richemont[EB/OL]. S&P Global Market Intelligence, (2019-11-25) [2022-04-20]. https://www.spglobal.com/marketintelligence/en/news-insights/latest-news-headlines/lvmh-s-purchase-of-tiffany-puts-pressure-on-jewelry-rival-richemont-55764288.

[66] MURET D. Piquadro's acquisition of Richemont's Lancel: A winning deal for everyone?[EB/OL]. Fashion Network, (2018-03-14) [2022-04-20]. https://ww.fashionnetwork.com/news/piquadro-s-acquisition-of-richemont-s-lancel-a-winning-deal-for-everyone-,957865.html.

[67] THOMPSON J. Richemont retools for a changing 21st Century marketplace[EB/OL]. Hodinkee Business News, (2018-07-03) [2022-04-13]. https://www.hodinkee.com/articles/richemont-retools-business-news

[68] KENNETH P. Richemont increases stake in Dufry[EB/OL]. DFNI Frontier, (2017-11-14) [2022-04-13]. https://www.dfnionline.com/uncategorized/richemont-increases-stake-dufry-14-11-2017/.

[69] Richemont's Rupert is betting on robots and travel[EB/OL]. Business Day, (2017-05-19) [2022-04-13]. https://www.businesslive.co.za/bd/world/europe/2017-05-19-richemonts-rupert-is-betting-on-robots-and-travel/.

[70] Richemont takes stake in Dufry, aims to grow its brands in travel retail[EB/OL]. Fashion Network, (2017-05-19) [2022-04-13]. https://ww.fashionnetwork.com/news/richemont-takes-stake-in-dufry-aims-to-grow-its-brands-in-travel-retail,829401.html.

[71] COMPETITION AND MARKETS AUTHORITY UK GOVERNMENT. Richemont / Yoox / Net-A-Porter merger inquiry[EB/OL]. (2015-10-01). https://www.gov.uk/cma-cases/richemont-YOOX-net-a-porter-merger-inquiry.

[72] SAMANTHA C. Net-a-porter to launch Cartier's Panthère watch exclusively[EB/OL]. WWD, (2017-04-24) [2022-04-13]. https://wwd.com/business-news/retail/net-a-porter-launch-cartier-new-panthere-watch-exclusively-10872219/.

[73] JAHSHAN E. Richemont's takeover of YOOX Net-a-Porter completed[EB/OL]. Retail Gazette, (2018-05-10), [2022-04-13]. https://www.retailgazette.co.uk/blog/2018/05/richemont-completes-acquisition-YOOX-net-porter/.

[74] RICHEMONT GROUP. Richemont Acquires Watchfinder.co.uk Limited[EB/OL]. (2018-06-01). https://www.richemont.com/en/home/media/press-releases-and-news/richemont-acquires-watchfinder-co-uk-limited/.

[75] HOFFMAN A. Richemont Sells Stake in Pricey Swiss Watchmaker Greubel Forsey[EB/OL]. Bloomberg, (2022-03-24) [2022-04-23]. https://www.bloomberg.com/news/articles/2022-03-24/richemont-sells-stake-in-pricey-swiss-watchmaker-greubel-forsey.

[76] LEE H M, LEE C C, WU C C. Brand image strategy affects brand equity after M&A[J]. European Journal of Marketing. 2011, 45(7/8): 1091-1111.

[77] FOSTER J. Interview: Cyrille Vigneron, President and CEO, Cartier International[EB/OL]. Hodinkee, (2021-04-27) [2022-04-23]. https://www.hodinkee.com/articles/cyrille-vigneron-president-and-ceo-cartier-international.

Merger & Acquisition
of Luxury Goods Companies

第六章

开云集团——皮诺家族的雄心壮志

开云集团——皮诺家族的雄心壮志

开篇案例　古驰集团的发展演绎

古驰（Gucci）是一个几乎家喻户晓的意大利奢侈品品牌，由古驰奥·古驰（Guccio Gucci）于 1921 年在意大利佛罗伦萨创办，其产品包括男装、女装、包袋、珠宝及腕表、配饰等（如图 6-1 所示）。成立百余年来，古驰以高档、奢华、性感设计、创意革新和意大利精湛工艺闻名于世。[1] 古驰以"身份与财富之象征"的品牌形象成为富有上流社会的消费宠儿，被商界人士垂青，时尚又不失高雅。古驰每一季的时装发布都影响着整个时尚圈的潮流走向，其丰富的文化遗产、无与伦比的工艺和时尚的魅力，使古驰成功地融合了历史与现代创意。[2]

古驰光鲜亮丽的成功背后，却有一段极其曲折、跌宕的家族史——儿女之情、手足之情、爱情纠缠交叉在一起，充满了阳谋、阴谋、抗争与权力欲望。历史上显赫一时的古驰家族资产在第三代继承人的手中挥霍殆尽，如今的古驰品牌已经与古驰家族再无瓜葛。古驰在品牌建设上建树颇丰，但在家族建设上一败涂地，各种缘由需要从古驰奥·古驰创立品牌之日说起。

古驰家族的发轫与其他奢侈品品牌有诸多异曲同工之处。古驰奥·古驰出生于意大利托斯卡纳，父亲是一名手工帽皮匠。随着父亲公司的破产，古驰奥被带着愤怒与怨恨的父亲赶出家门，离开了自己的国家。1899 年，年仅 17 岁的古驰奥辗转来到当时欧洲最繁华的都市伦敦，成为伦敦萨伏伊酒店（Savoy Hotel）的洗碗工，这段艰辛又收获颇丰的生活历练对他的职业生涯产生了至关重要的影响。由于出色的工作表现，古驰奥晋升成为一名旅客接待服务生，他一直密切地观察着这个国际上流社会的一切生活方式和习惯，他学到的最重要的"课程"之一就是酒店如何运送客人的私人物品。那些印有旅客姓名的豪华

图6-1　古驰经典服装、包袋、珠宝及腕表产品系列
资料来源：https://www.gucci.com/.

行李箱和优雅礼帽在古驰奥的心中留下了极其深刻的印象，其中，一家名为"H. J. Cave & Sons"的高级旅行箱公司让他大受启发。天赋异禀的古驰奥领悟到，独到的洞察力、商品的不凡品质、极致服务和家族传承的品牌是商品高溢价的决定性内在因素，也是上流贵族、富裕人群彰显身份、财富与成就的重要标志。

1902年，在伦敦学习到如何得到权贵欣赏与赞助的古驰奥存够了一定积蓄，回到意大利开启全新生活。不久，他与一位年轻的女裁缝艾达·卡尔维利（Aida Calvelli）情投意合并进入婚姻殿堂。古驰奥接纳了艾达与前男友之子乌戈·卡尔维利（Ugo Calvelli）。很快，他们迎来了第一个女儿格里马尔达·古驰（Grimalda Gucci）；随后，恩佐·古驰（Enzo Gucci）、奥尔多·古驰（Aldo Gucci）、瓦斯科·古驰（Vasco Gucci）、鲁道夫·古驰（Rodolfo Gucci）相继出生。[3] 可惜，长子恩佐不幸早殇。

随着家庭规模的不断扩大，古驰奥的经济开始拮据，先后在古董店、皮革公司工作来养家糊口。第一次世界大战时期，古驰奥主动参军，在意大利陆军中担任运输司机。战争结束后，对伦敦繁华念念不忘的古驰奥回到经济已被摧毁的家乡，加盟了意大利优质皮具制作公司Franzi。他师从Franzi公司的创始人洛克·弗兰西（Rocco Franzi），全面掌握了皮具工艺的所有元素，包括兽皮选择、制革工艺流程和皮革处理，以及上下游业务的每个环节。古驰奥的野心和能力被洛克赏识,被选中经营 Franzi 在罗马的新店。

基于对富人追求品质生活的了解,古驰奥在爱妻的鼓励与支持下,收获了银行家马尔科·卡尔佐尼(Marco Calzoni)的投资。1921 年,古驰奥在佛罗伦萨以姓氏为名开设了首家门店。古驰奥确立了小规模、面向上流社会人群的经营方针,聘请手艺极好的工匠,制作各式各样的优质皮具。很快,古驰销售额大幅提升,古驰奥买断了马尔科的股权,完全自行运营。随着市场规模迅速扩大,古驰品牌坚固耐用、品质上乘的行李箱在欧洲社会各界备受欢迎。其间,古驰奥在萨伏伊酒店学到的理念的启发下,开始受理行李箱的维修和翻新,使得古驰精细与一流的工艺成为了奢侈品的代名词。

20 世纪 20 年代末,墨索里尼成为意大利的独裁统治者,不少欧洲国家对意大利实施严厉的政治与经济制裁。古驰奥无法采购到皮具的皮革,被迫使用帆布设计并生产手袋和箱包,只有边角、搭扣、肩带等重要部分才加入皮革原料。[4]令人意想不到的是,这个"被迫"的创举却成为古驰又一波成功的起点。以帆布材质为主的腰带、钱包等配饰设计越来越时尚,古驰门店成为富人必去的购物场所。众多购物者为了购买漂亮且极具个性的古驰小物件慕名而来,并且为了专业工匠打造愿意支付额外的费用。不少早期古驰作品被纽约现代艺术博物馆收藏。①

然而,蔓延全欧洲的战争阴影让古驰的销售业绩充满了不确定性——一方面,富人在逃离前会前往佛罗伦萨购买古驰行李箱;另一方面,第二次世界大战的爆发让欧美国家的奢侈品行业处于停滞且大幅衰退的状态,古驰在意大利、英国、德国、法国和美国的门店几乎全被摧毁,销售额大幅下降,原本全球扩张的计划也被无限期推迟。

第二次世界大战遗留下的政治动荡和经济混乱给古驰带来了沉重打击。为了在战后重振家族企业,古驰奥父子们申请了贷款,重开佛罗伦萨和罗马的门店。留在意大利的美军士兵大量购买古驰包袋与配饰送给家人与好友,不到一年,古驰在佛罗伦萨和罗马的销售业绩恢复到了战前水平。与此同时,古驰也在不断开发创新:由于战后的原材料短缺,古驰采用了猪皮和日本竹子作为原材料,著名的竹节包由此诞生。[5]

虽然古驰在意大利市场取得了巨大成功,但由于受到两次世界大战阴影的影响,古驰奥不再愿意扩大家族业务。由于性格内向和工作繁忙,古驰奥情感上与子女始终比较疏远,他不重视女儿,鼓励儿子们互相竞争。虽然每个儿子对公司的贡献不相同,但是古驰奥处于一种简单的公平理念,坚持每一个男性后裔都应该拥有相同的公司股份。1953 年夏,古驰奥因病去世,这位对奢侈品市场发展极富远见的意大利人却对家族业务控制权的传承未作任何安排,造成子女之间不可修复的裂痕,这为古驰家族的衰落带来了隐患(古驰家族继承与股权变化如图 6-2 所示)。

---

① 可参考纽约现代艺术博物馆的馆藏古驰作品:https://www.moma.org/artists/71411.

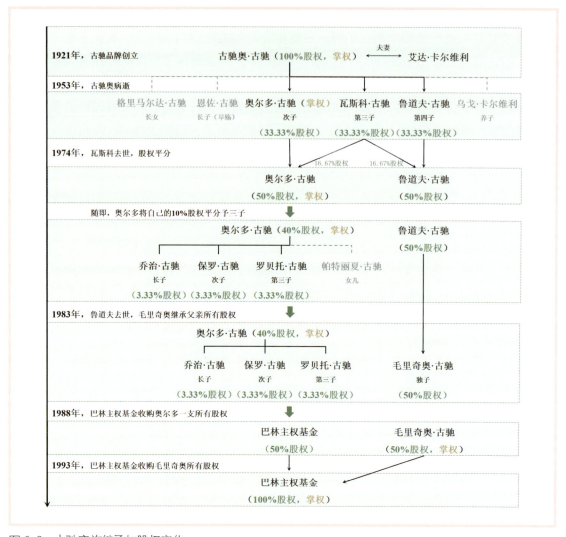

图 6-2 古驰家族继承与股权变化

长女格里马尔达在 1926 年嫁给了古驰集团高管吉奥瓦尼·维塔利（Giovanni Vitalli），但没有子嗣，被迫退出了董事会。奥尔多是古驰奥重点培养的接班人，天赋极高且极具商业与设计头脑，标志性的"双 G"印花图案和竹节包都是出自奥尔多之手，对古驰的家族企业贡献最大，是古驰集团真正意义上的创始人。他的第一任妻子是奥尔文·普莱斯（Olwen Price），也是乔治·古驰（Giorgio Gucci）、保罗·古驰（Paolo Gucci）和罗贝托·古驰（Roberto Gucci）的生母；他与第二任妻子布鲁娜·帕隆博（Bruna Palombo）育有一女帕特丽夏·古驰（Patricia Gucci）。鲁道夫受其父亲的宠爱，起初并没有参与到家族业务中，以演员为职业，小有成就。他与女星桑德拉·拉威尔（Sandra

Ravel）生有独子毛里奇奥·古驰（Maurizio Gucci）。相比之下，瓦斯科算得上是纨绔子弟，没有设计头脑，更没有经商天赋。他与玛丽亚·塔布尔吉（Maria Taburchi）没有后嗣。

在此背景下，奥尔多三兄弟联合拒绝了格里马尔达关于平分遗产的诉求。三兄弟均分了所有股份，奥尔多掌管家族业务并负责海外业务，鲁道夫担任总经理，瓦斯科担任佛罗伦萨市场的运营，但奥尔多和鲁道夫又暗中牵制瓦斯科在公司中的运营与决策权。

即便家族斗争风云涌动，但奥尔多凭借高超的商业运营能力领导古驰快速发展，掩盖了不和谐之音。与古驰奥的品牌理念完全不同，奥尔多始终坚持全球化战略。或许是第二次世界大战后美军士兵尤其青睐古驰，美国成为了古驰全球化发展的第一站，新门店相继出现在费城、旧金山、棕榈滩（Palm Beach）、芝加哥等重要都市。

古驰在20世纪60年代达到了发展巅峰。全球大量富豪与明星都在争相购买古驰箱包、鞋履、围巾、配饰，如英国玛格丽特公主（Margaret Rose）、菲律宾前第一夫人伊梅尔达·马科斯（Imelda Marcos）、奥黛丽·赫本、美国男影星约翰·韦恩（John Wayne）和杰瑞·刘易斯（Jerry Lewis）等。

1967年，在奥尔多兄弟的努力下，古驰门店已经扩张到美国全境，公司还设立了多个海外机构。高速扩张下管理挑战激增，并且家族第三代加入了公司运营，家族矛盾不可避免地显现。奥尔多和鲁道夫的合作开始出现裂痕，都企图通过扶持自己的儿子来控制公司。

1974年瓦斯科去世后，奥尔多和鲁道夫买断了瓦斯科遗孀玛丽亚·塔布尔吉持有的所有股份：奥尔多将10%的股权均分给三个儿子；鲁道夫将所有股份牢牢掌握在自己手中，没有给独子毛里奇奥任何股权。真正的危机从美国市场遭遇发展瓶颈显现。古驰集团在美国门店共雇用了600多名员工，平均每天超过9 000名顾客入店购买产品，业务量照比过去十年增加了25倍。[6]古驰已经成为全球时尚名流的宠儿，获得了世界级赞誉。然而，几乎所有纽约门店员工都被贴上了"粗鲁无礼"的标签——无礼、冷漠、蔑视，但奥尔多和鲁道夫并没有纠正集团员工对待顾客的方式。

1978年，古驰家族的事态急转直下。古驰集团完成内部整合，奥尔多负责美国业务。虽然美国市场年营收超过4 800万美元，但净利润甚至为负，大量的开店成本抵消了公司的高额利润，从而造成净现金流的危机。[7]古驰家族之间的明争暗斗和员工问题破坏了古驰奥苦心打造的贵族形象。奥尔多次子保罗被父亲及叔叔鲁道夫排除在董事会重要会议之外，并失去了对集团总部的管理职权。耿耿于怀的保罗一方面违反股东规定擅用家族姓氏推出了"Paolo Gucci"同名品牌，损害了古驰集团的股东利益；另一方面暗中调查父亲的商业记录与税务情况。1980年，奥尔多在盛怒之下将保罗逐出古驰集团，并通过法律手段抵制所有印有"Paolo Gucci"的商品。

1982年，古驰集团在众人商议下合并了古驰香水公司及古驰集团旗下所有事业的股权，于米兰上市。鲁道夫与其独子毛里奇奥的关系也开始矛盾重重。从小失去母亲的毛里奇奥在父亲的呵护下长大，为人乖巧，循规蹈矩。然而，成人后的毛里奇奥变得叛逆不羁，希望摆脱父亲的束缚。他不顾父亲的反对，执意迎娶了一位贫困家庭出身的女孩——帕特里齐亚·雷贾尼（Patrizia Reggiani）。为了阻挠这桩婚事，鲁道夫甚至威胁他将不会分到家族任何股份或遗产。毛里奇奥虽没有直接反抗父命，但仍一意孤行，选择伺机而动。

1983年5月，鲁道夫在种种压力和遗憾下去世。毛里奇奥名正言顺地继承了50%的古驰集团股份和约2亿美元现金，成为了古驰集团的最大单一股东，不过古驰集团仍由奥尔多执掌。毛里奇奥虽没有任何商业历练，但一直对古驰集团的经营管理权虎视眈眈。

1984年，毛里奇奥巧妙地利用了奥尔多与保罗父子的矛盾以及保罗对发展个人品牌的渴望，以古驰集团设计总监职位和45%特许股权的承诺为诱惑，与保罗合并持有53.33%的股权，除去了奥尔多董事会主席之位。独揽大权的毛里奇奥任命了职业经理人团队帮助公司扭转颓势，全新的性感元素让古驰焕发新生，重新跻身世界一流的时装品牌。毛里奇奥在收获金钱和荣耀后迅速堕落，沉迷美色、名车、豪宅和私人飞机。1985年圣诞节，风流的毛里奇奥假称出差离家出走，派人给妻子帕特里齐亚送来一纸离婚协议书。愤怒的帕特里齐亚诅咒说："我希望亲眼看着他死掉！"谁都以为这只是一句气话，却未想到一个悲剧正在酝酿。

1986年，为了彻底击垮奥尔多，毛里奇奥怂恿保罗反戈一击，将积累多时的父亲涉嫌偷税漏税超过7 400万美元的证据提交给意大利政府部门，并亲手将奥尔多送进了监狱，奥尔多获得了3万美元罚款与4个月监禁。[8]然而，毛里奇奥没有履行对保罗的承诺。1987年，保罗故技重施，检举毛里奇奥在继承家业时通过伪造鲁道夫签名而逃税，迫使毛里奇奥驾驶摩托车狼狈地逃往瑞士。[9]

在逃亡期间，为了复仇，毛里奇奥寻求了外部力量——巴林主权基金（Investcorp）作为第三方购买古驰集团股份，以4 250万美元的价格收购了保罗所持股份，又逐一收购乔治和罗贝托所持的所有股份。1988年，出狱的奥尔多也被迫卖掉了所持全部股份。自此，巴林主权基金花费不到2亿美元就收购了古驰集团50%的股份，帮助毛里奇奥真正掌控了古驰集团。

然而，由于毛里奇奥频频决策失误，加上海湾战争的爆发与日本经济泡沫的破裂，导致古驰集团亏损严重，1992年古驰集团的年度亏损高达4 000多万美元。此外，毛里奇奥纸醉金迷、挥霍无度的不良生活方式也让其负债累累。1993年，毛里奇奥把公司推到破产的边缘，古驰集团股东通过投票将其赶出了董事会，巴林主权基金趁机以1.9亿美元的价格将毛里奇奥所持的50%股份收入囊中。至此，巴林主权基金完成了对古驰集团的

100%收购。宣告了古驰家族对古驰集团管理权和控制权的终结。此后近30年,古驰品牌完全由职业经理人主导并重新站到了时装和奢侈品的前沿,但与古驰家族已经再无任何关系。1994年,巴林主权基金任命天才设计师汤姆·福特(Tom Ford)为古驰创意总监。汤姆·福特对古驰品牌重新进行定位,一改过往的华丽风格,让颓废和感性大放光彩,并注入性感基因,创造了时装界的神话。古驰集团凤凰涅槃,再次屹立于奢侈品行业舞台的中心。

1997年,古驰集团继续扩展市场版图,买下了与其合作长达23年的世界最大腕表制造和销售集团Severin Montres。此后20多年,在意大利、瑞士、中国、德国、泰国、美国和墨西哥等国创建了庞大的供应链网络(如表6-1所示)。

表6-1 古驰品牌主要供应链情况

供应商性质	类型	名称	国家
上游企业	工厂	Floreani Design Srl.	意大利
		Nalesso Srl.	意大利
		Luxury Goods Int Lgi SA Gucci	瑞士
		Radici Pietro Industries & Brands	意大利
		广东省中山市必捷皮具制品有限公司	中国
		Albini & Pitigliani SpA	意大利
		Fabbrica Quadranti	瑞士
	供应商	Combimar & Agemar SpA	意大利
		Modelleria Scledense Snc	意大利
		Pm Fulfillment GmbH	德国
		IPD Packaging Co., Ltd.	泰国
		Richard Ginori	意大利
下游企业	采购商	Gucci America Inc.	美国
		Hfc Prestige Products Inc.	美国
		Gucci Brothers Inc.	美国
		Alpi USA Inc.	美国
	零售商	Gucci Group Watches	美国
		DFS North America	美国
		Royal Caribbean Cruises Ltd.	美国
	贸易商	Gucci Importacionessa De Cv	墨西哥

资料来源:https://cn.panjiva.com/Manufacturers-Of/gucci.

1999年，古驰集团面对路威酩轩集团的恶意并购，选择皮诺家族的皮诺-春天-雷都集团为"白马骑士"，让后者持有古驰集团42%的股权，最终避免被路威酩轩集团恶意收购。此后，借助古驰集团，皮诺家族先后收购伊夫圣罗兰时装、Sanofi Beaut香水化妆品公司的经营权，塞乔罗西（Sergio Rossi）70%的控股权，以及葆蝶家、巴黎世家、丝黛拉麦卡尼（Stella McCartney）和亚历山大麦昆，并在五年后成为后者的全资子公司（具体可详见本章第2节）。

自古驰品牌被收购后，古驰家族接二连三出现不测：1995年，毛里奇奥被前妻帕特里齐亚雇凶杀害；1997年，帕特里齐亚被判处26年监禁，2016年减刑出狱[10]；2020年，奥尔多的外孙女亚历山德拉·萨里尼（Alexandra Zarini）和维多利亚·古驰（Victoria Gucci）控告其继父约瑟夫·鲁法洛（Joseph Ruffalo）对她们进行了长达十余年的侵犯[11]。本已淡出众人视野的古驰家族再一次站在了风口浪尖。

从古驰家族的成功与陨落史中不难看到一个扭曲的家庭造就的扭曲的后代：缺失的父亲、焦虑的母亲、失控的子女，家族企业治理结构的利弊特点暴露无遗。其中之一是股东与管理者之间血缘纽带——既是优势，也是劣势。

一方面，家族成员共同的历史、语言、家族身份认同以及与生俱来的情感联结容易建立互相信任的纽带。这就解释了为何极其注重传承与历史积淀的奢侈品公司，往往是家族企业。[12]家族企业治理成本初期相对较低，具备了足够的信任基础，权力天然地集中，容易树立长期性、前瞻性的战略目标，具有超出纯粹商业利益的精神追求。

另一方面，家族成员股东与管理者身份交织在一起，利益相关者之间存在很多隐性合约，往往容易造成期望错位。[13]这种家族治理成本在传承至第二代或第三代后变得愈发庞大。随着家族成员人数上升，血亲、姻亲等各个家族分支之间的猜忌难免会产生。当家族企业红利降低甚至成为负值，这些奢侈品公司无外乎宣告破产或被收购。而爱马仕家族、掌管香奈儿集团的韦特海默家族、掌管百达翡丽品牌的斯登家族能一直繁荣，难能可贵。

开云集团（Kering Group）由法国人弗朗索瓦·皮诺（François Pinault）创立于1962年，前身是皮诺-春天-雷都集团（Pinault-Printemps-Redoute Group），是一家国际控股的法国奢侈品集团。2013年的新名字"Kering"灵感来自集团的起源地——法国西北部布列塔尼地区，"Kering"中"Ker"在布列塔尼地区意为"家园"[①]；而"Kering"也与英文单词"Caring"同音，即"关心、关怀"之意，体现对顾客需求和利益的至高关怀。[14]

2021财年，旗下10个奢侈品品牌和开云眼镜公司总营收为176.45亿欧元，同比增长15%；净利润为36.14亿欧元，同比上涨14%；按品牌划分，古驰同比增长1%至104.87亿欧元，圣罗兰收入上升23%至33亿欧元，葆蝶家收入上升11%至17.40亿欧元，以巴黎世家为主的其他奢侈品品牌收入上升16%至38.74亿欧元，开云眼镜业务销售大涨27%至11.15亿欧元（如表6-2所示）。

表6-2　2019—2022财年开云集团重要财务数据[②]　　　　单位：亿欧元

财务指标	财年			
	2022	2021	2020	2019
营业收入	203.51	176.45	131.00	158.84
古驰	104.87	97.31	74.71	96.29
圣罗兰	33.00	25.21	17.44	20.49
葆蝶家	17.40	15.03	12.10	11.68

---

① 可参考开云集团的可持续发展价值观中对集团新品牌名的诠释：https://www.kering.com/en/sustainability/.
② 开云集团的财年周期为当年1月1日至12月31日。

续表

财务指标	财年			
	2022	2021	2020	2019
其他奢侈品品牌	38.74	32.65	22.81	25.38
集团其他业务	9.50	6.26	4.24	5.01
经常性业务利润	55.89	50.17	31.35	47.78
净利润	36.14	31.76	21.50	23.09

资料来源：开云集团 2022 财年年报。

6.1 白手起家：从木材批发到零售巨头

全球前三大奢侈品集团中，开云集团算是后起之秀，比路威酩轩集团和历峰集团都要晚成立十年之久。相比前两者的贵族出身血统，开云集团的诞生就要平凡、励志许多。

6.1.1 木材贸易与造纸业务

出生于 1936 年的法国人弗朗索瓦·皮诺家庭并不富裕，孩童时期生活在第二次世界大战的战火之中。在法国被占领的 1943 年，7 岁的弗朗索瓦第一次展现了自己的强大意志。当时，皮诺家族偷偷为盟军的飞行员送食物。在一次返回途中，弗朗索瓦被德军巡逻队抓捕，他们一家也因此遭受了毒打，尽管如此，皮诺一家也丝毫没有泄露盟军情报。[15]

不过现实总是残酷的。1952 年，16 岁的弗朗索瓦辍学回家帮助父亲一起经营一间小木材厂，他对伐木工作提不起兴趣，更糟糕的是，弗朗索瓦的农民口音让他成为街坊邻里无情嘲笑的对象。然而，尽管受到日夜的羞辱，弗朗索瓦并没有就此被击垮，反而磨砺出愈发坚韧的心气，从那以后，弗朗索瓦全心全意投身于家族事业。

1962 年 5 月 28 日，弗朗索瓦之子弗朗索瓦–亨利·皮诺（François-Henri Pinault）出生，五天后，弗朗索瓦在岳父的支持下，开设了一家木材贸易公司，取名为"皮诺集团"（Pinault Group）。深谙"货币只有在市场流通中才能产生价值"的商业真理，弗朗索瓦绕过所有木材贸易的中间环节，直接与供货商和终端买家做交易。[16] 弗朗索瓦就此发家致富，皮诺家族的"第一桶金"也多源于此。

1973 年，弗朗索瓦以 3 000 万法郎的价格将自己 80% 的木材业务出售给一家英国公司，然后又在1975年石油危机爆发、对方急需资金之时，用500万法郎将这项业务购回。[17] "高卖低买"不仅让弗朗索瓦获得大量现金流，而且在此之后全球木材需求激增，皮诺家族的木材业务也随之蒸蒸日上，逐渐掌控了好几个公司，业务涉及木材交易、家具产销、图书销售等多个方面。

此后，弗朗索瓦不断操作收购交易获得厚利，例如采用同样的运作方式收购了一家诺曼底造纸公司。1987年，皮诺家族接管当时面临经济困难的沙佩勒达布莱造纸厂（LaChapelle d'Arblay）；1990年，又将其出售给芬兰芬欧汇川集团（Kymmene Group）——这笔交易让弗朗索瓦赚了5亿多法郎。[18]

和买卖同时进行的还有弗朗索瓦的无情，为了节省开支，他曾在两个月内将收购来的一家胶合板制造商的员工，从700人开除到只剩25人。此后，一位不知姓名的法国银行分析师如此评价弗朗索瓦："老皮诺是如此出色，几乎令人恐惧。他对机会有第六感，当谈到底线时他没有同情心，而且他不怕任何人。"[19]

6.1.2 瞄准零售：收购巴黎春天百货（1992）

1988年，皮诺集团以"Pinault SA"的名称在巴黎交易所二级市场上市，给了类似里昂信贷银行或者法国AGF保险公司这样的机构投资的机会。

随着流动资金越来越雄厚，像神枪手一样几乎每发必中的弗朗索瓦在1990年建立了阿特米斯投资公司（Artémis），名字创意来自古希腊神话里的狩猎女神阿蒂米斯。[20] 同年，他还收购了非洲工业品分销公司CFAO。

1992年，弗朗索瓦通过阿特米斯投资公司收购了法国巴黎春天百货集团42.6%的股份，正式瞄准了零售业。巴黎春天百货与老佛爷百货齐名，是法国最著名的零售商场之一，始创于1865年，云集了全世界的奢侈品品牌。精明的弗朗索瓦买下巴黎春天百货后，苦心经营了十余年，迎来了事业顶点，成为法国最大的奢侈品零售商之一。同年，善于用钱搞定一切的弗朗索瓦还并购了邮购公司雷都集团（La Redoute），皮诺集团、巴黎春天百货集团和雷都集团合并成为皮诺-春天-雷都集团。

家族企业的强弱有时只有一线之隔。目睹了历史长河中各种家族企业的兴衰，弗朗索瓦在选择继任者时特别谨慎。在两个儿子和一个女儿中，弗朗索瓦一直选择长子弗朗索瓦-亨利·皮诺作为他未来的继承人。亨利·皮诺1985年毕业于巴黎高等商学院，两年后进入父亲的公司，从基层员工做起。其间，他先后负责过窗户生产部门运营、非洲地区汽车进出口与医药品销售以及文化娱乐产业运营。

与此同时，弗朗索瓦成立了由八位法国顶尖的商界人士组成的超豪华理事小组，其中包括曾任法国前总统希拉克的政策顾问、苏黎世里昂水务集团前主席杰罗姆·莫诺

(Jérôme Monod)、前总统萨科齐的智囊阿兰·明克(Alain Minc)以及苏伊士银行原总裁、里昂信贷银行总裁让·佩尔勒瓦德(Jean Peyrelevade)。[21] 旨在评估当时不满30岁的亨利·皮诺能否成为合格的继承人。

1995年，弗朗索瓦意识到新事物"互联网"在未来的巨大能量，上线了雷都集团在线业务，逐渐将其打造成为法国排行第一的电子商务销售平台。至此，皮诺家族完成了从木材商到零售百货商的转变。

6.2 正式进军：联手古驰

弗朗索瓦成功地打造了奢侈品销售渠道后，开始将业务触角伸向销售上游奢侈品生产和设计。只有整合了上游产品与下游销售，才能真正开启奢侈品业务的运营。1999年，皮诺-春天-雷都集团终于找到了历史机遇，逐步开始收购全球奢侈品品牌，首先是古驰，随后是葆蝶家、圣罗兰、巴黎世家、宝诗龙等。

6.2.1 收购古驰（1999）——"毒丸计划"和皮诺的野心

PPR集团与路威酩轩集团延续数十年恩恩怨怨的三角关系是奢侈品行业的饭后谈资，他们的恩怨始于皮诺家族和阿尔诺家族对意大利奢侈品公司古驰的争夺。[22]

从开篇案例中不难发现，20世纪80年代的古驰家族陷入了不可逆转的堕落。第三代继承人毛里奇奥·古驰(Maurizio Gucci)成为古驰集团的新掌门人后，沉沦于爱恨情仇、家族金钱、权力斗争，品牌顿时陷入困境，濒临破产，古驰逐渐走向衰败（可参考本章开篇案例）。

1987年，此前已对蒂芙尼完成投资的巴林主权基金(Investcorp)逐步购入古驰集团的股份，但未介入经营。1989年，陆续入股使巴林主权基金已经拥有了古驰集团50%的股份，另一半还留在毛里奇奥·古驰手中。不幸的是，古驰集团当年亏损4 000多万美元，几近破产。在此情况下，巴林主权基金直接从毛里奇奥·古驰处收购了所有剩余50%的股份。自此，巴林主权基金对古驰完全控股，而古驰家族则从此与古驰品牌再无瓜葛。

1994年，巴林主权基金任命了新任首席执行官多美尼克·德·索雷(Dominique de Sole)，并放手让后者决定古驰创意总监的人选。[23] 德·索雷独具慧眼地任命了当时还并不出名的美国天才设计师汤姆·福特(Tom Ford)为创意总监，为古驰起死回生打了下坚实的基础。同时，精明的巴林主权基金设置了著名的"毒丸计划"保护机制，在法律上赋予了古驰管理层在遭遇恶意收购时可以向公司管理层增发新股份，向管理层提供无息贷款购买新股，并且用这些新股的分红来偿还贷款。

1995 年，古驰集团 49% 的股份在阿姆斯特丹上市，剩下的 51% 于翌年在纽约证券交易所上市。上市伊始，路威酩轩集团就以每股 55.84 美元的价格极其迅速地购买古驰股票，持股比例 5%。一周后，路威酩轩集团以 68.87 美元再次买入古驰股票，持股比例提高到 9.6%。在短短 20 天时间里，路威酩轩集团斥资约 14 亿美元，分四次收购了古驰集团约 34.4% 的股份。由于利用了荷兰法律漏洞，不要求收购方向所有股东提交详细收购方案，因此收购过程相当顺利，使得古驰集团没有丝毫防备。[24]

贝尔纳·阿尔诺瞅准时机，立即以大股东身份要求向董事会派出三名董事。该举动引起了古驰集团管理层的警惕，并主动向路威酩轩集团提出让后者收购全部股份，但路威酩轩集团立即拒绝，其只想利用"荷兰法律没有规定收购方必须事先向被收购方的全体股东提交收购方案"的法律规定，用最低的投入强行进入董事会，控制古驰集团。路威酩轩集团并不诚恳的态度让古驰集团管理层深感不安，古驰集团便反戈一击，开启"毒丸计划"：一方面，向路威酩轩集团申请中止协议，要求后者签署保证古驰集团的独立性和限制路威酩轩集团股份的文件；另一方面，古驰集团授权基金会 3 700 万新股的认购权，导致路威酩轩集团 34.4% 的股权被稀释成 25%，表决权完全被中和，并向荷兰法院状告路威酩轩集团恶意收购。[25]

古驰集团尝试聘请摩根士丹利添惠公司（Morgan Stanley Dean Witter）①伦敦办事处协助其进行防御战略。[26] 摩根士丹利添惠公司的约瑟夫·佩雷拉（Joseph Perella）立即联系了弗朗索瓦。当年 3 月，古驰集团与志在拓展奢侈品业务的皮诺 – 春天 – 雷都集团一拍即合，结成战略联盟：前者向后者发行 3 900 万股新股，数量为路威酩轩集团持股数的 2 倍，路威酩轩集团的股权瞬间被进一步稀释至 20%，皮诺集团的股权增至 42%，并承诺未来 5 年内继续收购古驰集团股份。

见此不利情形，路威酩轩集团向法院申请撤销古驰集团向第三方发行新股的程序，但由于股份冻结原因，法庭拒绝了诉讼申请。在贝尔纳·阿尔诺受挫之时，古驰迅速与弗朗索瓦·皮诺达成战略协议，后者获得最多可以收购剩余 10.1% 股份的权力，以及董事会 9 名成员中的 4 个席位，拥有对主席的否决权。

1996 年，耿耿于怀的贝尔纳再次向荷兰法院申请调查不正当股权交易，但接下来的 3 年长时间的拉锯战始终遭遇重重困难与阻力，毫无收获。1999 年 5 月，皮诺 – 春天 –

---

① 摩根士丹利作为一家投资银行于 1935 年 9 月 16 日在纽约成立，1997 年兼并了投资银行添惠公司（Dean Witter），并更名为摩根士丹利添惠公司。2001 年公司改回原先的名字摩根士丹利。

雷都集团终于以约 30 亿美元的价格获得了古驰集团 42% 的控股权。心灰意冷的路威酩轩集团不得不在 2001 年与古驰集团妥协，将持有的所有古驰股份转让给皮诺 – 春天 – 雷都集团。

2003 年，皮诺 – 春天 – 雷都集团将其在古驰集团的股份增加到 67.6%；古驰集团也同时向除皮诺 – 春天 – 雷都集团以外的所有股权派发股息。2004 年，皮诺 – 春天 – 雷都集团以每股 101.5 美元的价格收购古驰剩余的所有股份，总额约 88 亿美元。

至此，长达 8 年的收购之战宣告结束。《纽约时报》(The New York Times) 曾将这场收购拉锯战称为"历史上最艰苦的斗争之一"。[27] 斗争的结果是贝尔纳·阿尔诺铩羽而归，而弗朗索瓦·皮诺成为了最大的赢家[28]——也正是因为古驰成为了皮诺家族的业务，激起了其勃勃野心，并开启了奢侈品品牌收购之路；而古驰也在皮诺家族的管理下，产品线从时装、皮具延伸至珠宝、美妆与生活艺术（如图 6-3 所示），成为媲美路易威登和迪奥的意大利奢侈品品牌。

GUCCI

手袋	女士系列	男士系列	童装系列	配饰系列	美妆和香氛系列	生活艺术系列
Broadway	连衣裙	T恤&Polo衫	成衣（4—12岁）	腰带	唇妆	餐具
Dionysus	卫衣&T恤	卫衣	学步鞋（20—26）	珠宝	底妆	家居饰品
GG Marmont	上衣&衬衫	运动装	鞋履（27—33）	腕表	眼妆	织物
Neo Vintage	运动装	衬衫	手袋&背包	眼镜	指甲油	壁纸
Ophidia	半裙	西装	配饰	领带	香水	家具
Padlock	裤装	裤装		丝织品&围巾		文具
Sylvie 1969	牛仔装	牛仔装		帽子		游戏
马衔扣1955	贴身衣物	毛衣&开衫		短袜&连裤袜		休闲
Jackie 1961	毛衣&开衫	夹克&大衣				运动
Gucci Diana	夹克&大衣	外套&羽绒服				宠物配饰
Gucci Bamboo 1947	外套&羽绒服	运动鞋				宠物服饰
	运动鞋	凉鞋&平底凉拖				宠物家饰
	凉鞋	时装拖鞋				
	平底凉拖	莫卡辛鞋&乐福鞋				
	芭蕾平底鞋	驾车鞋				
	时装拖鞋&穆勒鞋	系带鞋				
	草编鞋	靴子				
	高跟鞋					
	莫卡辛鞋&乐福鞋					
	靴子&及踝靴					

图 6-3　古驰全产品线（截至 2022 年 7 月）
资料来源：https://www.gucci.com/.

6.2.2 收购伊夫圣罗兰（1999）、葆蝶家（2001）和巴黎世家（2001）——四核驱动

对古驰集团收购的开门红开启了皮诺-春天-雷都集团通过古驰集团对更多奢侈品公司的收购。[29]1999年，古驰集团收购了伊夫圣罗兰（Yves Saint Laurent）、法国美妆品牌Sanofi Beauté，并将意大利高级鞋履品牌塞乔罗西（Sergio Rossi）收入囊中。[30]以高级成衣与高级订制闻名全球的伊夫圣罗兰与古驰成为古驰集团旗下的闪耀"双星"，汤姆·福特也成为时尚界与奢侈品行业罕见的双品牌（即古驰和伊夫圣罗兰）创意总监。[31]不过，时任古驰集团总裁的多美尼克·德·索雷保留了品牌创始人伊夫·圣罗兰在高级订制时装设计中的角色，后者辅助汤姆·福特将伊夫圣罗兰从高雅与艺术化向性感、时尚与商业化转型，如今已发展成为覆盖成衣、皮具、鞋履等品类（如图6-4所示）的法国高级时尚品牌。

2000年，古驰集团收购了法国高级珠宝品牌宝诗龙（Boucheron）、日内瓦高级腕表品牌宝达家（Bedat & Co）和伊夫圣罗兰美妆业务（YSL Beauté）。同时，弗朗索瓦还推

图6-4 圣罗兰全产品线（截至2022年7月）
资料来源：http://www.ysl.com/.

出了体育精品店 Citadium，并收购了速科夫（Surcouf）超市卖场，纳入弗朗索瓦事业的版图中。[32]

2001 年是皮诺 – 春天 – 雷都集团大丰收的一年。古驰集团收购了濒临破产的意大利高级皮具品牌葆蝶家（Bottega Veneta）[33] 和法国奢侈品品牌巴黎世家（Balenciaga）[34]，两个品牌全产品线如图 6-5 和图 6-6 所示。古驰集团还与英国时尚皮具品牌亚历山大麦昆（Alexander McQueen）和丝黛拉麦卡尼签订了合作协议。① 同年，成立了 9 年的超豪华理事小组向亨利·皮诺给出了可以接班的结论，该小组随即解散。[35]

2002 年，皮诺 – 春天 – 雷都集团开始剥离公司起家时收购的各类业务，先后将法国家具品牌康夫罗马（Conforama）下属的个人名片用品公司 Facet 出售给法国巴黎银行（BNP Paribas），将下属金融服务公司 Finaref 出售给法国农业信贷银行（Crédit Agricole）[36]，将 Guilbert 家庭购物业务出售给史泰博（Staples）[37]。翌年，弗朗索瓦将办公家具业务出让给欧迪办公（Office Depot），将所有木材业务以 5.65 亿欧元的价格出售给英国沃斯利集团（Wolseley）。[38]

图 6-5　葆蝶家全产品线（截至 2023 年 1 月）

资料来源：https://www.bottegaveneta.com/.

---

① 可参考 PPR 集团与亚历山大麦昆和丝黛拉麦卡尼品牌合作的信息披露：https://www.sec.gov/Archives/edgar/data/1324570/000119312511173282/dex992.htm.

图 6-6　巴黎世家全产品线（截至 2023 年 1 月）
资料来源：https://www.balenciaga.com/.

与此同时，弗朗索瓦下定决心将家族生意交予亨利·皮诺打理。亨利·皮诺没有辜负父亲和评估小组的期许，家族企业在第二代手中上升到了前所未有的高度。[39]

经过与父亲两年的交接，2005 年，亨利·皮诺正式成为了皮诺–春天–雷都集团掌门人。为了向大型奢侈品集团更进一步，亨利一上任便将集团名简化为"PPR 集团"，不再以全称展示公司形象，淡化每个字母所指的含义，为 2006 年向德意志银行投资基金（RREEF）和意大利的 Borletti 集团出售法国巴黎春天百货集团 51% 的股权做出了铺垫。

至此，古驰、葆蝶家、圣罗兰和巴黎世家四个品牌构成了 PPR 集团的奢侈品业务核心，成功将 PPR 集团打造成为当时仅次于路威酩轩集团和历峰集团的全球第三大奢侈品集团。

6.3　瘦身重组：专注奢侈品

PPR 集团的瘦身重组分为两个阶段。

第一阶段发生于 2007—2013 年。亨利·皮诺首先建立了以古驰、伊夫圣罗兰、葆蝶家和巴黎世家四大奢侈品品牌为核心的奢侈品业务[40]，并斥资53亿欧元获得彪马（Puma）27.1%的控股权，之后将持股权增加到62.1%，这使得PPR集团在体育与生活时尚领域的地位得以巩固，确立了以彪马为核心的体育与生活时尚业务。不必要或非专业的公司和业务被亨利·皮诺果断出售。

第二阶段发生于2013年至今。由于业务扩张、旗下品牌管理层频频变动等因素的影响，为了巩固PPR集团在奢侈品行业中的领先地位，亨利将集团改名为"开云"，并逐渐剥离了包括彪马在内的体育与生活方式品牌，从而彻底转型为大型奢侈品集团。

6.3.1 剥离所有非时尚与奢侈品业务

2007年3月，PPR集团将法国著名的礼品卡和优惠购物券公司Kadéos出售给法国雅高集团（Accor Group）。2008年，PPR集团将伊夫圣罗兰美妆业务以11.5亿欧元的价格出售给巴黎欧莱雅集团（L'Oréal）。2009年，古驰集团将旗下宝达家出售给马来西亚豪艺钟表珠宝公司（LuxuryConcepts Watches & Jewellery Sdn Bhd）；同年，PPR集团放弃了对CFAO公司的控股，转让了58%的股权。

2010年，PPR集团与南非Steinhoff国际集团进行独家谈判，希望剥离康夫罗马的所有业务；翌年3月，康夫罗马对Steinhoff国际集团的转让顺利完成。至此，与奢侈品行业和体育与生活时尚不相关的业务基本出售完毕。

与此同时，PPR集团通过彪马公司布局体育与生活时尚业务。2010年，彪马公司收购了南非绿色奢华旅游公司Wilderness Safaris共20%的股份[41]，并收购了高尔夫器材高级制造商眼镜蛇（Cobra）。2011年PPR集团通过友好竞标获得动感体育品牌Volcom。这一收购强化了PPR集团全新的市场定位。正如亨利·皮诺所言，PPR集团的体育与生活时尚业务处于向充满前景的动感体育市场发展的有利位置，这得益于Volcom出色的品牌形象——带有强烈个性和独特品牌背景。

2011年起，PPR集团重新开启奢侈品公司的收购业务。7月，PPR集团控股瑞士钟表企业索风集团（Sowind Group），后者拥有高级腕表芝柏（Girard-Perregaux）和尚维沙（Jean Richard）。[42] 三年后，尤利西斯·雅典表（Ulysse Nardin）也被PPR集团收购，归入索风集团管理。[43]

2011年，PPR集团宣布收购意大利高级男装品牌布莱奥尼（Brioni），并于2012年完成交易。[44]

一系列业务剥离与收购标志着PPR集团迈上了一个新台阶。[45]

6.3.2 出售彪马公司旗下体育与生活方式业务与股权（2018）

2013年，亨利·皮诺索性将家族的姓氏从整个集团完全抹去，将"PPR集团"更名为"开云集团"。谈到更名背后的原因，他曾公开表示说："我们是不存在争斗的简单家族……第一代交接非常顺利，但第二代到第三代就可能变得复杂很多。我们四个兄弟姐妹一共有12个孩子，我已经在想着怎么去处理这些关系，安排继承计划。希望未来家族成员的任何波动都不会影响到公司的运作轨道。"

随着PPR集团的更名，开云集团旗下业务也重新整合，古驰集团不再存在，退市并关闭古驰集团网站，旗下所有奢侈品品牌及业务全部归入开云集团，而亨利·皮诺决定更专注于古驰、葆蝶家、圣罗兰和巴黎世家这四个核心奢侈品品牌，体育与生活时尚品牌不在未来开云集团的发展战略规划之内。

酝酿了5年之久的奢侈品集团转型从2018年分拆彪马公司的多数股份开始。开云集团把持有的彪马公司86%的股份中的70%分配给公司股东，保留16%。分拆完成后，开云集团控股的阿特米斯投资公司拥有彪马公司29%的股份，成为品牌长期战略股东；而开云集团官网不再出现彪马、眼镜蛇和Volcom等品牌。2019年，开云集团发行了5亿欧元可换股债券，这笔债券2022年到期后其占股将进一步下降3.5～3.7百分点。次年，阿特米斯投资公司通过发行2025年到期的可换股债券将持股比例从29%降至25%。与此同时，开云集团成功配售880万股彪马公司股份，从而把占股比例下降至9.8%。2021年，开云集团再次出售持有的890万股彪马公司股份，约占总股份的5.9%，预计套现10亿美元左右，并用于集团的日常运营。交易完成后，开云集团手中持有的彪马公司股份已不到4%。

开云集团出售彪马公司，一方面是为了更聚焦于奢侈品业务，另一方面也与彪马公司陷入"2021年新疆棉花风波"不无关系。此次品牌危机爆发大大冲击了其中国市场。[46]对于中国市场极其重视的开云集团而言，快速剥离彪马公司，摆脱巨大的负面影响也是当务之急。

研究聚焦 收购策略比较研究 II：开云集团 vs 路威酩轩集团

　　皮诺家族的开云集团是奢侈品行业的新贵。1963 年，弗朗索瓦·皮诺才成立自己的公司，而涉足奢侈品行业，从 36 年后与路威酩轩集团的商界厮杀开始。拥有短暂发家史的开云集团自 2022 年起超越历峰集团成为营业收入规模仅次于路威酩轩集团的全球第二大奢侈品公司，弗朗索瓦·皮诺本人也位列福布斯 2022 年度全球富豪榜第 32 位。皮诺和阿尔诺两大法国人家族的"相爱相杀"自 1999 年争夺古驰时便已拉开序幕。[47] 此后，面对咄咄逼人的路威酩轩集团，开云集团的收购策略或多或少与路威酩轩集团相关。[48] 皮诺家族或以攻代守，提前截取阿尔诺家族心仪的品牌；或自我升级，通过精简旗下品牌提升自身形象和影响力；或厚积薄发，采用后发优势将旗下品牌延伸至路威酩轩集团的主营业务，提升自己市场渗透度的同时，蚕食后者的市场份额。

　　首先，以攻代守的收购策略是开云集团面对奢侈品行业的巨大竞争时被迫做出的最优方案。相比于路威酩轩集团，无论是营业收入、净利润、自由现金流（如表 6-3 所示），还是主营业务——均为时尚及皮具——市场体量（如图 6-7 所示）和市场影响力均与后者有明显的差距。不过，让皮诺家族有底气向阿尔诺家族提出挑战的是牢牢占据集团总营收一半以上的古驰，2022 财年营收为 104.87 亿欧元，尽力缩小与路威酩轩集团盈利能力最强、市场份额最高的路易威登的营收差距。

　　因此，开云集团创建了一套综合性商业模式，通过收购时尚及皮具行业具有竞争力的奢侈品品牌层层对标路威酩轩集团该业务的品牌矩阵，如古驰 vs 路易威登、葆蝶家 vs 迪奥、圣罗兰与巴黎世家 vs 芬迪与罗意威、亚历山大麦昆 vs 凯卓，等等。在珠宝业务，开云集团也采取了收购宝诗龙与尚美巴黎和宝格丽，再辅以彩色宝石为主的宝曼兰朵渗透珠

表 6-3 2022 财年开云集团与路威酩轩集团业绩对比

项目	开云集团	路威酩轩集团
销售总额 / 亿欧元	203.51	791.84
销售额同比增长 /%	15	23
净利润 / 亿欧元	36.14	140.84
净利润同比增长 /%	14	17
自由现金流 / 亿欧元	32.08	101.13

资料来源：开云集团 2022 财年年报；路威酩轩集团 2022 财年年报。

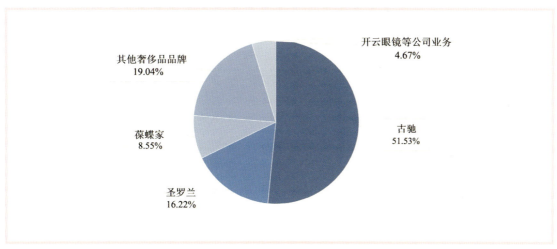

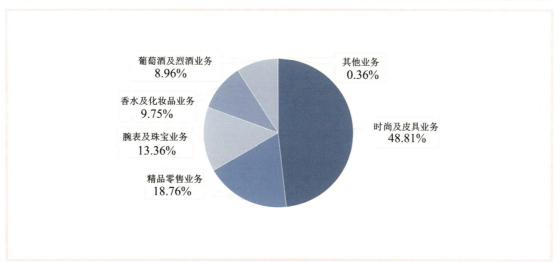

图 6-7 2022 财年开云集团与路威酩轩集团业务结构对比
资料来源：开云集团 2022 财年年报；路威酩轩集团 2022 财年年报。

宝细分市场以此与路威酩轩一争高下；即使是眼镜这类细分市场，开云集团和路威酩轩集团也在龙争虎斗——2021年7月，开云集团旗下子公司开云眼镜收购丹麦高级眼镜品牌林德伯格（Lindberg）[49]，旨在放大眼镜市场中的品牌价值，推动奢侈品和时尚眼镜品牌的发展。路威酩轩集团随即做出反击，2021年12月，贝尔纳收购了与Marcolin共同拥有的眼镜制造合资公司Thélio所有股权[50]，从而拓展眼镜业务，积极完成配饰业务的时尚化转型；开云集团也毫不停歇，2022年3月14日，收购美国自主高端眼镜品牌Maui Jim[51]，凭借其革命性的护眼镜片技术，巩固开云集团在奢侈品眼镜业务上的龙头地位，而相辅相成的分销网络和产品供应，将有助于扩展Maui Jim遍布全球的地理足迹以及获得新顾客的能力，从而扩大增长潜力，更专注于创新和功能。通过此次合并，开云眼镜公司2023年的营收不出意外将轻松突破10亿欧元大关，利润率也将进一步提升。

由此可见，开云集团灵活性、均衡性与责任感的品牌组合有效地激发了旗下品牌业绩的快速增长。集团总部汇集并协调旗下品牌之间的共享资源，以便品牌专注于价值创造：创意、真挚感人的品牌故事、设计开发新的系列产品、构建并维系良好的客户关系、确保每个环节的有效执行。在应对奢侈品行业激烈竞争的同时，被收购的品牌之间拥有自由的成长空间，带来了非凡业绩，并推动开云集团一跃成为奢侈品市场的翘楚。[52]在某种程度上，开云集团的策略与路威酩轩集团不谋而合。

皮诺家族的财富远不止开云集团本身，他们与阿尔诺家族之争也延伸到集团业务之外。热爱葡萄美酒的弗朗索瓦于1993年收购波尔多拉图酒庄、2006年收购勃艮第罗曼尼村的尤金妮酒庄（Domaine d'Eugenie）、2011年收购克罗地亚达尔马提亚（Dalmatia）顶级产区的格里叶酒庄（Chateau Grillet）、2013年收购美国加州艾泽勒庄园（Eisele Vineyard）、2017年收购勃艮第莫雷-圣丹尼村的大德园（Clos de Tart），与路威酩轩集团的白马酒庄"分庭抗礼"。同样，自20世纪70年代起对一幅油画动心后，热爱收藏的弗朗索瓦拥有包括毕加索、蒙德里安等艺术大师的3 000余件艺术作品，并且是佳士得拍卖行的最大股东[53]；而阿尔诺在1999年也出资7 000万英镑买下全球拍卖行的第三把交椅——菲利普斯拍卖行（Phillipes），并在2003年收购了法国最大规模的古董交易商塔桑拍卖行（L'Etude Tajan）；皮诺家族的庞洛邮轮公司（Compagnie de Ponant）也欲与阿尔诺的豪华旅游业务一较高下。

其次，开云集团也始终在进行自我升级，紧跟路威酩轩集团的步伐。自我升级之路从2003年弗朗索瓦·皮诺与其子弗朗索瓦-亨利·皮诺的交接开始。2003年春，在巴黎Ami Louis酒馆，弗朗索瓦·皮诺掏出三枚戒指①，每一枚戒指上都刻有日期：第一枚是1963年，即皮诺公司创立时间；第二枚是2003年，即亨利·皮诺掌管集团大权之年；第

---

① 可参考巴黎高等商学院（HEC Paris）对校友弗朗索瓦·皮诺的介绍与参访：https://china.exed.hec.edu/zh-hans/node/901.

三枚则是一个问号[54]，意味着皮诺家族需要不断追寻新的商业模式与并购策略。

不同于路威酩轩集团的大肆收购，亨利·皮诺相反采取了"自我瘦身"策略，升级集团形象。自亨利·皮诺于2003年掌管公司业务起，当年就剥离了与"奢侈品及生活方式"不直接相关的品牌。在短短三年内，亨利·皮诺先后将皮诺公司的木材、电气制造等发家产业出售，并出售了法国巴黎春天百货公司，即PPR集团名字中第二个"P"。2013年，亨利·皮诺确立了以古驰为核心的奢侈品品牌以及以彪马为核心的生活类消费品品牌，通过"一体两翼"策略构建了相互补充的两大业务板块，而亨利·皮诺将自己姓氏也从集团名字中去除，正式将PPR集团改名为开云集团。自更名之日起，亨利·皮诺逐步将非核心奢侈品品牌和非奢侈品品牌业务剥离——2018年出售彪马、尚维沙，转手丝黛拉麦卡尼50%的股权[55]（值得一提的是，丝黛拉麦卡尼随即与路威酩轩集团深度合作[56]）；2019年出售户外运动品牌Volcom；2022年将控股公司索风集团全部股权（包括旗下芝柏和尤利西斯·雅典表）出售给开云集团现任管理层。[57]

引发奢侈品行业轰动的无疑是芝柏和尤利西斯·雅典表再次回归独立制表品牌的身份。[58]此次业务剥离与收购背后的核心主导人正是芝柏和尤利西斯·雅典表品牌总裁兼首席执行官帕特里克·普鲁诺（Patrick Pruniaux）。此前，开云集团一直在努力提振腕表业务，优化分销渠道，整顿产品线。然而，新型冠状病毒感染疫情导致商店关闭、旅游中断，芝柏和尤利西斯·雅典表被迫缩减了产能。2020年9月，两个品牌共裁减了100名员工，约占员工总数的25%。出售芝柏和尤利西斯·雅典表无论对开云集团还是品牌都是一次双赢的决策，皮诺家族具有强烈发展壮大的雄心，无论是通过内生增长还是外部收购，它的业务重心可以完全聚焦于时尚与皮具以及珠宝业务，整合门店和零售渠道；而对于腕表品牌，芝柏和尤利西斯·雅典表可以进一步发展与批发商和零售商的合作关系，其中尤利西斯·雅典表的批发渠道业务占比已高达95%以上。[59]

回顾开云集团十几年业务演变过程：2011—2012年，奢侈品业务仅占开云集团总收入的17%，经过十几年转型，开云集团已将发展重心与资源聚焦旗下奢侈品品牌来全力支持它们的发展，并助力提升旗下品牌的创造能力，从大型时尚公司完全转型成为奢侈品集团，这也是开云集团快速超越历峰集团成为全球第二大奢侈品公司的原因所在。皮诺家族将这套商业逻辑命名为"不列颠猪综合征"——当猪肉卖得好时建造猪圈，反之停止。

再次，开云集团通过业务扩张和产品线延伸的厚积薄发策略应对路威酩轩集团的新一轮收购。2014年，开云集团成立开云眼镜公司，负责设计、开发、销售眼镜，除了开拓自身集团旗下品牌的眼镜业务，还与竞争对手历峰集团合作对抗路威酩轩集团，卡地亚、蔻依、万宝龙、登喜路、阿莱亚等品牌的眼镜业务也全权转让给了开云集团，达到合作共赢的效果。

2019年是开云集团里程碑式的一年。古驰先与科蒂集团（Coty Group）合作重新推出了古驰美妆产品系列,此后在世界珠宝圣殿、典雅奢华的芳登广场(Place Vendôme)发布首个高级珠宝系列,一方面顺应千禧一代对昂贵珠宝与顶级首饰的热情,另一方面也是抢占风险高、盈利能力强的小众奢侈品市场,从而应对路威酩轩集团收购蒂芙尼、历峰集团收购布契拉提引发的珠宝行业大洗牌。

综上所述,路威酩轩集团是奢侈品行业全生态圈收购,业务甚至涵盖大宗商品、地产、报纸,开云集团依然总体处于战略防御状态,通过差异化的品牌定位锁定更加宽泛的目标人群,收购相对亲民、消费群体更大的品牌,以量取胜。弗朗索瓦-亨利·皮诺在多次访谈中提到开云集团不会收购顶级奢侈品品牌,也不会购买私人飞机、游艇等大宗商品[60]。

开云集团将品牌分成两种运营模式,以古驰为核心,加以圣罗兰、葆蝶家和巴黎世家为四核,高调地传播品牌,积极地投入广告、公共活动、大型VIP活动、时装发布会与巴黎时装秀、品牌展与艺术展,追求时尚和年轻化,彰显核心价值、精湛工艺、卓越品质、经典隽永;而小众品牌布莱奥尼、宝曼兰朵、亚历山大麦昆则展现了低调、鲜明的特征。

开云集团精心规划了对新兴和成熟品牌的优化整合,以实现各品牌线的清晰化:在不同地区拥有多样化产品和目标客户。[61]个性鲜明的小众品牌存在较大的发展潜力,不会与集团现有品牌出现交叉,形成良好的互补效应,有利于开云集团以产品组合的方式打入市场,未来盈利空间更大。各品牌的自身潜能,以及综合性的商业模式共同造就了开云集团出色的市场表现,在品牌延续自己个性鲜明的市场定位,助力将情感与创造力更好地结合时,它们也能在集团整体运营管理中均扮演不可或缺的互补角色。通过整合资源,优化如物流、集团所有权、信息系统、媒体推广等战略职能的运作,让资源与成果最大化地为开云集团所享,使所有人受益,充分体现了运营模式的另一大优势。

两个奢侈品巨头也具有相似之处。例如:路威酩轩集团和开云集团都鼓励旗下品牌根据自身的特性和需求来树立品牌的独创性,推行品牌自主经营;也大力支持集团内部创业与跨界,包括2019年11月迪奥与日默瓦联名推出旅行箱[62];而古驰与巴黎世家的联名成衣、皮具与鞋履系列也效仿于2021年11月推出[63],产品覆盖范围更广,品牌传播力度也更大。

2020年年初开始的新型冠状病毒感染疫情无疑给奢侈品行业带来新挑战,尤其是主导奢侈品行业的巨头——路威酩轩集团、开云集团、历峰集团和斯沃琪集团。为了继续主导下一波的合并浪潮,这些巨头公司需要对新冠疫情带来的变化迅速做出反应,不断通过收购、运营优化等方式提升集团及品牌竞争力和影响力,否则会承担掉队,甚至被颠覆的巨大风险。

参考文献

[1] AN H, PARK M. Comparison of design related issues with the replacement of fashion creative director-Focused on an analysis of social media posts on Gucci collection[J]. Fashion & Textile Research Journal. 2019, 21(3): 277–287.

[2] TOKATLI N. Doing a Gucci: The transformation of an Italian fashion firm into a global powerhouse in a "Los Angelesizing" world[J]. Journal of Economic Geography. 2013, 13(2): 239-255.

[3] BRIESE N. Everything to know about the real-life couples that inspired "House of Gucci" [EB/OL]. Brides, (2021-11-22) [2022-07-06]. https://www.brides.com/real-life-house-of-gucci-couples-5209948.

[4] FITZGERALD R. Sex, lies and dirty money: 7 little known facts about the Gucci family[EB/OL]. (2021-06-11) [2022-07-06]. http://theglitterandgold.com.au/7-things-you-didnt-know-about-the-gucci-family/.

[5] House history: The Gucci timeline[EB/OL]. Haute History, (2020-07-28) [2022-07-06]. https://www.hautehistory.co.uk/gucci-timeline/house-history-the-gucci-timeline.

[6] 梁能. GUCCI家族沉浮录：一个辉煌品牌背后的血腥家族史 [EB/OL]. https://cn.ceibs.edu/emba/views/10506.

[7] Gucci Group N.V. history[EB/OL]. [2022-07-06]. http://www.fundinguniverse.com/company-histories/gucci-group-n-v-history/.

[8] ROBINSON T. Tearful Aldo Gucci gets prison term in tax case[EB/OL]. Los Angeles Times, (1986-09-12) [2022-07-06]. https://www.latimes.com/archives/la-xpm-1986-09-12-mn-11919-story.html.

[9] DANIELS R. What's fact and what's fiction in house of Gucci?[EB/OL]. (2021-11-25) [2022-07-06]. https://www.vulture.com/2021/11/whats-fact-and-whats-fiction-in-house-of-gucci.html.

[10] GUNDLE S, RINALDI L. Fashion victims: The Gucci and Versace murders[M]// GUNDLE S, RINALDI L. Assassinations and Murder in Modern Italy: Transformations in Society and Culture. New York: Palgrave Macmillan, 2007: 181–192.

[11] FRIEDMAN V. A sexual abuse lawsuit splits the Gucci Family[EB/OL]. The New York Times, (2021-05-28) [2022-07-06]. https://www.nytimes.com/2021/05/28/style/child-sexual-abuse-lawsuit-gucci-family.html.

[12] SUESS-REYES J. Understanding the transgenerational orientation of family businesses: The role of family governance and business family identity[J]. Journal of Business Economics. 2017, 87(6): 749–777.

[13] 梁能. GUCCI家族沉浮录：一个辉煌品牌背后的血腥家族史 [EB/OL]. https://cn.ceibs.edu/emba/views/10506.

[14] WOLFE A. (2015). Francois-Henri Pinault: The business of luxury[EB/OL]. The Wall Street Journal, (2015-11-27). https://www.wsj.com/articles/francois-henri-pinault-the-business-of-luxury-1448633999.

[15] DAIX P. François Pinault[M]. B.De Fallois, 1998.

[16] Kering – Evolution of a global luxury brand company[EB/OL]. Martin Roll, (2020-11) [2022-03-03]. https://martinroll.com/resources/articles/strategy/kering-evolution-of-a-global-luxury-

[17] MILLER B. Everything about Kering – $KER.FP the modern and sustainable fashion company[EB/OL]. (2022-03-01) [2022-05-09]. https://corporatestock.com/kering-ker-fp/.
[18] MILLER N. Francois Pinault, the art collector and businessman[EB/OL]. Luxatic, [2022-03-02]. https://luxatic.com/francois-pinault-the-art-collector-and-businessman/.
[19] From timber merchant to corporate axeman[EB/OL]. The Guardian, (1999-04-03) [2022-03-01]. https://www.theguardian.com/business/1999/apr/03/3.
[20] PINAULT F. Believe, Dare, Act[EB/OL]. https://www.groupeartemis.com/en/notre-vision/oser-croire-agir/.
[21] COUSTEAU L. François-Henri Pinault: On behalf of the PPR[EB/OL]. Les Echos, (2005-01-09) [2022-03-04]. https://archives.lesechos.fr/archives/2005/Enjeux/00216-045-ENJ.htm.
[22] MOFFETT M H, RAMASWAMY K. Fashion fauz pas: Gucci & LVMH[J]. Thunderbird International Business Review. 2003, 45(2): 225-239.
[23] The battle for the Gucci Group: "One of the most bitter fights in coporate history" [EB/OL]. The Fashion Law, (2018-01-25) [2022-03-01]. https://www.thefashionlaw.com/the-battle-for-the-gucci-group-part-i/.
[24] HERNÁNDEZ-LÓPEZ E. Bag wars and bank wars, the Gucci and Banque National de Paris hostile bids: European corporate culture responds to active shareholders[J]. Fordham Journal of Corporate & Financial Law. 2003, 9: 127-190.
[25] SCHOENFELDT R. Competition laws of the European Union in the face of the new single currency market[J]. Journal of Marshall Law Review. 1999, 33(3): 715-742.
[26] Ford signs for five more years at Gucci, says Morgan Stanley[EB/OL]. WWD, (1998-09-29), [2022-03-04]. https://wwd.com/fashion-news/fashion-features/article-1104134/.
[27] KAPNER S. Pinault wins long battle to control Gucci Group[EB/OL]. The New York Times, (2001-09-11) [2022-03-06]. https://www.nytimes.com/2001/09/11/business/pinault-wins-long-battle-to-control-gucci-group.html.
[28] BRUNER R F, HODRICK L S, CARR S. "War of the Handbags": The takeover battle for Gucci Group NV[J]. Darden Business Publishing Cases, 2017: 000347.
[29] MOORE C M, BIRTWISTLE G. The nature of parenting advantage in luxury fashion retailing: The case of Gucci Group N.V.[J]. International Journal of Retail & Distribution Management. 2005, 33(4): 256-270.
[30] JACKSON T, HAID C. Gucci Group-the new family of luxury brands[J]. International Journal of New Product Development and Innovation Management. 2002, 4(2): 161-172.
[31] IJAOUANE V, KAPFERER J-N. Developing luxury brands within luxury groups – synergies without dilution?[J]. Marketing Review St. Gallen. 2012, 29(1): 24-29.
[32] JACKSON T, HAID C. Gucci Group-the new family of luxury brands[J]. International Journal of New Product Development and Innovation Management. 2002, 4(2): 161-172.
[33] WENDLANDT A, DENIS P. Luxury brand Bottega Veneta says Europe shop window for China[EB/OL]. Reuters, (2013-02-16) [2022-04-02]. https://www.reuters.com/article/uk-bottega-ppr-idUKBRE91E10120130215.
[34] FINCH J. Gucci liked the designer so much it bought Balenciaga[EB/OL]. The Guardian, (2001-07-07) [2022-03-06]. https://www.theguardian.com/business/2001/jul/07/1.

[35] COUSTEAU L. François-Henri Pinault: On behalf of the PPR[EB/OL]. Les Echos, (2005-01-09) [2022-03-04]. https://archives.lesechos.fr/archives/2005/Enjeux/00216-045-ENJ.htm.

[36] PPR in exclusive talks with BNP Paribas over the sale of FACET, a FINAREF subsidiary[EB/OL]. (2002-10-25) [2022-03-13]. https://group.bnpparibas/en/press-release/ppr-exclusive-talks-bnp-paribas-sale-facet-finaref-subsidiary.

[37] CARREYROU J. PPR to sell some businesses, focus more on luxury goods[EB/OL]. The Wall Street Journal, (2003-01-17) [2022-03-10]. https://www.wsj.com/articles/SB1042748624664249584.

[38] PPR receives offer from Office Depot[EB/OL]. WWD, (2003-04-09) [2022-03-16]. https://wwd.com/fashion-news/fashion-features/ppr-receives-offer-from-office-depot-734804/.

[39] MARTINEZ-JEREZ F D A, CORSI E, DESSAIN V. Gucci Group: Freedom within the framework[J]. Harvard Business School Case. 2009: 109-079.

[40] YOFFIE D, KIM R. Gucci Group in 2009[J]. Harvard Business School Case. 2009: 709-459.

[41] Update 1-Puma buys stake in African ecotourism company[EB/OL]. Reuters, (2010-02-27) [2022-05-10]. https://www.reuters.com/article/idINLDE61P1UY20100226.

[42] KERING GROUP. Haute Horlogerie: PPR Becomes Majority Shareholder of Sowind Group[EB/OL]. (2011-07-04). https://www.kering.com/en/news/haute-horlogerie-ppr-becomes-majority-shareholder-sowind-group.

[43] Kering buys Ulysse Nardin: The bigger picture?[EB/OL]. (2014-07-31) [2022-04-02]. https://revolutionwatch.com/kering-buys-ulysse-nardin-the-bigger-picture.

[44] KERING GROUP. PPR acquires Italian tailor Brioni[EB/OL]. (2011-11-8). https://www.kering.com/en/news/ppr-acquires-italian-tailor-brioni.

[45] PAVIONE E, PEZZETTI R, MATTEO D A. Emerging competitive strategies in the global luxury industry in the perspective of sustainable development: The case of Kering Group[J]. Management Dynamics in the Knowledge Economy. 2016, 4(2): 241-261.

[46] WELLS V, ATHWAL N, NERVINO E, et al. How legitimate are the environmental sustainability claims of luxury conglomerates?[J]. Journal of Fashion Marketing and Management. 2021, 25(4): 697-722.

[47] DONZÉ P Y. The birth of luxury big business: LVMH, Richemont and Kering[M]// DONZÉ P Y. Global Luxury. Singapore: Palgrave, 2018: 19-38.

[48] FIORANI G, BOSCO F, DI GERIO C. Measuring sustainability in the luxury fashion sector: A Comparison between LVMH and Kering. Modern Economy. 2022, 13(3): 356-369.

[49] KERING GROUP. Kering Eyewear acquires the Danish luxury eyewear brand Lindberg[EB/OL]. (2021-07-08). https://www.kering.com/en/news/kering-eyewear-acquires-the-danish-luxury-eyewear-brand-lindberg.

[50] MURET D. LVMH takes over remainder of eyewear joint venture Thélios[EB/OL]. Fashion Network, (2021-10-10) [2022-04-24]. https://ww.fashionnetwork.com/news/Lvmh-takes-over-remainder-of-eyewear-joint-venture-thelios,1360902.html.

[51] KERING GROUP. Kering Eyewear acquires the iconic U.S. eyewear brand Maui Jim[EB/OL]. https://www.kering.com/en/news/kering-eyewear-acquires-the-iconic-u-s-eyewear-brand-maui-jim.

[52] CABIGIOSU A. The Kering Group and Gucci's success[M]// CABIGIOSU A. Digitalization in the

Luxury Fashion Industry. Palgrave Macmillan, 2020: 175-202.
[53] CODIGNOLA F, MARIANI P. Investigating preferences in art collecting: the case of the François Pinault Collection. Italian Journal of Marketing. 2022, 107-133.
[54] François-Henri Pinault-Business artist in the year of the Tiger[EB/OL]. (2022-01-03) [2022-04-23]. https://alexwa.com/francois-henri-pinault-business-artist-in-the-year-of-the-tiger.
[55] KERING GROUP. Kering and Ms. Stella McCartney agree on the sale and purchase of the Group's stake in her eponymous brand[EB/OL]. (2018-03-28). https://www.kering.com/cn/news/ms-stella-mccartney-agree-sale-purchase-group-stake-in-her-eponymous-brand.
[56] LVMH. Stella McCartney and LVMH announce a new partnership to further develop the Stella McCartney House[EB/OL]. (2019-07-15). https://www.lvmh.com/news-documents/press-releases/stella-mccartney-and-lvmh-announce-a-new-partnership-to-further-develop-the-stella-mccartney-house/.
[57] KERING GROUP. Kering announces the sale of Girard-Perregaux and Ulysse Nardin to their management[EB/OL]. (2022-01-24). https://www.kering.com/en/news/kering-announces-the-sale-of-girard-perregaux-and-ulysse-nardin-to-their-management.
[58] SHOAIB M. Kering sells luxury Swiss watch brands Girard-Perregaux and Ulysse Nardin[EB/OL]. Vogue Business, (2022-01-24) [2022-04-24]. https://www.voguebusiness.com/companies/kering-sells-luxury-swiss-watch-brands-girard-perregaux-and-ulysse-nardin.
[59] DOUGLAS A. Ulysse Nardin unveils fresh retail concept for its global retail partners[EB/OL]. Watchpro, (2019-09-13) [2022-04-24]. https://www.watchpro.com/ulysse-nardin-unveils-fresh-retail-concept-for-its-global-retail-partners/.
[60] MURET D. François-Henri Pinault says Kering not currently envisaging new acquisitions[EB/OL]. Fashion Network, (2020-02-13) [2022-04-20]. https://us.fashionnetwork.com/news/Francois-henri-pinault-says-kering-not-currently-envisaging-new-acquisitions,1186570.html.
[61] PAVIONE E, PEZZETTI R, MATTEO D A. Emerging competitive strategies in the global luxury industry in the perspective of sustainable development: The case of Kering Group[J]. Management Dynamics in the Knowledge Economy. 2016, 4(2): 241-261.
[62] LVMH. Dior x RIMOWA: Exclusive collaboration celebrates innovation and travel[EB/OL]. (2019-11-05). https://www.lvmh.com/news-documents/news/dior-x-rimowa-exclusive-collaboration-celebrates-innovation-and-travel/.
[63] CARY A. Gucci's "hacking" of Balenciaga is a fashion power move-and finally available to shop[EB/OL]. Vogue, (2021-11-15) [2022-04-24]. https://www.vogue.com/article/balenciaga-gucci-collaboration.

Merger & Acquisition
of Luxury Goods Companies

第七章

斯沃琪集团——海耶克家族的腕表生态系统

斯沃琪集团——海耶克家族的腕表生态系统

开篇案例 从江诗丹顿、宝玑、宝珀和爱彼看百达翡丽

提及全球钟表腕表行业,百达翡丽无疑是最备受众人瞩目、最耀眼的瑰宝品牌之一。江诗丹顿、宝玑、宝珀、爱彼等高级腕表品牌的各大产品线也同样夺目(如图7-1所示)。论历史跨度,百达翡丽诞生于1839年,至今成立仍不足200年,远不及宝珀(1735年)、江诗丹顿(1755年)、宝玑(1775年),甚至不如芝柏(1791年)、积家(1833年)等高级腕表品牌历史之悠久;论腕表技术,在业界拥有"表王"和"现代制表之父杰作"之称的宝玑,发明了业界超过70%的腕表技术,包括腕表最杰出的三大复杂功能调速装置陀飞轮(Tourbillon)、万年历和三问音簧(minute repeater),百达翡丽无法与之匹敌;论创始家族传承性,爱彼(Audemars Piguet)至今保持由创始两大家族——奥德玛家族(Audemars Family)和皮盖家族(Piguet Family)——的第四代子孙共同经营,百达翡丽在历史上曾被银行家收购,如今的百达翡丽已与创始家族无关,不过和爱彼仍是日内瓦最后一批独立制表的代表性品牌,不上市、不投靠任何奢侈品集团或基金公司;论资金实力,与历峰集团头牌江诗丹顿、斯沃琪集团双子星宝玑和宝珀背后巨头集团提供的人力、财力与资源无法相比;论营收实力,百达翡丽在2021年业绩和市场占有率与爱彼不分伯仲,明显不敌劳力士(Rolex)、卡地亚(Cartier)和欧米茄(Omega)(如表7-1所示)。即便如此,百达翡丽至今仍能牢牢占据瑞士腕表届的最顶级品牌王座[1],与其完备的生态系统、独特的工艺与技术、财务的独立运营模式,以及在艺术界、拍卖行的独特竞争力分不开。

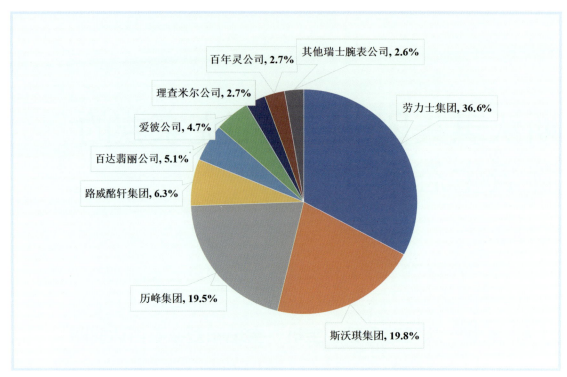

图 7-1 2022 年瑞士腕表品牌销售占比分布
资料来源：Morgan Stanley Swiss Watch Industry Report, 2023.

表 7-1 2021 年营收排名前七大瑞士腕表品牌　　　　　　　　单位：亿瑞士法郎

排名	品牌	所属集团/公司	营业收入
1	劳力士	劳力士集团	93.00
2	卡地亚	历峰集团	27.50
3	欧米茄	斯沃琪集团	24.70
4	爱彼	爱彼公司	20.10
5	百达翡丽	百达翡丽公司	18.00
6	理查米尔	理查米尔公司	13.00
7	浪琴	斯沃琪集团	12.08

资料来源：Morgan Stanley Swiss Watch Industry Report, 2023.

百达翡丽的荣耀盛名从品牌建立之日起便奠定了基础。出身贵族的波兰人安东尼·百达（Antoine Patek）作为反抗俄国的革命者，在失败后逃亡法国，随后到日内瓦定居。[2] 受到 16 世纪起就诞生的钟表制造业的深厚文化影响，于 1839 年 5 月 1 日与另一位波兰移民、天才制表师弗朗索瓦·沙柏（François Czapek）开始制作怀表，成立的工厂命名为"百达沙柏公司"（Patek, Czapek & Cie）。虽然此后几年沙柏与新合伙人另开小灶，百达与沙柏产生分歧而分道扬镳，但百达幸运地在1844年巴黎工业博览会上遇见了一生的挚友、法国钟表匠让·阿德里安·翡丽（Jean Adrien Philippe）。当时，翡丽设计发明了"无匙上弦"（keyless winding）和"手动设定系统"（hand-setting system），怀表的表壳薄，且上链和调校都不需再依靠传统表匙，但这两项技术仅获得铜奖，并未受到组委会和行业的重视，但百达却深为其新的设计所吸引。两人经过一番交谈，立即达成合作的意向，于1845年5月15日成立新公司"百达公司"（Patek & Cie）。

1851年元旦，公司正式更名为"百达翡丽公司"（Patek, Philippe & Cie）。自此，"百达"和"翡丽"两个家族合作至今，而在同年他们的作品就受到了维多利亚女皇和阿尔伯特亲王夫妇的青睐，两人各自购买了一枚无匙挂表（keyless pendant watch）和怀表。[3] 1851年也成为了百达翡丽品牌的里程碑年份，奠定了其贵族化的地位。

1877年，安东尼·百达过世后，让·阿德里安·翡丽的女婿约瑟夫·贝纳西－翡丽（Joseph Bénassy-Philippe）继承了安东尼在公司的职位。10年后，百达翡丽品牌又一个里程碑时刻到来：公司决定采用由骑士宝剑和牧师十字架组合而成的图表作为新品牌标识，并赋予了一个神圣的名字"卡拉特拉瓦"（Calatrava）。它来源于西班牙一个名为卡拉特拉瓦的城市，12世纪受到摩尔人的侵略后，勇敢的牧师和骑士率领民众殊死抵抗，最终击败了入侵者，保卫了家园。于是，代表牧师的十字架和代表骑士的剑合在一起成为了庄严与勇敢的象征。这个品牌标识象征安东尼·百达与让·阿德里安·翡丽的合作精神与永存友谊。

1891年，76岁的让·阿德里安·翡丽退休，并将其在公司的职权传承给他的季子约瑟夫·埃梅里·翡丽（Joseph Emile Philippe）。1901年，在贝纳西－翡丽和约瑟夫·翡丽的运作下，百达翡丽公司改制成为股份有限公司，公司的全名为"百达翡丽制表股份有限公司"（Ancienne Manufacture d'horlogerie Patek, Philippe & Cie, Société Anonyme）。百达翡丽公司保持家族式运营的同时拥有7位股东，其中5位股东构成了公司董事会，贝纳西－翡丽任董事会主席。此后，约瑟夫·翡丽之子加入公司，而他也成为了百达翡丽公司中最后一位创始人的后裔。

进入20世纪后，百达翡丽经历了一次家族结构和股权的重大变革。在20世纪30年代全球经济大萧条（Great Depression）时期，瑞士商人查尔斯·斯登（Charles Stern）和让·斯登（Jean Stern）两兄弟于1932年开始投资，并于1933年完全收购了百达翡丽公司，同年推出了首款卡拉特拉瓦系列腕表Ref. 96。斯登兄弟公司（Fabrique de Cadrans Sterns Frères）此前一直作为百达翡丽公司的生意伙伴，负责为百达翡丽生产、提供表盘。

20世纪四五十年代是百达翡丽的收获之年。1944年，百达翡丽在日内瓦天文台大赛中凭借走时精度获得多项第一，并创下获奖数量的历史纪录。1949年，百达翡丽凭借名为"Gyromax"的平衡摆轮获得专利。1953年，百达翡丽开始制造自动上弦机芯，已研发出若干高性能的机芯装置，其中名为"Caliber 12-600at"的自动上弦装置获得专利，成为很多复杂功能机芯的根基，博得了独具慧眼的钟表爱好者的厚爱。

1958年，查尔斯·斯登之子亨利·斯登（Henri Stern）继任百达翡丽公司总裁。五年后，百达翡丽陀飞轮机芯在日内瓦天文台精准时计大赛中刷新了机械腕表的走时精度世界纪录。

1993年，亨利·斯登之子菲力·斯登（Philippe Stern）成为百达翡丽公司的新总裁。为取得更进一步的发展，百达翡丽迁入位于日内瓦普朗莱乌特（Plan-les-Ouates）工业区的全新工坊；同年10月，正式发行半年刊《百达翡丽杂志》（*Patek Philippe Magazine*），以英、法、日、中、德、意六种语言版本发行，力图通过高端杂志的文字与精美图片表现吸引顾客、引领市场，从而提升品牌形象。这本杂志面向所有百达翡丽顾客，并接受众多世界著名作家的稿件，包括葡萄牙著名作家若泽·萨拉马戈（José Saramago）。

如今，百达翡丽公司管理决策由荣誉主席菲力·斯登，菲力之子、总裁泰瑞·斯登（Thierry Stern）和首席执行官克劳德·培尼（Claude Peny）共同做出。百达翡丽仍是全球唯一采用手工精制，且可以在原厂内完成全部制表流程的制造商，并坚守着钟表的传统工艺。瑞士钟表界称这种传统制造手法为"日内瓦七种传统制表工艺"，意即综合了设计师、钟表师、金匠、表链匠、雕刻家、瓷画家及宝石匠的传统工艺。百达翡丽主要制造机械腕表，但也同江诗丹顿、宝玑一样推出石英腕表系列，只有宝珀自诞生以来坚持"只做机械表"。[4] 实际上，百达翡丽也是最早参与创建瑞士"电子制表中心"（Centre Electronique Horloger）的20家瑞士表行之一，该中心负责研发瑞士的第一款石英表。

相比江诗丹顿、宝玑和宝珀，百达翡丽在钟表鉴赏家心目中拥有无与伦比的声誉和地位，这不仅源于百达翡丽精美的时计作品以及精湛的制表工艺，同样来自品牌始终秉承1839年创立以来的卓越制表理念。这种理念融入了百达翡丽公司价值观，成为品牌非凡理念与品质象征，代代相传。

第一，独立自主。百达翡丽是日内瓦历史最悠久的独立家族制表企业。独立地位确保了百达翡丽公司掌控自身命运，同时追求长远的战略目标。完全自由的创意空间令百达翡丽获益良多。2009年，百达翡丽宣布其所生产的所有直径不小于20毫米的机械钟表都将达到每24小时"-3～+2秒"的计时精度、所有直径小于20毫米的都将达到每24小时"-5～+4秒"的计时精度，并印上"百达翡丽印记"（Patek Philippe Seal）；其陀飞轮腕表不但必须同其他机械腕表一样接受流程期间检测，而且必须符合更加严格的限制——每24小时"-2/+1秒"的计时精度。[5] 这个严苛的质量要求成为至今制表业的最高行业标准，原先"日内瓦印记"（Geneva Seal）自此被百达翡丽放弃。所有时计和机芯均按照百达翡丽印记规定的专属品质标准自主研发并生产。如同菲力父子所述："保持独立自主的决心是百达翡丽品牌核心理念，确保我们的产品性能可靠、值得信赖。"[6]

第二，尊崇传统且革新创造。百达翡丽的独特传承源于数代人积累的丰富制表经验和精湛技艺，确保百达翡丽的制表工艺薪火相传、发扬光大。在秉承创新传统的同时，百达翡丽凭借其在创新研发领域的杰出成就，不断推动制表技术突破界限，迈向新的高峰。百达翡丽至今已获100余项专利，其中对钟表行业发展产生过重大影响的专利就多达20项，确立了制表工坊在制表界的先锋地位。正是在这样的背景下，百达翡丽印记成为一个动态的质量标准，涵盖了着眼未来的长远技术发展，致力于提升时计的实用功能、可靠品质以及精确走时。尊崇传统意味着历久而弥新、制表师和工匠秉承卓越的制表工艺、坚守传统的制表理念、美轮美奂的制表艺术；革新创造意味着密切关注最新的技术动态，确保与时俱进。

第三，"百达翡丽印记"与顶级手工精饰工艺。创立公司的百达先生和翡丽先生怀揣着同一个目标，即研发并打造全世界最精美的时计作品。时至今日，质量与工艺依然是百达翡丽严格奉行的生产准则。无论机芯、外部元件还是技术理念、各项功能的运行情况以及时计的走时精度等均适用这一标准。"百达翡丽印记"始终是整个制表业界最高的品质标准。由独具创意的工艺大师兢兢业业、一丝不苟地打造出堪比高级珠宝的手工精饰工艺也是百达翡丽引领全球钟表业的原因之一。手工精饰工艺需要在裸眼难以看到的微小表面上进行，任何类型的特定手工精饰工艺都源于数百年来宝贵的技术知识积淀，以及千锤百炼、高度娴熟的手工技艺。这些珍稀工艺被运用于制作精美的珐琅腕表、圆顶座钟，带细木镶嵌、珐琅装饰或宝石镶嵌的表壳及表盘，或是极具收藏价值的怀表。

第四，小批量生产的稀缺性。百达翡丽常规生产的腕表超过200款，由制表工坊按照小批量方式生产，数量通常仅仅在十余枚到数百枚之间，均搭载百达翡丽自主研发制造的机芯。百达翡丽在制作过程的各个环节采用了极为严格的品质标准，同时花费数月时间确保腕表完美无瑕，正是这一切令每枚百达翡丽时计成为钟表鉴赏家眼中珍贵稀有的工艺杰作。

第五，优质服务与人才培育。泰瑞·斯登曾说："我们坚信，在家族经营的制表工坊中，保养、维修和修复我们的时计所需的技艺同制造新款时计所需的技术同样重要。因此，我们尤为强调必须由经过百达翡丽培训并认证的维修师处理维修和保养工作……这一承诺，或者这种己任，适用于1839年百达翡丽创立以来制作的所有钟表，也展现了百达翡丽对于工艺技术、传统与专业技能的重视。"[7] 专业维修师必须精通拆卸、检测、评估、宝石镶嵌、调校、装置优化、抛光、组装以及质量监控各项程序。他们必须掌握如何使用工具和特殊润滑剂,并对百达翡丽早期和现代各种表款了如指掌。日内瓦的百达翡丽工坊还会开展针对百达翡丽内外部维修师的培训课程。具有2~5年专业维修经验的维修师才可参与,即使是一级课程也需要此等资质,目的是让维修师熟悉百达翡丽腕表独特的工艺特征与"百达翡丽印记"的品质标准,并且在百达翡丽腕表系列更精细化、推陈出新之时,不断更新他们的知识储备。

第六,拍卖行备受青睐。百达翡丽在拍卖市场常常能拔得头筹,截至2023年5月,在世界前九高级腕表①拍卖记录中,百达翡丽腕表占据了其中八席(如图7-2所示),而最高纪录是由一枚独一无二的百达翡丽大师弦音腕表6300A-010在日内瓦Only Watch慈善拍卖中以3 119万美元的天价成交。

图7-2 截至2023年5月的世界前九腕表拍卖纪录

资料来源:AL-MOUSAWI E. The Most Expensive Watches Ever Sold at Auction[EB/OL]. (2023-05-12)[2023-05-24]. https://elitetraveler.com/shopping-lifestyle/watches-shopping-lifestyle/the-most-expensive-watches-ever-sold-at-auction.

---

① 不含怀表和挂钟。

第七，情感传递与家族传承。百达翡丽腕表的意义已经超越了品质、美学，对腕表拥有者而言已经成为一件浸透着珍贵记忆的私人物品。百达翡丽往往出现在人们生命中某一重要时刻，如事业取得重要成功、成就美满婚姻，或是新生命诞生。因此，相比江诗丹顿、宝玑与宝珀，百达翡丽更代表了一种守护融合艺术与科学的传统，又扮演了过去与未来间桥梁的角色，就如其最著名的标语：

"没人能拥有百达翡丽，只不过为下一代保管而已。"①

(You never actually own a Patek Philippe. You merely look after it for the next generation.)

从20世纪末到21世纪初，越来越多钟表品牌开始"抱团取暖"。从技术角度来分析，随着材料科学日益发展，越来越多的新材料（如硅零件、防磁材料）和新技术被运用到现代腕表制作过程中，中小规模钟表公司很难在每个领域都掌握核心技术，众多品牌被集聚在一个大集团下，各展所长，通过共享与协同效应提升品牌竞争力。

其中，江诗丹顿依附于历峰集团强大的支持，享有了与百达翡丽、爱彼（Audemars Piguet）一争高下的资本，近年来也推出了不少杰出作品，如阁楼工匠天体超卓复杂3600系列腕表（Les Cabinotiers Celestia Astronomical），代表历峰集团的最高制表工艺，无论是产品性能、市场推广、腕表售后、品牌传播都达到了一个新高度。

以"现代钟表之父杰作"闻名于世的宝玑也开始不断创新，广泛采用新型硅材料，结合传统工艺，维持腕表高性能，巩固斯沃琪集团第一腕表品牌的地位。不过，宝玑自身存在品牌发展的瓶颈：市场定位与品牌形象的固化导致品牌鲜有运动系列腕表，设计相对守旧，对Z世代和千禧一代等奢侈品消费主力军而言缺乏吸引力；而宝玑在二手市场和拍卖行沉寂的表现也使得其与顶级腕表品牌之间有不可逾越的鸿沟。

宝珀享有"现存最古老腕表品牌"之美誉，在腕表历史长河中扮演了举足轻重的地位。1858年起就与宝珀一脉相承的原弗德里克·皮盖机芯工厂（Frédéric Piguet）②为斯沃琪集团提供了高端机芯支持。同时，宝珀也是在中国市场本土化策略最成功的腕表品牌之一，前有宝珀乾坤卡罗素腕表成为首枚故宫博物院的当代手表藏品，后有专为中国市场打造的宝珀中华年历表，能够显示中国传统历法，"宝珀理想国文学奖"对中国现代文学的贡献也是可圈可点。不过，宝珀在斯沃琪集团中的品牌定位居于宝玑、格拉苏蒂原创、欧米茄等品牌之间，唯有凭借精准的定位掌握主动权才能在全球市场竞争中"夹缝求生"。

成立于1875年的爱彼与百达翡丽同样拥有辉煌历史：1892年，制造出了世界上第

---

① 可参考百达翡丽在官网中展示的标语：https://www.patek.com/en/company/news/generations-campaign.
② 2010年，该机芯工厂更名为宝珀机芯工厂（Manufacture Blancpain），纳入宝珀公司旗下。

一枚三问报时腕表机芯；1899年，制造出拥有七项复杂功能的超复杂怀表；1921年，制造出世界上第一枚跳时腕表；1934年，制造出第一枚镂空腕表……在"石英危机"后快速崛起的爱彼持续挑战百达翡丽。爱彼公司传承四代，但两大家族共同经营的模式却在某种程度上限制了其成为另一个百达翡丽——设计、经营理念和艺术传承都显得过于保守。直至1953年表坛传奇设计大师杰拉德·尊达（Gerald Genta）亲自操刀，打破传统，采用了全新设计语言。例如1972年，爱彼以"皇家橡树系列"（Royal Oak）为载体，将品牌推向更加年轻、现代化的受众；又如2012年，"驾驭常规，铸就创新"（To break the rules, you must first master them.）的新口号被提出。[8] 不过，爱彼的发展瓶颈也就此显现：继皇家橡树系列面世已近50年，如今的高级腕表市场始终没有出现爱彼下一个经典腕表系列，并且过度依赖"皇家橡树"是否会限制爱彼在其他系列的业绩表现仍然需要时间给出答案。

百达翡丽作为仅存的几个能独立完成整表设计、加工和组装的高级腕表品牌之一，不需外部采购腕表机芯等核心部件，完全自给自足；入门级运动款系列"一表难求"，同时在拍卖行中屡创新高——独立的家族运营，亦赋予了品牌大胆和前瞻性的设计和经营动力。百达翡丽依然是名副其实的"表王"。

斯沃琪集团（The Swatch Group Ltd.）的创立历史可追溯到1983年，1998年由 SMH 钟表集团（Swiss Corporation for Microelectronics and Watchmaking Industries Ltd.）更名并保留至今。创始人尼克拉斯·乔治·海耶克（Nicolas George Hayek）将集团及其旗下同名品牌斯沃琪的品牌名"Swatch"中的"S"解释为：不仅代表原产地瑞士（Switzerland），还含有"第二块表"（the second watch）之意，表示人们可以像拥有时装一样，同时拥有两块或两块以上的手表。这是老海耶克[①]想传递的概念——手表不再只是一种昂贵的奢侈品和单纯的计时工具，而是一种"戴在手腕上的时装"。

在老海耶克20多年的经营下，斯沃琪集团从一个摇摇欲坠的瑞士钟表公司发展成为全球最大的钟表集团。他不仅主导了两轮瑞士钟表业的并购与整合，还重新打造了宝玑和宝珀品牌，并通过收购上游机芯公司、整合下游零售渠道、成立管理公司与艺术中心打造了一个相当成熟的商业生态系统，改写了瑞士钟表行业格局和发展模式。

2022财年，旗下17个腕表与珠宝品牌以及零售和生产业务总营收为74.99亿瑞士法郎，同比增长2.5%；净利润从2020财年亏损5 300万瑞士法郎迅速恢复至盈利8.23亿欧元；按业务划分，腕表及珠宝同比增长1.9%至71.45亿瑞士法郎，电子系统收入上升18.2%至3.71亿瑞士法郎，集团其他业务收入保持900万瑞士法郎不变（如表7-2所示）。

---

① 为区分尼克拉斯·乔治·海耶克及其子乔治·尼克拉斯·海耶克（Georges Nicolas Hayek），通常将他们分别称为老海耶克和小海耶克。

表 7-2　2019—2022 财年斯沃琪集团重要财务数据①　　　　单位：亿瑞士法郎

财务指标	财年			
	2022	2021	2020	2019
营业收入	74.99	73.13	55.95	82.43
腕表与珠宝	71.45	70.14	53.37	79.66
电子系统	3.71	3.14	2.68	2.89
集团其他业务	0.09	0.09	0.08	0.10
冲销	−0.26	−0.24	−0.18	−0.22
营业利润	11.58	10.21	0.52	0.01
净利润	8.23	7.74	−0.53	−0.01

资料来源：斯沃琪集团 2019—2022 财年年报。

7.1　第一阶段：全品牌等级架构形成

斯沃琪集团（Swatch Group）源于 20 世纪 30 年代最大的两家钟表集团——瑞士钟表工业公司（Allgemeine Schweizerische Uhrenindustrie AG，即 ASUAG）和瑞士钟表总公司（Société Suisse pour l'Industrie Horlogère，即 SSIH）。它们垄断了瑞士钟表机芯坯件、弹簧等重要零部件的生产。[9]

20 世纪 70 年代，瑞士制表业陷入空前的危机。中东石油危机引发的全球经济震荡以及钟表界"石英危机"令瑞士机械腕表业面临停滞不前的局面——1974 年起的 10 年内，瑞士在世界钟表市场份额从 43% 降至 15%，钟表和机芯产量由 8 400 万锐减到 3 020 万，员工总数从 19 万锐减到 3 万，近半钟表企业被迫倒闭，低端机械腕表全军覆没。ASUAG 和 SSIH 公司的倒下不仅意味着整个钟表行业的衰落，也是瑞士社会经济的危机。因此，瑞士政府出面并由瑞士银行和瑞士联合银行等 7 家银行联合出资，以 10 亿瑞士法郎收购 ASUAG 和 SSIH 公司共 98% 的股权，在 1983 年重组成立 ASUAG-SSIH 集团；1986 年更名为 SMH 集团后，老海耶克担任集团董事长兼首席执行官[10]；1998 年，老海耶克在 1983 年创立的斯沃琪品牌基础上将 SMH 集团更名为斯沃琪集团。自此，老海耶克担负起挽救"濒临死亡"的瑞士钟表业的使命。

---

① 斯沃琪集团的财年周期为当年 1 月 1 日至 12 月 31 日。

面对处于崩溃边缘的瑞士钟表业,老海耶克第一步就建立了全品牌等级架构,让斯沃琪集团和瑞士钟表业起死回生。

7.1.1 搭建完整品牌架构

在斯沃琪集团成立之初,主要以斯沃琪(Swatch)和雷达品牌腕表为代表的中低端产品线为主。[11]老海耶克进入斯沃琪集团并买下51%的股权后:第一步,放下身段打造瑞士石英表。在薪水标准高于日本五倍多的瑞士,制造出了成本低于竞争对手的高质量腕表。老海耶克给腕表产品注入情感,使它成为像耳环、领带一样招人喜欢的装饰品,在低端市场上用瑞士石英表与日本表直接竞争,阻挡住了对手向中低端市场的进攻。第二步,坚信瑞士机械机芯所代表的高端手表将迎来鼎盛时光的老海耶克帮助瑞士钟表业在国家层面上制定了保护瑞士机械表的法律,十分有效地在市场上把瑞士机械表塑造成集历史、品牌、技术于一身的高端品牌形象。第三步,老海耶克带领斯沃琪集团大规模收购高级腕表品牌(如表7-3所示)。

表7-3 斯沃琪集团收购的腕表品牌

收购年份	收购品牌/业务	成立年份
1983年①	欧米茄(Omega)	1848年
	天梭(Tissot)	1853年
	汉密尔顿(Hamilton)	1892年
	浪琴(Longines)	1832年
	雪铁纳(Certina)	1888年
	美度(Mido)	1918年
1986年	雷达(Rado)	1917年
1992年	宝珀(Blancpain)	1735年
1995年	宝曼腕表(Balmain Swiss Watch)②	1987年
1997年③	卡尔文克莱恩腕表(Calvin Klein Watches)[12]	1997年

① 浪琴、雪铁纳和美度为原ASUAG公司旗下钟表公司;欧米茄和汉密尔顿为原SSIH公司旗下钟表公司,天梭在1930年被欧米茄公司收购,也一同隶属SSIH公司。
② 法国著名设计师皮埃尔·巴尔曼(Pierre Balmain)在1987年3月15日推出了第一款腕表,从而形成时装和腕表两大业务,由于分属不同集团旗下业务,前者中文名为"巴尔曼",后者中文名为"宝曼"。
③ 2019年,斯沃琪集团由于卡尔文克莱恩公司变革,结束了为期22年的合作,后者翌年加入摩凡陀品牌母公司MGI集团。

续表

收购年份	收购品牌/业务	成立年份
1999 年	宝玑（Breguet）	1775 年
1999 年	黎欧夏朵（Léon Hatot）	1905 年
2000 年	雅克德罗（Jaquet Droz）	1738 年
	格拉苏蒂原创（Glashütte Original）①	1845 年

通过将大量腕表品牌收入囊中，斯沃琪集团采用了伞型品牌策略（umbrella-brand strategy），以"倒金字塔"型建立了从亲民时尚、中端、高端到高级腕表的完整品牌架构（如图 7-3 所示）。其中，亲民时尚和中端品牌是防火墙，高端与高级腕表品牌是高利润区。由于严密的品牌架构防线，斯沃琪集团成功地防止了竞争对手的凌厉攻击。对于消费者而言，无论收入高低，都能买到对应自己购买意愿的腕表。

老海耶克将集团内各品牌重新布局与定义，使各品牌拥有不同的目标人群与独特的品牌元素：将欧米茄设定为奢侈品品牌，以与劳力士、卡地亚等品牌抗衡，而将浪琴定义为优雅与经典品牌。

图 7-3　斯沃琪集团"倒金字塔"型腕表品牌架构

7.1.2　收购海瑞温斯顿（2013）——延伸至珠宝业务

2013 年，奢侈品行业和腕表行业的一则报道石破天惊。接任老海耶克成为斯

---

① 格拉苏蒂原创旗下重建于 1996 年的宇联表（Union Glashütte）一同被收购。

沃琪集团首席执行官的小海耶克宣布以 7.5 亿美元现金投资海瑞温斯顿控股有限公司（HW Holdings Inc.），全资收购除海瑞温斯顿钻石公司（Harry Winston Diamond Corporation）钻石开采以外的所有业务，包括海瑞温斯顿品牌（Harry Winston）及其在日内瓦的腕表生产公司，同时接手其 535 名员工以及 2.5 亿美元净债务，总收购金额为 10 亿美元。[13] 老海耶克之女、小海耶克之姊娜拉·海耶克（Nayla Hayek）立即担任新任董事会主席兼首席执行官，原首席执行官弗雷德里克·德·纳普（Frederic de Narp）离职。娜拉掌管海瑞温斯顿品牌至今，将旗下珠宝、腕表产品线打造成为了行业的翘楚（如图 7-4 所示）。

图 7-4　海瑞温斯顿全产品线（截至 2023 年 5 月）
资料来源：https://www.harrywinston.com/.

娜拉在公告中宣称："海瑞温斯顿可以出色地完善本集团奢侈品业务，我们高兴且骄傲地欢迎其加入这个大家庭——钻石仍然是女性最好的朋友……在未来 4 至 5 年时间内，海瑞温斯顿有望实现超过 10 亿瑞士法郎的年营业收入及 2.5 亿瑞士法郎的年净利润。"[14] 海瑞温斯顿钻石公司董事长罗伯特·甘尼科特（Robert Gannicott）表示："海瑞温斯顿品牌现在有了新的归属，能够为实现其真正的潜力提供技术和支持。"

2012年，海瑞温斯顿控股有限公司营收约4亿美元，利润率仅为10%左右。海瑞温斯顿这个诞生于1932年的美国顶级珠宝品牌正遭遇不断走向没落的困境。[15] 斯沃琪集团收购海瑞温斯顿腕表及珠宝业务符合双方的业务逻辑，并且非常容易实现双赢。斯沃琪集团把海瑞温斯顿的品牌价值、设计能力嫁接在自己已有的渠道和供应链上，通过海瑞温斯顿这一顶级珠宝品牌逐步向高端延伸，提升集团利润率，进而与直接竞争对手历峰集团抗衡；而海瑞温斯顿钻石公司则想通过剥离腕表及珠宝业务，专注于自身钻石开采的核心业务，从而提升公司的利润率。此外，海瑞温斯顿公司觊觎加拿大钻石矿已久，出售珠宝及腕表业务而获得的现金流可用于收购更多钻石矿的股权。

7.2 第二阶段：收购上游供应商

斯沃琪集团第二阶段收购以制造和零售为主，一方面垄断"瑞士制造"，另一方面在"渠道为王"的时代颠覆传统腕表行业的商业逻辑。[16] 在老海耶克的掌管下，斯沃琪集团在腕表配件制造方面逐渐壮大，收购及成立的机芯公司和制造生产工厂达21家之多。《华尔街日报》(*The Wall Street Journal*)将老海耶克戏称为"时间的强盗"。配件发展不仅对于斯沃琪集团是收入增长，而且影响到整个瑞士钟表行业的发展。[17]

7.2.1 收购机芯公司

在斯沃琪集团收购的机芯公司中，ETA SA Manufacture Horlogère Suisse（以下简称为"ETA机芯工厂"）和Nivarox-FAR的地位举足轻重（如表7-4所示）。前者于1926年由当时几大空白机芯①制造商合并而成，并在1934年被斯沃琪集团的前身瑞士钟表工业公司收购，现在是瑞士最大的钟表机芯制造商，几乎80%的瑞士钟表厂商都使用其机芯。

---

① 空白机芯（Ébauché）是指尚未全部完成的机芯，仅含结构的主要部分。

表7-4 斯沃琪集团收购及自建的机芯公司

收购年份	公 司 名	成立年份	主要生产业务
1983年[①]	ETA机芯工厂	1793年	专业石英与机械表机芯设计
	Diantus Watch SA	1958年	石英表机芯与机械表机芯组装
自建	Assemti SA	1984年	机械表机芯组装公司
1992年	弗德里克·皮盖机芯工厂	1858年	高端机械机芯生产
2004年	Nivarox-FAR	1933年	由 Nivarox SA 和 Fabriques d'Assortiments Réunis 两家公司于1984年合并而成，负责摆轮游丝系统与擒纵系统精密零配件设计与制造
2011年	Novi SA	1987年	旗下三个部门分别负责机芯组装、后期工序与高端腕表顾客服务

ETA机芯工厂向市场供应30多种电子和机械机芯，其电子机芯主要供应斯沃琪品牌，而机械机芯供应的厂商种类繁多，主要包括高端品牌尤利西斯·雅典表，中端品牌帝舵（Tudor）、浪琴，以及大众时尚品牌天梭、美度、豪利时（Oris）等。[18]2004年被斯沃琪集团收购的Nivarox-FAR几乎垄断了游丝的制造，不仅向欧米茄、宝玑、宝珀等集团内品牌供货，劳力士、百达翡丽、爱彼等品牌在当时也是其客户。实际上，通过ETA机芯工厂和Nivarox-FAR两家公司，斯沃琪集团控制了瑞士机芯产量的75%，并在某些关键机芯配件上形成垄断。[19]

当上游主导权足够大，斯沃琪集团拥有了更高的行业地位和竞争壁垒。壁垒建立体现在通过断供机芯打压竞争对手。根据瑞士竞争委员会（Swiss Competition Commission）以及相关法案的要求，尽管掌控机芯生产的命脉，斯沃琪集团也不能向其他品牌断供机芯。但从2001年开始，老海耶克开始"任性"断供，次年就被其他多个腕表品牌联合告上法庭。对此，ETA机芯工厂表示机芯产能有限，必须优先保证集团内部机芯供给。[20]

这迫使许多ETA机芯工厂的下游品牌开始自建工厂，自产机芯。对标机械表的生产要求，特殊材料的冶金、高精密零件的制作，都足以支撑起一家上市公司。一些高级腕表品牌被消耗殆尽，如百年灵（Breitling）和康斯登（Frederique Constant），由于单独建厂投入过大，产品成本过高，分别出售给CVC资本合伙公司（CVC Capital Partners）和西铁城时计株式会社（Citizen Watch Co. Ltd.）。另一些高级腕表被挤出"瑞士制造"。根据瑞士法律，如果腕表品牌要宣传自己是"瑞士制造"，必须使用瑞士生产的机芯，这意味着包括百达翡丽在内的部分瑞士钟表公司不得不另寻出路，而掌握瑞士机芯生命线的

---

① ETA机芯工厂和Diantus Watch SA是原ASUAG公司旗下机芯公司。

斯沃琪集团几乎垄断了"瑞士制造"。如今，ETA机芯工厂不仅生产机械机芯和石英机械（如图7-5所示），并且提供高端与高级腕表售后的ETA机芯技术服务，其中最吸引腕表爱好者的是，机芯工厂还成立了顾客培训服务中心（Customer Training Center），为高端客户提供技术交流与体验，更好地满足这类顾客个性化的ETA机芯需求。

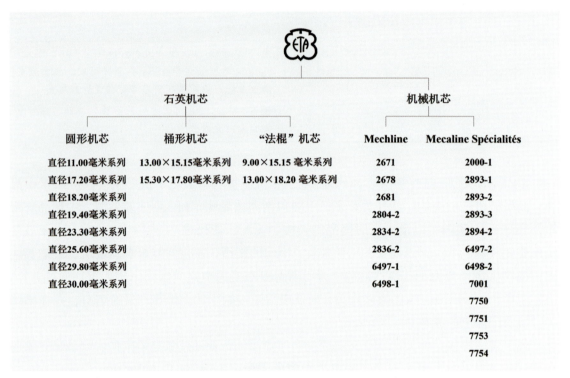

图7-5　ETA机芯分类（截至2023年5月）
资料来源：https://shopb2b.eta.ch/; https://www.eta.ch/.

7.2.2　控制零部件产业链

几个世纪以来，瑞士制表业零部件产业作坊式的生产模式高度分散化。在20世纪70年代以前，一家公司只要凭借采购专业机芯加一个自行设计的表壳就能进入钟表行业，逻辑类似于新消费创业。如此分散的瑞士钟表产业链在日本大规模生产的商业模式下几近崩溃。老海耶克带着自己的解决方案进入了斯沃琪集团。

从20世纪80年代起，老海耶克相继收购了亚洲和美洲的装配厂，以及法国、瑞士等地的分包商，集团有了对零部件采购的控制权，在某些关键配件上形成垄断。为与日本企业的大规模生产对垒，斯沃琪集团花费10亿多瑞士法郎，购买全新自动装配线，这一数额超过了 SSIH 和 ASUAG 公司在合并前 15 年（即 1968—1983 年）的投资总额。[21] 斯沃琪集团连续收购的控制零部件工厂（如表 7-5 所示），多数也是其他钟表公司的供应商。

表 7-5 斯沃琪集团收购的零部件工厂

收购年份	公司名	成立年份	主要生产业务
1983 年①	Manufacture Ruedin	1926 年	钢质表壳、贵金属表壳、陶瓷表壳生产，专门为欧米茄、浪琴、雷达等腕表品牌服务
	Renata	1952 年	设计与生产微型电池、纽扣电池
	Lascor	1956 年	钢表壳、钢表带、贵金属配件生产
	Micro Crystal	1978 年	石英晶体与振荡器生产
1984 年	Comadur	1880 年	制造工艺与材料研究
1985 年	EM Microelectronic	1975 年	集成电路和微电子芯片设计
1988 年	Swiss Timing	1972 年	体育赛事计时技术支持
1990 年	Meco Suisse	1921 年	腕表外部零配件生产制造，为斯沃琪集团旗下所有品牌提供零配件
2000 年	Universo	1909 年	表针设计与生产
2002 年	Rubattel & Weyermann	1890 年	表盘设计与生产
2006 年	Mom Le Prélet	1895 年	珐琅表盘设计与生产
2012 年	Simon Et Membrez	1975 年	为宝珀、宝玑、雅克德罗高级腕表品牌生产表壳
2019 年	Termiboîtes	1991 年	负责打磨抛光业务

此外，斯沃琪集团在 2000 年、2006 年和 2016 年先后成立了腕表宝石镶嵌与设计公司 DYB、腕表组装公司 Swatch Group Assembly 和 CHH Microtechnique，进一步强化了其在零部件产业链上的控制力。

---

① Manufacture Ruedin 和 Renata 是原 ASUAG 公司旗下零部件生产公司；Lascor 是原 SSIH 公司旗下零部件生产商；Micro Crystal 曾是 ETA 机芯工厂的石英晶体与振荡器生产部门，后者被 SMH 集团收购后成为集团旗下独立子公司。

7.3 第三阶段：进入下游零售市场

随着斯沃琪集团对上游供应商收购的基本完成，小海耶克将业务拓展至下游零售市场。

在全球，斯沃琪集团早于2004年就收购了陀飞轮精品店（Tourbillon Boutique），并同年开设了Hour Passion机场免税店。其中，陀飞轮精品店开设在欧洲与美国高级度假村与旅游胜地，包括荷兰阿姆斯特丹，土耳其伊斯坦布尔，瑞士洛桑、卢加诺（Lugano）、蒙特勒（Montreux），俄罗斯莫斯科、圣彼得堡，以及美国拉斯维加斯、旧金山。任意一家陀飞轮精品店都会提供腕表认证、表带置换、机芯校准、防水测试等独家服务。[①]Hour Passion机场免税店起源于法国各大机场，如今已分布在欧洲、亚洲和北美等重要城市的国际机场与城市免税店，主要销售除高级腕表品牌以外的产品线，截至2021年共开设了70余家。[②]

在斯沃琪集团最关注的市场之一——中国，通过与中国本土最大的钟表零售商新宇亨得利集团合作，斯沃琪集团布局中国腕表市场的下游。[22]一方面，斯沃琪集团在新宇亨得利集团上市时入股成为策略股东，2006年持有新宇亨得利集团约7.24%的股权。2007年12月21日，斯沃琪集团以3.87港元增持新宇亨得利集团500万股，持股比例由7.89%增长到8.09%，并成为公司第二大股东。[23]另一方面，斯沃琪集团还成立控股公司瑞韵达贸易，其中斯沃琪集团持有90%股份，新宇亨得利集团持有10%股份[24]，接替新宇亨得利集团成为欧米茄、雷达和浪琴品牌的总经销商，直接分享代理批发的利润。

2007年10月12日，斯沃琪集团和锦江集团共同投资2 000万美元，以90%和10%的比例组成合资公司——上海斯沃琪艺术中心有限公司，小海耶克担任法定代表人，两家集团发展和平饭店南翼外滩19号的物业。小海耶克认为外滩如同美国第五大道和法国香榭丽舍大街，这条地标大道沿黄浦江西岸长近2公里。斯沃琪集团可以在中国最富有活力的大都会之一打造一个现代艺术的焦点。因此，小海耶克精心装修了和平饭店南翼裙楼，使它保持原有风貌的同时彰显其上海著名历史地标的特殊地位。装修工作在2011年完成，独特的运作理念将酒店、艺术家工作室和零售业融汇在一起。

作为承载着上海发展历程的重要地段之一，外滩丰富的历史底蕴和浓烈的艺术气息源源不断地给予到访艺术家丰富多彩的创意灵感。和平饭店南翼裙楼装修后一部分作为斯沃琪集团在中国的旗舰店，并撬动中国潜力庞大的腕表消费市场；另一部分成为斯沃琪和平饭店艺术中心（见图7-6），由斯沃琪集团艺术家委员会全球甄选，邀请世界各地才华横

---

① 可参考陀飞轮精品店关于业务的简介：https://www.tourbillon.com/.
② 可参考历峰集团关于Hour Passion机场免税店的简介：https://www.swatchgroup.com/en/companies-brands/distribution/hour-passion.

图 7-6　斯沃琪和平饭店艺术中心
资料来源：ifeng.

溢的艺术家入驻十八间专为其打造的酒店客房和十间工作室，在这里可以俯瞰上海浦西城市景象，来自各国的艺术家可以在这里每日互动交流，相互建立紧密的联系，创造一个独特的创意空间。[25] 来自世界各地的舞蹈家、音乐家、摄影师、电影人、作家、画家以及创意艺术家们在上海汲取现代艺术灵感，并在斯沃琪和平饭店艺术中心留下了他们的创作艺术。

截至 2021 年年底，斯沃琪和平饭店艺术中心内部工作室在十余年内已吸引来自 50 余个国家的 370 位艺术家。正如小海耶克说所说："假若我们能让艺术家的创作更多地启发我们的内心和思想，世界会美好很多。"[26] 这个艺术中心俨然成为一个庞大的艺术社区，也诠释了斯沃琪集团对于艺术世界大同不断探索的坚定承诺。

7.4　第四阶段：售后服务与腕表生态

由于腕表的独特性，维修与售后服务是斯沃琪集团全产业链管理与控制的关键部分；而斯沃琪集团开设的博物馆与艺术中心项目彰显了腕表的文化属性与传承底蕴，构成了高级腕表的商业生态。

7.4.1　腕表维修与售后服务

斯沃琪集团在全球各地设立了庞大的客户服务系统。在中国，上海、北京、成都、广州、沈阳、西安、厦门等多地分公司，以及遍布全国的品牌直营服务中心、授权服务中心都与位于上海的"客户服务综合中心"（Customer Service Competence Center）协同高效运作，旨在为全国各地的顾客提供方便快捷的服务（如图 7-7 所示）。

图 7-7　斯沃琪集团上海客户服务综合中心
资料来源：http://smh.sh.cn/portal_cn/introduction.aspx.

在斯沃琪集团的维修车间中，均装备了专业腕表维修设备、工具及仪器仪表，钟表师或直接在瑞士接受培训或在国内经过瑞士标准培训、考核和相关认证。此外，与国内外高校联合创办的钟表学校和学院成为了钟表师技能提升之地，也是斯沃琪集团打造腕表生态的重要一环。

截至 2022 年，综合中心每月腕表维修量约 1.6 万枚，其中 80% 是免费维修，20% 是收费定制服务，天梭占腕表维修量的 35% 左右，高级腕表品牌[①]占 1%。顶级的钟表质量是斯沃琪集团客户满意度的保证，优质的售后服务是品牌资产增值的重要方式之一，也是斯沃琪集团赢得诸多消费者美誉和信任的原因。

7.4.2　打造腕表生态系统

斯沃琪集团通过开设相关多元化子公司（如表 7-6 所示），打造了瑞士腕表生态系统。众多地标项目与博物馆在海耶克父子手中诞生，除上一节提及的斯沃琪和平饭店艺术中心外，还有日内瓦时间之城展览中心（Cité du Temps）、欧米茄博物馆（Omega Museum）、浪琴表博物馆（Longines Museum）、格拉苏蒂德国钟表博物馆（German Watch Museum Glashütte），以及尼克拉斯·海耶克中心（Nicolas G.Hayek Center），如图 7-8 所示。

表 7-6　斯沃琪集团成立的相关多元化子公司

成立年份	公　司　名	主　要　业　务
1983 年	Swatch Group Quality Management[②]	质量管理
1990 年	Swatch Group Immeubles SA	固定资产管理

---

①　由于欧米茄品牌的特殊性，其维修量另计。
②　该子公司从斯沃琪集团成立起整合成立，专门负责集团所有产品的质量、可靠性与安全性。

续表

成立年份	公 司 名	主 要 业 务
1998 年	ICB Ingénieurs Conseils en Brevets	专利保护与赝品打击
2000 年	The Swatch Group Services Ltd.	负责物流、分销、IT、客户服务、地产开发
2005 年	The Swatch Group Research and Development Ltd.	腕表研发

图 7-8　斯沃琪集团的全球地标项目
（a）斯沃琪和平饭店艺术中心；（b）日内瓦时间之城展览中心；（c）欧米茄博物馆；（d）浪琴表博物馆；（e）格拉苏蒂德国钟表博物馆；（f）尼古拉斯·海耶克中心
资料来源：ifeng；Alamy；Omega；AMIGUET M，X-default；Fratello Watches；The Plan。

日内瓦时间之城展览中心位于罗纳河畔，搜罗了斯沃琪集团经典表款，展示了各种珍贵的古董手表、时钟、珠宝等，二楼是斯沃琪品牌展览馆，均充分反映了瑞士钟表界能工巧匠的艺术造诣。

欧米茄博物馆早在 1984 年 1 月开放，是单一钟表品牌最早开设的博物馆，位于瑞士欧米茄比尔（Biel）总部正对面。大量展品完整再现了欧米茄品牌历史，其中包括品牌创始人之一路易·勃朗特（Louis Brandt）在品牌创立之初制作钟表时使用的制表工作台。欧米茄博物馆各类展品 4 000 余件，除了主要收藏钟表外，还展示了与钟表相关的工具、照片、雕刻、海报、奖品和证书等。通过大量展品，欧米茄品牌历史得以生动再现，品牌所有重要的历史事件也得以展现。博物馆还有一个全新区域专门展示欧米茄原型表款，这些表款由欧米茄研发，但由于种种原因，最终未能投入商用生产。

浪琴表博物馆坐落于圣耶米山谷（Saint-Imier），浪琴总部和各种加工车间都栖息于此。2012年小海耶克完成了对浪琴表博物馆的翻新与修葺，其内囊括了浪琴品牌各个历史阶段的系列产品，包括钟表、航行仪器、计时仪表，以及众多风格独特的宝贵文献（如照片、广告、影片、奖章和档案记录等）。浪琴品牌围绕其过去及现在的整体业务，以一种明晰透视的布置技法生动地呈现出其承载的诸多重要的里程碑，展示了浪琴表在瑞士钟表业得天独厚的专有地位。

格拉苏蒂德国钟表博物馆位于格拉苏蒂小镇，是一座典型的德式巴洛克建筑，于2008年开馆。[27]这座展品相当丰富的钟表收藏馆展示了历史上的计时方式，还包括钟表制造业对德国经济的巨大影响。从日晷到原子表、从奢华的座钟到简单的厨房小闹钟等藏品都展示了德国表业各个时代的创意灵感、高超技艺与品牌创新。

尼古拉斯·海耶克中心位于东京。2004年，斯沃琪集团斥资约1.5亿瑞士法郎购入20世纪60年代落成于银座的14层建筑珍珠大楼（Pearl Building），并以集团创始人姓名命名此座新建筑。[28]2007年开业后，斯沃琪集团旗下六大品牌宝玑、宝珀、格拉苏蒂原创、雅克德罗、欧米茄和天梭分别在地下1层、2至4层开设了精品店与品牌展示区。

纵观斯沃琪集团收购发展历程，可以清晰地看出其基于生态系统视角的扩张脉络。作为奢侈品行业典型的核心型企业（core enterprise）[29]，斯沃琪集团不仅能化繁为简地解决庞大且分散的商业网络与顾客产生关联的难题，而且通过为旗下腕表品牌提供强大的平台，促进整个商业生态系统改进生产率、增强稳定性，并有效地激发设计创新与品牌创意活动，使海耶克家族有效地获得可持续绩效。

海耶克家族对博物馆、绿色商业中心的偏爱无声无息地给人们一种生命持续感——不仅延伸构建了斯沃琪集团的腕表商业生态，还塑造了不同于都市喧嚣的商业艺术。

研究聚焦 收购策略比较研究 III：斯沃琪集团 vs 历峰集团

在当今众多有关奢侈品的行业分析报告、投行分析和学术文献中，斯沃琪集团已经不再与路威酩轩集团、历峰集团、开云集团等综合性大型奢侈品集团相提并论。一方面原因是斯沃琪集团近年来业绩受到腕表市场衰落、竞争对手崛起、货币汇率，以及各种国家与行业政策影响，始终未恢复到 2015 财年（84.51 亿瑞士法郎）颠峰时期的水准，且日益下滑，有分析师认为其大有日薄西山之势[30]；另一方面原因是斯沃琪集团整体营收业绩相对较低，旗下奢侈品业务（即高级腕表品牌营收）占比相对较低，且产品品类过于单一（即腕表及珠宝），业绩、资本市场和市值表现与其他三巨头奢侈品集团产生较大反差（如表 7-7 所示）；另外，一些消费者和研究人员对斯沃琪集团与旗下大众时尚品牌斯沃琪和天梭等的固化印象[31]，导致他们对其市场规模和品牌架构产生了一定误解。

表 7-7 斯沃琪集团与其他三大奢侈品集团 2022/2023 财年主要财务数据对比

单位：亿瑞士法郎

财务指标	奢侈品公司			
	斯沃琪集团	路威酩轩集团	历峰集团	开云集团
营业收入	74.99	791.84	199.53	203.51
经常性业务利润	11.58	210.55	50.31	55.89
净利润	8.23	140.84	3.01	36.14

资料来源：斯沃琪集团 2022 财年年报，路威酩轩集团 2022 财年年报，历峰集团 2023 财年年报，开云集团 2022 财年年报。

事实上，斯沃琪集团在老海耶克 20 多年的经营下，从一个摇摇欲坠的瑞士钟表公司发展成为全球最大的钟表集团。20 世纪 90 年代以来，斯沃琪集团先后主导了两轮影响瑞士钟表行业的并购整合，包含 17 个钟表品牌的伞型倒金字塔品牌架构，在市场规模上取得了高级腕表行业龙头地位。即使连续多年业绩下滑，但毫无疑问，斯沃琪集团仍然可被称为"四大奢侈品集团之一"。

斯沃琪集团在发展过程中重新打造宝玑和宝珀品牌，前者通过一系列运作推动其成为仅次于百达翡丽和劳力士的拍卖行"宠儿"，后者在中国市场塑造了完美的高端形象，两者进而成为斯沃琪集团的两大旗舰腕表品牌。[32] 同时，斯沃琪集团还以运动营销拉动欧米茄等高端腕表品牌持续增长。更重要的是，它通过收购整合上游机芯等配件供应商，几乎垄断了配件制造资源，改写了瑞士钟表的行业格局和发展模式。

斯沃琪集团的成功得益于 2000 年前后主导的瑞士钟表行业两轮整合并购。[33] 第一轮在以高级腕表品牌为中心的收购中，瑞士腕表品牌大部分落入斯沃琪集团、路威酩轩集团和历峰集团手中，高级腕表行业也因此进入寡头竞争阶段。第二轮在以配件制造为中心的整合中，相关公司的经营权变换，运行几个世纪的瑞士手工作坊体制由于激烈竞争、资本运作实力缺失等原因濒临破产，斯沃琪集团拥有的腕表品牌集中度进一步提高，并几乎垄断了配件制造资源，在瑞士钟表业的发言权空前提升，品牌资源在以斯沃琪集团、历峰集团和劳力士集团为代表的寡头公司中重新分配。

斯沃琪集团相比历峰集团的优势首先建立于第一轮并购。1999 年 1 月，老海耶克宣布从巴林主权基金（Investcorp）手中收购宝玑，并于 2002 年辞去斯沃琪集团首席执行官与总裁职务，仅留任董事会主席，转任宝玑的董事会主席，从产品结构、机芯制造、营销运作等方面对症下药，重塑宝玑品牌。老海耶克本人即是宝玑的重要收藏者之一。此后，斯沃琪集团又陆续收购了雅克德罗、格拉苏蒂原创等，形成了梯度完整的钟表品牌，充分掌握各个细分市场的机会（如表 7-8 所示）：在高级腕表品牌等级上，斯沃琪集团旗下的宝玑、宝珀、格拉苏蒂原创、雅克德罗、黎欧夏朵和欧米茄与历峰旗下的江诗丹顿、伯爵、万国表，以及独立品牌百达翡丽、爱彼、劳力士等竞争；在高端品牌等级上，斯沃琪集团旗下浪琴、雷达和宇联表与历峰集团的名士，劳力士集团的帝舵，路威酩轩集团的真力时、泰格豪雅等对阵；在中端品牌等级上，天梭、宝曼、雪铁纳、美度和哈密尔顿与豪利时、梅花等竞争；在时尚亲民品牌等级上，斯沃琪和飞菲（Flik Flak）与西铁城、卡西欧等竞争。

表7-8 斯沃琪集团各等级腕表品牌及其竞争对手品牌

品牌等级	斯沃琪集团旗下腕表品牌	竞争对手品牌
高级	宝玑、宝珀、格拉苏蒂原创、雅克德罗、黎欧夏朵、欧米茄	江诗丹顿、伯爵、万国表、百达翡丽、爱彼、劳力士等
高端	浪琴、雷达、宇联表	名士、帝舵、真力时、泰格豪雅等
中端	天梭、宝曼、雪铁纳、美度、哈密尔顿	豪利时、梅花等
时尚亲民	斯沃琪、飞菲	西铁城、卡西欧等

由此形成的倒金字塔品牌架构使得斯沃琪集团高级和高端腕表品牌数量占有绝对优势，可以通过满足不同消费偏好，吸引更多富裕消费者。[34] 与此同时，随着斯沃琪集团业务重心逐渐向高级腕表品牌上移，高级腕表营收在集团总收入比例逐渐增大，收入增长速度也明显快于其他品牌。

在完成对相关品牌的收购后，斯沃琪集团利用雄厚资源，挖掘品牌内生增长，尤其是宝玑，通过品牌、文化、制造、技术、市场等多方面协同运作，将宝玑进行重新包装，使其成为斯沃琪集团的旗舰高级腕表品牌。在产品结构方面，老海耶克在收购后改变了之前巴林主权基金对宝玑运动腕表的市场定位，认为"宝玑是欧洲文化遗产的组成部分，它的座右铭是文化。宝玑是技术和艺术的绝妙联姻，拥有宝玑，你就同时拥有爱因斯坦和贝多芬"。[35] 因此，海耶克接手之后减少了并购前主打产品 Type XX 的产量，以最能体现宝玑品牌大师形象的陀飞轮腕表取而代之。在宝玑机芯制造方面，斯沃琪集团接盘前宝玑曾经面临相当混乱的局面：宝玑拥有一家高级机芯制造公司 Nouvelle Lemania，但 Nouvelle Lemania 仅有 9% 的机芯供应宝玑，而宝玑主要依赖积家 Calibre 系列机芯和弗德里克·皮盖机芯。这样的局面非常不利于宝玑的品牌形象。一方面，Nouvelle Lemania 生产的顶级机芯被其他厂商使用；另一方面，宝玑所使用的积家机芯也被其他厂商使用。因此，宝玑在腕表核心部件机芯上，并没有独特优势，宝玑品牌也因此难以提升。

对此，老海耶克首先整顿 Nouvelle Lemania 机芯公司，并将其改作宝玑的专供机芯公司，停止向其他五家公司的供应；之后，引入 Valdar 公司负责研发微机械和精密零件，宝玑只负责特殊机件制造。同时，海耶克将宝玑的员工由 170 人增加到 230 人，使更多的人手投入设计与研发。结构调整后，高级机械机芯研发团队也逐渐推出了一系列新机芯，重新为宝玑注入活力。在营销运作方面，老海耶克同样亲自上阵，参与设计了一份凸显宝玑在钟表历史上独特地位的广告。广告以宝玑的顾客拿破仑和丘吉尔分别作为形象代言人，并摘录巴尔扎克、大仲马、普希金、司汤达等欧洲著名作家在其作品中对宝玑的描述，通过名人名作展示宝玑的深厚历史底蕴。一系列运作后，宝玑迅速成为了高级腕表行业的明星品牌,并频频在佳士得、苏富比等拍卖行亮相。

在强力运作高级腕表品牌的同时,斯沃琪集团并没有放弃中高端钟表市场。实际上,斯沃琪集团30多年前还仅仅是普通的瑞士钟表作坊,其前身SSIH和ASUAG公司和其他瑞士钟表公司一样,在20世纪70和80年代,受到西铁城、精工、卡西欧等日本钟表公司的冲击,陷入流动性危机并一度面临被收购的危险。在老海耶克的推动下,拥有欧米茄、天梭等钟表品牌的SSIH公司与拥有ETA机芯工厂的ASUAG公司于1983年合并成为斯沃琪集团的前身SMH集团,并逐步在低端市场取得数量的优势。[36] 同时,斯沃琪集团也继续争取保持原有品牌高端优势,考虑到大众中低端品牌与顶级品牌的"帕累托效应",即占销售数量20%的高端顾客贡献了销售收入的80%,斯沃琪集团的发展重心逐渐转向高端与高级腕表品牌,体育营销也成为了其中的重要环节。

事实上,斯沃琪集团的其他中端品牌,如浪琴、天梭、美度等具有和欧米茄同样的体育营销策略。如浪琴赞助一级方程式比赛、国际体操协会的指定赛事、国际马术赛事、短道速滑等滑雪项目、法国网球公开赛等赛事,天梭赞助美国戴维斯杯网球公开赛、奥运会、亚运会等。借助斯沃琪集团整体的体育营销,相关品牌也获得了优异的市场表现。值得注意的是,老海耶克宣称斯沃琪集团要做每个细分市场的标杆,而天梭也已经成为中端品牌中首屈一指的品牌。

第二轮腕表行业并购整合以制造为王,垄断"瑞士制造"。[37] 斯沃琪集团在腕表配件制造上也逐渐收购壮大,收购及成立的制造与生产的工厂达21家之多,奠定了斯沃琪集团对历峰集团的压倒性优势。配件发展对于斯沃琪集团不仅仅是收入的增长,而且还将影响到整个瑞士钟表行业的发展。[38]

数个世纪以来,瑞士钟表制造始终采用分工与合作相结合的小作坊形式,即机芯制造商和装配商独立分工,合作完成腕表制作。近几十年来,尽管技术的发展使相关的制造过程产业化,但空白机芯、表盘、表壳等其他配件制造与装配、市场营销和品牌传播仍然彼此独立。除了斯沃琪集团、劳力士集团、历峰集团等大型钟表集团,瑞士钟表业很少有公司能独立从头到尾生产一只手表。绝大部分品牌都是向专业机芯公司购买机芯,然后装置在自行设计的表壳内,这种专业化分工的生产模式可以大大降低生产成本。但是,这种松散的合作方式有一个致命的弱点,即如果上游机芯公司限制供应,中小装配厂商将面临十分被动的局面。瑞士钟表界"保证任何企业的钟表配件需求"的行规保证了这种松散联盟的延续。

斯沃琪集团几乎垄断了钟表制造上游。[39] 一旦斯沃琪集团宣布停止供应机芯,将对其他钟表厂商产生巨大影响。事实上自2001年开始,斯沃琪集团已经开始逐渐减少甚至停止对集团外公司供应机芯。

首先,斯沃琪集团停止对部分高级腕表的机芯供应,Lemania于2001年2月宣布停止对外供货，仅向宝玑和欧米茄供货，在2001年9月正式实施。而历峰集团旗下的积家也宣布将减少外部供货，高级腕表的行业协作因此完全被打乱。部分独立腕表厂商也纷纷效仿斯沃琪集团的行业垂直整合，如劳力士先后收购表带制造商Gay Frres、表盘制造商Beyeler & Cie、齿轮制造商Boninchi。由此，诸多高级腕表品牌也受到很大冲击，如百达翡丽的产品线规划与公司发展战略因此被迫修改。Lemania宣布停止供货之后，百达翡丽于2001年5月、6月火速收购两家配件制造公司Calame & Cie和Ergas Sarl填补空白；并在战略上进行调整，由数量导向转向利润导向，即将产量控制在市场需求量的70%，一方面减少对机芯等钟表配件的使用，另一方面人为制造需求紧张，再配合二级市场的直接竞购旧表等策略，通过二级市场升值吸引收藏买家，同时提升新表的价格预期。

随后，斯沃琪集团又停止供应机芯。2002年，老海耶克宣布ETA机芯工厂将逐渐减少对外部公司的机芯供应，但受到其他钟表公司强烈反对和瑞士竞争委员会的干预，不得不将原定的截止日从2006年后挪至2008年。

此外，随着钟表配件精度的提高，研发投入的增加还需要稳定的规模来消化，与传统的作坊相比，斯沃琪集团的规模优势有利于其在配件市场持续并购。如Nivarox-FAR的游丝发条在技术上的精细化，使其投入成本需要规模来抵消，而通过与斯沃琪集团旗下腕表品牌和配件公司的关联采购，Nivarox-FAR投资制造300多种不同的游丝发条获得了规模经济效应。

综上所述，高级腕表行业经过两轮整合形成了目前的市场竞争格局，斯沃琪集团与历峰集团的收购策略差异跃然纸上（如表7-9所示）。

表7-9 斯沃琪集团与历峰集团收购策略差异

	斯沃琪集团	历峰集团
主营业务	腕表	珠宝
第二大业务	珠宝	腕表
高级腕表品牌个数	6	6
主要收购方向	腕表品牌、机芯、零部件生产、售后服务、文化项目	高级腕表品牌、机芯、零部件生产
集团运营特征	以ETA机芯为核心，掌握全腕表行业产业链、全商业生态系统	掌握高级腕表品牌及其上下游，通过电商零售提升市场份额

历峰集团的高级腕表业务表现与斯沃琪集团已不分伯仲，是仅次于珠宝的第二大收入支柱，采取了针锋相对的收购扩张策略遏制斯沃琪集团的扩张。一方面，先后收购配件封装公司HGT Petitjean（2001年）、配件抛光公司BestinClass（2007年）、表带表盘制

造公司Donze-Baume（2007年），保证集团内部的配件供应，完善集团内部的垂直产业结构；另一方面，接连收购Minerva（2006年）、罗杰杜彼两家机芯公司，其中，罗杰杜彼是历峰旗下几乎所有手表品牌的机芯供应商，因此将核心的机芯业务控制权牢牢掌握在自己手中。

不过，相比之下，斯沃琪集团构建的是集品牌、机芯、零部件生产、零售、售后服务、文化项目于一体的全产业链全商业生态系统；而历峰集团即使高级腕表品牌个数不亚于前者，但渠道管理与上下游产业链整合是比较明显的短板，近十年来通过收购、整合、深度合作在这些方面做出了一些改善，但与斯沃琪集团仍存在一定差距。

参考文献

[1] HENDRICKS T. Patek Philippe: The best watchmaker in the world?[EB/OL]. Chrono 24, (2022-02-07) [2022-04-24]. https://www.chrono24.com/magazine/patek-philippe-the-best-watchmaker-in-the-world-p_88587/.

[2] LARSEN N H, JUNKER S, BENDIXEN J, et al. Is brand heritage blocking innovation?[C]. LBMG Strategic Brand Management-Masters Paper Series, 2018.

[3] MASTINE-FROST J. 1851 Patek Philippe[EB/OL]. Robb Report, [2022-04-24]. https://robbreport.com/style/watch-collector/slideshow/patek-philippe-rolex-vacheron-constantin-watches-commissione-royals/1851-patek-philippe/.

[4] Two sides of Blancpain: From pioneering the dive watch to mastering Grand Complications, this house has it all[EB/OL]. Hodinkee, [2022-04-25]. https://www.hodinkee.com/articles/two-sides-of-blancpain#/.

[5] THOMPSON J. Why Did Patek Philippe Create its Own Quality Seal?[EB/OL]. WatchTime, (2013-11-27) [2022-04-26]. https://www.watchtime.com/wristwatch-industry-news/industry/patek-philippe-create-quality-seal/.

[6] MARINO N. Interview: Patek Philippe Boss Thierry Stern On Ukraine, Rolex, his succession plan, his personal collection – and, yes, the Tiffany Nautilus[EB/OL]. Hodinkee, (2022-04-04) [2022-04-26]. https://www.hodinkee.com/articles/patek-philippe-boss-thierry-stern-on-ukraine-rolex-his-succession-plan-his-personal-collection-and-y.

[7] CHONG P. In conversation: Thierry Stern, President of Patek Philippe[EB/OL]. Deployant, (2019-10-04) [2022-04-26]. https://deployant.com/in-conversation-thierry-stern-president-of-patek-philippe/.

[8] MONTRES L C D. Audemars Piguet today announces the launch of its new ad campaign[EB/OL]. (2012-01-13) [2022-05-17]. https://lacotedesmontres.com/en/Audemars-Piguet-today-announces-the-launch-of-its-new-ad-campaign-To-break-the-rules-you-must-first-master-them-No_8925.htm.

[9] VERMEULEN F. How acquisitions can revitalize companies[J]. MIT Sloan Management Review. 2005, 46(4): 45-51.

[10] STREBEL P. Organizing for innovation over an industry cycle[J]. Strategic Management Journal. 1987, 8(2): 117-124.

[11] DESHPANDE R, MISZTAL K, BEYERSDORFER D. The Swatch Group[J]. Harvard Business School Marketing Unit Case. 2012: 512–052.

[12] SWATCH GROUP. Swatch Group and Calvin Klein: Expiration of the Licensing Agreement[EB/OL]. (2019-10-22). https://www.swatchgroup.com/en/services/archive/2019/swatch-group-and-calvin-klein-expiration-licensing-agreement.

[13] DEMARCO A. Swatch Group completes $1 billion Harry Winston acquisition[EB/OL]. Forbes, (2013-03-26) [2022-04-10]. https://www.forbes.com/sites/anthonydemarco/2013/03/26/swatch-group-completes-1-billion-harry-winston-acquisition/?sh=779484ce7889.

[14] DEMARCO A. It's official, Nayla Hayek becomes CEO of Harry Winston[EB/OL]. Forbes, (2013-05-10) [2022-04-10]. https://www.forbes.com/sites/anthonydemarco/2013/05/10/its-official-nayla-hayek-becomes-ceo-of-harry-winston/?sh=49368f08157e.

[15] WEISBERGER L. Chasing Harry Winston: A Novel[M]. Simon and Schuster, 2008.

[16] ALT R, GRÜNAUER K M, REICHMAYR C, et al. Electronic commerce and supply chain management at "The Swatch Group" [M]// ÖSTERLE H, FLEISCH E, ALT R. Business Networking. Berlin: Springer, 2000: 127–142.

[17] DESROCHERS J. Smartwatches: How they could impact the largest Swiss watch company. Bachelor of Commerce Best Business Research Papers, University of Victoria, 2013[C]. Peter B. Gustavson School of Business, University of Victoria, 2014.

[18] MUDAMBI R. Branding time: Swatch and global brand management[J]. Temple University IGMS Case Series. 2005: 05–001.

[19] REICHMAYR C, ALT R, FLEISCH E. Business network redesign-reorganization of distributed processes in medium-sized and large companies[J]. Informatik/Informatique. 1999, 5(October): 36–37.

[20] ANWAR S T. Selling time: Swatch group and the global watch industry[J]. Thunderbird International Business Review. 2012, 54(5): 747–762.

[21] DONZÉ P Y. A Business History of the Swatch Group: The Rebirth of Swiss Watchmaking and the Globalization of the Luxury Industry[M]. Springer, 2014.

[22] DONZÉ P Y. (2018). How to Enter the Chinese Luxury Market? The Example of Swatch Group. In Global Luxury (pp. 177–194). Palgrave, Singapore.

[23] DESHPANDE R, DAI N. Hengdeli: The art of co-existence[J]. Harvard Business School Marketing Unit Case. 2012: 512–058.

[24] Shengshi shares debt 4.5 billion 3 years dividends 1 billion inventory 4.9 billion related purchases are fierce[EB/OL]. (2022-05-25) [2022-05-29]. https://www.hcitinfo.com/wigakvf1kml1.html.

[25] 林昱. 斯沃琪和平饭店艺术中心登陆上海外滩 [J]. 艺术界, 2011(6): 84.

[26] Creative icons: Nicolas G. Hayek and G. Nick Hayek Jr.[EB/OL]. Style & Design: Visionaries, Time, [2022-05-05]. https://content.time.com/time/specials/2007/article/0,28804,1647860_1647834_1644305,00.html.

[27] SWATCH GROUP. German Watch Museum Glashütte[EB/OL]. https://www.swatchgroup.com/en/companies-brands/landmarks/german-watch-museum-glashutte.

[28] POLLOCK N R. Nicolas G. Hayek Center, Japan: Shigeru Ban architects like clockwork: The moving pieces of Tokyo's Swatch building[J]. Architectural Record. 2008, 196(5): 200.

[29] IANSITI M, LEVIEN R. Strategy as ecology[J]. Harvard Business Review. 2004, 82(3): 68–78.

[30] The past five-year earnings decline for Swatch Group (VTX:UHR) likely explains shareholders

long-term losses[EB/OL]. Simply Wall Street, (2022-01-20) [2022-04-30]. https://simplywall.st/stocks/ch/consumer-durables/vtx-uhr/swatch-group-shares/news/the-past-five-year-earnings-decline-for-swatch-group-vtxuhr.

[31] THOMPSON J. Editorial: That time I wrote that "Swatch Group" was a dumb name, and what happened next[EB/OL]. Hodinkee, (2018-06-22) [2022-05-18]. https://www.hodinkee.com/articles/swatch-name-nick-hayek.

[32] DONZÉ P Y. A Business History of the Swatch Group: The Rebirth of Swiss Watchmaking and the Globalization of the Luxury Industry[M]. Springer, 2014.

[33] ANWAR S T. Selling time: Swatch group and the global watch industry[J]. Thunderbird International Business Review. 2012, 54(5): 747–762.

[34] PIERCE A, MOUKANAS H. Portfolio power: Harnessing a group of brands to drive profitable growth[J]. Strategy & Leadership. 2002, 30(5): 15–21.

[35] DONZÉ P Y. The comeback of the Swiss watch industry on the world market: A business history of the Swatch Group (1983–2010)[D]. Osaka: Osaka University, 2011.

[36] ALT R, GRÜNAUER K M, REICHMAYR C, et al. Electronic commerce and supply chain management at "The Swatch Group" [M]// ÖSTERLE H, FLEISCH E, ALT R. Business Networking. Berlin: Springer, 2000: 127–142.

[37] ALT R, GRÜNAUER K M, REICHMAYR C, et al. Electronic commerce and supply chain management at "The Swatch Group" [M]// ÖSTERLE H, FLEISCH E, ALT R. Business Networking. Berlin: Springer, 2000: 127–142.

[38] DESROCHERS J. Smartwatches: How they could impact the largest Swiss watch company. Bachelor of Commerce Best Business Research Papers, University of Victoria, 2013[C]. Peter B. Gustavson School of Business, University of Victoria, 2014.

[39] MUDAMBI R. Branding time: Swatch and global brand management[J]. Temple University IGMS Case Series. 2005: 05–001.

Merger & Acquisition
of Luxury Goods Companies

第八章

中国企业为何至今打造不了
奢侈品品牌？

中国企业为何至今打造不了奢侈品品牌？

开篇案例　茅台故事：精品、奢侈品、高端品牌、奢侈品品牌

茅台酒是一种酱香型大曲白酒，原产于贵州茅台镇。茅台酒气味芬芳、香醇浓郁，不论气味与口感均有强烈香气。同时是中国三大名酒"茅五剑"之一。贵州茅台作为中国白酒行业的标志性企业，聚焦于高端及超高端白酒市场。

茅台酒的历史最早可以追溯至西汉。历史名酒"枸酱"即为茅台的雏形。公元前135年，汉武帝派唐蒙出使南越（今广州），其间唐蒙得饮名酒"枸酱"，感觉酒味绝美，回到长安后，向蜀商咨询，蜀商说："独蜀出枸酱，多持窃出夜郎。"① 于是，唐蒙绕道取枸酱酒献汉武帝。汉武帝以"甘美之"赞叹，视为珍奇，当时即为贡品，故有"唐蒙饮枸酱而使西域"之说。

此后近1800年关于茅台酒的记载佚失。唯有《遵义府志》记载茅台镇在清嘉庆、道光年间造酒已初具规模，茅台酿酒烧房不下20家，所费山粮不下2万石。[1] 不幸的是，古酿造作房在太平天国翼王石达开进攻贵州时所毁。

贵州茅台酒再次进入人们视野时已是1915年。为了庆祝巴拿马运河建成通航，也为了展示1906年旧金山大地震后重建成果，时任美国总统威廉·塔夫脱（William Taft）在旧金山举办巴拿马国际博览会，并邀请中华民国政府官员与商业代表出席。贵州省以"茅台造酒公司"名义，推荐了"成义""荣和"两家作坊茅台酒参展，在搬酒过程中，一瓶

---

① 摘自司马迁《史记·西南夷列传》。

M&A 奢侈品公司兼并与收购

装有茅台酒的陶罐从展架上坠地破损,导致浓郁的酒香四溢。[2]博览会场参会者纷纷寻香而来,争相倒酒品尝,交口称赞,随即引发了不小的轰动。"怒掷酒瓶震国威"的佳话随之诞生。[3]当年,茅台酒成为了博览会上的明星,跳过了评审团评比环节,直接由高级评审委员会授予了"荣誉勋章金奖"(Gold Medal, Medal of Honor),奖状证书上印有"农业"(agriculture)、"荣誉勋章"(Medal of Honor)、"茅台造酒公司"(Moutai Distillery Co.)、"中国贵州"(Kweichow, China)和"茅台酒"(Moutai)的字样。从此,茅台酒享有"世界著名烈酒"(World Famous Liquor)的美誉。[4]一年后,同样为了庆祝巴拿马运河通航,美国南加利福尼亚州在海滨城市圣迭戈(San Diego)再次召开了巴拿马万国博览会,茅台酒第二次出席活动,并再次荣获金奖。[5]从此,茅台酒与法国干邑白兰地和英国苏格兰威士忌并称为世界三大蒸馏名酒(如图8-1所示),在全球市场上崭露头角。

图8-1 世界三大蒸馏名酒
(a)贵州茅台酒;(b)法国干邑白兰地;(c)英国苏格兰威士忌

长征时期，茅台酒与红军结缘，用于为士兵解乏、治伤。中华人民共和国成立后，已经名扬海外的茅台酒承担起换汇职责，为当时成立不久的中华人民共和国换取宝贵的外汇。20世纪50—90年代，在一系列重大外交时刻，人们经常能看到茅台酒的身影。"红色文化""国酒文化"以及"外交文化"的加持使得茅台酒成为了最具历史底蕴的民族品牌，也成为了中国文化走向国际舞台的一张名片。随着时间的推进，茅台文化愈加深入人心，为茅台品牌护城河奠定了坚实基础。[7]

2020年6月2日，贵州茅台超过中国最大的银行工商银行，以1.83万亿元的市值成为中国市值最高的上市公司。2021年，贵州茅台的股价又持续上涨，一度推至2 608.59元的历史新高（如图8-2所示）。而当美国连锁会员超市开市客（Costco）于2019年8月27日在中国开设第一家门店时，吸引狂热人群的不仅仅是热腾腾的烤鸡和打折的爱马仕铂金手袋，官方零售价1 499元的贵州茅台也一瓶难求，半夜排起了长龙到了开市客门外。

在英国Brand Finance发布的"2023年全球烈酒品牌价值50强"排行榜中，贵州茅台以497.43亿美元①的品牌价值蝉联榜单榜首。[8]由此，一个备受争议的话题油然而生：茅台酒到底算不算奢侈品？要回答这个问题，需要从产品、精品、品牌、高端品牌的内涵与外延开始探讨。

茅台作为产品：茅台旗下主要有茅台酒与系列酒。其中：前者包括53度普通飞天茅台，低度茅台酒，以及附加价值更高的非标酒如生肖酒、订制酒、纪念酒等；后者以"一曲三茅四酱"为代表——"一曲"即贵州大曲，"三茅"即赖茅、王茅和华茅，"四酱"则为茅台王子酒、茅台迎宾酒、汉酱酒和仁酒（如图8-3所示）。

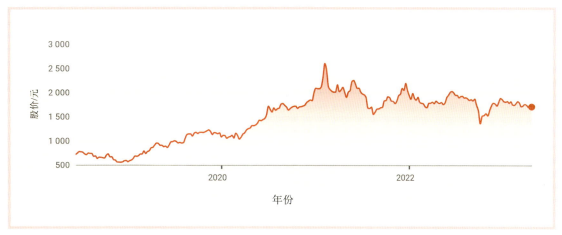

图8-2　贵州茅台股价走势

资料来源：Google Finance。

---

① 折合人民币约3 450亿元。

图 8-3　茅台产品系列（截至 2023 年 5 月）

茅台作为精品：茅台自身的"12987"生产工艺（如图 8-4 所示）构建了产品强大的壁垒[9]，即茅台酒的生产周期为"一"年，酿造需要经过"两"次投料，"九"次蒸煮，"八"次发酵，"七"次取酒，最后加以三年以上的存放陈化，以酒调酒，灌装出厂。茅台酒的生产及勾兑技术具有较强的特殊性，配合独有的地域、气候等特征，形成模仿者不可逾越的技术壁垒。

茅台作为品牌：国酒具有独特的文化象征，作为中国文化酒的杰出代表，茅台是几千年中国文明史的一个缩影，是以液态方式承载的综合反映政治、经济、军事、外交、社会生活的一种文化。[10]

茅台作为高端品牌：在经营战略上，茅台集团聚焦高端产品线打造尊贵的品牌形象，紧握定价主动权铺开扁平化的营销网络；在传播战略上，茅台集团较早觉醒的品牌意识为其打下了良好的基础，利用与品牌形象相匹配的中央级主流媒体做宣传、与文化名人挂钩，进一步强化了其"国酒"地位；在公关战略上，茅台巧借其红色基因的东风，通过多种形式将厚重的品牌文化广泛传播，积极承担社会责任，塑造有厚度、有担当的大品牌形象。

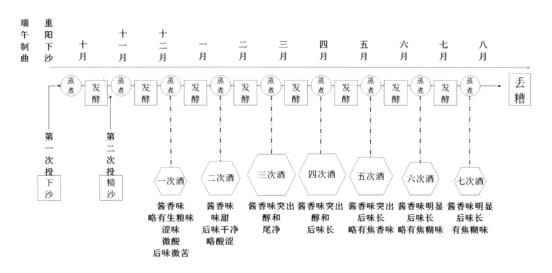

图 8-4 生产工艺

说到奢侈品，人们首先想到的是爱马仕、路易威登、香奈儿、迪奥、古驰等国外顶级品牌。很多人都会问这样的问题：中国有奢侈品吗？中国有奢侈品品牌吗？显然，中国有顶级的红木、陶瓷、丝绸、茶叶、白酒等，被众人称为中国精品（Chinese premium brand）。尤其白酒和红木具备了历史悠久、工艺精湛、技术传承等特点，价格也非常高，在不少专家和学者看来，这些广义而言也称得上是奢侈品。

然而，即使白酒曾经历了一轮接一轮涨价风暴，也不代表高端品牌茅台就是奢侈品品牌。早在2011年，包括人民日报旗下的《京华时报》[11]，中国新闻社旗下的中国新闻网[12]、《中国日报》[13]（China Daily）相继报道了茅台欲申报奢侈品资格，诸多舆论认为，茅台申请奢侈品目的是希望国外零售渠道承认其奢侈品白酒的市场地位，通过奢侈品这一身份进入国际市场。自2013年以来，茅台连续十次入选"BrandZ全球最具价值品牌100强"，2022年位居榜单第14位，位列全球酒类品牌价值第一[14]；自2016年以来，连续八年位居"Brand Finance全球最具价值烈酒品牌50强"榜首①。除了可量化的商业数字作证，茅台还拥有"国酒"之美誉、"离开遵义茅台镇那方水土就无法产出正宗的茅台酒"之原产地信仰、越陈越好喝等无法被量化的"护城河"加持。博大精深的中国白酒界，似乎可被分为两类：茅台酒与其他。

自2000年起，白酒行业涨价十分明显，茅台无疑涨幅最大。53度飞天茅台官方单价从2000年的185元上涨到2022年的1 499元，各非官方渠道甚至已经开出了3 000甚至5 000元以上的高价。好年份飞天茅台在拍卖市场上也动辄数万元甚至数十万元。[15]

---

① 可参考 Brand Finance 历年来对茅台品牌的价值评估：https://brandirectory.com/brands/moutai/.

茅台已被不少中国消费者定位为奢侈品品牌,被誉为烈酒届的爱马仕、百达翡丽。那么严格意义上,茅台真的是奢侈品品牌吗?

根据奢侈品的学术定义,它是一种超出人们生存与发展需要范围,具有独特、稀缺和珍奇等特点的消费品。[16]只能在茅台镇生产的茅台酒,其稀缺性在客观上满足了"奢侈品"的定义。此外,酿酒业必须依赖传统工艺,无法大规模复制、产量有限,茅台必须窖藏五年才能上市,这决定了其供不应求。这些稀缺性都说明茅台已经初具奢侈品品牌的特征。

不过,茅台还缺少其他方面的奢侈品品牌属性。中国对"奢侈品"的概念向来有一定的偏见,某种程度上正是对"奢侈品"的误解及品牌文化的缺位阻碍了中国奢侈品行业的发展——奢侈品消费与"勤俭节约"的传统美德背道而驰。长期以来,人们都将"奢侈品"解释成一些暴发户们挥霍浪费、无节制消费生活的代名词。[17]其实,"奢侈品"一词本身并无贬义。它是紧随社会生活和物质要求变化而变化,蕴含着精神和文化内涵的物质和非物质产品;其社会形态为具备物质与精神双重的高溢价产品。因此,奢侈品消费实际上是一种高级消费行为。现代意义的奢侈品蕴涵了精致优雅的生活情趣,对社会发展具有强劲的推动作用。它通过创造就业机会、刺激革新,促使今天的奢侈品成为明天的必需品。从民族文化的角度看,"奢侈"其实就是一种与时俱进的生活方式和态度。

正如笔者在2021年天津糖酒会中演讲(如图8-5所示)所提及:茅台引发酱香酒迅猛的发展,但可持续的"猛"才算好。所谓"一入酱门深如海,从此它香皆路人"。中国白酒的香型很多,这是中华文明在各个地域流淌的表现,而地域文化折射出的特色文明,与全球市场的流通范围传播是紧密相连的。即使是高度数的白酒,仍有可能在国外市场占据一席之地。

图8-5 笔者在2021年天津糖酒会上做主旨演讲
资料来源:Luxury Brand Research Center, Shanghai Jiao Tong University。

白酒虽受热捧，但大多数人还是当它是投资品、收藏品。如果要做出中国制造的真正的奢侈品，还是需要企业不断进行转型升级和创新。奢侈品品牌具备口碑良好、让消费者信赖的特征。从这个角度来看，茅台距离奢侈品品牌还有一定的距离。尤其是茅台在中国市场几乎成为了"重要公务接待消费品"的代名词，不可避免地游离在违背"八项规定"和三公消费范畴的边缘。从这个意义上来说，茅台的奢侈品品牌之路还任重而道远。

茅台酒想要通往世界舞台，需要基于高端品牌价值观指引，长远利益考量，经历可持续发展的"冷静取舍"及"慢而又有节奏"的提升过程，积累对世界的观察与感知，制造独特的、高质量的，并且具有很强审美的特征。这些产品不仅需要契合人们功能性、象征性和体验性的需求，更重要的是，植根于背后的深厚文化积淀，既打磨品质又树立牌子，营销传播、产品整合、设计语言、定价策略、排他性、传承、环境与服务、文化、清晰的品牌识别缺一不可。

自 1978 年改革开放以来，中国经济快速增长，GDP 总量不断提高，城镇化发展逐步深入，人民生活水平逐渐提高，中国的奢侈品市场也呈现出勃勃生机。近几年，中国已经成为全球奢侈品消费规模最大和增长速度最快的国家之一。2022 年中国人奢侈品市场总消费额达到 1 406 亿美元[①]，在全球奢侈品市场的占比虽然同比下降了 8 个百分点，但仍然高达 38%。中国奢侈品市场中，全球消费者占比为 22%，中国消费者占比达 57%（如表 8-1 所示）。

表 8-1　2019—2022 年全球与中国奢侈品市场消费额及占比　　单位：亿美元

市场类型	2019 年		2020 年		2021 年		2022 年	
	消费额	占比	消费额	占比	消费额	占比	消费额	占比
全球奢侈品市场	3 817		2 634		3 187		3 729	
中国人奢侈品市场	1 527	40%	1 237	47%	1 465	46%	1 406	38%
中国奢侈品市场	437	全球消费者12% 中国消费者31%	689	全球消费者26% 中国消费者56%	944	全球消费者30% 中国消费者64%	802	全球消费者22% 中国消费者57%
中国线上奢侈品市场	75	16%	141	21%	247	26%	324	40%

资料来源：要客研究院. 2020—2022 年中国奢侈品报告 [R]. 2023-02-14.

---

① 折合人民币近 1 万亿元。

中国奢侈品市场的欣欣向荣却愈发显示出中国品牌在高端市场的窘境——中国品牌仍然远离奢侈品消费市场的主流地位。

历史上,"中国制造"一度是无与伦比的质量和工艺水平的代名词。西方商人涌入遥远的东方古国,寻找稀有的优质丝绸、瓷器和羊绒,并学习精美的书写和印刷艺术。

由此可见,"中国出不了奢侈品"是一个不准确的描述。在漫长历史里,奢侈品并非一成不变。不同时期里的不同社会下,奢侈品的内涵和外延都有着更为宽泛的概念。中国作为世界上历史最悠久的国家之一,有着灿烂丰富的历史文化资源,纵观古今,中国也不乏各种类型的"奢侈品",从黄金银饰到玉器丝绸,从笔墨纸砚到琴棋书画,这些都曾被赋予"奢侈品"的内涵。[18] 奢侈品是人类文明结晶在终端消费领域的集中体现,是历史底蕴与现代文明、典雅华贵与时尚流行交织融合的产物(如图8-6所示)。[19]

然而20世纪上半叶,中国经历了社会的巨大动荡。中华人民共和国成立后,百废待兴。从"四个现代化"起步,到改革开放,逐步推动中国经济结构、经济发展水平的变革。中国以世界上少有的速度持续快速发展起来,大踏步赶上时代。彼时中华民族艰苦奋斗的过程中缺少经济基础的滋养,作为上层建筑的"奢侈品"发展自然会陷入停滞。尽管中国改革开放四十多年来,人民生活逐渐富裕,经济、文化发展逐渐从无到有、从小到大,但中国从弱到强的根本问题还没有完全解决。中国工业,尤其是一些制造业高端技术一直受制于人,奢侈品行业同样如此。

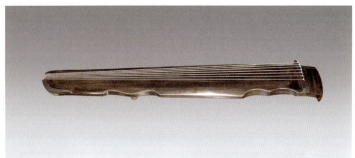

图8-6 中国历史上的奢侈品

8.1 中国真的没有奢侈品吗？

奢侈品是一个古老又年轻的行业。目前主流的奢侈品品牌大多有非常长的经营历史，最早可以追溯到17—18世纪（如江诗丹顿手表、酩悦香槟等），但与此同时奢侈品产业又是一个年轻的产业，因为在很长一段时间内，这些品牌均是以家族为单位来经营，奢侈品行业真正形成产业化、进入现代企业化管理的阶段只有30～40年的时间。中国传统手工艺历久弥香，却不能历久弥新，不能随着社会进步、技术进步，巧妙地演绎到现代生活中去，而是逐渐走向曲高和寡甚至束之高阁的尴尬境地。中国尽管有漫长的历史，也曾一度是世界奢侈品的中心，但中国品牌在现代的奢侈品行业发展中却遗憾地缺席了。

早期奢侈品多是与古董、名画等联系在一起。希腊和罗马时期的古物、中世纪和文艺复兴时期的奢华宫廷、东方的奇珍异品——不论是来自1.5万年前左右的法国拉斯科岩洞的壁画，还是古希腊罗马、文艺复兴、近代时期的绘画艺术品……正是因为有了时间的附加价值，这些古董名画成为了一种文化奢侈品。[20]

在中国古代，从精美的陶瓷器皿，到价值连城的玉雕器物；从文房四宝，到绫罗绸缎；从鱼翅燕窝，到龙井普洱；从明清家具，到苏州园林；历朝历代都有"中国制造"的奢侈品享誉世界。早在公元前1世纪，来自中国的瓷器、丝绸和香料等奢侈品就开始出现在欧亚大陆的另一端——罗马。货物经过几千公里的颠簸，辗转来到目的地，就此构建了丝绸之路。马可波罗所写的游记被西方人所知，更是引发新的热潮，中国风的元素备受欢迎，通过陆上和海上两条丝绸之路源源不断地销往西方和中东，成为那里上流社会喜爱的奢侈品。[21]

在世界古文明中，唯有中国文明历劫不死，辉煌的历史留存至今。在公元7世纪，中国唐朝的首都长安城内的人口就接近100万，这对于古代社会而言极其繁荣。[22] 在整个长安城内，外交使团多达70余个，外国留学生超过了3万人，城内可以享用到阿拉伯面食，罗马西医和中医都能见到，还流通着拜占庭的金币和波斯王朝的银币。世界各国的宗教在长安都有道场，物价非常便宜，刑事案件屈指可数，人们的幸福指数很高。[23]

高度发达的经济、各族文化的融合和诗情画意的交流为中国奢侈品的诞生奠定了基础。中国传统奢侈品按类型可分为九大类，分别是丝绸、陶瓷、青铜器、玉器、金饰品、珠宝、书画、家私和茶叶。

8.1.1 丝路锦绣、陶风瓷韵、青铜魂魄

从远古到18世纪，规模宏大的文明交流互鉴，横亘在连接亚欧的丝绸之路上，人类对财富的渴望、对美好文明的向往，让丝绸、陶瓷、青铜器等中国奢侈品绵延了千年。

1. 丝路锦绣

丝绸是中国特产。中国古代劳动人民发明并大规模生产丝绸制品，更开启了世界历史上第一次东西方大规模的商贸交流，史称丝绸之路。[24] 从西汉起，中国丝绸就被视为奢侈品，大批地运往国外，而从中国到西方去的大路被欧洲人称为"丝绸之路"，中国也被称之为"丝国"。丝绸在中国古代文明史上是最独特的奢侈品之一，甚至引起了西方国家对东方文化与奢侈品的强烈兴趣。只不过随着科技与手工艺的快速发展，丝绸从一种奢侈品逐渐演变成一种材质，加之传统丝绸作坊品牌意识相对薄弱，目前在全球市场上已经很难寻觅到中国高级丝绸品牌了。

（1）先秦时期

上古传说中，黄帝之妻嫘祖发明"养蚕取丝"，但现实中丝绸究竟是何时被发明尚具争议。如今考古学的发现推测，在距今6 000年前左右的新石器时期中期，中国便开始养蚕、取丝、织绸。最早丝绸织品是只有权贵才能使用的奢侈品，但丝绸业的快速发展令丝绸文化不断地从地理与社会层面渗透进中华文明，并成为中国商人对外贸易中一项必不可少的高级物品。

商代农业有了很大发展，蚕桑业亦形成了一定规模。考古发现的商代丝织品尽管数量有限，但已出现了提花丝织物，这说明当时的织造技术已达到相当水平。

西周时期，统治者对手工业生产已有了严格的组织与管理。蚕桑丝绸业受到重视，发展农桑成为各国富国强民的重要国策。[25] 战国时期，丝绸生产的专业化分工更加明显，有些技术世代相传，达到了相当高的水平——几乎所有的地方都能生产丝绸，丝绸的花色品种也丰富起来，主要分为绢、绮、锦三大类。图8-7为该时期具有代表性的方孔纱和对龙对凤纹锦。

锦的出现是中国丝绸史上的一个重要的里程碑，它把蚕丝的优秀性能和美术结合起来，不仅是高贵的衣料，而且是艺术品，大大提高了丝绸产品的文化内涵和历史价值。此时中国丝绸也传进了古印度，古印度政治家、哲学家考底利耶（Kauṭilīya）的《政事论》（*The Kauṭilīya Arthaśāstra*）一书中有"cinapatta"一词，意为"来自中国成捆的丝"。[26]

（2）秦汉时期

秦汉时期是中国封建社会处于初步巩固与发展的时期，秦的统一和中央集权制度的建立为汉代的强盛奠定了基础。规模宏大的官营丝绸业建立起来，民营丝织业也有了较大发展，有的作坊形成了自己的产品特色和知

（a） （b）

图8-7 先秦时期代表性高级丝织品
（a）方孔纱；（b）对龙对凤纹锦
资料来源：中国丝绸博物馆。

名度。

随着汉代中国对外的大规模扩展影响,丝绸的贸易和输出达到空前繁荣的地步。贸易的推动使得中原和边疆、中国和东西邻邦的经济、文化交流进一步发展,从而形成了著名的"丝绸之路"。中国的蚕丝与丝绸源源不断地通过丝绸之路输往中亚、西亚并到达欧洲,丝绸生产技术也在这一时期传播到中亚地区。两汉时期代表性的丝绸织物为岁大孰常葆子孙熙兄弟茂盛锦与蓝地云气羽人立鸟纹锦(如图8-8所示)。

(a)　　　　　　　　(b)

图8-8　先秦时期代表性高级丝织品
(a)岁大孰常葆子孙熙兄弟茂盛锦;(b)蓝地云气羽人立鸟纹锦
资料来源:中国丝绸博物馆。

(3)魏晋南北朝时期
魏晋南北朝时期,

(a)　　　　　　　　(b)

图8-9　魏晋南北朝时期代表性高级丝织品
(a)套环人物纹绫袍;(b)对狮对象牵驼人物锦
资料来源:中国丝绸博物馆。

虽剧烈的社会动荡、复杂的政治格局令丝绸生产发展艰难,但持续的民族交融、广泛的国际往来,却促使丝绸文化变得内涵丰富,面貌多样。该时期代表性的丝绸织物为套环人物纹绫袍和对狮对象牵驼人物锦(如图8-9所示),为唐代中期以后江南丝织业的崛起奠定了基础。

(4)隋唐时期

隋唐时期的丝绸业出现了发展高潮。无论在产量、质量还是品种方面都达到了前所未有的水平,如唐红地对鸟纹锦、红地团窠对鸟纹锦、唐绿地团窠联珠对山羊纹锦等(如图8-10所示)。丝绸的对外贸易也得到巨大的发展,不但"丝绸之路"的通道增加到了三条,而且贸易的频繁程度也空前高涨。海上丝绸之路也在这一时期兴起,丝绸产品通过东海线和南海线,分别输往朝鲜半岛、日本和东南亚、印度,并由阿拉伯商人传播到欧洲。丝绸的生产和贸易为唐代的繁荣做出了巨大的贡献。

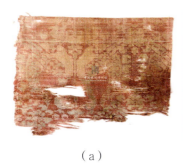  

(a) (b) (c)

图 8-10　隋唐时期代表性高级丝织品
(a) 唐红地对鸟纹锦；(b) 红地团窠对鸟纹锦；(c) 唐绿地团窠联珠对山羊纹锦
资料来源：中国丝绸博物馆。

（5）两宋时期

北宋与南宋的丝绸花色品种明显增加，还出现了宋锦、丝和饰金织物三种有特色的新品种。宋代蚕桑生产技术的总结和推广也取得了很大的突破。具有代表性的丝绸织物包括棕色绉纱、褐色罗裙、花卉纹绫等（如图 8-11 所示）。

(a) (b) (c)

图 8-11　两宋时期代表性高级丝织品
(a) 棕色绉纱；(b) 褐色罗裙；(c) 花卉纹绫
资料来源：中国丝绸博物馆。

两宋民间丝织业十分发达，除作为农村传统手工业以外，城市中的丝织作坊大量涌现，民间机户的力量不断增长。对外贸易方面，由于陆上丝绸之路被阻断，海上丝绸贸易有了长足的发展，中国的生丝与丝绸通过海上丝绸之路输往世界各地。

（6）元朝时期

元朝虽然短暂，但各族文化交流和大一统的政治局面，促进提升了丝绸技术水平。由于蒙古贵族对贵重工艺品的特殊爱好，元代设置了大量官营作坊，集中了全国大批优秀工匠，征调蚕丝原料，进行规模空前的大生产。庞大的官营织造体系是元代丝绸生产的重要特色。该时期的代表性丝绸织物为元代刺绣枕顶、织金绫大袖袍等（如图 8-12 所示）。

（7）明朝时期

随着资本主义的萌芽与发展，明代丝绸生产与贸易也发生了较大的变化：丝绸生产的商品化趋势日渐明显，丝绸的海外贸易发展迅速。江南苏湖一带成为最重要丝绸产地，发展了一批典型的丝绸专业市镇。兔纹缎、卍字如意云纹绸等均为明朝经典的丝绸商品（如图8-13所示）。

（a）

（b）

图8-12　元朝代表性高级丝织品
（a）刺绣枕顶；（b）织金绫大袖袍
资料来源：中国丝绸博物馆。

（a）

（b）

图8-13　明朝代表性高级丝织品
（a）兔纹缎；（b）卍字如意云纹绸
资料来源：中国丝绸博物馆。

不过，明代初期较长一段时期实行了海禁，对外贸易为政府控制下的朝贡贸易，丝绸以朝廷赐赏的形式流入周边国家和地区。明中期后，海禁渐开，丝绸大量销往日本和经由我国澳门地区销往欧洲。

（8）清朝与民国时期

自清朝起，中国丝绸贸易走向下坡路。清朝厉行海禁，加强了对外贸易的限制，实行一口通商。不过，民间丝织业生产规模有所扩大，专业性分工和地区性分工更加明显，涌现出一批繁荣的丝绸专业城镇。宝蓝缎盘金绣龙凤寿字纹袖头、彩绣鹭鸶方补、织锦锦鸡前补等为清代丝绸多样化的缩影（如图8-14所示）。

图 8-14　清朝代表性高级丝织品
(a) 宝蓝缎盘金绣龙凤寿字纹袖头；(b) 彩绣鹭鸶方补；(c) 织锦锦鸡前补
资料来源：中国丝绸博物馆。

可惜的是，中国丝绸业在晚清苛捐杂税和战争的双重打击下，面临消亡的严峻挑战。许多有识之士奔走呼吁"实业救国"，要求兴办丝绸技术学校，发展蚕丝生产，增加丝绸出口。好在一些实业家积极响应，民国政府也给予了一定支持，栽桑养蚕、缫丝织绸的生产技术都有改进提高。大红缎松鹤纹绣片、大红缎地汴绣菊花鹦鹉棉登盖等商品已初具当代美学风范（如图 8-15 所示）。

然而，日本侵华战争使得中国丝绸呈奄奄一息之势。

图 8-15　民国时期代表性高级丝织品
(a) 大红缎松鹤纹绣片；(b) 大红缎地汴绣菊花鹦鹉棉登盖
资料来源：中国丝绸博物馆。

（9）中华人民共和国成立与改革开放

中华人民共和国的丝绸发展直至改革开放后才有所起色。中国丝绸行业仍拥有原料生产与供应的有利条件，但在全球市场上始终没有出现可与法国皮具、意大利时装同台竞技的中国高级丝绸品牌。人们对中国丝绸的刻板印象依旧滞留在"只有经过意大利或法国工匠处理精加工后才能使用的高档材质"。由此可见,中国丝绸企业和品牌走向高端产业链,还有漫长艰辛的道路要走。

2. 陶风瓷韵

与丝绸媲美的中国传统奢侈品是瓷器。瓷器的发明是中华民族对世界文明最伟大的贡献之一,在英文中"瓷器"(china)与"中国"(China)同为一词,充分说明精美绝伦的中国瓷器完全可以作为中国的代表。高级瓷器拥有远高于一般瓷器的制作工艺难度,因此在古代皇室中也不乏精美瓷器的收藏。作为古代中国的特产奢侈品之一,瓷器通过各种贸易渠道传到各个国家,精美的古代瓷器作为具有收藏价值的古董被大量收藏家所收藏。欧美国家富裕阶层在举办婚庆典礼时,也十分偏爱赠送高级瓷器。

中国的原始瓷器从陶器发展而来。早期瓷器以青瓷为主。东汉以来至魏晋时制作的瓷器,从出土的文物来看多为青瓷。这些青瓷加工精细,胎质坚硬,不吸水,表面施有一层青色玻璃质釉。这种高水平的制瓷技术,标志着中国瓷器生产已进入一个新时代。

至隋唐时代,瓷器发展成以青、白等单色釉为主的两大瓷系,并产生刻花、划花、印花、贴花、剔花、透雕镂孔等瓷器花纹装饰技巧。这一成就为釉下彩和釉上彩瓷器的发展打下基础。

宋代瓷器在工艺技术上,有了明确的分工,是中国瓷器发展的一个重要阶段。宋代瓷器以各色单彩釉为特长,釉面能作冰裂纹,并能烧制窑变色及两面彩、釉里青、釉里红等。著名"瓷都"景德镇因宋朝景德年间(公元1004—1007年)为宫廷生产瓷器得名,所选瓷土必白埴细腻,所制瓷器质尚薄,色白如玉,善做玲珑花。除此以外,宋代闻名中外的名窑还有很多,如耀州窑、磁州窑、龙泉窑、越窑、建窑和宋代五大名窑(汝窑、官窑、哥窑、钧窑、定窑)等的产品都有它们自己独特的风格。图8-16列举了中国十大传世瓷器,皆出自宋代。

元代瓷器盛行印花瓷及五彩戗金。明代精致白釉的烧制成功,以铜为呈色剂的单色釉瓷器的烧制成功,使明代的瓷器丰富多彩。明代瓷器加釉方法的多样化,标志着中国制瓷技术的不断提高。清代瓷器在明代取得卓越成就的基础上进一步发展光大,制瓷技术达到了辉煌的境界。康熙时期的素三彩、五彩,雍正、乾隆时期的粉彩、珐琅彩都是闻名中外的精品。

相比丝绸,如今中国的瓷器市场仍十分具有影响力。当今著名瓷器产地有江西景德镇(以青花瓷、青花玲珑瓷、颜色釉瓷和粉彩瓷闻名)、河北唐山、山西长治、广州石湾,这些地区都能采用传统工艺及现代化技术设备,烧制各种各色瓷器。此外,还有河南禹县的钧瓷、湖南醴陵的红瓷、临汝的汝瓷、浙江龙泉的青瓷等,都有非常精美、极具特色的中国高级瓷器。

3. 青铜魂魄

青铜器是人类文明发展早期的产物，也是中国古代典型的奢侈品之一。只不过随着经济发展、审美变迁与技术变革，如今的青铜器只作为高级古文物和收藏品了，是广义上奢侈品的一种。

中国青铜器在夏代晚期出现，商代出现了大量气势恢宏、纹饰繁缛的青铜器。进入西周和东周时期，中华大地上出现了一批具有长篇铭记历史事件的青铜器。青铜器的制造和发展历代绵延不断，对社会生活产生较大影响的主要在先秦时期。

中国青铜器包括炊器、食器、酒器、水器、乐器、车马饰、铜镜、带钩、兵器、工具和度量衡器等，制作精美，充分体现中国冶炼金属技术的精湛，在世界青铜器中有极高的声誉和艺术价值。中国青铜器十大国宝分别为后母戊大方鼎、四羊方尊、妇好鸮尊、大盂鼎、西周虢季子白盘、商龙虎纹青铜尊、青铜冰鉴、曾仲游父壶、 季侯盂、珥生簋（如图8-17所示）。

中国青铜器以商周器物最为精美。商中期，青铜器品种已很丰富，并出现了铭文和精

图8-16 十大宋代传世瓷器
（a）月白釉出戟尊；（b）月白釉出戟尊；（c）玫瑰紫釉渣斗式花盆；
（d）玫瑰紫釉仰钟式花盆；（e）玫瑰紫釉葵花式花盆；（f）玫瑰紫釉莲花式花盆；（g）玫瑰红釉鼓钉洗；（h）葡萄紫釉鼓钉洗；（i）天蓝釉三足炉；（j）月白釉海棠式盆托
资料来源：北京故宫博物院，上海博物馆。

细的花纹。商晚期至西周早期是青铜器发展的鼎盛时期，器型多种多样，浑厚凝重，铭文逐渐加长，花纹繁缛富丽。随后，青铜器胎体开始变薄，纹饰逐渐简化。春秋晚期至战国时期，由于铁器的推广使用，铜制工具越来越少。秦汉时期，随着陶器和漆器进入日常生活，铜制容器品种减少，装饰简单，多为素面，胎体也更为轻薄。

中国古代青铜器是东方文化对人类物质文明的巨大贡献。就青铜器使用规模、铸造工艺、造型艺术及品种而言，其他文明出产的铜器无一可与中国古代青铜器相比拟。这也是中国青铜器在世界艺术史上占有独特地位并引起普遍重视的原因之一。

8.1.2 聚灵玉器、华贵金饰、奇珍珠宝

珠宝（jewel）有广义与狭义之分，狭义的珠宝单指玉石制品，故中国古代有"金银珠宝"的说法，把金银和珠宝区分出来。随着社会和经济的发展，珠宝概念拓展至广义，包括金、银以及天然材料（矿物、岩石、生物等）制成，具有一定价值的首饰、工艺品或其他珍藏统称为珠宝。经营这些物品的行业统称为

图 8-17 中国青铜器十大国宝
（a）后母戊大方鼎；（b）四羊方尊；（c）妇好鸮尊；（d）大盂鼎；（e）西周虢季子白盘；（f）商龙虎纹青铜尊；（g）青铜冰鉴；（h）曾仲游父壶；（i）㢉侯盂；（j）㝬生簋

"珠宝行业"。"珠宝"的范围要比广义的"宝石"的概念大很多，可以分为玉、金饰和珠宝三类。

1. 聚灵玉器

玉的概念并无十分严格的定义。一般而言，在中国，符合美观、坚硬、温润等特点的矿物皆可被称为"玉"，古代的琼瑰（即玛瑙）、琅玕（即土耳其玉）、水玉（即水晶）、汉白玉（即大理石）都具备了上述关于玉的特征。

中国玉器可追溯至新石器时代。[27] 玉石作为最早被发现的宝石，对古人来说不仅可以作为收藏珍品，更能体现时代美感。玉制工具在新石器时代晚期形成（如图8-18所示），许多玉器从玉制工具发展而来，商代的玉已被大量制成礼仪用具和各种佩饰。玉石工艺品在古代代表技艺、权力和有别于他人，因此成为了宫廷独享的奢侈品权力物[28]。西周起到东汉末的玉器（如金缕玉衣）基本只有皇亲国戚或权贵才能使用（如图8-19所示），象征威严和举足轻重的地位。经过漫长的岁月至明代晚期，玉器业空前发展，玉器的使用与收藏已相当普遍。清代以后，随着经济文化发展和新疆安定，大量玉料进入宫廷，解决了长期阻碍玉器发展的原料问题，一系列更精致的玉器随即诞生于中国（如图8-20所示）。

玉根据其坚硬程度可以分为硬玉（jadeite）和软玉（nephrite）两类。其中：前者的代表是翡翠，至今仍是中国消费者和喜爱东方文化的国外消费者最喜欢的玉石之一。后者包括岫岩玉、蓝田玉、青海玉、俄罗斯玉、新西兰玉、新疆碧玉（即天山碧玉）、马来玉、水沫玉、和田玉、青白玉、羊脂玉、独山玉（即南阳玉）、酒泉玉、汉白玉、灵璧玉等。其中，和田玉是中国最具代表性的玉器奢侈品。和田玉虽因新疆和田地名而命名，但并非特指新疆和田地区出产的玉，而是指透闪石成分占98%以上的玉石。按我国国家标准，和田玉按照颜色可分为六大类：白玉、墨玉、糖

图8-18 新石器时代三层人神兽面纹玉琮

图8-19 西汉金缕玉衣

图8-20 清乾隆碧玉爵杯

玉、青玉、碧玉和青白玉（如表 8-2 所示）。

表 8-2　我国国家标准下的和田玉分类

和田玉分类	白玉	墨玉	糖玉	青玉	碧玉	青白玉
图示						

中国玉文化传统的历史进程历经神人结体与宗法结构的远古传统、权力意志与比德理念的古典传统到大众消费与时尚意象的现代传统。[29] 以翡翠和和田玉为代表的高级玉器对中国经济、政治、礼仪、宗教、信仰乃至生活习俗和审美情趣所产生的深远影响延续至今，传达了中国文化中"瑕不掩瑜"的清正与纯真、"君子无故，玉不离身"的中和，以及隐忍的修身观念。

2. 华贵金饰

黄金（gold）是一种质地较软、颜色金黄、具有抗腐蚀性的稀有贵金属，不仅是用于储备和投资的特殊通货，同时又是首饰业、电子业、现代通信、航天航空业等部门的重要材料。

作为装饰品时，黄金通常以含金量为标准来进行分类，分为"纯金"和"K 金"两类。前者俗称为 24K 金，含金量在 99% 以上。后者即"Karat Gold"，是纯金中加入一些其他金属的黄金，可以改变纯金单一的色调，并降低熔点。

黄金对几乎所有国度而言都是最古老的奢侈品象征之一。几千年以来，黄金历经千锤百炼，熔炼成各种形状，加上各种装饰，成为甲胄、珠宝、工艺品、钱币、冠冕等。一些文明国家出于宗教信仰和趋吉避凶的目的，人们用黄金制作祭祀过程中使用的工具，如祭司面具、祭品器皿等；更多情况下，黄金用于彰显佩戴者的权利和地位。相比起其他贵金属和宝石，黄金柔软易延展，具备极高的抗氧化和防锈蚀特质，其温润的金黄色泽，对古代战士和帝王而言，是永恒不朽的象征。

中国金饰品的历史也长达四千多年，各时期的饰品特点鲜明：夏商西周时期，黄金饰品体现了简约明快的特点。春秋战国时期，生产和生活领域产生了重大变革，大量金银器出现，成为这个时期工艺水平高度发展的一个标志，呈现了仿生象物、活泼灵动的特点。秦汉时期出现了金印和金币，并将金银制成金箔或泥屑，用于漆器和丝织物上，以增强富丽感。魏晋南北朝时期，佛教文化艺术的传播，使得金饰品既有汉族传统文化特色，又兼具北方游牧民族的风格特点。隋唐时期的黄金饰品制作代表了金属工艺的最高水平，数量众多,类别丰富,造型别致,纹饰精美,气势博大,将异域风格和大唐盛世的文化底蕴融合在一起,体现了唐代文化艺术的雄健、华美和自然秀颖。宋代黄金饰品也同样十分流行,相比唐代,宋代黄金饰品玲珑奇巧、新颖雅致、多姿多彩、轻薄精巧而别具一格。元代黄金工匠在工艺美术加工方面不断吸收波斯技术,形成了强烈的异域文化特征。明清时期,黄金饰品更加趋向华贵艳丽的宫廷气息,体现了繁华富丽、精细琐碎的宫廷文化特征。每一个朝代的黄金饰品中都映射了历史特征和生活变化。

中国传统黄金工艺与文化也是历经传承的广义奢侈品之一,锤鍱、錾刻、铸造、珠化、掐丝、累丝、错金、鎏金为中国八大传统黄金工艺(如图8-21所示),这些工艺在传统匠人们的钻研创新中代代传承,呈现了制作中细致的流程、繁杂的工具和丰富的工艺。这种传承下诞生的金器引领国人长久以来对于黄金饰品的审美意识。

21世纪新消费观念的崛起使得不少中国年轻消费者更偏爱铂金或玫瑰金饰品,认为传

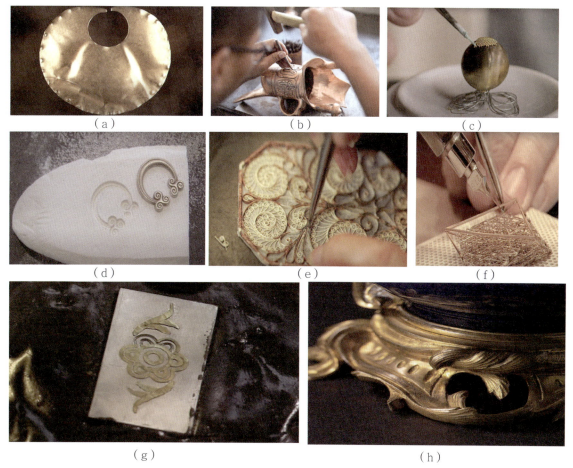

图8-21 中国八大传统黄金工艺
(a)锤鍱;(b)錾刻;(c)铸造;(d)珠化;(e)掐丝;(f)累丝;(g)错金;(h)鎏金

统黄金饰品相对"老气"或"俗气"。事实上,铂金和玫瑰金饰品都在黄金饰品的范畴内。铂金是黄金加入镍、铜、锌等制成的合金,更加坚固;玫瑰金是纯金与铜、银或锌的合金,延展性强、坚硬度高、色彩多变,便于实现更多设计。铂金和玫瑰金饰品的出现也冲击了当代人尤其是年轻人对于传统黄金饰品的喜好,是更具奢侈感和设计感的奢侈品首饰。

3. 奇珍珠宝

学术界和商界一般将珠宝分为宝石、半宝石、有机宝石、文玩宝石和人造宝石五类(如图 8-22 所示)。[30] 宝石包括钻石、红宝石、祖母绿和蓝宝石,钻石是世界上硬度最高的天然宝石,硬度达到 10 度,是消费者最青睐的宝石之一;半宝石是除宝石以外的晶体质宝石,包括碧玺(tourmaline)、石榴石(garnet)、尖晶石、海蓝宝等;有机宝石主要包括珍珠,具有瑰丽色彩和高雅气质的珍珠象征健康、纯洁、富有和幸福,自古以来为人们喜爱;文玩宝石的代表物是琥珀,李白《客中行》中的诗句"兰陵美酒郁金香,玉碗盛来琥珀光"即彰显了琥珀的高雅特性;人造宝石是人工制造且自然界无已知对应物的晶质体、非晶质体或结合体,如锆石、人造钻石、人造红宝石、人造蓝宝石等都属于这一类。[31]

珠宝作为一种舶来品,在中国悠久的奢侈品历史上也留下了浓墨淡彩的一笔,给崇尚"首德次符"的中国古代社会审美带来一抹绚丽的芳华。不过,中国相比澳大利亚、博茨瓦纳、南非、塞拉利昂等国家,珠宝产区比较分散且产量相对较小,无法掌控珠宝资源、主导珠宝市场。

中国珠宝发展史得益于"丝绸之路"开启后东西方文化的交汇融合。以钻石、坦桑石、红宝石、蓝宝石、祖母绿以及猫眼为代表的彩色宝石,成为世界各国皇室权利和地位的象征,是达官贵族彰显尊贵与奢华的专用饰品,尤其是中国古代的朝冠珠宝装饰象征了社会地位与官阶。以清朝为例,皇帝朝冠仅饰东珠,皇后朝冠除了东珠外,还点缀猫眼石,文武百官也能通过其朝冠顶子知等级差别:一品饰东珠,上衔红宝石;二品饰小红宝石,上衔镂花珊瑚;三品中饰小红宝石,上衔蓝宝石;四品中饰蓝宝石,上衔青金石。

珠宝在中国消费者眼中一直是高贵的传统奢侈品,不过当今的中国珠宝产品往往融

图 8-22 珠宝的分类
(a)宝石;(b)半宝石;(c)有机宝石;(d)文玩宝石;(e)人造宝石

合了东西方文化与中外珠宝加工工艺。虽然鲜有知名的珠宝品牌，但辽宁瓦房店（钻石）、山东蒙阴（钻石）、湖南沅水（钻石）、福建明溪（白锆石）、河南南阳（天河石）、台湾花莲（猫眼石）等在中国也是珠宝质量较高的产地。也正因为如此，珠宝往往带有一丝神秘的气息，同时也具有浓厚的文化底蕴。

8.1.3 神圣书画、显贵家私、茶不止于饮

书画、红木家具、茶饮是中国古代文人雅士必不可少的书房重器，与艺术息息相关。它们展现的是无言之美，极具灵性，显示拥有者深厚的文化水准与高雅的鉴赏力。

1. 书法

中国文字产生于六千年前。仰韶文化的人们已在陶器上刻画文字，是为"书"。既有文字刻写，就已有一定的"点横撇捺"之类的方法艺术，是为"法"。发展至今，中国书法体主要分为五种：篆书、隶书、楷书、行书和草书（如图8-23所示）。书法为汉族独创的表现艺术，以不同笔法、结构和章法书写而成，极具美感。[32]

书法被誉为无言的诗、无行的舞、无图的画、无声的乐，从秦始皇统一汉字起就初露锋芒。从古至今中国书法史上留了下大量不朽的名作，在全球各大拍卖会上都有不俗的表现。如黄庭坚的《砥柱铭》（4.368亿元，2010）、王羲之的《平安帖》（3.08亿元，2010）、曾巩的《局事帖》（2.07亿元，2016）、宋徽宗的《临唐怀素圣母帖》（1.28

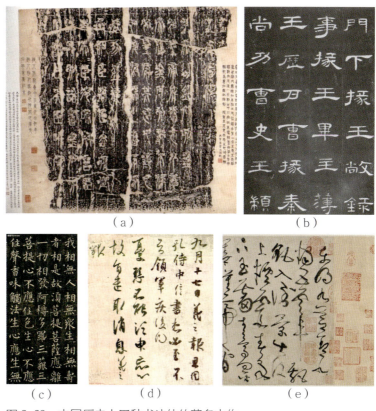

图8-23 中国历史上五种书法体的著名杰作
（a）李斯篆书《会稽铭文》；（b）王敞隶书《曹全碑》；（c）柳公权楷书《金刚经》；
（d）王羲之行书《孔侍中帖》；（e）张旭草书《草书古诗四帖》

亿港元，2008）、朱熹等的《宋名贤题徐常侍篆书之迹》（1.008亿元，2009）等均为惊世之品（如图8-24所示）。

自有文字记载的甲骨文开始，汉字文化在文字的不断演变和趋于艺术化中得到了传承。[33] 毋庸置疑，书法是指尖上的中国传统奢侈品。令人惋惜的是，时至今日，书法艺术逐渐与时代脱离，电子产品、替代的智能书写工具让墨香生花变得越来越稀缺和珍贵。

2. 国画

与书法一样，国画是另一种指尖上的中国传统奢侈品。"国画"一词起源于汉代，也被称为"丹青"。国画的题材包括人物、山水、花鸟等，技法可分具象和写意。国画的精神内核是"笔墨"，强调"外师造化，中得心源"，要求"意存笔先，画尽意在"，强调融化物我，创制意境，达到以形写神，形神兼备，气韵生动——重神似不重形似，重意境不重场景。[34]

国画在内容和艺术创作上，体现了古人对自然、社会及与之相关联的政治、哲学、宗教、道德、文艺等方面的认知。国画在全球各大拍卖会上的表现比书法更为突出：齐白石的《山水十二条屏》（9.315亿元，2017），《松柏高立图·篆书四言联》（4.255亿元，

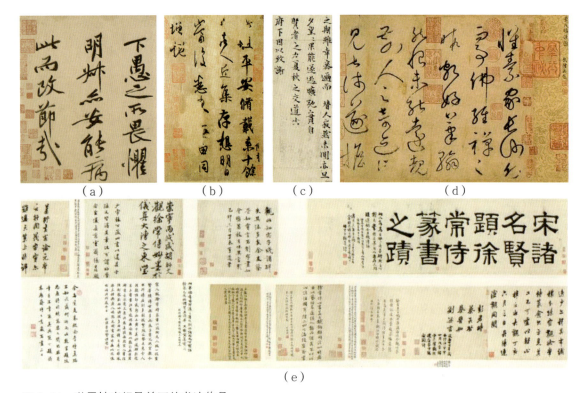

图8-24 世界拍卖纪录前五的书法作品
（a）《砥柱铭》；（b）《平安帖》；（c）《局事帖》；（d）《临唐怀素圣母帖》；（e）《宋名贤题徐常侍篆书之迹》
资料来源：sina、Pinterest中国艺术品。

2011），苏轼的《枯木怪石图》（4.117亿元，2018），王蒙的《稚川移居图》（4.025亿元，2011）等（如图8-25所示）。

国画作为中国传统文化瑰宝，在久远的中华文明史发展过程中保持了创新与发展。顶级的国画作品对国学与书画爱好者而言无疑是珍贵的奢侈品；对艺术家而言，也是创作与创意灵感的来源，这些山水墨宝甚至可以融入高端艺术品、消费品之中[35]，升华传统物品的艺术价值。

3. 红木

红木家具是木质家具里的一种，是中国高端、名贵家具的统称，对中国消费者而言是非常具有代表性的中国奢侈品。市面上的木质家具有很多不属于国标红木的木材，其中有一些也属名贵木材，身价不菲。2018年7月，中国《红木》新国标将红木分为2科5属8类29种，如图8-26所示。新国标的公布，一方面是为了更加方便消费者和市场管理，另一方面是在提醒红木行业，原材稀缺已是不争的事实，红木行业应该更加珍惜红木资源，合理利用，绿色发展。

中国古典红木文化历经千年而不衰，在中国家具发展的历史长河中，形成了风格各异、各有特色的古典家具[36]，其中以楚式家具、宋式家具、明式家具及清式家具为典范（如图8-27所示），具有极其重要的美学艺术价值[37]。

图8-25 世界拍卖纪录前四的国画作品
(a)《山水十二条屏》；(b)《松柏高立图·篆书四言联》；
(c)《稚川移居图》；(d)《枯木怪石图》

资料来源：sohu；邵亦杨."元绘画"、元图像&元现代[J]. 美术研究.2020, (1): 99-106.

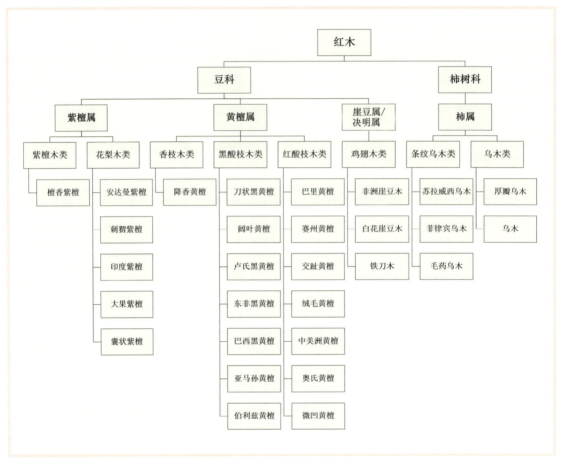

图 8-26　红木的 2 科 5 属 8 类 29 种分类
资料来源：中华人民共和国. 红木 [S]. GB/T 18107—2017.

（a）　　　　　　　　（b）　　　　　　　　（c）　　　　　　　　（d）

图 8-27　中国经典红木家具
（a）楚式家具；（b）宋式家具；（c）明式家具；（d）清式家具

其中，楚式家具流行于周代至南北朝。早期的漆家具作为一种工艺美术的早期形式，以红黑作为主色调的斑驳浓郁色彩，彰显了浪漫激荡的楚氏文学风格与中原文化的相互融合。

宋式家具源于隋唐，兴于两宋，下接明式家具。这类家具承唐之风骨，启明之简韵，以干练的风骨和禅意的神韵，开创了极简主义的家具美学先河。造型之简、舒适之简、工艺之简，都贯穿着简奢秀丽的高级美感，如质朴高雅、清新脱俗的文人雅气，给人以轻盈雅致、自在洒脱的闲舒之感。

明式家具盛行于明中期至清早期。在继承宋式家具简雅朴拙的风格基调上，在工艺、造型上加以改良，给人以更加雄浑端庄的文人雅致风范，遒劲而浑厚，在空间上营造一种庄重大气的典雅格调，皇家贵族气派也初露端倪。

清式家具主要出现于清中期以后。这是中西合璧的产物，风格与明式家具截然不同，在形制和气质上更赋予一层浓重华丽的高贵色彩。雕饰繁重，集镶嵌、雕刻花纹等多种工艺为一体，呈现一种雍容华贵的宫廷帝王气派，渲染一种富丽堂皇的空间视觉感。

随着社会生活与文化形态的变化，传统的中式家具风格演绎至今，逐渐与现代文化融合，形成了新中式的独特韵味。[38] 它继承了中式意境与悠久的文化底蕴，以现代设计风格予以全新阐释[39]，其不单单是中式风格的简单沿袭，更是长期根植于东方美学传统下的吐故纳新、兼容并蓄。

新中式风格从灯挂椅、罗汉床、琴几书案等传统形制中汲取养分[40]，沿用祥云、卷草、如意方胜、明暗八仙等传统装饰图案，但将传统纹样简化、重构[41]，用简洁、干练的线条展现，将"东方"这种形而上的语境，转化为实物的呈现（如图8-28所示），增进对中国当代品位的理解，将传统的人文精神与当代生活融合为"道在器中"的境界，承载传统之精华[42]。

璞素、梵几、上沙等当代中国家具品牌在长期实践中探索出了独特的新中式风格发展之路，而新中式家具的风格扩展至时装、珠宝等其他奢侈品领域，也涌现了一批设计师品

图8-28 新中式家具
资料来源：chinadesigncentre、fnji。

牌。例如，蒋琼耳的上下展现中国传统美学，马可创立的无用品牌带来了"奢侈的清贫"（luxurious Qing Pin）设计思想，邱昊创建的同名品牌 Qiu Hao 强调女装中东西方文化的高度结合。[43] 随着新中式设计与当下新材料、新技术、新想法糅合，传统中式蜕变成新的设计符号与品牌，也将逐渐发展成奢侈品行业中举足轻重的力量。

4. 茶叶

茶是人类最健康的饮料之一，可以利尿排毒、除脂解腻、促进消化、消除疲劳、增强记忆力、消炎抑菌、预防龋齿、抗癌、抗辐射、抗衰老、防治高血压，是亚洲人，尤其是中国人最喜爱的饮品之一。不同国家有不同的饮茶习俗，如英国人享用午时茶、印度人喜欢热带奶茶、俄罗斯人喜欢红茶、蒙古人喜欢砖茶、泰国人喜欢冰茶、美国人喜欢速溶茶、德国人喜欢玉兰和米兰花茶、土耳其人喜欢"苹果茶"、埃及人喜欢甜茶。

茶叶源于中国，最早被作为祭品使用。饮茶文化是中国文化瑰宝，茶叶可以细分为绿茶、白茶、黄茶、乌龙茶、红茶和黑茶六大茶系（如图8-29所示）。六大茶系是按照茶多酚的氧化程度和氧化方式进行分类，是全世界品类最齐全的茶体系。

图 8-29 中国六大茶系
（a）绿茶；（b）白茶；（c）黄茶；（d）乌龙茶；（e）红茶；（f）黑茶

在浩瀚的茶海中，有一些极为特殊的茶叶，因为滋味绝佳、产量稀少、工艺复杂、对制茶人的经验要求极高等因素，成为茶叶中的奢侈品。闻名遐迩的茶叶产地与茶叶品种包括：中国名茶之首西湖龙井、被誉为"茶中状元"的国宝级茶叶武夷大红袍、中国三大名茶之一的云南普洱金瓜贡茶、"世界绿茶茶王"太平猴魁、曾荣获"国际名茶金奖"的黄山毛峰、"清朝宫廷贡茶"六安瓜片、中国乌龙茶的代表安溪铁观音等。

由茶而延伸出的、代表东方生活方式和审美需求的器和物，以极致的工艺、美学和奢侈品姿态，进入高消费人群的生活。唐朝中后期，享有"茶圣"之名的陆羽对茶叶保持浓厚的兴趣，长期实施调查研究，熟悉茶树栽培、育种和加工技术，并擅长品茗。他开启了一个茶的时代，所著的《茶经》为世界茶业发展做出了卓越贡献（如图8-30所示）。

图8-30 陆羽的名著《茶经》

资料来源：陆羽.茶经（七卷），天宝十五载（756）刻本原装2册，皮纸，线装。

茶原本仅仅是一种饮品，却不止于饮。宋代一佚名画家著名的《唐人宫乐图》描绘了唐代宫廷仕女娱乐茗饮的盛况：有人舀茶、有人品茗，还有人奏乐、吹笙、弹琴，充满了贵族阶级的享乐情调（如图8-31所示）。宋朝更是斗茶成风。这种最先只是关照茶品高下的"茗战"，慢慢地也变成了技艺之战、器皿之战。从古人开始，茶被延展成中国典型的奢华生活方式之一。

图8-31 宋代名画《唐人宫乐图》

资料来源：唐人宫乐图，绢本墨笔，纵48.7厘米，横69.5厘米，台北故宫博物院。

8.2 中国真的需要奢侈品品牌吗?

从前文叙述中不难发现,中国在历史上是具备生产奢侈品的历史底蕴、文化积淀、人才储备、工艺技能基础的。然而时至今日,中国本土奢侈品品牌依然处于萌芽阶段,远远无法满足国内迅速膨胀的奢侈品消费市场。

品牌是现代经济竞争力的重要体现,诺贝尔经济学奖得主罗伯特·蒙代尔(Robert Mundell)认为,现代经济的一个重要特征就是品牌主导。[44] 有全球影响力的品牌是国家软实力的重要体现。以前,尽管自主品牌的孱弱已经引起了人们的关注,但多数人最关心的是具有中国知识产权的商标,而不是对品牌价值本身的关注与思考。随着中国新一代的成长和认知的变化,奢侈品的概念也正产生着变化。

奢侈品的历史演化里,始终逃离不开有形物品的承载,总是与精湛的工艺、技术的创新和审美的发展紧密相连。随着时代的进一步发展,追求感官体验的奢侈品也开始演化为一种理念,一种生活方式,一种精神追求。

新时期的中国奢侈品品牌代表着"中国制造""中国智造""中国创造"的力量。[45] 中国企业未来如何发挥自身优势,打造具有国际竞争优势的品牌,提升品牌经营水平,将成为新时代中国企业更好地"走出去",进而助推中国经济持续发展的关键问题。

8.2.1 中国尚无奢侈品品牌之因

改革开放以来,中国经济取得长足发展,中国奢侈品市场也呈现持续繁荣的景象。然而,同样也要意识到,中国市场经济环境建立时间太短,缺乏真正的高雅顾客群体,同时独立地位的品牌主体不足、没有长期的历史声誉、缺乏国际品牌的话语权,中国至今没有出现真正的奢侈品品牌。

1. 市场经济环境建立时间太短

纵观整个奢侈品行业发展的历史,奢华的文化消费环境是奢侈品品牌的土壤。但在中国,商品文化从古代起就并不发达,奢侈品作为特权阶层的专属品,很难形成可持续的传承机制。在中国古代皇权时代,奢华之风伴随着皇宫礼仪,领先和影响着世界。[46]

清朝末年闭关锁国的政策,使中国构筑了隔绝中外交往的一道堤墙,对中国社会经济的发展起到了阻碍作用,使中国的经济贸易逐渐落后于海外其他国家,并拉开了巨大的差距。中国面对的是连年战火、外国侵略者的掠夺,经受的是中国内部政治矛盾的内耗,以及各种革命运动的影响。种种不稳定因素，不仅使得中国经济、贸易以及商业发展严重滞后，而且严重抑制了中国奢侈品的产生。中国几千年来存在的奢侈品贵族消费阶层随着辛亥革命彻底地消失，也使中国原有的奢侈品消费进入萧条时期。

中国近百余年来波动的历史大环境限制了奢侈品的产生与发展。近代中国长期饱受战乱、经济衰退、社会动荡，奢侈品品牌无法在近代的文化断层中存活。中华人民共和国成立以前，中国经济基础薄弱、生产力水平低下，商业贸易发展滞后，资本积累较为薄弱，也严重抑制了奢侈品发展。人们落后的经济观念，也使得奢侈品品牌的发展困难重重。需要大量资金支持的奢侈品行业很难在这样不稳定的、经济薄弱的基础上健康地成长与发展。在没有需求刺激且如此不稳定的社会状态之下，中国没有奢侈品、奢侈品消费阶层，自然也就没有属于自己的奢侈品品牌。

2. 缺乏真正的高雅顾客圈层

奢侈品品牌的建构，需要有悠久文化的熏陶与时间的积淀。但是近百余年来，一方面中国文化受到西方文明的影响与冲击，另一方面国家整体文化软实力的发展滞后于政治经济等方面的发展，出现一定程度"文化不自信"的民族心理现象。这些对于发展本土奢侈品品牌都有非常不利的影响。

改革开放后的40多年，中国市场经济得到了快速发展，这虽然让中国社会经济积累了一定的资本，同时也培养出一部分有消费能力的人群；但高品位，真正欣赏、驾驭奢侈品的消费阶层绝非一朝一夕即可培养而成。之后，随着中国经济的快速发展，社会贫富差距的迅速拉大，这种变化让中国出现了教育程度、审美水准与财富不匹配的现象，一些所谓的"暴发户"或"土豪"并非是欣赏高品位奢侈品的稳定消费人群。

随着中国互联网经济的蓬勃发展，伴随着新的商业模式，新的以技术豪华为代表的奢侈品应运而生。但同时，浮躁的快餐文化盛行，也对奢侈品市场造成负面影响。面子消费、礼品消费的文化理念盛行。这在很大程度上抑制了真正意义的奢侈品品牌在中国市场的产生。互联网经济如同一把双刃剑，一方面低成本数字营销给很多中国中小企业带来发展机遇，另一方面使中国制造业企业过于看重短线利益而缺少长远的战略打算。

3. 独立地位的品牌主体不足

成功塑造一个奢侈品品牌需要有效利用"品质"与"牌子"的双重作用。独立地位的品牌主体作为品牌的创建者，可以是一个国家、城市、组织、企业或个人，其对"品质、质量"的深耕和"牌子、文化"的传播起着至关重要的作用。纵观近百年的历史，中国奢侈品不乏创造者，但真正意义上有意愿、有能力培育、塑造和传播中国奢侈品品牌的主体却寥寥可数。

在中国封建社会末期，虽然有皇家与贵族阶层，也有专门为皇家贵族制作奢侈用品的大师，但其奢侈品概念还仅停留在传统的"艺术品"和"工艺品"加工的"物品"的层面。每一件奢侈品都具有独一无二的创造性，如书画、陶器、玉器等。"物品"不能批量加工生产成为"产品"甚至是市场流通的"商品"，更遑论对"牌子"的推广、传播与复制。与之相反，封建贵族及传统工匠为保持皇家贵族的阶层地位，更是严格控制奢侈用品的生产与使用范围。正是由于这种不可复制的原因，奢侈用品被束之高阁，当时的中国也就形成不了一定数量的奢侈品产品，也就难以构成一个可以推广的产业，因此，自然也就不能形成一个现代意义上的奢侈品、奢侈品生产企业与奢侈品品牌。

此外，长期以来，中国对奢侈品的消费方式，都是根据商品的选材来对应价值的，这使得像黄花梨、紫砂、紫毫等材质本身就可以承担奢侈品品牌才能承担的附加价值，因为他们几乎代表了商品的全部价值。市场化后，这些材质并不是被一家公司所垄断，奢侈品企业囿于"品质"的藩篱，忽视了对"牌子"中文化价值和精神内涵的深入挖掘与传播，使得中国原有的奢侈品行业止步不前，长期保持原始状态，尽管有一些企业做过脱离"材质"转向"品牌"建设的努力，但消费者并不认同，这使得这一市场曲高和寡，这些商品现在已基本成为小众的玩物，被国外奢侈品持续占据主流市场。这些中国古代优质文化的承载物品无法在市场上延续，导致了中国传统文化的止步。

8.2.2 中国打造奢侈品品牌的必要性

历经40多年改革开放，中国的经济规模已居世界第二位，大量产品的生产数量位居世界前列，但仍然存在企业在国际高端品牌方面培育不足的现象。虽然中国企业拥有超过170万个国内品牌，但跻身世界前列的高端品牌仍寥寥无几，中国品牌的国际认知度总体上仍较低。在当前的国内外经济形势下，为实现经济高质量发展，企业在生产方面不断寻求创新获得新的经济增长点的同时，也应该在营销方面加强培育国际高端品牌，努力提升中国品牌的质量与层次，在全球范围内走出一条既适应中国市场特点又适应经济全球化的高端品牌培育之路。

1. 中国经济高质量发展的需要

2022年公布的世界500强榜单上，中国大陆公司实现了历史性跨越，数量达到136家，如果加上中国台湾地区企业，中国共有145家公司上榜，连续第三年居榜首。然而另一个指标是，在品牌咨询公司Interbrand发布的"2022年全球最佳品牌排行榜"上，中国品牌只有小米、华为两家上榜。该榜单的核心评价指标为企业在母国市场之外的销售和利润，即全球化指数。另一家国际机构WPP与凯度联合发布的"2022年BrandZ最具价值全球品牌100强排行榜",即便只考虑公司的财务表现和品牌溢价,也只有14家中国品牌上榜,远远低于美国的56家。中国巨大的市场催生出堪与发达国家比肩的巨型企业和品牌,但是中国企业和品牌尚且存在"大而不强"的现象,中国品牌的全球化程度相当之低。

中国曾经有部分高能耗、高污染、低产出、低回报、低工资效应的产业链,而且恶性循环。从某种层面上来说,发展中国奢侈品品牌是加快转变经济发展方式、促进民族整体品牌价值提升的过程,是通过品牌价值提升活动,改变经济发展初级阶段"中国制造"的国际形象,促进中国产业结构快速调整的一种方式。树立中国自己的奢侈品品牌形象有助于增强世界奢侈品舞台上的中国魅力,也有利于中国制造的转型升级。

2. 人民日益增长的美好生活需要

2021年,中共中央及各部委出台多项相关政策,引导未来国内消费健康、高质量发展。从各项政策中可以看出,促进居民消费升级、培育新消费成为"十四五"时期政策的主题;从总量层面来看,针对内需市场,发展规划中明确强调了深化供给侧结构性改革,适应个性化、差异化、品质化消费需求,持续扩大优质消费品、中高端产品供给,提升自主品牌影响力和竞争力,率先在化妆品、服装、家纺、电子产品等消费品领域培育一批高端品牌。与此同时,良好的市场秩序需要配套的制度环境和监管措施,"十四五"时期各项法律法规、质量标准和后评价体系也将逐渐完善。

贝恩公司发布的《2022年中国奢侈品市场报告》显示,2022年中国个人奢侈品市场规模较2018年实现翻番,达到近4 250亿元,但保持了连续五年的高速增长暂告一段落。不过,一些可喜的现象开始显现:中等收入人群逐步壮大,国家共同富裕的战略目标将对这部分消费者产生积极的影响;可支配收入的平均增长率高于通胀率;城镇化水平进一步提高;政府政策拉动国内生产总值的增长;消费回流趋势或将进一步延续。这些因素都将支持中国的奢侈品消费市场。

然而,中国的高端品牌却较为稀缺,尤其在最高端的12个奢侈品领域,中国品牌身影寥寥。2022年,德勤(Deloitte)公布了该年度全球100大奢侈品公司排行榜,入选的均是珠宝企业,其中中国内地5家(中国黄金、老凤祥、周大生、潮宏基、明牌珠宝),中国香港4家(周大福、周生生、六福、谢瑞麟)。

一方面是中国日益增长的对高端品牌的消费欲望,另一方面是国内高端品牌严重匮乏的现实。这种"人民日益增长的美好生活需要和不平衡不充分的发展之间的矛盾"切切实实地落在了高端品牌缺失这一关键环节上。

虽然我国有着悠久的历史与丰富的资源,在曾经的封建王朝统治下也有着深厚的奢侈品文化,每年有大批奢侈品(如瓷器、红木家具、珠宝等)生产并出口到国外,但真正能被称之为奢侈品品牌的并不多。中国不能仅满足于成为一个奢侈品消费大国，也需要培育和传播自己的奢侈品品牌，成为奢侈品品牌强国。奢侈、奢侈品和奢侈品品牌是不同的概念。中国虽然有奢侈品，但是距离奢侈品品牌的打造还有很长的路要走。

中国企业现代化过程，必然是走向世界的全球化过程。从过去的绝对"内循环"，到后期的"外循环为主，内循环为辅"，再到今后20年必然要走向"内、外均衡的循环"主流趋势。中国特色社会主义进入了新时代，中国社会主要矛盾已经转化为人民日益增长的美好生活需要和不平衡不充分的发展之间的矛盾。中国人均GDP从12 000美元向20 000~30 000美元发展过程中，如果缺少内循环驱动力，则不可持续。这也是"高质量发展"理念蕴含的强劲动机——中国消费者要通过购房以外的金融资产配置方式来引发消费。

3. 高质量发展、传播中华文明、提升国际形象的战略需要

大国崛起，需要大国品牌。中国的强大，离不开品牌的强大。中国在崛起的道路上，以华为为代表的中国品牌，向世界讲述着一个个激动人心的中国故事。遗憾的是，这样具有国际影响力的品牌太少。

培育和传播中国奢侈品品牌，是提升中国品牌形象的战略之一。中国奢侈品品牌的塑造过程中，在借助已有的独特资源优势基础上，一方面，提升科技含量，通过"技术豪华"的概念，提升"中国创造"的品牌形象；另一方面，通过"文化+"的概念深耕中国元素，借助中国文化软实力，提升品牌的附加值。这对于提升中国品牌定位，扭转中国制造低质廉价的负面认知具有现实意义。

真正意义上的奢侈品品牌具有国际影响力，需要从全球市场占有率、消费者反馈、自身品牌形象等多个方面去衡量。[47] 茅台虽然在国内受追捧，在纽约、洛杉矶机场打出了巨幅广告，但茅台在全球市场占有率仍偏低，消费群体仍集中于中国消费者和华裔消费者[48]。茅台要想成为奢侈品品牌，必须深度打造自身品牌价值，以此进一步拓展海外市场。纵观中国消费品市场，很多品牌缺乏全盘、系统的品牌规划，只希望通过"快出快进"实现短期效益，缺少奢侈品公司运营理念与意识。很多已经初具品牌的企业又缺乏文化沉淀，广告宣传仅是为了品牌知名度，无法将产品和品牌背后的文化沉淀与故事表现出来。要将高端品牌打造成为真正的奢侈品品牌，必须在中国产品设计中充分挖掘而不是抛弃独特的文化内涵。

中华民族伟大复兴的使命是要通过传播有普世价值的产品，用带有中华文明、却有世界通用语言的"品"来表达。我们要学习西方工业化进程比我们走得早、做得好的"牌"之传播手段，巧妙植入中国元素，不能生搬硬套。

8.3　打造中国奢侈品品牌潜在发展路径

过往十年,中国奢侈品消费急速升温,国际奢侈品品牌牢牢占据着中国市场。反观中国品牌,在经营理念、市场意识和监督机制"三道弯"上仍暴露了明显的短板:其一,马马虎虎、急功近利的品牌打造;其二,偏安一隅的市场规模和薄弱的商业生态嵌入能力;其三,监督和相关机制的缺乏。不过,经过与传统国际奢侈品品牌、商业地产以及大众认知的多轮博弈,中国品牌的力量正在苏醒、崛起。中国高质量发展理念指引下蓬勃发展的商业浪潮正在复兴和推广中华文明,以期在国际舞台上占据更多的话语权。中国品牌需要在这"三道弯"上重新审视自身,挖掘成功潜力,并明确品牌潜在的发展路径。

8.3.1　中国品牌:民族精粹 vs 普世价值

如前文所述,打造奢侈品品牌最重要的两个前提是厘清品牌的内涵与外延(如图 8-32 所示)。其一是以有形及无形的产品、商品和服务为主要载体,打造品质、质量,传承中

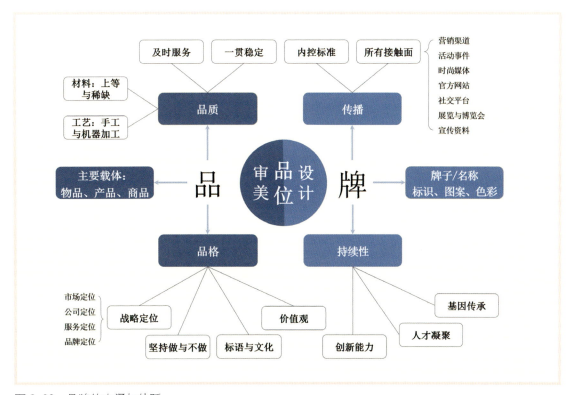

图 8-32　品牌的内涵与外延

华文化的民族精粹，寻找独特定位，避免品牌成为无源之水、无本之木。其二是需要对"牌子"有全面、系统、立体的全局性掌握，以普世价值的叙事体系对外传播，提升品牌资产，以不断创新的可持续发展保持品牌长久生命活力。

《"十四五"商务发展规划》提出：改善供给质量，大力推进商产融合，适应个性化、差异化、品质化消费需求，以高质量供给引领和创造新需求。《"十四五"规划和2035年远景目标纲要》中提出：顺应居民消费升级趋势，把扩大消费同改善人民生活品质结合起来，促进消费向绿色、健康、安全发展，稳步提高居民消费水平……开展中国品牌创建行动，保护发展中华老字号，提升自主品牌影响力和竞争力，率先在化妆品、服装、家纺、电子产品等消费品领域培育一批高端品牌。我国品牌消费已经迈入新发展阶段，消费者对品牌的认知逐步朝着全方位、深层次的方向发展。三十多年来，我国消费者经历了一场从"炫耀型消费"到"悦己型消费"的转变。中国消费者对本土文化的认同也在提升。

1. 中国奢侈品品牌发展的充要条件

从需求端角度而言，中国人均收入水平及增长情况与日本20世纪80年代类似，当时的日本大范围出现富裕阶层和中产阶层，具备充足的高端消费能力。很多消费者追逐欧美生活方式，并对奢侈品产生了巨量的消费需求。2005年，日本消费者贡献了当年全球奢侈品市场41%的销售额。随着人均国民总收入越过1万美元，大量中产阶级崛起，中国开启消费升级时代。与当年的日本一样，中国的消费者在衣食住行等基本需求被完全满足后，开始了对高端生活方式的追求，其中最重要的现象之一，便是对奢侈品的需求出现快速增长。

按照购买力平价（PPP）计算，中国或将成为全球最大的消费经济体。未来十年，中国对于消费增长的贡献或将继续居于全球领先地位，全球约有四分之一的消费增长或将来自中国。消费增长之外，中国的消费市场在人口结构、社会变化以及科技进步的驱动下，正逐渐呈现出复杂化、多元化的趋势。[49] 未来，中国中上收入家庭的预期增加使得高端消费仍有较大增长空间。在经济社会的长期发展中，中国涌现了三代奢侈品主力消费群体：① 20世纪八九十年代先富起来的经商者；② 2010年左右的白领高管和专业人士；③ "千禧一代"和"Z世代"。高速发展的中国奢侈品市场已迎来了转型期。"90后"消费者购买力日益提升；与此同时，传统的成熟消费者却仍占据半数的中国奢侈品消费规模。[50] 中国新一代中产阶级的日益崛起成为奢侈品消费的最大驱动力。过去几十年的沧桑巨变，使新代际的消费族群进化出与上一辈截然不同的消费方式。

在中国，"雄心阶层"（aspirational class）正在崛起。这类群体诞生于后物质主义时代，他们告别了炫耀型消费，更愿意选择定制化、经典化的消费记忆，所做的购物决策是基于价值观认同、文化社群的感召力以及产品背后的精神体验。

在过去几年间,中国市场在消费、科技、文化等方面深刻地呈现了多元化趋势。在消费领域,以兴趣为导向的内容电商实现了国内电商行业的又一次更新升级;2020年更是作为中国品牌元年,为消费者带来了众多立意独特且言之有物的新锐品牌。在科技领域,从智能家居到智能汽车,年轻人对于科技的热衷和追求不断地缩小着想象和现实之间的距离。在文化领域,年轻人的创造力让"自我表达"和"沉浸式体验"不再只存在于心智想象中,而是进一步映射到商业世界,衍生出多个具有独特魅力与属性的新业态。

从供给端角度而言,中国奢侈品品牌的崛起离不开中国供应链体系的发展升级所提供的支撑。供应链体系的不断优化,降低了中国奢侈品品牌在创立和发展的各个不同阶段所面临的供应链门槛,这将支撑中国奢侈品品牌不断诞生的市场趋势。

在生产方面,中国的工业基础支撑了上游原料供应,此外,数量众多且具备柔性生产能力的工厂也使得品牌可专注于研发和市场营销等运营事务、助力品牌提高对市场的反应效率。中国作为新崛起的世界工厂,其实各方面的产业链(包括服装制造加工)支持已经具有了世界一流的生产水准,但受制于一些历史原因,产业链仍以低附加值的生产方式为主,始终没有特别成功的、具有中国血统的高端品牌出现。但新冠疫情期间,中国崛起的产业链和蓬勃的内循环加速了本土品牌的成功。即便真正产生国际影响力的中国时尚品牌仍然有限,但中国设计已经从"模仿阶段"升级到"原创阶段",而背后的力量有原创品牌的成功,有产业链的支持,也有消费者对本土设计的认同感。

中国秉承传统文化与工匠精神的一批自主品牌正进一步发展,成为新时代文化担当。部分本土高端产品品牌逐渐向奢侈品品牌过渡,例如中国香水品牌观夏、闻献,凭借差异化的东方美学定位,通过灵活多变的媒体营销表达,打造线上线下融合的体验经营模式,塑造品牌丰富的精神内涵,发挥全域营销传播价值,以全新品牌形象增强消费者对自主品牌的全方位认知,建立直接的情感连接。

2. 价值理念与民族精粹

品牌文化(brand culture)通过赋予品牌深刻而丰富的文化内涵,建立鲜明的品牌定位,并充分利用各种强有效的内外部传播途径形成消费者对品牌在精神上的高度认同,创造品牌信仰,最终形成强烈的品牌忠诚。拥有品牌忠诚就可以赢得顾客忠诚,赢得稳定的市场,大大增强企业的竞争能力,为品牌战略的成功实施提供强有力的保障。

一个成功的奢侈品品牌并非简单地凸显顶级的产品质量,还映射与品牌联想相吻合、积极向上的审美文化。随着消费的升级,当今消费者越来越看重精致的品质生活,寻求与自己契合的品位与格调的品牌产品。消费的本质内涵是审美文化,而这种文化的形成是消费者对满足某种需求的认同,人们在消费品牌的同时,也在消费文化。

因此,奢侈品从来不只是一个经济或时尚领域的概念,它所蕴含的生活理念、历史传承共同组成了奢侈品品牌的文化内涵。奢侈品以深远的历史文化为着力点，凭借悠久的历史和独特的文化赋予这些品牌无法取代的内涵。此时，品牌是文化的载体，文化是凝结在奢侈品品牌上的精华，也渗透于奢侈品品牌经营的整个过程，能体现品牌个性、团队风格以及企业精神。由于全球化以及互联网的广泛影响，不仅世界开始对中国文化产生浓厚兴趣，中国人也在寻求自身的文化身份认同。

在追求文化认同的过程中，中国企业通常陷入文化认知极端的陷阱——"全盘西化"或"闭门造车"。中国奢侈品品牌理应持有的是结合中华民族美学观与感性价值、理性价值的普适观，超越民族、种族、国界和信仰，衡量真伪、善恶、美丑。

（1）中华民族美学观与感性价值

大多数中国企业尚未建立起以现代品牌美学对传统文化进行创新化表达的一套可延续的机制。不同的奢侈品品牌故事有着共同的深层叙事逻辑和结构功能要素，包括历史与起源、传奇人物、时间、手工制作、产地、艺术、科技等，这些元素构成奢侈品品牌叙事的简明结构和功能，它们相互交叉，通过功能的交互性和闭环性特征，共同表征奢侈品品牌的身份意义。[51]大部分中国本土企业都无法对中国文化精髓进行逻辑体系足够清晰的理解、提炼和呈现，导致"一谈中国风，就是眉毛胡子一把抓"。

美学作为一种研究感性和情感的哲学，人们通过美学设计，在对物体的审视过程中实现对自我的细腻关照，完成对生命意义的诠释。将设计作为实现美学修养的一种直接手段，渗入品牌的各个领域。美学简单来讲就是感受力的哲学，是消费者以精神旨趣为参照的自我体验和自我实现。而设计就是通过对消费者精神追求的洞察和研判，通过确切的美的元素组合，作用于人的精神世界，通过其形象、情景、寓意产生情感映射，完成潜移默化的情感认同。

品牌美学设计包含众多因素，是消费者对产品、服务或视觉所产生的独特情感利益，这种独特的情感利益左右消费者的决策。美学设计是我们要为品牌注入这种能够产生独特情感利益的基因，从而达到消费者对品牌产生品牌忠诚度的目的。品牌美学虽然关乎设计，但也并非仅靠品牌视觉识别系统（visual identity, VI）所能框定。它需要达到某种持续性、长期性、稳定性；它需要在社会、文化、艺术中找到根基与共振，反映出一个人群、一个时代对美的某种期待与向往。品牌美学往往通过设计师的才华和灵感来诠释，展现长远的时尚和社会趋势，可以持续地反映品牌价值。

奢侈品品牌美学的核心价值体系创新，一方面，以产品为核心，从品牌标识、产品设计、工艺、包装等有形形态奠定品牌美学的基石。另一方面，奢侈品品牌美学从产品的有形形态上升到品牌，建立文化高度和无形价值，包括：①品牌自身的价值；②科技在里面起到的重要作用；③创意是很多奢侈品品牌和时尚品牌都不可或缺的一部分；④传承；⑤服务体系的建立。最后，在消费者享受产品和品牌的过程中，品牌美学映射了消费者对未来、对生活方式、对更多情感方面所带来的独特体验。

此外，中西方的审美差异导致了西方解构性的叙事与中国修辞性的意境之间产生的冲突。西方叙事型的思维强调逻辑的推演，借此获得西方文明的认同感。叙事型思维的表达以解构和否定作为常态，导致了现在西方奢侈品世界里，充斥着对西方传统文明的解构。而中国人对美的思维是修辞型的，更关注由真相引发的通感。因而，中国的创意表达极致感性。

无论是爱马仕还是路易威登，其核心贩卖的并不是工艺，而是他们对于世界美学的认知和理解，对于人类生活和现代化的理解，这种理解里夹杂了西方的传统文化，但是很多品牌对中国文化的挖掘非常浅层次，比如把龙凤等符号化的元素点缀其中，却没有真正触碰华夏社会核心的美学精神。

作为最大的奢侈品消费市场，中国却没有诞生有影响力的奢侈品品牌。奢侈品品牌越来越需要中国文化，但已有的中式奢侈品品牌在市场中似乎并没有很受欢迎，比如由邓永锵1994年创立于中国香港的上海滩以及设计师蒋琼耳与爱马仕于2010年共同创立的上下。

上海滩曾被公认为中国首个当代奢侈品品牌。然而，发展至今的上海滩几乎销声匿迹，背后的原因除了2017年以来管理层变动频繁以及被抛售的负面影响，也源于上海滩既缺少经典、标志性的产品，品牌定位又不明确。作为中式奢侈品品牌，上海滩没能很好地融合现代奢侈品理念与品牌的中国文化根基之间的关系，一方面无法用中国风格拓展欧美市场，另一方面被大多数偏爱西方奢侈品品牌的中国消费者所忽视。

（2）管理理性：快与慢的资本运作与时间沉淀

中国上下五千年的文化源远流长，但很多中国品牌在价值理念上对儒家的"中庸之道"总存在或多或少的认知缺失——"不做出头鸟""无为才可以治"等马虎品牌风格打造。然而，"中庸"真正的核心内涵是快与慢的结合，理性与感性的平衡。

过去手工匠人时代，奢侈品是凭借高超精妙的制作工艺服务极少数贵族的产品。而如今的奢侈品品牌已发展成为现代化的精品工业的结晶。奢侈品行业过去仅靠精湛技艺、匠人匠心的独立坚守已经无法支撑品牌的可持续发展。如今，奢侈品行业正逐渐走出象牙塔，摆脱传统中封闭的运作模式的束缚，不断创新，合理地借助资本的力量，并从其他行业的成功运作经验中吸取养分，在坚守奢侈品行业内部规律的同时，获得了更大的市场和更广泛的消费群体。

奢侈品行业吸引了很多家族财团投资——它往往非常有弹性，且是一项长期投资，它完全是关于成长性的投资，而非金融杠杆。卡塔尔王室控股的 Mayhoola for Investments，先后在2012年和2016年收购华伦天奴和巴尔曼两个著名奢侈品品牌，并制订了一个长期管理计划以重塑品牌活力。意大利阿涅利家族的 Exor 集团控股法拉利超过50年，并在2020年、2021年先后投资了上下和路铂廷（Christian Louboutin），寻求与奢侈品品牌的长期共同成长。

中国奢侈品行业要成长,同样需要通过资本和市场的优势,学习奢侈品品牌建设和经营,盘活企业组织架构。通常的做法是先收购一些中小型海外(欧洲为主)品牌,慢慢沉淀行业技能,同时积累本土的奢侈品行业人才,慢慢形成重要的品牌、公司乃至产业。中国尚缺少资本市场的支持,缺少金融力量的支持,在这个意义上,各种私募基金、公募基金、资本市场科创板需要加入进来扶持中国品牌,形成重要的奢侈品产业。

然而,资本市场的投入不是万能的。最经典的反例是曾自诩为"中国版路威酩轩集团"的山东如意科技集团。一个以毛纺织厂起家的公司自2010年野心勃勃地踏上收购时尚品牌之路后,巅峰时期资产遍布全球,建立了一个看似庞大的时尚帝国,旗下曾拥有四家上市公司,分别是A股如意集团、港股上市企业利邦控股(Trinity Limited)、在巴黎泛欧证交所上市的法国时尚集团SMCP和日本瑞纳集团(Renown Group),收购控股的奢侈品公司和业务还包括英国时尚品牌雅格狮丹(Aquascutum)和持有Lycra品牌的英国Invista公司服饰和面料业务。

山东如意集团收购模式可以概括为:以低价购入海外品牌,随后通过资本运作将其重新打包上市,在资本市场获得足够收入后,用于下一轮品牌收购中。通过这种方式,山东如意集团在短期内快速募得大量资金,进而完成多个品牌收购。然而,毫无奢侈品公司管理与运营经验的公司最终惨败于冷血的资本市场——2019年开始,山东如意集团的债务危机开始显现,已收购品牌债务无法清偿:2019年7月,山东如意集团准备以发行股份方式将其旗下利邦控股的切瑞蒂1881(Cerruti 1881)、君皇仕(Gieves & Hawkes)、肯迪文(Kent & Curwen)、都本(D'Urban)、雅格狮丹等欧洲高端品牌纳入上市公司体系,但计划最终搁浅[52];2020年3月,曾高调宣布收购瑞士奢侈品公司巴利(Bally)的进程因资金问题彻底终止[53];2020年5月,因138.79亿日元①的债务无法清偿,瑞纳集团申请破产保护[54];2021年9月,一笔2.5亿欧元②的债务违约问题致使SMCP集团控股权被抵押,次年1月SMCP集团股东大会决议将山东如意集团相关人员逐出董事会[55];因一笔1.5亿美元③贷款未能偿还,利邦控股在2022年1月停牌[56]。一时间,海外投资折损殆尽,山东如意集团分崩离析——这是中国企业管理高端品牌、奢侈品品牌不当的代表性真实案例之一。

奢侈品需要文化与时间的沉淀,品牌运营需要精细打磨和调整,奢侈品品牌的打造没有捷径可言。人才和历史文化这两个关键要素,都需要较长时间的积累沉淀。客观来说,品牌发展有自己的规律,中国奢侈品品牌作为追赶者要被市场接受,通常存在一定的时间延滞。即使中国奢侈品品牌在产品品质、服务等方面已经达到了国际成熟奢侈品公司的水平,其要获得消费者认可,也需要经历比较长的过程,这是中国企业管理高端品牌甚至奢

---

① 折合人民币约7.11亿元。
② 折合人民币约17.66亿元。
③ 折合人民币约10.08亿元。

侈品品牌需要认知到的。

欧洲传统手工艺已经经历了工业革命以来数百年的跌宕衍变，高文化素质教育水平和高发达的资本主义经济，孕育出大批奢侈品品牌，它们多以奢华手工和品牌文化为特色享誉全球。反观中国，长达数千年的自然经济一直延续至近代，工业起步晚，发展和普及滞后；在节俭和集体主义的传统下，手工艺人拘囿于个人艺术世界和家族传承，往往也没有高等教育背景和高文化素质水平，在工业浪潮的冲击下应对乏力，迅速濒危；失业的手工艺人一度成为政府救助对象，很多只能走向低门槛的地摊经济。我国手工艺品尽管同样历史悠久，工艺独特，然而仓促走向市场的产品在产品质量、艺术文化和品牌服务上都与国际奢侈品品牌相去甚远，如今境遇也是天壤之别。

8.3.2　生态构建：设计、生产、传播与零售

中国企业大多停留在上游原材料加工阶段，中游的奢侈品制造与品牌打造、下游的奢侈品销售渠道布局仍被国际奢侈品公司牢牢把持。中国拥有丰富多样且技艺高超的手工业者，但相对零散，缺乏像欧洲国家那样能够将工厂、供应商与分销商连接在一起的生态化思维。因此，中国没有像意大利或法国一样构建起成熟的奢侈品生态系统。一个完整的奢侈品生态构建——从设计、生产到传播与零售，才是发展成熟奢侈品行业的基石。从零开始构架基础设施，是一项长期投资，并且需要考虑公司内部培育的投资成本与时间成本[57]、并购的高风险[58]和自上而下的支持以及人才储备。

事实上，如今中国的奢侈品行业发展与17世纪末法国奢侈品行业之启航阶段十分相似。当时的法国进口大量奢侈品，尤其是名贵布料，几乎无力设计、生产高端服饰的法国制造业企业仅仅满足于中低端生产。[59] 直至路易十四上台后，在极富远见的政治大臣让-巴普蒂斯特·柯尔贝尔（Jean-Baptiste Colbert）的建言献策之下，法国从传统禁奢令中解脱出来[60]，转而向培育自主奢侈品品牌的方向努力，使法国人民能在奢侈品这种带有极高附加值的设计、生产、运作过程中磨炼各类技能，并大幅降低失业率[61]。

无疑，中国奢侈品品牌可以借鉴当初法国成功的发展经验，从行业、企业、消费者与政府四个层面全盘地考量打造中国奢侈品品牌潜在发展路径。

首先，从行业及其生态系统层面考量，中国为了高质量发展并提升在全球奢侈品行业的话语权，必须在与奢侈品行业生态息息相关的各大领域做出变革：包括科技、艺术、文学、工业、交通（关乎奢侈品物流效率）、产品质量管控、工匠培训、机械化生产、海外贸易公司（可降低进口成本）等。研究学者与科学家也必须参与其中，他们需要用科研成果和科技发明成果转换来支持奢侈品行业的发展战略。在慢而有节奏地积淀奢侈品文化的同时，国家需要想方设法获取他国奢侈品设计、生产的保密技艺，如收购

上游企业、投资设计公司、成立艺术与商业人才储蓄池或孵化器等，通过行业协会等力量激活本土设计师、工匠、品牌管理者的活力，在本土复制成功的奢侈品品牌，并努力提高品质、融入新特色，从模仿走向超越，方可建立成熟的中国奢侈品行业生态。

其次，从企业及其生态系统层面考量，无论在哪个行业，产品、服务和业务职能部门的创造力和创新无疑都是竞争优势的主要来源。奢侈品行业更是如此。所有产品和服务的共同之处是，设计和创意必须系统地遵循一个特定的商业理念。任何一个产品从诞生到推向市场，包含了产品的立项、设计、开发、预热、全面传播、稳定销售等过程。产品策划部门不能垄断美学设计的工作，需要留有20%的系列由设计师自由定义，不施加任何约束。物流部门负责生产和运输货物。选择供应商也需要由设计部门和产品策划部门共同做出决定，并且每一个环节的业务活动都需要员工拥有突出的美学识别能力。设计是灵魂，工艺是手段，中国奢侈品品牌最终需要解决的问题是设计的体系构建、营销的品质控制、终端管理与服务流程的规范标准。

在品牌传播、渠道布局和零售方面，如今的奢侈品行业早已从萌芽期的工匠作坊集中模式、快速发展期的"品牌—经销商—零售商—终端消费者"链状合作和信息沟通模式，到如今相对成熟的多利益相关者、多方互相联通、信息及时反馈的生态系统（如图8-33所示）。

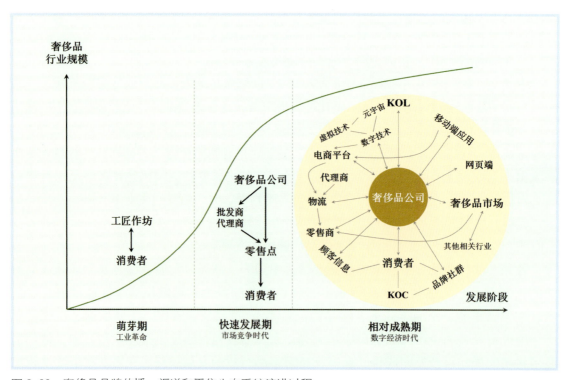

图8-33 奢侈品品牌传播、渠道和零售生态系统演进过程

除了传统品牌、经销商、零售商以外，更多利益相关者（如电商、KOL、KOC口碑营销等）开始涌现，无论是信息流通还是合作模式都发生了翻天覆地的变化[62]：奢侈品品牌间合作（如迪奥与日默瓦合作、古驰与巴黎世家合作等）、与科技公司产品合作（如爱马仕与苹果手表合作等）、与时尚品牌合作（如路易威登与苏博瑞合作、普拉达与阿迪达斯合作等）、与电商合作（如巴黎世家与发发奇合作、卡地亚与天猫奢品合作等）、与互联网公司营销合作（如博柏利与谷歌合作等），都在品牌建设、大数据运用和全渠道融合中开启了全新的商业生态零售合作（如图8-34所示）。

同样重要的是，随着数字化浪潮席卷而来，市场变化日新月异，多元消费群体更迭涌现。消费者之间、消费者与服务之间、消费者与品牌内容之间都需要实现高效连接，才能培育出与奢侈品生态构建中数字化发展高度适配的生态土壤。与此同时，随着媒体传播能力、渗透率持续升级，优质流量环境与安全保障、开放平台能力与自由度、多元公域及私域触点连接与年轻化数字内容产出及传播，都在不断为奢侈品行业生态构建蓄力。

中国在数字经济时代已经走在了世界前列，这对于中国打造奢侈品行业生态而言是一大核心优势。中国电商产业发展已经较为完善，可以支撑奢侈品公司发展线上业务。良好的电商文化及完善的周边配送系统使奢侈品在线零售的优势进一步扩大。虽然线下门店依旧是消费者最主要的购买渠道，但在新冠疫情冲击下，线上销售变得尤为关键。越来越多的奢侈品公司与电商平台合作，如：普拉达集团于疫情期间在天猫开设了普拉达母和缪缪两家官方旗舰店；古驰设计了新应用程序来为客户提供线上服务；博柏利与谷歌公司合作推出增强现实功能，从而吸引消费者在前者虚拟商店中体验和购买商品。比起线下高昂的运营成本，电商平台一定会是未来中国奢侈品品牌重点的发力方向，需要与商业生态系统中各类合作伙伴共同解锁"世代交替"增长密码，探寻奢侈品行业未来新可能。

再次，从消费者层面考量，奢侈品消费者自然而然地希望接触到大量与品牌美学特征有关的创意和新事物。他们希望品牌易于识别，产品中蕴含一些内在的梦想。中国市场已

（a） （b） （c） （d） （e）

图8-34　奢侈品公司合作产品

（a）迪奥 × 日默瓦独家系列行李箱；（b）古驰 × 巴黎世家 The Hacker Project 系列手袋；（c）苹果 Apple Watch Hermès 系列腕表；（d）路易威登 × 苏博瑞系列手袋；（e）普拉达 × 阿迪达斯限量运动鞋系列

资料来源：Dior; Gucci; Apple Store; Louis Vuitton; Prada Group。

经容纳了非常广泛的奢侈品消费群体，稳定提升的经济发展和强大的消费能力使中国企业比国际奢侈品公司更具针对性、灵活性和相关性。中国奢侈品品牌可以更好地利用基于互联网的商业生态系统提供难以复制的系统高效服务。

最后，从政府监督保障层面考量，这是下一小节重点阐述的内容。

8.3.3 监督保障：市场监管 vs 自由竞争

中国的奢侈品品牌为不懈追求美好生活的全体人民服务，而这种服务的保障便是完善、成熟的监督机制。国家发改委、市场监督总局、税务和立法机关、以中国价格协会为代表的机构部门需要协同推进企业技术创新、管理创新与制度创新。

1. 市场监督的重要意义

技术是品质领先的保证，领先的品牌企业都是坚持通过加大技术投入、培育技术能力、积极推进技术创新来追求技术领先战略的。但仅仅技术创新是不够的，要突破中国制造的瓶颈——"工业四基"问题[①]，必须使技术创新与管理创新、制度创新协同推进，通过管理创新形成全流程、全企业、全社会的卓越质量管理体系，通过制度创新不断建立和完善有效的激励约束机制，以奠定全社会共同努力、各方面激励相容的持续改善中国制造品质的制度基础。

对于国家发改委而言，加大对传统产业改造提升的投资力度是重中之重——结合产业高端化、智能化、绿色化升级要求，谋划启动重大项目建设，引导企业围绕增品种、提品质、创品牌扩大有效投资，不断提升产品、服务的质量水平和层次，着力打造知名品牌，推动自主品牌向价值链中高端跃升。对于市场监管部门而言，需要从源头上管好产品和服务质量，有效规范市场秩序；通过个税改革，增强个税调节收入分配的能力，扩大内需，提升经济内生增长动力；同时，区分顶尖奢侈品（传统奢侈品）和趋优消费（最新出现的新奢侈品），建立合理的征收奢侈品税的政策。[63] 对于税务和立法机关与协会机构而言，应当出台相关法律、法规遏制过度消费，杜绝低效率消费、跟风式消费、攀比式消费，提倡新时代的奢侈品消费中积极的自我价值彰显与健康、环保、可持续的生活方式。

因此，打造世界流行的中国奢侈品品牌是中国品牌未来发展的美好愿景。品牌定位由实用场景向高端场景的扩张，供应链方向上的精细化管理，以及营销环节进一步的精耕细作，都将成为中国奢侈品品牌探索更大成功的重要力量。

同样重要的是，中国奢侈品需要国有企业大力支持来保障品牌建设的健康发展。国有企业不仅是本土品牌的重要主体，也是新时代扩大中国品牌影响力的重要力量。尤其是

---

① "工业四基"指关键基础原材料、核心基础零部件、先进基础工艺、产业技术基础。

部分作为中华老字号的国有企业,其本身就是一笔宝贵的无形资产,是企业品牌形象与品牌价值的重要组成部分,对企业知名品牌建设具有关键支撑作用。因此,国有企业应当责无旁贷地做好"中华老字号"品牌的传承,让传统中华文化的内涵与老字号品牌长期传承积淀的品牌资产得以保存与延续,并在传承的同时创新品牌理念,结合当前消费需求的现实改变,通过技术创新和管理创新,向老字号附着的产品或服务注入新内涵,赋予其新特点、新功能、新价值;将老字号品牌有效嫁接到具有新时代特色的新产品、新服务上,奠定奢侈品品牌建设的重要基石。

2. 全球竞争:从"塘潭沟溪"到"江河湖海"

政府和相关部门有效的市场监督和激励约束机制并不意味着至此远离国际市场竞争;相反,中国新生代群体的亚文化视野、中等收入家庭的高消费能力、广大消费者快速变化的情绪需求以及他们对于国产商品愈发肯定的态度使中国奢侈品品牌在制造业升级的浪潮中迎来了一个崭新的时代:从大众消费到圈层消费,从消费升级到企业升级,两组关系之间的时代交汇将为中国奢侈品品牌创造出更多掌控国际话语权的机遇,为中国奢侈品品牌的国际化和全球化进程平添砝码。

中国奢侈品品牌建设需要汇聚人类命运共同体下的世界各族优秀人才,更需要植入中华文明基因的普世文化价值观。来源国形象会影响消费者对奢侈品品牌的信念和评价。对于奢侈品品牌而言,这种原产地效应往往会加倍放大。大众对于奢侈品品牌诞生地的印象通常是带有强烈的感情色彩。除了概括的国家形象影响外,不同国家和地区盛产不同类别的奢侈品,或者某些国家或地区是奢侈品品牌稀缺原料供应地。虽然国际消费者对于"中国制造"具有一定的偏见,但中国奢侈品也有一些独特的优势,比如古老悠久的历史和神秘的东方气息,某些品类还具有稀缺的资源优势。同时,也应当避免过分地强调"民族品牌",因其部分带有弱者思维的痕迹,同时内在地具有"排外"的诉求,这与中国倡导国家、民族一律平等和建立人类命运共同体的理念并不相符。

中国奢侈品市场持续发展的同时,中国投资人也不断活跃于全球时尚及奢侈品业。随着这一市场地位愈加提高,中国资本对于国际品牌的价值也逐渐丰满。中国时尚及奢侈品行业伴随中外企业的跨境交易迅速成长,借此,中国投资者的形象也不断丰满起来——从当年的新贵逐渐成长为引导国际品牌开辟市场或进行转型的"智库"。

2021年6月,横跨制药、地产、文旅各大行业的中国巨头复星国际旗下时尚企业复星时尚从私募企业 Investindustrial 收购意大利鞋履品牌塞乔罗西,旗下奢侈品品牌组合以服饰为主,包括针织品牌 St. John、意大利订制男装 Caruso 以及法国高级时装世家浪凡(Lanvin)。同年10月,原复星集团下的复星时尚更名为复朗集团,囊括了浪凡、塞乔罗西和复星集团收购的其他时尚奢侈品品牌。截至2021年,复朗集团估值已超过10亿美元，同时也已获得日本伊藤忠商事和女鞋品牌 Stella Luna 母公司 Stella Holdings 等外部投资。

同样是 2021 年 6 月，红杉中国宣布投资了蒙特利尔时尚零售商 SSENSE，其估值已达 41 亿美元，这也是该企业在创立 18 年后首次接受外部融资。这笔交易发生在中国时尚圈核心人物——《服饰与美容》前编辑总监张宇加入红杉资本担任投资合伙人之后。这也成为她在社交网站宣布将在红杉专注时装、生活方式和娱乐领域后，第一笔令人瞩目的交易。红杉中国称将帮助该零售商拓展市场同时带动其数字转型。SSENSE 并非红杉中国首个时尚领域内的投资。2021 年年初，红杉中国还收购了法国设计师品牌 Ami 的多数股权。

想要创造世界级高端奢侈品品牌的中国企业，前期需要依赖资本的力量购买昂贵的品牌管理专业知识或购买品牌，并尊重他们的商业文化；在品牌管理的各方面聘请国际人才；在国际商学院的帮助下学习竞争对手。这有助于中国奢侈品品牌复制并将其应用于自身拓展全球市场的尝试。然而，资本和规模并不能够迅速成就一个奢侈品品牌，所有那些业内公认的奢侈品世家无不建立在文化认同之上。中国经历了高速的发展时期，但在奢侈品行业，速度本身不具备价值属性。奢侈品是对抗已逝时间的良药，因为本质上，奢侈品不会随着过去、现在以及将来的时间变化而改变。中国企业需要耐心从头打造一个有复杂历史的中国奢侈品品牌，从其管理层、设计、叙事着手，甚至不惜打破根植于其品牌资产的传统符号。

中国奢侈品品牌的成长是建立在品质、创新、企业家远见与定力等要素的基础上，而不仅仅依赖政府的扶持和保护，也不是单单依赖对"民族情感"的消费。中国奢侈品品牌建设需要世界大市场，需要艺术融入全球顶级制造中，更需要全球传播的坚持。

研究聚焦 周大福珠宝集团——
高端品牌「周大福传承」的人－货－场体系构建 [①]

黄金珠宝首饰伴随着人类社会的发展而诞生，在其存在的数千年的历史中，功能也不断发生变化。由宗教祭祀，到彰显身份地位，到象征爱情，再到单纯对于"美"的日常追求。纵观历史，对于珠宝首饰的需求兴于稀缺性，在其形成特性的价值符号后开始稳定存在。黄金珠宝行业经历了无序追逐的投资性需求的粗放增长，逐渐发展成需求场景多样化、品类多元化、品牌化与头部化的行业竞争格局[64]。

中国黄金珠宝市场，内地资本、港资和外资三分天下（如图8-35所示）。外国资本奢侈珠宝品牌普遍拥有悠久历史的品牌底蕴；香港资本品牌渠道及技术综合实力雄厚，在中高端市场占据不少席位；内地资本企业品牌发展路径差异大，从中高端到大众市场均匀覆盖。在内地市场占有率上，老凤祥、周大福和周大生终端市占率排前三，分别为7.15%、6.28%、5.74%。[65]

周大福品牌早期凭借其处处彰显自身的香港身份迅速在中国内地崛起。而"香港制造"这一形象，则在深层次上与周大福的品牌内涵相契合——即东方"福文化"与现代时尚因素的和谐互动。拥有94年历史沉淀的周大福珠宝集团是头部企业领导者之一，已经成功构建了黄金珠宝行业全产业链纵向一体化发展的生态系统。

"真诚·永恒"的企业价值观引领公司从"周大福"单一品牌运营走出的珠宝细分市场

---

① 笔者率领奢侈品行业研究团队自2019年以来服务于周大福珠宝集团，致力于「周大福传承」产品品牌的可持续发展策略研究。

图 8-35　中国黄金珠宝市场格局

成功道路到如今"中国最具价值的珠宝品牌"。周大福珠宝集团以周大福旗舰品牌为核心，在不同顾客群的市场实行差异化品牌策略（如图 8-36 所示），如：2014 年收购美国珠宝品牌 Hearts On Fire；2016 年推出独立品牌 T Mark、Monologue；2017 年推出独立品牌 SoinLove 和全新门店"周大福荟馆"；2018 年推出体验店"周大福艺堂"；2020 年收购巴西彩宝品牌 Enzo；相继推出针对性的零售体验，提供多元化的产品、服务和销售渠道；与此同时，开拓产品线品牌「周大福传承」，承载着不同顾客群的生活态度和个性，满足其不同人生阶段的需要，伴随着"中国成长"发展动力在黄金珠宝各个细分领域一路开疆拓土。

　　周大福珠宝集团通过内生生长结合外延并购的形式构建黄金珠宝首饰生态系统，其并购策略并非单纯扩大收入规模，而是希望寻找对公司有价值的项目，同时注重利润率。集团的并购策略关注整个黄金珠宝行业的上、中、下游项目，一直致力于优化产品组合、推广高价值产品以迎合消费者的消费模式，并鼓励客户再消费。除了对重要市场的考量，其并购策略也是应对黄金产品下滑、分散风险的策略之一。周大福珠宝集团产业链收购了珠宝制造、批发、供应链金融企业，提升公司各业务环节的实力，还通过建设产业园、设立产业基金、战略合作等形式在全国多省投资建设珠宝首饰相关研发、制造项目，为公司在全国范围内进行快速渠道扩张提供坚实基础。

2014年6月18日，周大福珠宝集团与Glenn Rothman、Hearts On Fire Holdings Trust、HOF Executive LLC、HOF Employee LLC及Fine Diamonds S.A.订立有条件协议，以1.5亿美元现金收购奢华品牌钻饰公司Hearts On Fire Company LLC。Hearts On Fire较高端的品牌定位能与周大福珠宝集团原有的产品组合起到互补作用。收购完成后，周大福珠宝集团继续整合垂直业务，吸收了Hearts On Fire钻石切割与打磨技术、世界级一流工艺科技及内部设计能力。

2020年1月17日，周大福珠宝集团宣布完全收购劳伦斯集团（Lorenzo Group）旗下天然彩宝品牌Enzo，以寻求维护和增加中国内地市场的影响力。Enzo向来以超卓的工艺和创意见称，被周大福珠宝集团收购后也依旧延续其天然彩宝大师的独特市场定位，丰富周大福珠宝集团的差异化策略，进一步拓展彩宝首饰的领域。另一方面，Enzo借助周大福珠宝集团的零售渠道及行业经验，为顾客创造更大的价值。

中国钻石、宝石首饰的消费呈现爆发式的增长，而黄金价格波动加速了周大福珠宝集团的转型——强化"非黄金类产品"。Hearts On Fire、Enzo与周大福珠宝集团原有的黄金业务经营重叠部分较少，因此收购完成后得以以较低的额外成本实现业务整合，并为集团业绩带来正面贡献。同时，被收购的品牌则在扩大后的周大福珠宝集团旗下独立经营。周大福珠宝集团借助Hearts On Fire、Enzo原有的品牌优势、独特市场定位进一步提升

图8-36　周大福珠宝集团品牌架构

自己的高端品牌形象。

「周大福传承」产品品牌的推出也是周大福珠宝集团整体差异化品牌战略的一部分。周大福珠宝集团在不断收购的同时，也在公司内部孵化创新黄金产品系列，「周大福传承」从周大福珠宝集团旗下周大福旗舰品牌新推出的产品系列起步，自2017年官宣起的短短三个财年内，「周大福传承」有效地抓住了发展的机遇窗口，销售额扶摇直上。

2017年9月9日，「周大福传承」首次在哈尔滨红博会展购物中心发布系列新品，正式开启了「周大福传承」的篇章。2018年苏州博物馆「周大福传承」产品品牌发布，国玉·传承系列面世；2019年，故宫·传承、如来敦煌·传承、韩美林艺术·传承相继诞生，在短短三个财年内以迅雷之势分别达成了50亿元、97亿元到超过180亿元的年营收——单品占传统工艺黄金细分市场25%以上的份额——创造了黄金饰品业界的现象级增长。「周大福传承」瞄准黄金行业的高端市场，面向中国一线至五线城市的所有高端黄金消费者，通过为顾客提供优质的产品和服务，让消费者感受到时尚、创新和尊贵。

回顾黄金珠宝零售行业的发展历程可见，该行业经历了由"货-场-人"到"场-货-人"再到"人-货-场"的三次阶段更迭。

首先出现的是"货-场-人"。行业发展初期处于物质较为缺乏的时代，产品盈利空间垄断，市场商品品类及规模有限，供给相对不足，无须担心滞销，因此"货"是核心，"场"居中。

其次出现的是"场-货-人"。随着1993年黄金市场化改革、2003年贵金属制品市场全面开放、2006年钻石税制改革推进，以及居民物质财富日益富足，市场容量逐步释放；周大福、蒂芙尼等国际及港资品牌进入，商品不再稀缺，"场"即优质的店铺位置及渠道拓展，成为行业竞争的核心。伴随着商业地产的不断发展，珠宝的"场"经历了由街铺、百货商店、购物中心到线上店铺的变迁，抢先占据核心商圈黄金位置才能在本轮竞争中占得先机。[66]

最新形成的是"人-货-场"。国内珠宝品牌在与国际及港资品牌竞争的十多年间，已逐步从初期的代工生产向渠道建设转变。由于珠宝首饰行业属于资本密集型，渠道拓展面临较高的铺货和开店成本，渠道建设具备较高进入门槛。

黄金珠宝行业正在经历由"场-货-人"到"人-货-场"重构的新机遇。随着线上电商红利及线下渠道的加密，消费者的购买界限逐步消失，几乎可实现随时随地完成购买行为，"场"的重要性随之下调；同时，国民经济发展与人民收入水平的提升带来了消费者消费偏好与需求的新变化，消费者在产品质量与价格的基础上，开始叠加情感需求与服务体验，从而产生了珠宝行业"人-货-场"的重构，"人"逐渐成为珠宝新零售时代的核心要素。

从生产者主权、销售者主权到消费者主权，随着"人－货－场"三要素的重构与优化，人从同质化消费向差异化、个性化消费转变，货从简单的商品概念向品牌价值、全方位体验转变，场从线上、线下零售终端向泛零售、多元化场景转变。在当下，"人－货－场"三要素均展现新特性，Z世代成为消费主力军，悦己和社交为核心消费诉求；技术引领商品创新，产品更重性价比与设计体验感；线上线下消费场景融合趋势加强，海外市场成为新增长力。

笔者在2020—2021年为期一年之久的「周大福传承」可持续发展策略项目研究（如图8-37所示）中发现，周大福珠宝集团正是抓住了这次转型机遇，重塑"人－货－场"体系，通过"人－货－场"的良好匹配，体现了周大福珠宝集团的国际化操作、专业化运营，这也是高端品牌公司打造的所有必要条件：

人——"国潮热"带来了新的情感诉求、价值归属和社群认同。一方面，注重文化内涵表达的文创国潮金饰逐渐成为消费者关注热点，传统黄金工艺所代表的匠人、匠心使消费者寻求到了与中国文化价值归属的契合点；另一方面，以黄金饰品等为代表的中国传统文化，重新进入流行的殿堂，焕发出四射的生命力，在现代工业化生产、普遍崇尚西方快餐文化而显得浮躁的中国社会环境下，极大缓解了当下社会的文化焦虑，更好地彰显了人本关怀与价值归属。

新世代年轻消费者不仅是购买黄金产品，更是购买体验，为了将自己与同龄人区分开来，有目的性和自己的主张，喜欢做尝鲜者，获得新的知识和体验。

货——品牌在壮大的过程中通常都伴随着品类的扩张。大多数品牌都是由单一品类、单一品牌起家，后来在发展的过程中，为了适应市场需求及扩大市占率，会逐步增加产品线，甚至有的品牌会根据品类和产品档次的不同设立不同的品牌线。从产品端看，周大福珠宝集团注重研发设计，不断进行工艺创新以提高产品力，推出传统黄金工艺爆款"传承"等系列产品，完善订制化系统，推出专属订制产品。另外，公司打造多产品多品牌矩阵，覆盖高端、中高端以及轻奢潮流市场，满足不同层级客群的需求。

高端品牌乃至奢侈品品牌通常会设立入门款产品来吸引新的客户，帮助顾客进入这个品牌世界。由于新顾客对于品牌没有全面的认识，入门产品必须有着鲜明的品牌特点，且相对容易获得。入门产品的设置目标不是其本身的销量，而是让顾客对品牌有初步了解，了解了整个系列后买更贵的产品。

一方面，「周大福传承」在普通黄金类产品中，通过进一步加工升级了传统黄金工艺，从而提升产品附加值；另一方面，周大福集团不断加大对钻石、彩宝等非黄金类产品的研发投入，同时借助跨界合作加大年轻化产品布局。在年轻化市场布局方面进行尝试，例如顺应"国潮"的趋势，尝试使用故宫、敦煌等相关元素进行自主设计，持续推出年轻化产品系列。

场——周大福抓住了渠道渗透下沉的趋势。即便是在2020年疫情考验之下依然保持

图 8-37 「周大福传承」可持续发展策略项目研究

资料来源：Luxury Brand Research Center, Shanghai Jiao Tong University。

较快的门店拓展速度。截至 2022 年年底，周大福在全球已开设超过 7 000 家门店。

门店是品牌文化的起点和载体。周大福的每个门店空间都是一个诠释周大福文化的过程，将工艺、极简、美学等元素融入门店。例如，「周大福传承」店内展示架取自传统

第八章　中国企业为何至今打造不了奢侈品品牌？

图 8-38 「周大福传承」门店装修与布局

中国建筑元素的斗拱，几何造型简约，线条灵动。展示柜采用了设计独特的原生态组合木柜，借取了低调的低饱和以及自然系色彩，背景采用「周大福传承」"双手承托"图案的金属网格（如图 8-38 所示）。

周大福珠宝集团在拓展销售网络的同时，沉淀提升品牌力，逐步获得一定品牌溢价。一方面，通过在下沉市场加密门店提升品牌在低线级城市的认知度，培育下沉市场用户心智，沉淀品牌力；另一方面，通过不断发展智慧零售，打通线上线下渠道，提升高线级市场顾客黏性，从而巩固周大福在一线或二线城市的品牌认可度。

周大福品牌历史积累形成的高附加值、多元化、年轻化和线上化转型也为「周大福传承」高端品牌的成功打下了基石。「周大福传承」飞跃式的增长实际上是在中国现代化进程中"国潮"兴起的文化自信在商业端的自然流露。产品创新、供应链升级、短视频等新兴社交渠道兴起、消费市场增长等因素，进一步助推了传统黄金工艺的产品、渠道和品牌升级。在产品与渠道的双轮驱动下，周大福得以从渠道优势延展至品牌优势，从而获得一定的品牌溢价。[67]

参考文献

[1] 遵义市地方志编纂委员会办公室, 郑珍, 莫友芝. 遵义府志 [M]. 成都：巴蜀书社, 2013.
[2] 周梦生. 茅台酒厂今昔见闻 [J]. 贵州文史丛刊, 1996, (6): 58-62.
[3] 邝雯, 缪宏. 国酒茅台获巴拿马金奖始末 [J]. 绿色中国, 2005, (12): 60-63.
[4] 武志军. 茅台酒：卓越品质香飘百年 [J]. 中国品牌, 2016, (1): 43.
[5] 杞人. 茅台说"绿" [J]. 科教文汇, 2005, (4):62.

[6] 张冰冰. 茅台，觥筹交错间改变历史 [J]. 人物画报, 2011, 11(229): 44–45.

[7] 袁媛, 宋俊成. 地名文化中的红色茅台 [J]. 中国地名, 2020, (11): 36–37.

[8] BRAND FINANCE. Global 500 2021: The annual report on the most valuable and strongest global brands[R]. 2021-01-26.

[9] 杨旭剑, 吕云怀. 浅谈茅台酒生产工艺的系统性 [J]. 酿酒科技, 2007, (6): 54–55+58.

[10] XU Y, JI K. Moutai (Maotai): Production and sensory properties[J]. Alcoholic Beverages. 2012: 315–330.

[11] 茅台将申请奢侈品资格 [N]. 京华时报, 2011-11-30.

[12] 茅台酒申请奢侈品底气不足，国际认可度不高 [EB/OL]. 中国新闻网, (2011-12-06) [2022-03-15]. https://www.chinanews.com.cn/cj/2011/12-06/3509982.shtml.

[13] "Moutai" to become luxury brand? [EB/OL]. China Daily, (2012-01-10) [2022-03-15]. https://www.chinadaily.com.cn/bizchina/2012-01/10/content_15948830.htm.

[14] What are the most valuable global brands in 2021? [EB/OL]. (2021-06-21) [2022-03-15]. https://www.kantar.com/inspiration/brands/what-are-the-most-valuable-global-brands-in-2021.

[15] 黄涛. 茅台酒价格之谜（上）[J]. 中国统计, 2019, 38–39.

[16] BEVERLAND M B. Crafting brand authenticity: The case of luxury wines[J]. Journal of Management Studies. 2005, 42: 1003–1029.

[17] BERRY C J. The Idea of Luxury: A Conceptual and Historical Investigation[M]. Cambridge University Press, 1994.

[18] 刘建湖, 紫石. 中国早期奢侈品及其原始形态的历史略考（下）[J]. 商业时代, 2011, (19): 137–139.

[19] 朱桦, 黄宇. 经典与时尚 [M]. 上海: 上海人民出版社. 2012.

[20] MCNEIL P, RIELLO G. Luxury: A Rich History[M]. Oxford University Press, 2016.

[21] 姜含春, 丁以寿, 宛晓春. 国际贸易视野下茶叶之路与丝绸之路比较研究 [J]. 南京农业大学学报（社会科学版）, 2018, 18(4): 146–155+160.

[22] 王秦. 唐宋长安经济研究述评 [J]. 河南科技大学学报（社会科学版）, 2010, 28(6): 23–26.

[23] 梁中效. 唐长安西市文化述论 [J]. 唐都学刊, 2011, 27(3):9–16.

[24] 金勇强. 古丝绸之路的功能演化及对构建新时期"一带一路"的启示意义 [J]. 陕西理工学院学报（社会科学版）, 2016, 34(1): 48–53.

[25] 刘明科. 西周玉蚕——丝绸之路上的曙光 [J]. 东方收藏, 2014, (9): 59–63.

[26] EDGERTON F. The latest work on the Kauṭilīya Arthaśāstra[J]. Journal of the American Oriental Society. 1928, 289–322.

[27] 阿迪力·阿布力孜. 和田玉器与中国古代玉文化 [J]. 新疆地方志, 2021, (2): 62–64.

[28] 朱怡芳. 文化密码：乱世藏金，盛世藏玉——中国玉文化 [J]. 松烨文化, 2021.

[29] 朱怡芳. 文化密码：中国玉文化传统研究 [J]. 南京艺术学院学报：美术与设计版, 2010, (2): 114–118.

[30] 田升平. 宝石如何分类 [J]. 化工矿产地质, 1999, (2):80–86.

[31] 王春云. 宝石的概念、命名与分类述评 [J]. 地质地球化学, 1993, (3): 29–33+74.

[32] 卢辅圣. 中国书法形态特性 [J]. 中国非物质文化遗产, 2020, (2): 89–95.

[33] 甘中流. 书法形式的文化根源及特性 [J]. 中国书法, 2018, (23): 136–143.

[34] 刘大琳. 国画人物画中的意境之美 [J]. 美与时代（中）, 2022, (4): 30–32.

[35] 周娟. 订制服装中中国画元素的运用——评《服饰：传统文化之国粹图典》[J]. 上海纺织科技, 2020, 48(10): 68.

[36] 徐一菲, 周丽华, 吴传景. 面向年轻消费者的传统红木家具设计创新研究 [J]. 工业设计, 2021, (10): 98–99.

[37] 徐风. 铁笔丹青，入木三分——红木浅刻艺术赏析 [J]. 雕塑, 2022, (3): 86–87.

[38] 孙笑非. 器具有式、身体规训与社会秩序——能动性视角下的中国传统家具 [J]. 民族艺术, 2021, (2): 140-147.
[39] 唐文宝. 中国传统家具传承与创新初探 [J]. 林产工业, 2021, 58, (6): 92-94.
[40] 王婧旸, 王文强, 杨超翔, 等. 符号学视角下新中式茶家具无意识设计研究 [J]. 家具与室内装饰, 2022, 29(1): 30-35.
[41] 冯雨. 中国传统家具文化的十个特征 [J]. 家具与室内装饰, 2020, (5): 32-33.
[42] 洪卫: 从平面到三维, 传承中国气韵 [EB/OL]. (2019-07-01) [2022-07-08], https://www.chinadesigncentre.com/cn/works/hong-wei-abstract-furniture-forms-derived-from-chinese-language.html.
[43] 古老中国的新经典: 新中式 [EB/OL]. (2015-10-29) [2022-07-08]. https://www.hercity.com/s/201510/28756.html.
[44] MUNDELL R. Making Europe work[J]. New Perspectives Quarterly. 2012, 29(3): 29-41.
[45] 代永华. 我们离中国智造有多远?[J]. 商界(评论), 2014, (11): 48-49.
[46] 李飞, 马燕. 中国能打造出世界级奢侈品品牌吗?[J]. 清华管理评论, 2017, (Z1): 40-47.
[47] WIEDMANN K P, HENNIGS N, SIEBELS A. Value-based segmentation of luxury consumption behavior[J]. Psychology & Marketing. 2009, 26(7): 625-651.
[48] 李泽鑫, 万龙. 白酒黄金时代戛然而止, 贵州茅台如何寻找出路 [J]. 科技经济市场, 2018, (1): 96-98.
[49] MCKINSEY & COMPANY. Beyond income: Redrawing Asia's consumer map[R]. 2021-09-07.
[50] WEI A. 为何中国奢侈品市场已迎来"世代交替"的转折点?[EB/OL]. (2021-11-03) [2022-04-14], https://www.luxurysociety.com/zh-hans/articles/2021/11/wei-he-zhong-guo-she-chi-pin-shi-chang-yi-ying-lai-shi-dai-jiao-ti-de-zhuan-zhe-dian.
[51] 黄雨水. 奢侈品品牌叙事结构与功能要素符号 [J]. 当代传播: 汉文版, 2013, (1): 99-101.
[52] MURET D. Cerruti 1881 undergoing drastic streamlining under Chinese owner Shandong Ruyi[EB/OL]. Fashion Network, (2019-11-05) [2022-05-18]. https://ww.fashionnetwork.com/news/Cerruti-1881-undergoing-drastic-streamlining-under-chinese-owner-shandong-ruyi,1154231.html.
[53] WU K, ALOISI S, BARBAGLIA P. China's Ruyi yet to secure Bally deal financing as coronavirus weighs[EB/OL]. Reuters, (2020-03-06) [2022-05-19]. https://www.reuters.com/article/shandong-ruyi-bally-ma-idUSL4N2AZ3N8.
[54] Japanese apparel maker Renown files for bankruptcy with $130 million debt[EB/OL]. Reuters, (2020-05-15) [2022-05-19]. https://www.reuters.com/article/us-health-coronavirus-japan-renown-idUSKBN22R1NP.
[55] MIRA N. SMCP ousts representatives of Shandong Ruyi from board[EB/OL]. Fashion Network, (2022-01-17) [2022-05-20]. https://us.fashionnetwork.com/news/Smcp-ousts-representatives-of-shandong-ruyi-from-board,1369022.html.
[56] MILLER D-Y. Gieves & Hawkes Owner Trinity Group Files for Liquidation[EB/OL]. Business of Fashion, (2022-01-04) [2022-04-18]. https://www.businessoffashion.com/news/news-analysis/gieves-hawkes-owner-trinity-group-files-for-liquidation/.
[57] PENROSE E. The Theory of the Firm[M]. England: Oxford University Press, 1959.
[58] HASPESLAGH P C, JEMISON D B. Managing Acquisitions: Creating Value through Corporate Renewal[M]. New York: The Free Press, 1991.
[59] 劳伦斯·皮科. 奢侈品的秘密 [M]. 王彤, 译. 北京: 中信出版社, 2022.
[60] SAUNDERS S. Public administration and the library of Jean-Baptiste Colbert[J]. Libraries &

Culture. 1991, 283–300.
[61] BATAT W, DE KERVILER G. How can the art of living (art de vivre) make the French luxury industry unique and competitive?[J]. Marche & Organisations. 2020, (1): 15–32.
[62] 麦肯锡中国. 从产业链到生态圈：时尚玩家的行动指南 [R]. 2017.
[63] 郑红娥. 何为奢侈——奢侈品在中国：何以可能与何以可为 [J]. 装饰, 2010, (12): 13–18.
[64] 国海证券. 黄金珠宝深度：千秋之业，品牌渠道为王——商业贸易行业深度研究 [R]. 2021-12-12.
[65] 2020 黄金珠宝行业万字长文分析报告：格局洗牌逐步震荡复苏 [EB/OL]. (2020-04-01). https://page.om.qq.com/page/OA9zh5_lc2DM1JkdUA0NWGTQ0.
[66] 国泰君安证券. 人货场创新突破，打造情感消费第一品牌 [R]. 2021-12-19.
[67] 光大证券. 百年沉淀龙头品牌，锐意进取紧跟时代 [R]. 2022-03-16.

附录 I 法国高定时尚联合会

　　法国高定时尚联合会起源于1868年创立的法国时装与巴黎高级时装公会。该公会在法国和国际社会享有无可替代的国际声誉，是每年1月春夏和7月秋冬巴黎女装高定周、每年2月或3月秋冬以及9月或10月春夏巴黎时装周的主办方。2017年，巴黎高级时装公会更名为"法国高定时尚联合会"，强调创意和高级订制，全方位体现法国时尚产业的创意、设计创新和数字化变革。

　　法国高定时尚联合会主席职务两年一选，由联合会18人组成的董事会选举而出，在法国时尚界德高望重的人士才有资格担任该职位，并且可以连选连任。2022年6月，普伊格集团时装部总裁拉夫·托莱达诺（Ralph Toledano）将联合会主席之位交给香奈儿集团时尚业务总裁布鲁诺·帕夫洛夫斯基（Bruno Pavlovsky）。该联合会组织中还有一个执行委员会（la comité exécutif），其成员由法国最著名的奢侈品公司（包括路威酩轩集团、开云集团、香奈儿集团和爱马仕集团等）高层管理者兼任，在时尚界和时装界拥有极强的话语权。

　　在2023年公布的最新名单中，法国高定时尚联合会拥有16个高级订制正式会员（haute couture member，如附表 I-1所示）、8个特约会员（correspondent member，如附表 I-2所示）、14个客座会员（guest member，如附表 I-3所示）、10个高级珠宝会员（high jewelry，如附表 I-4所示），以及100多个时尚男女装品牌。

附表Ⅰ–1 法国高定时尚联合会高级订制正式会员(共16个)

序号	品 牌 名		创立年份	现任首席设计师/创意总监/艺术总监
1	Adeline Andre	Adeline André	1981年	艾德琳·安德烈(Adeline André)
2	ALEXANDRE VAUTHIER	Alexandre Vauthier	2009年	亚历山大·瓦西耶(Alexandre Vauthier)
3	ALEXIS MABILLE	Alexis Mabille	2005年	艾历克西斯·马毕(Alexis Mabille)
4	bouchra Jarrar	Bouchra Jarrar	2009年	布什哈·加拉尔(Bouchra Jarrar)
5	CHANEL	香奈儿(Chanel)	1910年	维吉妮·维娅(Virginia Viard)
6	DIOR	迪奥(Dior)	1946年	玛丽亚·嘉茜娅·蔻丽(Maria Grazia Chiuri)
7	FRANCK SORBIER	Franck Sorbier	1987年	弗兰克·索比尔(Frank Sorbier)
8	GIAMBATTISTA VALLI	Giambattista Valli	2005年	詹巴迪斯塔·瓦利(Giambattista Valli)
9	GIVENCHY	纪梵希(Givenchy)	1952年	马修·M.威廉姆斯(Matthew M. Williams)
10	Jean Paul GAULTIER	高缇耶(Jean Paul Gaultier)	1982年	每个系列挑选客座设计师,不长设首席设计师/创意总监/艺术总监职位
11	JULIEN FOURNIÉ	Julien Fournié	2009年	朱利安·富尼(Julien Fournie)
12	Maison Margiela PARIS	马吉拉时装屋(Maison Margiela)	1988年	约翰·加利亚诺(John Galliano)
13	maison rabih kayrouz	Maison Rabih Kayrouz	1999年	拉比·凯鲁兹(Rabih Kayrouz)
14	MAURIZIO GALANTE	Maurizio Galante	1987年	莫里奇奥·加兰特(Maurizio Galante)
15	Schiaparelli	夏帕雷利(Schiaparelli)	1927年	丹尼尔·罗斯伯里(Daniel Roseberry)
16	STEPHANE ROLLAND PARIS	Stéphane Rolland	2007年	斯蒂芬·罗兰(Stéphane Rolland)

附表 I-2　法国高定时尚联合会特约会员（共 8 个）

序号	品　牌　名	创立年份	现任首席设计师 / 创意总监 / 艺术总监
1	范思哲工作室（Atelier Versace）	1978 年	多娜泰拉·范思哲（Donatella Versace）
2	Elie Saab	1982 年	艾莉·萨博（Elie Saab）
3	芬迪高级订制（Fendi Couture）	1925 年	金·琼斯（Kim Jones）
4	乔治阿玛尼高级订制（Giorgio Armani Privé）	1975 年	乔治·阿玛尼（Giorgio Armani）
5	Iris Van Herpen	2007 年	艾里斯·范·荷本（Iris Van Herpen）
6	Ulyana Sergeenko	2011 年	优丽亚娜·瑟吉安科（Ulyana Sergeenko）
7	华伦天奴	1960 年	皮埃尔保罗·皮乔利（Pierpaolo Piccioli）
8	维果罗夫（Viktor&Rolf）	1993 年	维克托·霍斯廷（Viktor Horsting）和罗尔夫·斯诺伦（Rolf Snoeren）

附表 I-3　法国高定时尚联合会客座会员（共 14 个）

序号	品　牌　名	创立年份	现任首席设计师 / 创意总监 / 艺术总监
1	Aelis	2017 年	索菲亚·克罗齐亚尼（Sofia Crociani）
2	巴黎世家（Balenciaga）	1917 年	德姆纳·格瓦萨里亚（Demna Gvasalia）
3	Christophe Josse	2005 年	克利斯朵夫·何塞（Christophe Josse）
4	Gaurav Gupta	2004 年	高拉夫·古普塔（Gaurav Gupta）
5	Georges Hobeika	1995 年	乔治斯·荷拜卡（Georges Hobeika）和贾德·荷拜卡（Jad Hobeika）
6	Imane Ayissi	2004 年	伊曼·阿伊西（Imane Ayissi）
7	Juana Martín	2007 年	胡安娜·马丁（Juana Martín）

续表

序号	品 牌 名	创立年份	现任首席设计师/创意总监/艺术总监
8	Julie de Libran	2019年	朱莉·德利班（Julie de Libran）
9	Maison Sara Chraïbi	2012年	萨拉·施莱比（Sara Chraïbi）
10	Rahul Mishra	2006年	拉胡尔·米什拉（Rahul Mishra）
11	Robert Wun	2014年	云惟俊
12	RVDK Ronald van der Kemp	2014年	罗纳德·范德坎普（Ronald van der Kemp）
13	Yuima Nakazato	2009年	中里唯马（Nakazato Yuima）
14	Zuhair Murad	1997年	祖海·慕拉（Zuhair Murad）

附表 I-4　法国高定时尚联合会高级珠宝会员（共10个）

序号	品 牌 名	创立年份	现任首席设计师/创意总监/艺术总监
1	Anna Hu	2007年	胡茵菲
2	宝诗龙（Boucheron）	1858年	克莱尔·舒瓦内尔（Claire Choisne）
3	宝格丽（Bulgari）	1884年	露西娅·斯尔维斯特里（Lucia Silvestri）
4	香奈儿珠宝（Chanel Joaillerie）	1932年	帕特里斯（Patrice Leguéreau）
5	尚美巴黎（Chaumet）	1780年	伊森·莫依赞（Ehssan Moazen）
6	萧邦（Chopard）	1860年	卡罗琳·舍费尔（Caroline Scheufele）
7	戴比尔斯（De Beers）	1888年	霍莱·博纳维尔·巴登（Hollie Bonneville Barden）
8	迪奥珠宝（Dior Joaillerie）	1999年	维克多·德卡斯特兰（Victoire de Castellane）
9	路易威登珠宝（Louis Vuitton Joaillerie）	2001年	弗朗西斯卡·安菲西亚特罗夫（Francesca Amfitheatrof）
10	御木本（Mikimoto）	1893年	现不设该职位

附录Ⅱ 法国精品行业联合会

尽管法国精品行业联合会在法国和国际社会享有无可替代的国际声誉，但该联合会仅限于奢侈品行业中的高级订制时装和高级珠宝。随着皮具、香水、葡萄酒等奢侈品品牌在20世纪上半叶迅速发展，1954年，法国娇兰公司第三代掌门人让－雅克·娇兰（Jean-Jacques Guerlain）联合巴卡拉（Baccarat）、卡地亚（Cartier）、迪奥高级时装（Christian Dior Couture）、昆庭（Christofle）、爱马仕（Hermès）、巴黎勒布里斯托酒店（Le Bristol）、博艺府家（Puifocat）等14家法国奢侈品公司共同创立了法国精品行业联合会（Comité Colbert），向世人传播包括时装行业在内的各种法国文明和法式生活艺术。

联合会取名自路易十四的大臣让－巴普蒂斯特·柯尔贝尔（Jean-Baptiste Colbert），旨在秉承他的开创精神。柯尔贝尔在当时主管波旁王朝时期的工艺和制造业，建立了法兰西喜剧院，推动法国人才走向世界。联合会创立初衷是在多年战争和物资匮乏之后，以一种平等的方式汇聚来自诸多工艺领域著名的世家，彰显法国文化的造诣，旨在重新恢复法式生活艺术的雅趣，会晤同行、交流思想，从而推广法国奢侈品、传承奢侈品工艺、帮助奢侈品行业可持续发展。

截至2023年5月，法国精品行业联合会荟萃了86家法国精品世家（如附表Ⅱ-1所示）、17家文化机构（如附表Ⅱ-2所示）以及6家欧洲其他国家公司（如附表Ⅱ-3所示），涵盖了15个行业：汽车、水晶、皮革与皮具、设计与装饰、出版业、陶瓷、美食、高级订制与时尚、珠宝与钟表、音乐、金银器、宫殿级酒店、香水与美妆、文化遗产和博物馆、葡萄酒与烈酒。该联合会的现任主席是2022年6月接替爱马仕集团全球执行副总裁吉约姆·德·塞恩斯（Guillaume de Seynes）为新一任轩尼诗公司总裁兼首席执行官的罗兰·布瓦洛（Laurent Boillot），贝内迪克特·埃皮奈（Bénédicte Epinay）女士担任联合会总裁兼首席执行官。

附表 Ⅱ-1　法国精品行业联合会法国精品世家成员（共86个）

序号	法国公司	创立年份	主营业务	加入年份
1	法国娇兰（Guerlain）	1828年	香水与美妆	1954年
2	巴卡拉（Baccarat）	1764年	水晶	1954年
3	卡地亚（Cartier）	1847年	珠宝与钟表	1954年
4	迪奥高级时装（Christian Dior Couture）	1946年	高级订制与时尚	1954年
5	迪奥香氛（Parfums Christian Dior）	1947年	香水与美妆	1979年
6	昆庭（Christofle）	1830年	金银器	1954年
7	爱马仕（Hermès）	1837年	皮革与皮具	1954年
8	爱马仕香水（Parfums Hermès）	1951年	香水与美妆	1981年
9	巴黎勒布里斯托酒店（Le Bristol）	1925年	官殿级酒店	1954年
10	博艺府家（Puifocat）	1820年	金银器	1954年
11	巴尔曼（Balmain）	1945年	高级订制与时尚	1956年
12	宝诗龙（Boucheron）	1858年	珠宝与钟表	1956年
13	纪梵希（Givenchy）	1952年	高级订制与时尚	1956年
14	纪梵希香水（Parfums Givenchy）	1957年	香水与美妆	1984年
15	梵克雅宝（Van Cleef & Arpels）	1906年	珠宝与钟表	1956年
16	浪凡（Lanvin）	1888年	高级订制与时尚	1959年
17	卡朗（Parfums Caron）	1904年	香水与美妆	1959年
18	路易威登（Louis Vuitton）	1854年	皮革与皮具	1960年
19	香奈儿（Chanel）	1910年	高级订制与时尚	1961年
20	香奈儿尊享香水与美容品（Parfums Chanel）	1921年	香水与美妆	1984年
21	巴杜（Patou）	1914年	高级订制与时尚	1961年
22	柏图（Bernardaud）	1863年	陶瓷	1964年

续表

序号		法 国 公 司	创立年份	主营业务	加入年份
23		堡林爵香槟（Champagne Bollinger）	1829 年	葡萄酒与烈酒	1965 年
24		库克香槟（Champagne Krug）	1843 年	葡萄酒与烈酒	1965 年
25		巴黎雅典娜酒店（Hôtel Plaza Athénée）	1911 年	宫殿级酒店	1966 年
26		圣罗兰（Saint Laurent）	1961 年	高级订制与时尚	1969 年
27		逦媛纳（Leonard）	1958 年	高级订制与时尚	1970 年
28		法国都彭（S.T. Dupont）	1872 年	金银器	1972 年
29		珀泰夏堡（Potel et Chabot）	1820 年	美食	1973 年
30		巴黎罗莎（Rochas）	1925 年	香水与美妆	1975 年
31		皮埃尔·弗雷（Pierre Frey）	1935 年	设计与装饰	1976 年
32		Ercuis	1867 年	金银器	1978 年
33		麦兰瑞（Mellerio）	1613 年	珠宝与钟表	1979 年
34		滴金酒庄（Château d'Yquem）	1593 年	葡萄酒与烈酒	1980 年
35		法国鳄鱼（Lacoste）	1933 年	高级订制与时尚	1984 年
36		雷诺特（Lenôtre）	1957 年	美食	1984 年
37		Robert Haviland & C. Parlon	1924 年	瓷器	1984 年
38		宝玑（Breguet）	1775 年	珠宝与钟表	1985 年
39		白马酒庄（Château Cheval Blanc）	1832 年	葡萄酒与烈酒	1985 年
40		凯歌香槟（Champagne Veuve Clicquot）	1772 年	葡萄酒与烈酒	1985 年
41		人头马（Cognac Rémy Martin）	1724 年	葡萄酒与烈酒	1986 年

续表

序号	法国公司	创立年份	主营业务	加入年份
42	Les Prés d'Eugénie	1973 年	宫殿级酒店	1986 年
43	德利尔（Delisle）	1895 年	设计与装饰	1987 年
44	美丽时光香槟（Champagne Perrier-Jouët）	1811 年	葡萄酒与烈酒	1988 年
45	拉菲罗斯柴尔德酒庄（Château Lafite Rothschild）	1234 年	葡萄酒与烈酒	1989 年
46	Faïencerie de Gien	1821 年	陶瓷	1989 年
47	Flammarion Beaux Livres	1875 年	出版业	1992 年
48	兰蔻（Lancôme）	1935 年	香水与美妆	1992 年
49	Taillevent	1946 年	美食	1992 年
50	思琳（Celine）	1945 年	高级订制与时尚	1994 年
51	La Maison du Chocolat	1977 年	美食	2000 年
52	Dalloyau	1682 年	美食	2001 年
53	珑骧（Longchamp）	1948 年	皮革与皮具	2001 年
54	依芙德伦（Yves Delorme）	1845 年	设计与装饰	2001 年
55	伯尔鲁帝（Berluti）	1895 年	皮革与皮具	2002 年
56	圣罗兰美妆（Yves Saint Laurent Beauté）	1962 年	香水与美妆	2002 年
57	巴黎茉黎斯酒店（Le Meurice）	1835 年	宫殿级酒店	2003 年
58	马爹利（Martell）	1715 年	葡萄酒与烈酒	2006 年
59	蔻依（Chloé）	1952 年	高级订制与时尚	2007 年
60	馥马尔（Éditions de Parfums Frédéric Malle）	2000 年	香水与美妆	2007 年
61	Éditions Diane de Selliers 出版社	1992 年	出版业	2009 年

续表

序号	法国公司		创立年份	主营业务	加入年份
62		Eres	1968 年	高级订制与时尚	2009 年
63		Pierre Hardy	1999 年	皮革与皮具	2010 年
64		Pierre Hermé	1998 年	美食	2010 年
65		博普缇（Bonpoint）	1975 年	高级订制与时尚	2011 年
66		艾伦·杜卡斯（Alain Ducasse）	2000 年	美食	2013 年
67		Guy Savoy	1980 年	美食	2013 年
68		乔尔·卢布松美食坊（Le Monde de Joël Robuchon）	1981 年	美食	2013 年
69		Liaigre	1985 年	设计与装饰	2015 年
70		梵诗柯香（Maison Francis Kurkdjian）	2009 年	香水与美妆	2016 年
71		巴黎世家	1917 年	高级订制与时尚	2019 年
72		赛尔玛（Henri Selmer Paris）	1885 年	音乐	2020 年
73		哈雪香槟（Champagne Charles Heidsieck）	1851 年	葡萄酒与烈酒	2020 年
74		Mériguet–Carrère 工作室	1960 年	设计与装饰	2021 年
75		埃斯图布隆酒庄（Château d'Estoublon）	1489 年	美食	2021 年
76		高雪维尔白马庄园酒店（Cheval Blanc Courchevel）	2006 年	宫殿级酒店	2021 年
77		帝瓦雷（Devialet）	2007 年	音乐	2021 年
78		轩尼诗（Hennessy）	1765 年	葡萄酒与烈酒	2021 年
79		高雪维尔雷阿尔勒酒店（Les Airelles Courchevel）	1988 年	宫殿级酒店	2021 年
80		德拉曼干邑（Delamain）	1824 年	葡萄酒与烈酒	2021 年

续表

序号		法国公司	创立年份	主营业务	加入年份
81		Féau Boiseries	1875年	设计与装饰	2021年
82		巴黎乔治五世四季酒店（George V）	1926年	宫殿级酒店	2021年
83		巴黎丽兹酒店（Ritz Paris）	1898年	宫殿级酒店	2021年
84		莱伯德普罗旺斯保玛涅勒酒店（Baumanière Les Baux de Provence）	1945年	美食	未公布
85		尊湛鞋履（John Lobb）	1866年	皮革与皮具	未公布
86		法国圣路易水晶（Saint-Louis）	1586年	水晶	未公布

附表Ⅱ-2　法国精品行业联合会文化机构成员（共17个）

序号		文化机构	创立年份	主营业务	加入年份
1		巴黎造币厂（La Monnaie de Paris）	864年	金银器	1984年
2		巴黎歌剧院（Opéra National de Paris）	1669年	文化遗产和博物馆	1985年
3		法国塞夫尔国家陶瓷制造局（National Ceramics Manufactory and Museum of Sèvres）	1740年	陶瓷	1985年
4		法国航空公司（Air France）	1933年	文化遗产和博物馆	1990年
5		La Demeure Historique	1924年	文化遗产和博物馆	1993年
6		凡尔赛宫（Palace of Versailles）	1661年	文化遗产和博物馆	2001年
7		罗马法国学院－美第奇别墅（Académie de France à Rome–Villa Médicis）	1666年	文化遗产和博物馆	2002年
8		卢浮宫博物馆（Musée du Louvre）	1793年	文化遗产和博物馆	2007年

续表

序号		文化机构	创立年份	主营业务	加入年份
9		索邦大学（La Sorbonne）	1257年	文化遗产和博物馆	2007年
10		装饰艺术博物馆（MAD）	1882年	文化遗产和博物馆	2012年
11		奥赛博物馆（Musée d'Orsay）	1986年	文化遗产和博物馆	2013年
12		声学及音乐研究中心（IRCAM）	1977年	音乐	2015年
13		枫丹白露宫（Château de Fontainebleau）	1137年	文化遗产和博物馆	2018年
14		蓬皮杜中心（Le Centre Pompidou）	1977年	文化遗产和博物馆	2018年
15		法兰西学院（Institut de France）	1795年	文化遗产和博物馆	2021年
16		法兰西喜剧院（Comédie-Française）	1680年	文化遗产和博物馆	未公布
17		法国国家家具管理馆（Mobilier National）	1662年	设计与装饰	未公布

附表Ⅱ-3 法国精品行业联合会欧洲其他国家成员（共6个）

序号		欧洲其他国家公司	创立年份	国家	主营业务	加入年份
1		Herend	1826年	匈牙利	陶瓷	2011年
2		Moser	1857年	捷克	水晶	2011年
3		德尔沃（Delvaux）	1829年	比利时	皮革与皮具	2012年
4		Dr Irena Eris	1983年	波兰	香水与美妆	2012年
5		奥地利醴铎（Riedel）	1756年	奥地利	水晶	2015年
6		Zolotas	1895年	希腊	珠宝与钟表	2016年

349

附录Ⅲ 意大利奢侈品行业协会

本书在第一章中详细阐述了奢侈品的发展历程，不难发现，奢侈品行业发展与法国和意大利紧密联系在一起——意大利甚至可以被称为"奢侈品行业的起源地"，法国可以被称为"奢侈品朝圣国度"。法国和意大利确实足够有资格作为奢侈品行业的代名词。

法国引领了奢侈品行业协会的发展，意大利也同样意识到协会强大的话语权、传播力和影响作用，因此紧随其后，于1958年创立了意大利全国时尚协会（Associazione Nazionale della Moda Italiana），但它的影响力和权威性与法国高定时尚联合会、法国精品行业联合会不能同日而语。

直到1992年，范思哲、古驰、芬迪、菲拉格慕、托德斯、塞乔罗西、华伦天奴、杰尼亚、诺悠翩雅、麦丝玛拉和法拉利等数十家著名意大利奢侈品公司才决定共同创立了意大利奢侈品行业协会（Fondazione Altagamma），成功地与法国精品行业联合会并称为世界两大奢侈品行业协会。

该协会的使命是：研究各个奢侈品成员的全球市场表现，维护这些品牌的全球声望。该协会与法国行业精品联合会功能相似，涵盖了十余个行业：家居用品及设计、酒店及度假村、葡萄酒及烈酒、餐厅、美食、零售及百货公司、珠宝及首饰、皮具及鞋履、时装、香水及化妆品、豪华车、私人游艇等。

截至2023年5月，意大利奢侈品行业协会汇集了112个正式会员（如附表Ⅲ-1所示）、47个新兴品牌成员（如附表Ⅲ-2所示）、87个国际荣誉会员（如附表Ⅲ-3所示），以及10个文化机构合作伙伴（如附表Ⅲ-4所示）。该协会现任主席为法拉利酒庄（Cantine Ferrari）首席执行官马特奥·卢内利（Matteo Lunelli），协会荣誉主席为菲拉格慕集团董事会主席莱昂纳多·菲拉格慕（Leonardo Ferragamo），并任命宝曼兰朵（Pomellato）首席执行官萨拜娜·贝丽（Sabina Belli）等7人为协会副主席。

附表Ⅲ-1 意大利奢侈品行业协会正式会员（112个）

序号	意大利公司		创立年份	主营业务	加入年份
1		帕尔玛之水（Acqua di Parma）	1916年	香水及化妆品	1992年
2		Albereta	1993年	酒店及度假村	1992年
3		阿尔伯特-菲尔蒂（Alberta Ferretti）	1974年	时装	1992年
4		艾烈希（Alessi）	1921年	家居用品及设计	1992年
5		Alias	1979年	家居用品及设计	1992年
6		Allegrini	1854年	烈酒及葡萄酒	1992年
7		阿特米德（Artemide）	1960年	家居用品及设计	1992年
8		奥罗拉（Aurora）	1919年	书写工具	1992年
9		B&B Italia	1966年	家居用品及设计	1992年
10		Baratti & Milano	1858年	美食	1992年
11		Bellavista 酒庄	1977年	葡萄酒及烈酒	1992年
12		索伦托贝尔维塞林纳酒店（Bellevue Syrene）	1820年	酒店及度假村	1992年
13		斯普林贝梦德酒店（Belmond Hotel Splendido）	1901年	酒店及度假村	1992年
14		Biondi Santi	1888年	葡萄酒及烈酒	1992年
15		波菲（Boffi）	1934年	家居用品及设计	1992年
16		葆蝶家（Bottega Veneta）	1966年	皮具及鞋履、时装	1992年
17		布莱奥尼（Brioni）	1945年	时装	1992年
18		古奇拉利（Brunello Cucinelli）	1978年	时装	1992年
19		布契拉提（Buccellati）	1919年	珠宝及首饰	1992年

续表

序号	意大利公司		创立年份	主营业务	加入年份
20	BVLGARI	宝格丽（Bulgari）	1884年	珠宝及首饰	1992年
21	Ca'del Bosco	Ca'del Bosco 酒庄	1969年	葡萄酒及烈酒	1992年
22	CAPRI PALACE Jumeirah	卡普里宫卓美亚酒店（Capri Palace Jumeirah Hotel & Spa）	1960年	酒店及度假村	1992年
23	RF|25 HOTEL DE RUSSIE ROME	罗马德露西酒店（Hotel de Russie Rome）	1901年	酒店及度假村	1992年
24	driade	德里亚德（Driade）	1968年	家居用品及设计	1992年
25	DUCATI	杜卡迪（Ducati）	1926年	豪华摩托	1992年
26	PUCCI	璞琪（Emilio Pucci）	1947年	时装	1992年
27	ZEGNA	杰尼亚（Ermenegildo Zegna）	1910年	时装	1992年
28	ETRO	艾绰（Etro）	1968年	时装	1992年
29	FENDI	芬迪（Fendi）	1925年	时装、皮具及鞋履	1992年
30	（法拉利标志）	法拉利（Ferrari）	1929年	豪华车	1992年
31	FERRARI TRENTO	Ferrari Trento	1902年	葡萄酒及烈酒	1992年
32	FRETTE 1860	Frette	1860年	家居用品及设计	1992年
33	GIORGETTI	Giorgetti	1898年	家居用品及设计	1992年
34	GUCCI	古驰（Gucci）	1921年	时装、皮具及鞋履	1992年
35	illy	意利咖啡（illy Caffè）	1933年	美食	1992年
36	ISAIA	Isaia	1920年	时装	1992年
37	Kartell MadeinMilano	Kartell	1949年	家居用品及设计	1992年

续表

序号	意大利公司		创立年份	主营业务	加入年份
38		Living Divani	1969 年	家居用品及设计	1992 年
39		诺悠翩雅（Loro Piana）	1924 年	时装	1992 年
40		Masi Agricola	1772 年	葡萄酒及烈酒	1992 年
41		麦丝玛拉（Max Mara）	1951 年	时装	1992 年
42		米索尼（Missoni）	1953 年	时装	1992 年
43		Moroso	1952 年	家居用品及设计	1992 年
44		Ornellaia	1981 年	葡萄酒及烈酒	1992 年
45		Principe di Savoia	1927 年	酒店及度假村	1992 年
46		芮妮·乔薇拉（René Caovilla）	1928 年	皮具及鞋履	1992 年
47		丽娃（Riva）	1842 年	私人游艇	1992 年
48		圣培露（Sanpellegrino）	1899 年	美食	1992 年
49		菲拉格慕（Salvatore Ferragamo）	1927 年	皮具及鞋履	1992 年
50		Segnana	1860 年	葡萄酒及烈酒	1992 年
51		塞乔罗西（Sergio Rossi）	1951 年	皮具及鞋履	1992 年
52		石头岛（Stone Island）	1982 年	时装	1992 年
53		托德斯（Tod's）	1970 年	皮具及鞋履	1992 年
54		华伦天奴（Valentino）	1960 年	时装	1992 年
55		范思哲（Versace）	1978 年	时装	1992 年
56		Vhernier	1984 年	珠宝与首饰	1992 年
57		Villa d'este	1568 年	酒店及度假村	1992 年
58		Zanotta	1954 年	家居用品及设计	1992 年

续表

序号		意大利公司	创立年份	主营业务	加入年份
59		Poltrona Frau	1912年	家居用品及设计	2001年
60		泰诺健（Technogym）	1983年	健身运动	2004年
61		Bisazza	1956年	家居用品及设计	2005年
62		宝曼兰朵（Pomellato）	1967年	珠宝及首饰	2005年
63		朗伽诺酒店公司（Lungarno Collection）	1995年	酒店及度假村	2009年
64		L'Andana	2004年	酒店及度假村	2010年
65		Domori	1997年	美食	2013年
66		Nonino	1973年	葡萄酒及烈酒	2013年
67		Benetti	1873年	私人游艇	2014年
68		Verdura Resort	2009年	酒店及度假村	2014年
69		Amico & Co.	1991年	私人游艇	2015年
70		克莱利亚尼（Corneliani）	1930年	时装	2015年
71		Feudi di San Gregorio	1986年	葡萄酒及烈酒	2015年
72		FontanaArte	1932年	家居用品及设计	2015年
73		Calvisius Caviar	1977年	餐厅	2016年
74		Fedeli	1934年	时装	2016年
75		Herno	1948年	时装	2016年
76		Skira	1928年	出版社	2016年

续表

序号		意大利公司	创立年份	主营业务	加入年份
77		阿尔法·罗密欧（Alfa Romeo）	1910 年	豪华车	2017 年
78		Fantini	1947 年	家居用品及设计	2017 年
79		Manifatture Sigaro Toscano	2006 年	烟草	2017 年
80		玛莎拉蒂（Maserati）	1914 年	豪华车	2017 年
81		Porro	1925 年	家居用品及设计	2017 年
82		Dainese	1972 年	豪华摩托	2018 年
83		Riva1920	1920 年	家居用品及设计	2018 年
84		金巴利集团（Campari Group）	1860 年	葡萄酒及烈酒	2019 年
85		Davide Groppi	1988 年	家居用品及设计	2019 年
86		Davines	1983 年	香水及化妆品	2019 年
87		Frescobaldi	1300 年	葡萄酒及烈酒	2019 年
88		齐敦（Kiton）	1968 年	时装	2019 年
89		普拉达集团（Prada）	1913 年	时装、皮具及鞋履	2019 年
90		Hotel IL Pellicano	1965 年	酒店及度假村	2020 年
91		Acquerello	1989 年	餐厅与珍馐	2022 年
92		Eden	1889 年	酒店及度假村	2022 年
93		Florim	1962 年	陶瓷	2022 年
94		Gessi	1992 年	家居用品及设计	2022 年

续表

序号	意大利公司	创立年份	主营业务	加入年份
95	威尼斯格里蒂皇宫豪华精选酒店（The Gritti Palace Venice）	1475 年	酒店及度假村	2022 年
96	Helvetia & Bristol Firenze	1894 年	酒店及度假村	2022 年
97	加尔尼亚诺勒菲度假村（Lefay Resort & SPA Lago Di Garda）	2006 年	酒店及度假村	2022 年
98	Pio Cesare	1881 年	葡萄酒及烈酒	2022 年
99	Ginori 1735	1735 年	家居用品及设计	2023 年
100	杜嘉班纳（Dolce&Gabbana）	1985 年	时装	2023 年
101	Agrimontana	1972 年	餐厅	未公布
102	Cantieri Navali del Mediterraneo	2003 年	私人游艇	未公布
103	兰博基尼汽车公司（Automobili Lamborghini）	1963 年	豪华车	未公布
104	Livio Felluga	1956 年	葡萄酒及烈酒	未公布
105	Masseria San Domenico	1996 年	酒店及度假村	未公布
106	马斯特罗加尼酒庄（Mastrojanni）	1975 年	葡萄酒及烈酒	未公布
107	盟可睐集团（Moncler Group）	1952 年	时装	未公布
108	帕加尼（Pagani）	1992 年	豪华车	未公布
109	Piacenza Cashmere	1733 年	时装	未公布
110	San Maurizio 1619	1619 年	酒店及度假村	未公布

续表

序号	意大利公司	创立年份	主营业务	加入年份
111	麓鹊庄园（Tenuta Luce）	1995 年	葡萄酒及烈酒	未公布
112	Valcucine	1980 年	家居用品及设计	未公布

附表 III-2 意大利奢侈品行业协会新兴品牌成员（47 个）

序号	意大利新兴品牌	创立年份	主营业务	加入年份
1	Álvaro	2013 年	皮具及鞋履	2015 年
2	Bea Bongiasca	2013 年	珠宝及首饰	2015 年
3	Black Shape Aircraft	2009 年	私人飞机	2015 年
4	CrowdM Italy	2009 年	数字服务	2015 年
5	Da A	2014 年	家居用品及设计	2015 年
6	Pasta Gentile	1876 年	餐厅与珍馐	2015 年
7	Benedetta Bruzziches	2009 年	时装、皮具	2016 年
8	Delfina Delttrez	2007 年	珠宝与首饰	2016 年
9	Frantoio Muraglia	约 1940 年	美食	2016 年
10	Love the Sign	2012 年	家居用品及设计	2016 年
11	Moretti More	2010 年	家居用品及设计	2016 年
12	Venissa	2002 年	葡萄酒及烈酒	2016 年
13	Evo	2014 年	私人游艇	2016 年
14	Eggtronic	2012 年	能源服务	2017 年

续表

序号	意大利新兴品牌		创立年份	主营业务	加入年份
15	ETHIMO	Ethimo	2009 年	家居用品及设计	2017 年
16	LANGOSTERIA	Langosteria	2007 年	餐厅	2017 年
17	LEFAY	加尔尼亚诺勒菲度假村（Lefay Resort & SPA Lago Di Garda）	2006 年	酒店及度假村	2017 年
18	MARCO de VINCENZO	Marco de Vincenzo	2009 年	皮具及鞋履	2017 年
19	TANNICO	Tannico	2013 年	零售及百货公司	2017 年
20	SARA BATTAGLIA	Sara Battaglia	2010 年	时装	2018 年
21	Pandenus	Pandenus	2007 年	美食	2018 年
22	FABIO SALINI	Fabio Salini	1999 年	珠宝与首饰	2018 年
23	BORGO EGNAZIA NOWHERE ELSE.	Borgo Egnazia	2010 年	酒店及度假村	2018 年
24	LANIERI ITALIA	Lanieri	2013 年	时装	2018 年
25	NITO	Nito	2015 年	豪华摩托	2018 年
26	THE PLACE FIRENZE	The Place Firenze	2003 年	酒店及度假村	2019 年
27	T'a	T'a Milano	2008 年	餐厅与珍馐	2019 年
28	MANIFATTURA AUTOMOBILI TORINO	Manifattura Automobili Torino	2014 年	豪华车	2019 年
29	THE ATTICO	The Attico	2016 年	时装	2019 年
30	ELIGO	Eligo	2011 年	家居用品及设计	2019 年

续表

序号	意大利新兴品牌		创立年份	主营业务	加入年份
31		Drexcode	2014 年	电商平台	2019 年
32		Giampiero Bodino	2013 年	珠宝及首饰	2019 年
33		Giuseppe Buccinnà	2015 年	时装	2020 年
34		Colé Italia	2011 年	家居用品及设计	2020 年
35		Faraone Mennella	2001 年	珠宝与首饰	2020 年
36		Pepe in Grani	2012 年	餐厅	2020 年
37		Konner	2002 年	私人飞机	2020 年
38		Casa Fantini	1947 年	家居用品及设计	2020 年
39		Respect Life	未公布	时装	2020 年
40		Fragile Cosmetics	2020 年	香水及化妆品	2021 年
41		Interno Italiano	2012 年	家居用品及设计	2021 年
42		la Double J.	2015 年	时装	2021 年
43		Moto Parilla	1946 年	豪华摩托	2021 年
44		Orange Fiber	2014 年	时装	2021 年
45		Portofino Gin	2019 年	烈酒及葡萄酒	2021 年
46		Sabba	2014 年	珠宝及首饰	2021 年
47		SO-LE Studio	2017 年	珠宝及首饰	2021 年

附表Ⅲ-3　意大利奢侈品行业协会国际荣誉成员（87个）

序号	公　司　名		创立年份	主营业务
1		Al Ostoura	1985 年	零售及百货公司
2		Al Rubaiyat	1980 年	零售及百货公司
3		Al Tayer	1979 年	零售及百货公司
4		美国运通公司（American Express）	1850 年	银行
5		Babochka	1988 年	零售及百货公司
6		悦榕庄酒店（Banyan Tree）	1994 年	酒店及度假村
7		巴尼斯纽约精品店（Barneys New York）	1923 年	零售及百货公司
8		波道夫·古德曼百货公司（Bergdorf Goodman）	1901 年	零售及百货公司
9		Beymen	1971 年	零售及百货公司
10		布鲁明戴尔百货公司（Bloomingdale's）	1861 年	零售及百货公司
11		Bosco dei Ciliegi	1991 年	零售及百货公司
12		Boyner	1981 年	零售及百货公司
13		Brunschwig & Fils	1880 年	家居用品及设计
14		Carluccio's	1999 年	餐厅
15		Carouzos	1972 年	零售及百货公司
16		泰国中央集团（Central Group）	1947 年	零售及百货公司
17		中央圣马丁艺术与设计学院（Central Saint Martins）	1854 年	大学
18		Chalhoub Group	1955 年	零售及百货公司
19		Cinmar	1979 年	灯光科技
20		康泰纳仕（Condé Nast）	1909 年	媒体及杂志
21		大丸百货（Daimaru）	1717 年	零售及百货公司
22		David Jones	1838 年	零售及百货公司
23		Deloudis	1972 年	家居用品及设计

续表

序号	公　司　名	创立年份	主营业务
24	英格列斯百货公司（El Corte Inglés）	1890 年	零售及百货公司
25	Euro Food	1991 年	零售及百货公司
26	Fashion Club 70	1975 年	时装
27	印度工商联合会（FICCI）	1927 年	政府机构
28	恒隆地产（Hang Lung Properties）	1960 年	商业地产
29	上海汉唐文化	2003 年	文化及传播
30	哈罗德百货（Harrods）	1824 年	零售及百货公司
31	Harry Rosen	1954 年	零售及百货公司
32	Harvey Nichols	1831 年	零售及百货公司
33	赫斯特集团（Hearst Corporation）	1887 年	媒体及杂志
34	House of Fraser	1849 年	零售及百货公司
35	Iguatemi	1979 年	零售及百货公司
36	Inform Interiors	1963 年	家居用品及设计
37	InterDesign	1974 年	家居用品及设计
38	Interior Design Magazine	1932 年	媒体及杂志
39	伊势丹百货公司（Isetan）	1886 年	零售及百货公司
40	JHSF	1972 年	商业地产
41	卡迪威百货（Kadewe Store）	1907 年	零售及百货公司
42	Kafea Emporiki Techniki	1988 年	餐厅
43	丹下都市建筑设计公司（Kenzō Tange）	1946 年	建筑设计
44	Kurt Geiger	1963 年	零售及百货公司
45	La Galerie Semaan	1951 年	家居用品及设计

续表

序号	公 司 名	创立年份	主营业务
46	乐蓬马歇百货（Le Bon Marché）	1838 年	零售及百货公司
47	利丰集团（Li Fung）	1906 年	商业地产
48	乐天百货（Lotte Department Store）	1979 年	零售及百货公司
49	Lumina	1980 年	灯光科技
50	Luminaire	1974 年	家居用品及设计
51	Melium	1989 年	零售及百货公司
52	Mercury Distribution	1965 年	零售及百货公司
53	印度商业和工业部（Ministry of Indian Commerce）	1947 年	政府机构
54	Mitchells Richards	1958 年	零售及百货公司
55	三井物产株式会社（Mitsui & Co.）	1947 年	综合商社
56	三越百货公司（Mitsuikoshi）	1673 年	零售及百货公司
57	现代艺术博物馆（Museum of Modern Art）	1929 年	艺术馆及博物馆
58	尼曼百货（Neiman Marcus）	1907 年	零售及百货公司
59	诺德斯特龙百货公司（Nordstrom）	1901 年	零售及百货公司
60	Oberoi Hotels & Resorts	1934 年	酒店及度假村
61	Oger	1989 年	零售及百货公司
62	Paris Gallery	1992 年	零售及百货公司
63	皮克与克洛彭堡百货公司（Peek & Cloppenburg Department Store）	1901 年	零售及百货公司
64	巴黎春天百货（Printemps）	1865 年	零售及百货公司
65	皇家艺术学院（Royal College of Art）	1837 年	大学
66	RSH Store	1977 年	零售及百货公司

续表

序号	公司名		创立年份	主营业务
67	RSH	RSH Limited	1969 年	新闻及媒体
68	Rustan's	Rustan's	1952 年	零售及百货公司
69	Saks Fifth Avenue	萨克斯第五大道百货（Saks 5th Avenue）	1902 年	零售及百货公司
70	SANTA EULALIA BARCELONA 1843	Santa Eulalia	1843 年	零售及百货公司
71	SARIKA RODRIK	Sarika Rodrik	未公布	零售及百货公司
72	SELFRIDGES&C°	塞尔福里奇百货公司（Selfridges）	1909 年	零售及百货公司
73	SPACE	Space Furnitures	1993 年	家居用品及设计
74	SUN MOTOYAMA	Sun Motoyama①	1955 年	零售及百货公司
75	Takashimaya	高岛屋集团（Takashimaya）	1831 年	零售及百货公司
76	TATE	泰特美术馆（Tate Modern）	1897 年	艺术馆及博物馆
77	THE HOUR GLASS	The Hour Glass	1979 年	零售及百货公司
78		The Wadia Group	1736 年	综合商社
79	AÏSHTI	Tony Salame Aishti	1989 年	零售及百货公司
80	UAE TRADING	UAE Trading Establishment	1972 年	零售及百货公司
81	VERVE	Verve Magazine	1937 年	媒体及杂志
82	VILLA MODA BAHRAIN	Villa Moda	2008 年	家居用品及设计、零售及百货公司
83	VISA	Visa	1958 年	银行
84	Wallpaper*	Wallpaper*	1996 年	建筑设计
85	WEINLAND ARIANE ABAYAN	Weinland Ariane Abayan	1984 年	零售及百货公司
86	yamagiwa THE ART OF LIGHTING	Yamagiwa	1923 年	灯光科技
87		祖宾·梅塔（Zubin Mehta）②	1936 年	音乐家

① 注：Sun Motoyama 是一家多品牌精品店，唯一一家位于日本东京银座。2020 年 11 月 20 日，Sun Motoyama 宣告破产正式关闭。

② 祖宾·梅塔出生于 1936 年，是著名印度籍指挥家。他获得过尼基什指挥、维也纳爱乐乐团名誉指挥、名誉团员、特拉维夫和佛罗伦萨名誉市民以及印度、意大利、法国颁授的勋衔等极多荣誉。

附表Ⅲ-4 意大利奢侈品行业协会文化机构合作伙伴（10个）

序号	文化机构名		创立年份	主营业务
1		诗特罗奇宫艺术基金会（Fondazione Palazzo Strozzi）	2006年	艺术基金会
2		乌菲兹美术馆（Gallerie Degli Uffizi）	1581年	艺术馆及博物馆
3		威尼斯双年展（La Biennale di Venezia）	1895年	艺术馆及博物馆
4		米兰三年展设计博物馆（La Triennale di Milano）	1923年	艺术馆及博物馆
5		特伦托和罗韦雷托现代和当代艺术博物馆（Museum of Modern and Contemporary Art of Trento and Rovereto）	1987年	艺术馆及博物馆
6		21世纪艺术博物馆（MAXXI）	2003年	艺术馆及博物馆
7		布雷拉美术馆（Pinacoteca di Brera）	1776年	艺术馆及博物馆
8		米兰理工大学（Politecnico di Milano）	1863年	大学
9		斯卡拉歌剧院（Teatro Alla Scala）	1778年	歌剧院
10		米兰路易吉·博科尼大学（Università Bocconi）	1902年	大学